启笛 | 听见智慧的和声

西婆罗洲华人
政权的兴亡

消逝的
海外华邦

李欣祥 著

北京大学出版社
PEKING UNIVERSITY PRESS

罗芳伯塑像（作者：赵勇）

罗氏家藏的罗芳伯炭画像（李启昌绘）

东万律山心金湖遗迹（谢永茂摄）

刘阿生写给荷兰官员的一封信（现藏荷兰莱顿大学图书馆）

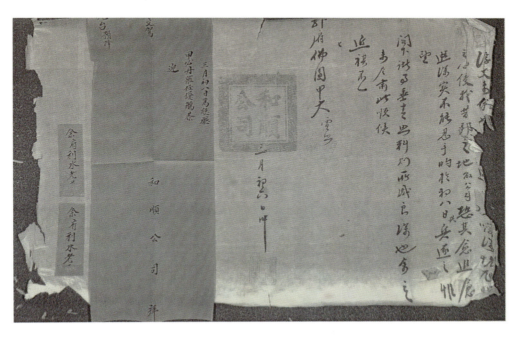

黄金鳌写给郭佛团的密信（现藏印尼国家档案馆）

今写打唠鹿地方先日有结连公司为大又有新八分公司相助又有老十四分公司相帮又有新苛分公司相扶故此人多强盛以後四公司协心同大港公司三條溝公十五分公司坑尾公司四公司相反连反二年以後大港公司同坑尾特送铜炮與新苛分公司二應承反脸功打结连新八分老苛分三公司些大港公司又凌合均分方得太平無事以後又公司相诚立人属田光舟之主人立所主七人住居在總所乃十六分十三分九分頸三公司到书相助然後合共七大公司会攻其信连三公司远即大败而走将其三公司之大兵戕碍物件一應拿东忽然三條溝公司無故星夜收金偷走即秘吊其属下之人儒者在向老夫妻媽水聪碓西生聚是和顺属下又酌诚义公司等所盟誓岩日後有公司先反心荷天地诛之雖知数年去大一壹等震相遂逃走就在大四中连築大栅二個分兵把守若有来往之人盡皆拿捉無人敢過以後大港公司闻知此事遠卽凌齊四公司到去憩所相訴雖知查义十五分公司十六分拿又從他逃走不得巳四公司各家興動干戈共起大兵直到四下屯扎然後卽上大凹攻打其料雖知凹中山路正崎雄兵难過连打数日傷損兵士甚多不能攻破正無可奈何也故此调人带将起兵由剖後包過山背将两頸攻打其大栅二個即破以後令兵直追至咖唠咋蘭卍卍又见兵卞

刘阿生主持更换的淡水港兰芳公馆门匾

淡水港罗芳伯宫

东万律战争阵亡者纪念碑

刘阿生任内（1871）树立的旗杆

东万律罗芳伯墓

双狮舞庆贺兰芳园开园

目 录
Contents

引　言 … i

第一章　西婆罗洲：赤道穿过的地区

一、世界第三大岛　1
二、足迹：土著民和早期华人　3
三、三方杂处之地：马来人、荷兰人及华人矿工的到来　5
四、华人矿工及其淘金工艺　8
五、"贼头"与"姻亲"　11
六、婆罗洲的马来人政权　17
七、经营西婆罗洲的荷兰人　19

第二章　海外华邦：兴起、全盛与消亡

一、西婆罗洲的"华人公司时代"　22
二、罗芳伯：兰芳政权的缔造者　26
三、兰芳公司："曾经的共和国"　38
四、兰芳荣衰的108年　45
五、吴元盛和他的戴燕王国　60
六、淘金时代：和顺联盟和"大港哥"　63
七、末代甲太刘阿生　114
八、风烛之光：华邦的消亡　130

第三章　华人公司的政权与治理

一、最初的"公司"是什么？　　　　　　　　　　　　　138
二、两级政权：从总厅到副厅　　　　　　　　　　　　142
三、便把他乡作故乡：异域之地的治理　　　　　　　　151
四、"华人公司"的性质之争　　　　　　　　　　　　158
五、中国式民主的海外实践　　　　　　　　　　　　　170

第四章　瞭望东西方：文化信仰与政治态度

一、多如牛毛的"会"与"社"　　　　　　　　　　　176
二、华人、公司与神祇　　　　　　　　　　　　　　　185
三、如何对待清廷与荷属东印度殖民政府？　　　　　　193

第五章　华邦遗响

一、流风遗躅：华人公司的历史遗存　　　　　　　　　198
二、离开家园：兰芳公司灭亡后的遗民　　　　　　　　216
三、义重千秋："兰芳公司"领导人故乡及后裔近况　　225

参考文献　　　　　　　　　　　　　　　　　　　　　240
附　　录　　　　　　　　　　　　　　　　　　　　　242

引　言

2018年3月25日，印度尼西亚《坤甸日报》《印华日报》《国际日报》等多家媒体刊登大幅消息，报道西加里曼丹省万那县东万律（Mandor）镇于3月24日举行隆重的集会仪式，纪念18世纪著名华人领袖罗芳伯诞辰280周年和兰芳园修葺后重开。华文版记者古鲁斯（Gurus）撰文称：

3月24日上午，西加里曼丹省会城市坤甸市最繁华的一条大街上人流涌动，车水马龙。从中国、马来西亚、新加坡和印尼各地汇集坤甸的四百多位嘉宾分乘五部大客车，在坤甸警察局开道车引导下向西北面的沿海公路出发。经过三小时行车后于上午十一点抵达万那县东万律镇。当地各民族群众组织的仪仗队、锣鼓队、歌舞队和醒狮队早已在此迎候，数千名各族群众排在两旁夹道欢迎。数百名嘉宾下车后步行来到一座小山坡前，只见修葺一新的墓园花木扶疏，高大的门坊上刻有"蘭芳園"三个繁体楷书大字。门坊前面搭有上千平方米的临时凉棚和座椅，来宾和当地政府官员在此就座。数千名当地群众则在四周围观，华人醒狮队首先表演了威武雄壮的双狮舞……锣鼓声、歌声、喇叭放送的音乐声和嘈杂的人声营造出一片热闹的气氛。

这座方圆数百米的小山包像大馒头似的突兀而出，高度约有十余米，上面长满了茂密的橡胶树。山包的西面辟出一块平地，面积也有两三个篮球场大小。靠近山脚的地方竖立一座约有丈余高的方尖形墓碑，四周建有石雕围栏，墓碑上刻有"罗公芳柏之墓"① 六个红色隶书大字。据现场一位七十多岁的华人老者向众人介绍，这是二百多年前长眠于此的华人自治政权缔造者——坤甸王罗芳伯墓。众人一听是王侯之墓不禁吃了一惊，细看之下原来

---

① 据查《石扇罗氏族谱》，罗芳伯，原名罗芳柏，后人尊称其为伯，也写作罗芳伯。清代叶祥云提交给荷属东印度殖民政府的《兰芳公司历代年册》写到"罗芳柏太哥，广东嘉应州人也"。清代谢清高的《海录·昆甸国》将罗芳柏记作罗芳伯。

突兀的小山包是仿照中国古代王陵的封土堆，与高耸的墓碑和宽阔的墓园相配合，果真有几分帝王气派……

双狮舞庆贺兰芳园开园

记者从活动主办方获悉，为了纪念罗芳伯当年在东万律创建的华人自治政权——兰芳公司，主事者将墓园命名为兰芳园。据当地媒体报道，罗芳伯墓园的开建在西加省影响很大，建设期间就有许多人慕名前来参观。估计今后兰芳园将会成为万那县乃至西加省的一处旅游景点。

这一则消息，发生在离中国万里之外、有东南亚"千岛之国"之称的印尼西加里曼丹省万那县。报道中出现的历史事件和人物，特别是18世纪华人罗芳伯在海外异乡立国称王，他的墓园具有封土堆和高大的墓碑，时隔二百余年仍然有人筹款修葺和拜祭，当地警方、官员和各族群众又如此重视……会让许多人感到新奇而又困惑。事实上，在中国南方沿海各省和海外华人社会，早期华人到海外谋生、建功立业的故事早就在民间流传，但是见诸文字的记载特别是有科学考据的书籍，数百年来可谓少之又少。

在国际学术界，最早关注西婆罗洲华人公司①的是18世纪末到19世纪初的欧洲人，特别是荷兰人，他们较早进入爪哇和苏门答腊等地区进行贸易和殖民活动，后期又借助武力将"荷属东印度"殖民地扩展到西婆罗洲，因而特别关注该地区的华人社会状况，留下的历史文献和文字史料最多。

1816年，荷兰海军的舰船开进坤甸和三发等沿海地区，荷属东印度殖民政府招聘的马来人劳工在荷军小分队的武装保护下修筑公路和堡垒，逐渐由沿海向内陆推行殖民统治，但遭到了各个华人公司的抵抗和破坏。经过数年的接触和周旋，荷属东印度殖民政府了解到这些来自中国粤东地区的华人有很强的组织动员和社会治理能力，要战胜他们，必须先了解他们原居地的社会状况，了解华人政权的组织结构和特点，才能逐个瓦解消灭。

为此，荷兰政府派出许多青年学者到福建、广东等地进行社会调查并学习汉语方言，后来成为著名汉学家的高延（J. J. M. de Groot，也有人音译为德·格鲁提）就在其中。回国后高延被派往巴达维亚（今雅加达），在荷属东印度殖民政府工作；后来又被派往坤甸，在荷印殖民政府专员公署任翻译。高延在西婆罗洲工作了三年，与兰芳公司的领导人比较熟悉，对华人公司的运作情况比较了解。他后来再度来到中国，除了在南京等地游历之外，还走遍了福建、广东等地的农村，深入考察了客家人和"福佬人"（讲闽南话和潮州话）的村社组织，从而对华人公司的组织形式、选举制度和管治方法等有较全面的研究，留下了《婆罗洲华人公司制度》《东万律的刘阿生》等几篇至关重要的学术著作，奠定了"婆罗洲华人公司研究"的基础。

除了高延之外，曾经在荷属东印度殖民政府驻坤甸公署任职的官员威勒（F. J. Willer）、总督顾问潘宁·纽沃兰（Penning Nieuwland）、政府官员冯·德沃尔（Von De Wall）和被派往西婆罗洲镇压华人的荷军指挥官安德里山（Anderisan）等人也留下不少日记、采访笔记或回忆录，记述了当时发生的主要事件。同一时

---

① 公司，Kongsi，不是现代通常意义上的商业组织（Company），而是一个具有综合管理职能的社会组织，其源头是华南地区的乡村自治模式，它的性质不是宗教团体，也不是单纯的商业机构，更像是一个卓有成效的社会组织，详细分析见第三章第一部分。

期的欧洲学者如霍夫曼（J. J. Hoffman）、威特（P. c. Veth）等人也亲自到婆罗洲对华人公司进行调查研究，留下不少研究文章。

与此同时，清代乾嘉年间国内和海外华人社会也有少数学者关注西婆罗洲华人，留下了一些零散的记录。到了民国时期（1934），著名历史学家罗香林在北平《禹贡》杂志发表了《罗芳伯所建婆罗洲坤甸兰芳大总制考》，是较为全面的研究报告，开启了国内学术界研究婆罗洲华人公司的先河。此后六十余年这个研究领域很少有人涉猎，只有为数不多的研究文章发表，大部分也主要是沿袭前人的研究方法和成果而缺乏新意。直至1996年厦门大学讲师袁冰凌发表译作《婆罗洲华人公司制度》（〔荷〕高延著）和她的英文博士论文《中国人的民主——西婆罗洲华人公司研究（1776—1884）》（*Chinese Democracies—A Study of the Kongsis of West Borneo 1776—1884*），才带动了国内对婆罗洲华人公司研究的热潮。近年来，除厦门大学外，广西民族大学、华侨大学、广东嘉应学院、台湾交通大学客家学院、台湾科技大学、台湾岭东科技大学等高等学府的学者也多次举办国际性的学术研讨活动；美国布兰代斯大学、印尼坤甸共同希望语言学院、马来西亚道理学院、沙捞越①华人文化研究会等大学和机构的学者也积极参与其中。

为了让更多中国年轻一代读者了解这段鲜为人知的历史，重新审视早期华人在海外建邦立国并施行"中国式民主"（Chinese Democracy）的管治实践，本书将带读者穿越二百余年时空，认识这批早期华人先贤和他们在婆罗洲创造的辉煌业绩，领略和学习他们走向世界的胸怀和开疆辟土的英雄气概，也总结反思他们所建的海外邦国兴起、衰落终至消亡的历史经验、教训。

---

① 旧称"砂拉越"。

第一章
西婆罗洲：赤道穿过的地区

一、世界第三大岛

在亚洲大陆东南面的中国南海正南方，茫茫大海上有一个最大的岛，是本书故事的发生地——婆罗洲（Borneo）。婆罗洲岛的面积达七十三万多平方公里，仅次于北美洲的格陵兰岛和大洋洲的新几内亚岛（也称伊里安岛），位居世界第三。

婆罗洲是个四面临海的大岛，除了中央偏北部分有高山和沼泽地带横亘，其余地域多为低矮的山丘和河谷平地。由于它的土地横跨赤道，常年阳光普照、高温多雨，属于典型的热带雨林气候。山间到处是茂密的原始森林，河流纵横且水量丰沛，土地肥沃且矿藏丰富，是一个非常适合人类居住的地方。1520年麦哲伦的远洋船队到达文莱（Borneo），看到的是物阜民丰的国家、壮丽的王宫和威严的君主。西班牙人大为震惊，误以为整个大岛都属于文莱国王，因而以Borneo之名命名全岛，后来的欧洲人将此讹误沿袭了下来。据19世纪英国学者汉特（J. Hunt）的说法，婆罗洲本地达雅人和马来人习惯称本岛为加里曼丹（Kalimantan），与当地一种酸果子同名。而本地人把文莱称作"布鲁尼"（Bruni），意指勇敢的土著人，他们未被任何外来民族征服。中国古代则音译作"勃泥"或"婆利"，常见于宋代以后的文献典籍中。现在的婆罗洲岛北部属于马来西亚联邦的沙捞越和沙巴州，被统称为北婆罗洲，中间是一个小国文莱。婆罗洲岛中南部的大部分地区从18世纪后期起长期被荷兰殖民统治，20世纪中期印尼独立建国后这些地区被纳入该国领土，改称加里曼丹。现在印尼所属加里曼丹包括五个行政省，本书所述历史事件发生的地方，则位于这个世界第三大岛的西北部地区，历史上华人称之为西婆罗洲，今称西加里曼丹省（Provinsi Kalimantan Barat，简称西加省)。

　　西加省省会城市坤甸（Pontianak）位于印尼第一大河流——卡巴斯河（Kapuas）出海口，赤道恰好穿过该城市，荷兰殖民统治时期当局就在河口西北面建有"赤道坐标碑"，成为当地一处旅游景观。西婆罗洲主要有三条大河流，其中北部的三发河发源于内陆孟加影县的鲁达吧山西麓，先向西北流经三发（Sambas）县城，再折向西南流经百余公里后在邦戛（Pemangkat）附近的河口入海。流域内有昔邦（Sepang）、西尼尼（Seminis）和乌乐（Budok）等村镇，河谷地带有许多小盆地和丘陵，既有丰富的金、锡和钻石矿藏，又有能提供耕种的肥沃土地，华人称之为"金山"。中部万那河发源于不离居山（Prigi）南麓，大致沿西南方向流经孟加影县和万那（Landak）县，在万那河口汇入卡巴斯河。在万那河口上游数十公里处，汇入卡巴斯河的是来自北面的东万律河，这两条支流的河谷地带也与三发河相似，有许多宜耕宜矿之地，开发潜力很大。

　　卡巴斯河是婆罗洲全岛最大最长的河流，全长超过一千公里，发源于东部的卡巴斯胡鲁（Kapuas Hulu）山脉，自东北流向西南，沿途汇入许多支流而常年水量充沛，千吨级船舶可以通航至中游数百公里，进入西加里曼丹省境内流经新当（Sintang）县、桑高（Sanggau）县、塞加道（Sekadau）县和坤甸市区后入海。河两岸大片肥沃的土地，给种植业带来无限生机。

　　三发河与卡巴斯河流域之间是一片广阔的低地和平原，有十几条短小的河流自平原东部的山麓发源后流入大海。本书故事的发生地南吧哇（Mempawah）、松柏港（Sungai pinyuh）、百富院（Sungai duri）、明黄（Mingwang）、阿亦华帝（Airmati）、山口洋（Singkawang）和打唠鹿（Montrado）等，都在这些短小河流的流域之内。

　　今天，坤甸交通发达，市区东郊设有国际机场，每天有航班往返新加坡、吉隆坡、古晋等国外城市和雅加达、泗水等国内城市。水路交通则凭借海口和卡巴斯河，有班轮及货船来往河海沿岸及印尼各岛。陆路交通除了通往省内外，也有公路通往沙捞越等北婆罗洲地区。近年来，印尼政府大力宣传和实施迁都计划，新首都选址在坤甸东南方数百公里处的东加里曼丹省帕朗卡拉亚（Palangkaraya）。

二、足迹：土著民和早期华人

婆罗洲在几万年前就有人类居住，这里的土著民主要是达雅人（Dayak）。达雅人在婆罗洲分布广泛，在北部则被称为伊班人（Iban）。由于伊班人的生产活动主要在水上，故也称为"海达雅人"（Sea Dayak）。居住在南部和内陆山区的达雅人有另一个称呼，叫必达友人（Bidayuh）。传统上将他们列为土著民。不过，近年有学者称达雅人有可能是从亚洲大陆迁徙而来的，来自湄公河流域的泰、缅和中国云南一带；也有台湾学者称达雅人的风俗与台湾的泰雅人相似，可能是同一种族。此外，较后迁入的马来人、提东人（Tidong）和古傣人（Kutai）等，也被认为是婆罗洲岛的原住民。

上身赤裸的达雅族少女划船出行

华人很早就进入了婆罗洲。早在北宋太平兴国二年（977），勃泥国便与中国友好往来。据粤东梅州地区的民间传说，南宋末年文天祥在粤东招兵勤王，有松口人卓谋率子弟八百人从军。五坡岭兵败后，卓谋残部百余人乘船逃亡海外，在北婆罗洲勃泥国（今文莱）落居并繁衍生息。而据坤甸学者苏润嘉先生2019年的口述，西加省三发县博物馆中藏有当地出土的一柄陶瓷龙勺，印尼学者考证是中国汉代的文物。西加省北部与沙捞越边界附近有名为宋公山（Sungkung）的地方，当地的达雅人自称是明朝广东澄海县人林道乾的后代。林道乾曾任揭阳县官吏，后因走私货物犯法被通缉而聚众下海做海盗营生。林氏武装船队与明朝水军交战失败，南逃至婆罗洲，部分士兵沿河上溯进入内陆，与达雅人通婚而留下不少混血后代。老辈说西婆罗洲卡巴斯河口沿海地区也有明朝迁来的潮州、揭阳地区华人，最先聚居于吉灵党（Terentang），主要以农业为生，后来因不断受到达雅人袭扰攻击，大部分逃到坤甸附近叫老港的地方生活，慢慢又迁居坤甸老埠头从商。坤甸三神宫的前身是建于明末清初的天后宫，1904年扩建时，主事者将对岸另一个建于明代的感天大帝庙迁来，又新建哪吒太子庙，三庙合祀而称三神宫。今天，宫前铸铁香炉上"康熙十二年"（1673）的纪年仍清晰可见。

中国历史上明确记载与婆罗洲的交往事件是在明初洪武年间，朱元璋派御史张敬之和福建行省都事沈秋出使勃泥，勃泥国王遣使回访。永乐六年（1408），勃泥国王麻那惹加那乃（Maharaja lela）携眷属百余人来中国南京访问，后因病逝世葬于南京郊外石子岗乌龟山，其陵墓至今犹存。15世纪后期，随着航海装备的进步和经验的积累，中国南方沿海福建、广东等地的渔民和农民也纷纷冒险渡海寻求更好的生存条件。当时华人南渡乘坐的是无动力的帆船，靠冬季西北季风的推动而前行，到达北婆罗洲的概率最大。十六七世纪之后，华人南渡谋生的现象在福建、广东等地已经比较普遍，西婆罗洲沿岸港口和马来半岛、爪哇等地的港口也成为华人新客的登陆地。本书故事发生的18世纪中期，随着南洋英属、荷属殖民地社会经济的发展，东南沿海华人大批南渡谋生更加普遍。清雍正十三年（1735），广东揭阳县林氏先民来到卡巴斯河口（今坤甸），最早建立了华人公司——聚胜公司，当时这里还是一片荒草甸，首任坤甸苏丹①阿都拉曼尚未出生，西婆罗洲沿海仅有少量马来人定居点。以上史料、文物和民间传说，都证明了华人很早就在西婆罗洲生活和繁衍后代，中华文化也很早就进入了西婆罗洲。

---

① 苏丹（Sultan），最早源自阿拉伯语，本书是马来语音译，指伊斯兰教社会对最高统治者的称呼，类似中文"君主"或"国王"，苏丹还同时具有宗教领袖地位。

三、三方杂处之地：马来人、荷兰人及华人矿工的到来

马来人也很早进入西婆罗洲。由于航海技术的进步，马来人在 15 世纪就由马来半岛或爪哇岛渡海到达西婆罗洲，除了经商之外，他们也带来了马来文化，甚至在西部沿海地区建立了几个分散的小政权。

据欧洲学者记载，17 世纪初期，马来人在婆罗洲西南部的吻律述（Sukadana，也称苏加丹那）建立了第一个政权，首任苏丹名叫古里·库斯马（Guri Kusmah），据说是爪哇岛万丹（Bantan，在今泗水）苏丹的支系。18 世纪 30 年代，另一位有阿拉伯血统的马来人赛义德·艾哈迈德·阿尔卡德里（Sayid Ahmad Alkadri）来到离吻律述不远的马坦（Matan）定居，在伊斯兰教会担任神职。他自称的高贵血统让他拥有宗教特权而可以出入宫廷，据说甚至娶到了马坦的王后（一位达雅人女奴）为妻，后来他带着妻儿移居到南吧哇，继续担任伊斯兰教神职。

在更早前，南吧哇已由马来人（也有记载说是武吉思人）达恩·马那奔（Daeng Menambun）建立了一个小政权，它的领土得自妻子（马坦公主）带来的"嫁妆"——南吧哇河流域的广大地区。1750 年，阿尔卡德里带着妻儿由马坦迁居南吧哇，老国王马那奔的儿子帕喃吧汉（Panembahan）收留了他们一家，阿尔卡德里带着儿子继续在清真寺任职阿訇。阿尔卡德里的长子后来娶了帕喃吧汉的妹妹为妻，但他不愿留在南吧哇过王室成员的生活，在荷兰人的资助下他出海做贸易，做过海盗，积累了丰富的钱财。1771 年，他在卡巴斯河口建立了另一个马来人政权，成为首任坤甸苏丹阿尔卡德里·谢里夫·阿都拉曼（Alkadri Syarif Abdulrahman）。坤甸苏丹自称拥有卡巴斯河流域中游上侯、塞加道和河口三角洲的大片土地。后来兰芳公司华人的生产活动和居住地也主要在上述区域，因而与南吧哇王和坤甸苏丹的交往和争斗都比较多。

15 世纪欧洲进入大航海时代，西班牙人、葡萄牙人、荷兰人和英国人先后来到婆罗洲。最初以探险家和商人居多，除了地理考察、绘制地图和起个名字介绍给欧洲人之外，他们也为本国的远洋贸易探路。17 世纪，当地土著民仍以季节性迁徙农业和简单的渔猎手段维持生存，早期并无大宗农产品或矿产可供贸易。由

于欧洲、马来半岛及中国的商人进入，婆罗洲开始有椰干、豆蔻、丁香、蜜蜡、鱼干等本地土产进行交易。18世纪初期，荷兰探险家知道婆罗洲蕴藏有金、银、铜、锡和钻石矿，一些爪哇人和巽达人被荷兰商人雇用来卡巴斯河沿岸，在泥砂石砾中寻找天然的金块和钻石。有一次荷兰驻巴达维亚（Batavia）总督派几个军人到婆罗洲探路，当地人竟然进贡了一粒硕大的钻石和几块天然黄金。荷兰人也逐渐认识到婆罗洲的战略价值，东印度公司很早就在吻律述建立了商业据点，收购黄金和钻石，后来因获利无多而放弃。荷兰驻巴达维亚总督希望在爪哇及其他各岛的统治局面稳定之后，再进一步进军西婆罗洲。

在坤甸，阿都拉曼得益于拥有的丰厚财富，据点规模迅速扩大。但他的政权遭到了本地马来人和华人的反对。马来人是商业和税收的基础，也是苦力和兵员的来源。而华人则因为善于淘金和经商而颇有价值。据说阿都拉曼通过与华人头领"胡须大伯"（罗芳伯）结拜兄弟而受到华人的拥护，又在后者的帮助下平息了达雅人的叛乱。后来，马来人逐渐觉得阿都拉曼是他们的同胞和生意来源而拥护他，坤甸的经济得以发展，战略地位日益显现。

1778年，荷兰东印度公司派人来到西婆罗洲找到阿都拉曼，后者建议荷兰人谋取卡巴斯河沿岸的广大地区。双方一拍即合，并于次年签订了合作协议书。荷兰人承认阿都拉曼的苏丹地位，又授予他东印度公司的附属身份（Vassal of the Company），从此奠定了阿都拉曼苏丹家族在坤甸百余年的统治者地位。

欧洲早期航海强国西班牙和葡萄牙的商人都曾进入婆罗洲，但后来都因为当地缺乏商机而离开了。荷兰人早在17世纪初期就进入了爪哇岛并站稳脚跟，但进入西婆罗洲则较迟，且曾因一度在南部的马辰（Bandjarmasin）受阻而撤离数十年之久。据查有关文献，1619年荷兰海军以武力打败英国海军和巽达军队，占领了西爪哇的噶拉巴（Kelapa，马来语椰子意，又称"吧城"，即今雅加达），1621年将噶拉巴命名为巴达维亚，推行武力支持下的贸易活动。1633年荷兰人控制了马鲁古群岛，爪哇全岛基本稳定。1778年荷兰人进入婆罗洲，据说是以"爪哇的万丹苏丹欠下荷兰东印度公司大笔钱财，已将婆罗洲统治权转给荷兰人以偿还债务"为借口，诱使坤甸苏丹与其建立了从属关系。阿都拉曼承认自己是荷兰人的附属，荷兰势力逐渐由沿海进入内陆。

不料，1806年欧洲爆发战争，拿破仑率法军占领荷兰，荷兰执政者威廉逃往英国，引发英国与荷兰亲法政权之间的战争。英国海军百余艘军舰在爪哇海大败荷兰海军，占领巴达维亚长达四年。1814年拿破仑帝国覆灭，荷兰恢复独立后与英国谈判并重返亚洲，1815年才基本上控制了爪哇岛。此后荷兰人腾出兵力谋取西婆罗洲，1816年派遣军舰进入坤甸，占领海口航道并逐渐向婆罗洲内地扩张。1820年谢清高看到"海口有荷兰番镇守。洋船俱湾泊于此"（《海录·昆甸①国》）即言此事。这是西婆罗洲华人公司蓬勃发展的黄金时期，荷兰人的到来给这块本来就充满矛盾和争夺的土地上插入一支利剑，本书记述的许多故事由此展开。18世纪中期，西婆罗洲发现金矿，华人矿工接着登场。最初由荷兰人雇用的爪哇人和巽达人在河床上寻找少量的天然小金块。1760年前后，南吧哇土王帕喃吧汉听闻北婆罗洲的文莱苏丹雇用当地华人采金，华人的采金方法更加先进而收获更多，于是聘请了十几名来自文莱的华人矿工，在南吧哇附近的百富院挖金，果然取得了很好的收益。三发苏丹和一些马来人土王也效仿这个做法，聘请华人来自己的领地挖金。一时间，西婆罗洲的淘金热迅速蔓延，头脑灵活而又吃苦耐劳的华人矿工供不应求。这个好消息很快传回中国沿海地区。当地华人纷纷写信寄回家乡，招引更多亲戚朋友前来"金山"发财。粤东潮州府、嘉应州和惠州府各县的农民互相转告：婆罗洲发现的金山遍地黄金，在矿场做苦力包吃包住还有工钱。晚上回到住处，把脚上穿的草鞋脱下来放到面盆里洗一洗，第二天就能沉淀出一粒金豆子来。许多年轻人纷纷邀约一起去婆罗洲淘金发财，后来成为"坤甸王"的罗芳伯在同乡邀约下于1772年渡海来到西婆罗洲。据荷兰学者威特等人的说法，在西婆罗洲淘金热潮最盛的1770—1820年，每年二、三月间，至少有两千的中国矿工到达西婆罗洲海岸，六、七月则有数百人带着赚到的钱财返回中国。最初十几年间大批矿工从中国广东的潮州、嘉应州和惠州等地蜂拥而来，西婆罗洲的华人很快就达到数万人之多。

当大批华人涌入西婆罗洲之后，当地的社会经济状况发生急剧变化，各种利益的争斗和社会矛盾迅速激化，华人、马来人和达雅人之间经常有利益纠纷发生。那时的西婆罗洲可以说是"华夷并起，天下大乱，强者为王"。为了维护自身利益，身居海外的华人纷纷组织起来以原籍为基础组建"公司"，二十年间西婆罗洲出现了几十个华人武装割据集团，开启了西婆罗洲的华人公司时代。

据史料介绍，较早出现华人公司的地区是在婆罗洲西北部的三发和西部的南吧哇和坤甸。十几年间，三发河口以南到卡巴斯河以北的沿海平原上聚集了数万华人，他们大多数从事挖金工作，有些人则开店铺做贸易，也有些从事农业种植，以稻米和蔬菜等出产供应矿工所需，也有人靠自身拥有的手艺，从事教书、酿酒、打铁、理发、裁衣、泥水、木匠、油漆、堪舆、择日、念经和卜卦算命等

---

① 早期著作多音译为昆甸，按当代规范地名译法应记为坤甸。

华人社会传统的职业。沿海河口附近的三发、邦戛（Pemangkat）、山口洋、打唠鹿、南吧哇和坤甸等地方逐渐形成了人口密集的市镇。有人在集市开设了赌场、酒廊和餐馆等服务业场所，秘密会党和黑道也应运而生，本地华人社会已经形成。

据中外文献记载，早期居住在三发、打唠鹿等地的华人主要来自粤东地区的潮阳、揭阳一带，他们说的是一种叫"福佬话"（今多称潮州话）的汉语方言。在西婆罗洲尚未进入淘金时代的1750年之前，本地的福佬人主要以农业种养为生。据荷兰学者威特书中记载，早期中国大陆流行的民间会党组织已传入婆罗洲，打唠鹿很早就有秘密会党"天地会"活动的踪迹。他甚至认为后来罗芳伯于1772年来到西婆罗洲第一站是先到打唠鹿居住，也组织了另一个客家人的会党"兰芳会"。几年后"兰芳会"与"天地会"在黄梨崇（地名）大战一场，罗芳伯失败后才逃到南吧哇。

福佬人后来在打唠鹿组建了一个以农业种植为主的"大港公司"，据说属下居民最多时有三万人。而淘金时代进入西婆罗洲并居住在邦戛、百富院、昔邦、拉腊（Lara）、乌乐和西尼尼一带的华人则主要来自粤东的河婆（揭阳）、海丰、陆丰、永安（紫金）和归善（惠阳），他们说的是另一种叫"客家话"的汉语方言。这些地区的华人主要从事挖金工作，他们组建了"三条沟公司""十五份公司""坑尾公司""新屋公司""满和公司""惠和公司"等十几家华人公司，总人数也不下几万人。而位于卡巴斯河口的坤甸和松柏港、淡水港（Sungai purun）、明黄和东万律一带，则聚集了许多来自粤东潮州的福佬人和来自嘉应州以及邻近大埔、永定等各县的客家人，他们组建了"聚胜公司""四大家围"等几个公司。1777年，罗芳伯也在坤甸以北百余里的东万律组建了"兰芳公司"，这些公司人数最多时也有两三万人。

四、华人矿工及其淘金工艺

除了头脑灵活和刻苦耐劳之外，华人矿工还掌握了一套先进的挖掘和水洗法淘金工艺，这是爪哇人、巽达人、马来人和达雅人都无法比拟的。潮州、嘉应州和惠州等粤东山区地下储藏有丰富的矿藏，据查《乾隆嘉应州志》，嘉应州前身程乡县自明代以来就有多地开采煤矿、银矿和铁矿的记载，许多农民都拥有寻找矿脉和挖掘矿窿的经验。

西婆罗洲沿海低地和东部山区都有不少金矿、银矿、锡矿和钻石矿脉，甚至在河床和两岸沙滩上也有天然矿石露头，华人矿工经过现场勘查很快就能从露头找到矿脉，然后凭借自身的经验判断矿脉走向，确定开挖地点。在试挖确认有开采价值之后，矿主会叫工人沿着矿脉挖掘，形成一个露天矿坑，叫作金湖，马来语称作吧沥（Palit）。又在旁边搭几个草棚，用于存放工具或供工人避雨休息和住宿，谓之砂寮，也叫吧沥屋。露天开矿一般采取人工挖掘的方式，顺着矿脉走向开挖山体，取出含有金砂（或银砂、锡泥）成分的矿物粗料（山砂），用肩挑到水洗池旁边备用。这个过程主要靠铁镐挖掘砂砾，有时也利用火药爆破拆解岩石。人数更多的挑夫，则用扁担和竹篾编织的畚箕或箩筐挑运山砂。如果碰到垂直或倾斜向下的矿脉，矿工们就要开挖竖井或者斜井才能将含有金子的矿砂取出。有时矿脉太小，工人们不得不将旁边的泥土或岩石也一起挖掉并运出，才能有足够大的空间开展挖掘工作，这会使挖掘工作量大大增加，而且涉及复杂的矿井支护和通风等技术，矿井旁边的废土石渣也会堆积如山。如果遇到井下有渗水，还需要用人力将积水提出井面，然后才能挖掘矿石，令开采难度大大增加，这些技术都是令马来人和达雅人望尘莫及的。

山砂采来之后下一步是水洗，就是用大量的水将山砂泡在池里，再用人力搅拌让泥沙溶进水里流走，剩下比较重的沙砾和金粒则会留在池里。第三步是用流水淘金，淘金的工具是一个木制有口的斗，两侧有耳状抓手，马来语称为由郎（Yulang）。操作者须站在水中，用铁制的短柄镘头（刮子）把水中的少量山砂勾进由郎，然后弯腰用两手端着由郎左右振荡，借助摇摆和水流之力将粗沙粒淘走，谓之"洗由郎"。熟练工人往复操作后沙粒被淘净，如果运气好的话斗底会留下几粒闪亮的金砂。规模较大的金湖会用倾斜的多级木槽代替由郎，让流水带着山砂沿木槽缓慢往下流，工人则在旁边不断搅动山砂令其跟随水流下行，重量较大的金粒则逐渐下沉进入下端平置木槽。每天傍晚收工前把金粒收集起来，积少成多后再用火力将其融化，得到一坨粗金块，客家话称为金团，可以卖给金行进一步提纯，再制成金饰出卖。据荷兰学者书中记载，1851年前后在三发河流域由河婆、陆丰河惠州等地客家人开发的金湖就有三四十处。规模小的有一两百名工人，中等规模的有六百名左右工人，规模较大的金湖则有上千名工人。据荷兰学者记载，规模较大的金矿一般由两位"伙长"监督管理，设有一至两名财库，一名簿记员、一名库房员和一名采办。另外大约有七八个工头和顶工（随时顶替缺人的工位，也是最有经验的采矿师傅）。西婆罗洲每年出产的黄金数以吨计，由此可以窥见当时西婆罗洲淘金业的盛况。

水洗淘金的方法效率较高，但需要消耗大量的水，因而水源是金湖的命脉。华人矿场的做法是先在金湖附近找到溪流，然后在溪流上游的山谷里修筑土坝，把水储存在水库里，再用沟渠、木斗或竹管将水引进洗金池里，使之形成自然落差而流动不息。有些地方上游没有水源，则需在高处修建储水池，再用人力将低处的水提上储水池，以供水洗淘金之用。人力提水一般采用粤东古代传统的手摇（或脚踏）龙骨水车，也有用简单的手动唧筒或戽斗接力把水提至高处。当时西婆罗洲华人公司之间为了水源和水库而几番争夺，甚至不惜动用武力牺牲人命进行战斗。2014年笔者在西婆罗洲进行田野考察时看到，东万律附近仍然有人使用上述方法淘金，不过据说收获甚少，主要是供游客参观和体验水洗淘金而已。

客家人在西婆罗洲淘金的这段苦难历史，现代人早已将它遗忘。不过读者仍可以从罗芳伯《游金山赋》中读到他在金湖做苦力的一段描述：

> 若夫地当热带，日气熏蒸。草木曾无春夏，人事自有旧新。黄金地产，宝藏山兴。欲求此中生活，须从苦里经营。虽云人力之当尽，实为造化之生成。至于名物称呼各异，唐番应答攸殊。沙寮依然茅屋，巴历①原是金湖。或岩或山，上下设施一体；是担是荷，往来实繁有徒。嗟嗟，早夜披星，满眼之星霜几易；晨昏沐浴，周身之雨汗交流。由郎荡漾于怀中，乍分还合；刮子婆娑于水底，欲去仍留。幸黄金之获益，羡白镪之盈收。

华人先辈用朴实而文雅的诗句记录了一代华工在西婆罗洲的悲壮岁月。后人透过句中细致的描述可以体会到淘金工人的辛苦，在品味作者文学魅力的同时也能隐约感受到一丝无奈和辛酸。

西婆罗洲的金矿有两种不同的经营模式，一种是公司矿场，由公司投资和管理，收益归公司所有，类似现代的国有企业。例如东万律山心金湖、新港银矿和万那钻石矿就是兰芳公司的公营矿山。另一种是私人合股经营的份头矿山，比如九份头公司、十二份公司等等，是由几个股东按照出资比例合伙投资的。私营公司获得收益后，除了扣除伙食费、工人工资、材料消耗等费用，首先归还投资者本金。本金归还后再获得的收益，扣除各项费用之后再按股份平分。

关于矿工的收入，据荷兰学者范·瑞斯（Van Rees）记载，大约每年180荷兰盾。矿场一般都由某一个股东代表管理，称为伙长。工人们住在吧沥屋的草棚里，从早上4点钟起床工作至太阳下山才收工，每天要工作12小时。每天傍晚收

---

① 巴历，意为矿坑，今多写作吧沥。

工前在工头监督下收集当日洗净的金砂交给老板，夜间任何人不许进入金湖。一天中给工人供应五顿饭餐，包括早、中、晚的正餐和上午、下午各一次点心。早餐和点心一般是花生大米煮粥，正餐是米饭、鱼干和水煮青菜，通常一个月才可以吃到一次猪肉。工人们晚饭后早早睡觉，偶尔去酒馆喝酒，也去抽鸦片烟、赌博。有些矿场还提供烟草或少量鸦片，否则工人无法支持繁重的体力劳动。只有当月底黄金收入到账之后，老板会发放当月工钱，并买些肉和酒给大家打牙祭。

洗金是一项庄严而隆重的工作，开始洗水前有些老板会杀死一条狗，用狗血混入水里淘洗山砂，先做一个仪式后再正式淘金，据说这样就能驱除邪气而多产黄金。洗过一次的山砂会由矿工们的女眷再用木碗淘洗一遍，谓之洗砂尾，往往也能收获极少的黄金归自己所有，有些达雅人则将二次洗过的砂尾再次淘洗，运气好的话也能得到一些极细微的"金尘"。数十年来西婆罗洲就在这种产业支撑下逐步发展，华人公司也进入了黄金时代。按照荷兰官员多比亚斯（Tobias）的说法，1822年西婆罗洲的黄金产量大约10万金衡盎司，折合价值400万荷兰盾。他还说二十年前的数字要高得多。另一位学者莱佛士（Raffles）对1810年西婆罗洲黄金产量的估算为35万金衡盎司，基本印证了前者的估算。旺盛的黄金产业吸引了许多华人南渡婆罗洲，开启了西婆罗洲的华人公司时代，也支撑了西婆罗洲社会和经济的发展。

可惜好景不长，大约到1830年以后，各地的矿产资源渐渐枯竭。据莱佛士估算，到1840年西婆罗洲的黄金产量只有30000—40000金衡盎司，急剧下降了近90%。华人矿工纷纷另谋生路，大部分改为从事农业或进入沿海市镇经商谋生。

五、"贼头"与"姻亲"

大批华人矿工的到来迅速改变了西婆罗洲的人口比例和社会关系，许多社会问题也接踵而来。1780年前后华人矿工的人数已有四五万人之多，他们的吃、穿、住、用等个人需要和华人的群体需要也成为急需解决的问题，这些问题都会涉及与当地人的关系。首先，马来人是华人首先打交道的对象，华人从中国进入婆罗洲，很大程度上也拜马来人的雇用所赐。17世纪后期，马来人已在西婆罗洲沿海地区建立了许多定居点，人数可能已超过30000人，他们搭建的高脚屋一排排矗立在河岸边。自称出身高贵或受过伊斯兰教育的马来人则处于社会的上层，从事宗教或商业活动。而更多的平民则处于社会的底层，教育程度极低，只能从事简单的农业种植和渔猎活动，有些则以海盗和海上走私为业。华人的到来让他们的社会地位有所提升，上层人有了更多管治和赚钱的对象（交税和贸易），下层人则暗自庆幸有比自己处境更差的金湖苦力。

　　据荷兰和英国学者书中说，西婆罗洲的华人对马来人没有多少好感，尽管马来语已成为当地通用的社会语言。首先马来人从外貌看长得比较矮小和瘦弱，面部五官棱角毕现且皮肤黝黑，与华人的外貌相差较大。荷兰学者威特认为，马来人是一个混血种族，身上流淌着阿拉伯人、印度人、爪哇人的血液，是华人眼中难于接受的"杂种"。马来人不事产业，整天游手好闲，斗鸡、赌博、吸鸦片，还要为给众多的老婆分配时间而伤脑筋，这些行为也遭到华人的蔑视。曾在坤甸任职的荷兰官员桑克（S. H. Schaank）在书里说，华人认为马来商人都是奸商和海盗，他们称三发苏丹是"贼头"（强盗头子）。华人称呼马来人叫"木乃由番鬼"，欧洲学者认为番鬼的意思就是"野蛮人"或"没有开化的人"，客家人甚至私下称呼马来人为"四脚蛇"。爪哇的华人如果娶了马来女人为妻，则会被同胞认为低贱和无能，生下的子女也会被称为"四脚蛇"而遭到华人的歧视。西婆罗洲华人基本上不与马来人包括马来贵族通婚。荷兰学者认为这是因为华人普遍对伊斯兰教抱有反感情绪。但也有学者认为，华人与马来人通婚的实例并非罕见，据说婆罗洲的文莱王室、三发王室和爪哇的廖内王室、旧港王室全都具有华人血统。应当是华人先皈依伊斯兰教之后再与马来人通婚的结果。

　　尽管华人对马来人普遍没有好感，但西婆罗洲几个马来苏丹并没有依仗马来人先入为主和拥有军队的优势而对华人施行杀戮和镇压，只是偶尔挑拨达雅人袭击和杀害华人，破坏华人的矿场和农业设施。坤甸苏丹甚至与罗芳伯结拜兄弟，长期与兰芳公司和平共处且维持良好的关系。后来华人的势力日渐强大，马来人反而希望与华人开展贸易和其他商业交流。南吧哇的马来人土王帕喃吧汉最初在罗芳伯时期曾与兰芳公司开战，兰芳公司势力强大之后他不敢继续与华人为敌。江戊伯第二次执政时期（1804），南吧哇发生达雅人袭击兰芳公司华人事件，江戊伯手执大刀站在河边一声大喝，叫船上的达雅人传话给南吧哇的土王帕喃吧汉，限他明日上来议事。帕喃吧汉不敢违抗，次日乖乖来到议事地点，江戊伯嘱咐他好好管束属下达雅人，不许再欺负华人，帕喃吧汉唯唯而退。可见马来人后期已承认华人公司的合法地位。西婆罗洲的马来人在荷兰人的扶植下一直保持优势地位，这个优势一直延续至印尼独立建国之后。

达雅人虽然是婆罗洲岛上开化较迟的民族，但由于他们的外貌长相与华人较为相似，且对华人有恐惧感而显得较为温顺驯服。有些达雅族女孩长得身材修长有致且皮肤白净，几乎与华人少女无异。故而早期来到西婆罗洲的华人多娶达雅族女子为妻。谢清高口述之《海录·新当国》一节有云：

> 山中嚛子①极盛，唯各据一方，不敢逾越。稍有迁徙，辄相残灭。故虽强盛而见无来由②、荷兰及中华人皆畏惧，不敢与争。恐大兵动，无所逃遁也。中华人初到此，所娶妻妾皆嚛子女。其后生齿日繁，始自相婚配，鲜有娶嚛女为妻者矣。嚛性尤凶暴，喜杀，得人首级则归，悬之门，以多者为能云。

上述新当国在今坤甸以东的西加省新当县，谢清高所言嚛子即达雅人，可见当时的达雅人尚处于原始愚昧状态，社会发展严重滞后。据说一直到 20 世纪中

达雅人居住的长屋

---

① 嚛子，客家话对达雅人之贬称。嚛，原文为反犬旁。
② 无来由，又作巫来由、木乃由，是马来语 Melayu 的客家话译音，今译马来人。

期，西婆罗洲内陆地区还有不少达雅人过着家族群居生活。他们用木头、竹子和茅草搭建近五十米长的吊脚屋，一家三代都住在第二层的竹子地板上。平时男女俱赤裸上身，即使少女也无羞耻感。人们出入多用细长的独木舟沿水路而行，男人喜用铁叉捕鱼，用绳套、陷阱或竹筒吹管吹出毒箭捕猎鸟兽，百余斤重的野猪中箭后很快倒毙，猎人可以轻松背起猎物翻山越岭归家。达雅人依然保持落后的迁徙性耕种农业，一般在旱季将坡度平缓的灌木丛或草地点火烧光，翻土后略作平整，雨季来临时种上玉米、旱稻或薯类。雨后让作物自然生长，成熟时收获食用。种植三四年后土地肥力下降，作物产量降低，则将长屋搬迁到另一处合适的地方，再一次放火烧荒开垦播种。达雅人的家族一般划地而居，不敢轻易越界，以免引起土地争端。偶尔需要时才由壮年男子相约出山，用土产向马来商人换取铁制用具、农具和火柴、食盐、布等生活必需品。其余大多数时间均隐居山林，不敢与外族人接触。

至于为何华人会称达雅人为"嘹子"（也写作唠子）？袁冰凌书中引用19世纪英国学者厄尔（Earl）的说法：中国人称呼达雅人为"La-o-kia"。但厄尔和几个欧洲学者对这个词都无法解释。袁冰凌把它译作"唠番仔"，但据笔者以一个地道梅县客家人的认知和在坤甸等地的调查，这个"La-o-kia"是客家话对一种体形硕大的"蜘蛛"的称谓，准确的发音是"Lakia"，它在汉语普通话里找不到对应的字眼。或许是原本古汉语里称呼这种小动物的字眼为"蟟蛴"或"蛑蜞"的类似发音，客家话一直保留下来，但笔者不敢断定。西婆罗洲淡水港以北四五里处有个名叫"Sungai purun kecil"（印尼语：小港）的地方，华人写作"唠子港"或"唠夯港"。笔者访问几位当地华人老者，他们都说此地其实客家话叫"Lakia guong"，很早以前就有唐人在此居住。传说旧时曾有唐人在此处发现一只硕大的"Lakia"（蜘蛛）吐珠而得名。笔者认识一位现居台湾桃园县的官德光先生，他出生并成长于印尼西加省万那县，据他说西加客家人都称那小动物叫"Lakia"，没有人叫它"蜘蛛"。坤甸学者苏润嘉先生也认为唠子港就是客家话说的"Lakia港"。至于那个"夯"字，笔者认为是婆罗洲客家人生造的汉字，据说念"kia"。因为客家话说某人力气很大，用手可以举起重物称为"kia"（应该是擎"kiang"的变音），便用"大、力"二字组成的夯字读作"kia"字。而夯普通话读作"hang"，意为砸地基的木槌，字义大相径庭。由此观之，嘹子或唠子的本义原是大型蜘蛛，联想到客家人对马来人的贬称"四脚蛇"（荷兰学者也记载，中国人称呼马来人为蜥蜴），可推知客家话对达雅人的贬称是"Lakia"，即汉语普通话所指的大型蜘蛛。

18世纪中期之后华人矿工大批涌入西婆罗洲,据荷兰学者调查,当时华人社会的男女比例约为10∶1。许多华人男子只得娶达雅族女子为妻,就连兰芳公司的创建人罗芳伯也娶了一位达雅族夫人。据《兰芳公司历代年册》记载:"罗大哥夫人亦有贤德,极力襄助。偶值粮食不继,自出簪珥等项,令镇平人黄安八下坤甸采办粮食器用,以济紧急之需。"可见达雅妇女接受了华人家庭气氛的熏陶,也会成为贤妻。据袁冰凌在书中转述荷兰军官范瑞斯的说法,有些华人矿工在金湖辛苦几年赚到了钱,便花钱娶一个达雅女人为妻,建立家庭生儿育女。由于达雅女子温顺勤劳,有钱的坤甸华人甚至娶了几房达雅人妾室,既可以帮忙干活养家,又能生儿育女传宗接代。达雅女人一般都能尽为妻为母之责,丈夫会教他们说客家话和操持家务,甚至会教他们如何待人接物,许多达雅妻子学会了看店做生意而成为"头家婆"(老板娘)。他们生下的儿女具有一半达雅人血统,被华人称为"半唐番",荷兰学者威特将其翻译成"Pentompan",并指出这些半唐番的勇气胜过他们

达雅族一家人

的父辈，在战场上尤为突出。但从外貌上看半唐番与华人其实差别不大，虽然在华人社会的地位低于从中国过来的"唐人"，但一般不会受到华人社会的歧视。他们会接受中国式的家庭教育，适当时候会进学堂学习中国文化，长大后可以融入华人社会。少数半唐番的父亲会带他们回中国家乡认祖归宗，返回南洋后地位几乎与唐人无异。

英国学者厄尔也研究了华人与达雅人之间的关系。据厄尔调查，打唠鹿地区的华人许多都娶了达雅女人为妻，并且对他的达雅族岳父母一家也提供照顾和保护。随着越来越多华人娶达雅妇女为妻，达雅亲戚日益增多，一个达雅人小村庄慢慢在离打唠鹿几千米的地方形成，两个族群的关系日益融洽。另据袁冰凌引用荷军指挥官安德里山中校的话：达雅人一般不愿为了荷兰人或马来人的利益与华人开战，除非是为了他们自己族群的利益。这位指挥官于1852年率千余名陆军士兵进入西婆罗洲，几年间几乎消灭了所有华人公司。想必他的部下曾有达雅人士兵与华人交战。据另一位荷兰官员范·德·格拉夫（Van De Graaf）称，1847年他在打唠鹿调查，大约有一千名达雅人住在那里，他们有的是亲戚，有的是家庭雇工。他们与华人和谐相处，可以参加华人的各种节日集会，在华人东道主家中行动自由。而华人也认为达雅人是他们远古时期同胞兄弟的后代，总的说来对他们的好感比对马来人多一些。大约到1800年之后，第二代华人（半唐番）已经长大，华人娶达雅女子为妻的现象逐渐减少，代之以半唐番男女之间互相嫁娶。但华人家庭的语言文化和风俗习惯则依然沿袭，至今犹存。

大约从1770年至1850年的八十年间，西婆罗洲华人公司处于全盛时期，有学者认为西婆罗洲的华人人数最多时达到十余万人。据荷兰文献记载，当时西婆罗洲的黄金钻石产量位居亚洲之首，丰厚的收入吸引着一批批"新客"由中国广东、福建等沿海地区前来西婆罗洲谋生。他们当中只有极少数人赚到了钱，搭乘回程的帆船衣锦还乡，买田建屋，光宗耀祖。其余大多数人只能在异乡辛苦劳作一生，最后因伤病孤老而客死他乡。有些人在异邦娶妻生子而落地生根，子孙后代落籍成为当地居民。经历二百余年社会变迁，当年华人先辈们在西婆罗洲开疆拓土、建立政权、治理社会和发展生产的业绩早已销声匿迹，而他们留下的历史遗迹和文字记载却未曾泯灭，他们的后裔仍然在西婆罗洲繁衍生息。时至今日尚有数十万华裔居住在当地，他们仍然以客家话或潮州话作为母语，在浓厚的中华文化氛围中以印尼公民的身份安居乐业，继续繁衍生息。

六、婆罗洲的马来人政权

早在 17 世纪初三发苏丹家族就在西婆罗洲北部建立了马来人政权，这个政权由文莱苏丹册封，属于马来半岛柔佛苏丹的支系。印尼华人学者林世芳在《西加里曼丹华人史》中称，1640 年文莱华裔黄顺平（也有人称黄森屏）的后裔拉丹·苏来曼（Radan Soelaiman）带着船队到处寻找新的疆土，发现西婆罗洲三发河口土肥水美，遂奏明文莱苏丹后举家迁徙至此立国。十二年后苏来曼自立为苏丹，称号为穆罕默德·查非尤丁苏丹（Sultan Muhammod Tsafiuddin）。此后每一代三发苏丹登基，必定去文莱加冕。1762 年第五代三发苏丹奥马尔·阿卡姆丁一世（Omar Akamuddin I）登基，他也效仿南吧哇王的做法，聘请了一些华人前来三发附近采金。第六代至第八代三发苏丹靠收取地租和垄断黄金、日用品贸易也发了财。每一代苏丹的兄弟和侄子们都利用王室的权力经商，甚至豢养船队从事海盗勾当，抢劫过往船只。第八代苏丹奥马尔·阿卡姆丁三世（Omar Akamuddin Ⅲ）的同父异母兄弟邦居兰①安南（Pangeran Anam）曾经在海上打劫中国人和英国人的船只，甚至把一艘英国人的大船抢来做自己的战船。

南吧哇的马来人政权建立得较晚，18 世纪初期，武吉斯人（Bugis）达恩·玛那奔（Daeng Menambun）来到南吧哇，娶了当地马来土酋的女儿为妻，他的兄弟娶了三发苏丹的女儿。后来玛那奔自称帕喃吧汉（Panembahan），建立了南吧哇土王政权。1750 年，清真寺阿訇阿尔卡德里带着妻儿由南部的马坦（Matan）迁来南吧哇，老玛那奔的儿子帕喃吧汉收留了他们一家。后来阿尔卡德里的长子阿都拉曼娶了老玛那奔的女儿为妻，成为王室成员。他的内兄帕喃吧汉对这位觊觎王位的妹婿充满了戒心，阿都拉曼后来在荷兰商人资助下离开南吧哇从事海上贸易，数年间他到过古泰（Kutei）、把实（Pasir）和巨港（Palembang）等地

---

① 邦居兰（Pangeran），马来语意为贵族。

进行贸易和海盗活动，甚至攻击过英国人、法国人和荷兰人的船只。海上事业的成功让他有足够的钱财购买武器和更大的船只，也吸引了更多的追随者听他使唤。第二次出海时他甚至在婆罗洲南部的马辰娶了苏丹之女为妻，得到了邦居兰的头衔。德国学者萨默斯（Mary Somers）在他的著作《坤甸首任苏丹》（*The First Sultans of Pontianak*）中写道："他的勇敢不可否认，但实现天赋的手段并不光彩，以至于他的父亲都不承认这个海盗儿子。"

1772年，阿都拉曼带着战利品回到南吧哇，他的父亲老阿尔卡德里已经去世，内兄帕喃吧汉显然不希望他回来。阿都拉曼郁闷地离开南吧哇，带着手下乘战船来到卡巴斯河口一片荒僻的草滩上，想要另起炉灶做一番事业。土著民告诉他那里是女妖"庞迪亚娜"（Pontianak）的出没之地，不宜搭屋住人。阿都拉曼一怒之下命令船上开炮，向荒滩草甸乱轰一通，借以驱散妖氛。然后叫人在陆上搭了一些草屋作为据点，和追随者在此定居下来。不久后，一位来自廖内（Riau）的武吉斯人拉者①哈吉（Raja Haji）找到阿都拉曼，帮助他洗劫了桑高上侯马来人土王，获得丰厚的战果并接受了拉者哈吉授予他的苏丹头衔。阿都拉曼更加意气风发，在卡巴斯河口建了一个堡垒和关卡，控制了卡巴斯河和海上的贸易通道。后来这个堡垒被扩建为清真寺和苏丹王宫，传说中女妖出没的荒滩也慢慢扩大为坤甸市镇。

阿都拉曼一生至少有22位妻妾，生有76个子女。据荷兰官员记载，阿都拉曼生性机灵而豪爽，内心则善于算计。他成功地利用了荷兰人的力量来维持家族的地位和利益。晚年的阿都拉曼挥霍无度，他到处向人借钱以维持家族庞大的开支，许多有钱的华人老板都是他的债主。1808年，老苏丹阿都拉曼去世，他的儿子卡西姆（Kassim）继位为第二代坤甸苏丹。卡西姆为人较为宽厚大度，替父亲偿还了许多债务，他也善待被荷兰人消灭的吻律述王室后人，他的宽容得到人们的赞誉。他有8个妻子和15个孩子，比父亲节俭和自律。1819年，卡西姆巧妙地抓住了荷兰人急于卷土重来的心态，利用荷军的力量消灭了卡巴斯河中游的戴燕（Tayan）马来土王，又与荷属东印度殖民政府签订了保护苏丹家族地位的条约，利用荷兰人的军事力量来对付日益强大的华人公司。

---

① 拉者（Raja），马来语酋长、君王。

20 世纪初期坤甸苏丹家族与荷兰官员合影

这几个马来人政权的社会管治能力有限，少量的军队也疏于训练而懒惰散漫，毫无战斗力。它们号称领土广阔，真正管治的区域其实很小，势力仅局限于王宫附近的市镇。华人公司在远离市镇的农村和矿山大展拳脚，马来政权鞭长莫及，只能依附荷兰人来制衡中国人。

七、经营西婆罗洲的荷兰人

17 世纪荷兰人进入爪哇，最初以私人合股公司的名义经营贸易生意，后来在荷兰皇室的支持下派出军队作为武装后盾，加强对当地的资源控制和对海上贸易安全的保护。1779 年，荷兰东印度公司正式与坤甸苏丹阿都拉曼签订条约，进入西婆罗洲。经营西婆罗洲数年之后，由于欧洲战事牵制，荷兰人被迫离开东印度群岛。虽然四年后重返巴达维亚，但由于爪哇等殖民地局势不稳而无暇顾及西婆罗洲。1799年，合股民营的东印度公司解散，荷兰政府接管其在爪哇等地所有权益，在巴达维亚建立总督府推行殖民统治。1816年爪哇局面稳定后，荷兰海军舰船先开来坤甸试探，1818年才重新派遣文武官员进入西婆罗洲，推行殖民统治。据说当他们的特使范·伯克霍尔兹（Van Boekholtz）来到坤甸时，老苏丹阿都拉曼已经去世，新一代坤甸苏丹是他的儿子卡西姆。当荷兰人表示要与苏丹进行谈判时，双方都找不到1779年签订的协议文本。荷兰人只好要求与现任坤甸苏丹重新签订一份协议，确定双方的依附关系。卡西姆利用荷兰人急于进入西婆罗洲的心态，提出了荷军协助他出兵攻打戴燕土王的要求。荷兰人只好仓促派出一支军队，由蒙廷赫（H. W. Muntinghe）少校担任指挥官，在数百名马来士兵引领下乘船沿卡巴斯河逆流而上，只用数日灭掉了戴燕土王。班师回朝后，坤甸苏丹才与荷兰人重新签订了一份协议，苏丹"授权"荷兰人在西婆罗洲征收人头税和进口关税，按约定返还一小部分税款给苏丹。随后荷兰人在三发也如法炮制，与三发苏丹签订了新的协议来确定双方关系。后来荷属东印度殖民政府又改派哈特曼（Hartmann）为驻坤甸专员、纳胡易斯（Nahuys）少校为军事指挥官，率领600名士兵来到西婆罗洲，开始了征服中国人的漫漫征途。

  为了更好地推进殖民统治，巴达维亚的荷属东印度殖民政府设置了一个"婆罗洲委员会"（Raad），由几位资深文武官员和地理历史学者担任委员。他们研究婆罗洲当地的地理、历史、自然资源和居民中各个民族的特点，探讨在婆罗洲推行殖民统治和发展经济的路向，制定对婆罗洲（主要是西婆罗洲）的政策。按规定，总督向西婆罗洲派遣一名行政长官（荷文"Resident"，也有人译作专员），驻扎坤甸。另派一名副专员驻扎三发。同时总督还派出一名军事指挥官和数百人的武装部队常驻西婆罗洲，指挥官一般由中校级别的荷军军官担任，另有一些少校级和尉级军官协助。鉴于西婆罗洲沿海港口较多而陆地交通不便，总督还派出一艘至几艘海军舰船，配备大炮和近百名海军陆战队员，以维持沿海地区的军事秩序、镇压华人民兵的抵抗。荷兰人在坤甸老埠头建有一座专员公署（政府驻地），在军舰停泊的码头附近建有荷军军营和后勤基地，三发市镇上也建有政府驻地和荷军营地及库房等。由于当时欧洲还处于蒸汽时代，石油的工业化开采技术和燃油汽车尚未问世，荷兰人在西婆罗洲主要靠蒸汽动力舰船作为军队的交通工具。陆上行动主要靠走路（官员坐轿子），军队的后勤补给主要靠马来人苦力肩挑背运来解决，效率自然很低。

1825年之后，由于荷属东印度殖民政府在爪哇等地遇到本地土著民的抵抗运动，曾一度暂停推进西婆罗洲的殖民计划，直至1847年爪哇等地局势稳定后才重返西婆罗洲。荷属东印度殖民政府婆罗洲委员会把这一时期称为"不干预时期"。由于矿产资源枯竭，这一时期各个公司都在进行产业转移，即由采矿业向种养农业过渡。

1850年之后，荷属东印度殖民政府驻坤甸专员和军事指挥官几经更换，各人对付华人公司采取的方式有所不同。其中以1850年至1853年的专员威勒为"怀柔派"代表，他认为腐败的苏丹政权和懒散的马来人不能治理并促进社会进步，只有中国人才是西婆罗洲社会和经济发展的推动力，应当允许几个较大的华人公司存在，并给予一定的独立地位。而1854年至1855年的专员兼军事指挥官安德里山则是"强硬派"的代表，他认为放任中国公司自由发展将导致荷属东印度殖民政府最终失去管治权，只有扶植腐败的苏丹政权，像驱使奴隶一般对待马来人和达雅人，才能为荷兰人的殖民政策服务。最终华人公司被荷军的坚船利炮强行消灭，大量华人迁移到其他地方谋生，严重阻滞了西婆罗洲的社会经济发展。

第二章
海外华邦：兴起、全盛与消亡

一、西婆罗洲的"华人公司时代"

1770年至1884年间，西婆罗洲发现金矿的消息传入中国，东南沿海特别是粤东地区许多人漂洋过海来此地挖金。十几年间数以万计的华人涌入西婆罗洲，来自同一原居地域的华人纷纷抱团组成自己的利益集团，华人公司应运而生并日渐进入全盛时期。这一时期西婆罗洲的黄金钻石产量位居亚洲之首，其间有三十几个有文字记录的华人公司存在。

东万律兰芳公司

东万律兰芳公司无疑是这些公司的代表，它存在的历史最长（108年），留下的文字记载最多最全，后人对它的关注和研究也最多。它的成员主要来自广东东北部的嘉应州。嘉应州自古为岭南蛮荒之地，经济和社会发展较为迟缓，且因交通闭塞和山多田少，人民谋生不易，很早就有人漂洋过海到南洋寻求发展。罗芳伯是仰慕"金山"之名来到西婆罗洲的数万华人当中的一员，他来自嘉应州石扇堡大岭约（今称梅州市梅县区石扇镇西南村）。

1777年他带领一批嘉应州客家人在坤甸以北百余里的东万律山心金湖创建了兰芳公司，罗芳伯被推举为"大哥"。兰芳公司除了开挖金矿之外还在附近兴建店铺和民居，吸引许多华人前来垦荒种植，东万律很快就形成了一个市镇。其后数年间，有更多来自嘉应州的客家人聚集在兰芳公司旗下，兰芳公司的实力日益强大。罗大哥武艺高强且具有谋略，在他策划之下兰芳公司逐渐建设成为一个独立自治政权。到1794年前后，兰芳公司进入全盛时期，辖下有华人两万余人和十几万归附的达雅人，领土面积达到一万五千多平方公里（与现今梅州市八个县区相若）。

1795年，58岁的罗芳伯因病去世，兰芳公司群众推举江戊伯继任大哥。江戊伯逝世之后分别由阙四伯、宋插伯、刘台二等九代领导人继位。直至1884年10月，兰芳公司被荷兰军队消灭，历时108年。

打唠鹿大港公司

除了东万律的兰芳公司，在西婆罗洲西北沿海平原地区还有一个规模更大的华人公司——大港公司，它的早期成员主要来自粤东的潮阳、揭阳等"福佬"方言（今称潮州话）地区，前期主要从事农业种植，1780年之后也发展了矿业，开辟了几处金矿。

粤东的潮、揭地区地处沿海，土地广阔而平整，河渠水网密布，人民历来就有精耕细作的传统，尤以水稻、番薯、豆类、蔬菜水果种植和禽、畜、鱼类养殖为强项。这些华人来到西婆罗洲之后，发现这里土地平整而肥沃，河网密布、水量充沛，且气候炎热、阳光充足，正适宜农业种植和禽畜鱼类养殖。更重要的是这里地处海外，那些号称苏丹或国王的马来人根本无力管治这么广阔的地方。中国俗语有言：天高皇帝远，在这里耕田种果不必为交租纳税担忧。他们带来了粤东精耕细作的农业技术、作物种子和栽培方法，使西婆罗洲的种植和养殖农业有了飞跃发展。后来西婆罗洲兴起淘金热潮，许多来自潮州府惠来县、揭阳县河婆和惠州府海丰、陆丰一带的客家人也加入大港公司，他们大多数从事采矿业。数十年间，大港公司发展到拥有华人数万，地域跨越三发河左岸和万那河右岸之间的广大地区，面积与兰芳公司不相上下。

其他较小的华人公司

西婆罗洲同时存在二十几个由来自河婆、海丰、陆丰、惠来等地的所谓"半山福"客家人和邻近永安（紫金）、归善（惠阳）的客家人组成的公司。因为客家人多数居住在山区，这"半山福"原是一半客家一半福佬之意，主要指居住在地理位置靠近福佬方言区的客家人，这些地方的住民虽然说客家话，但很多人又能说福佬话，因而形成一种特有的客家话口音，以河婆话为代表。半山福也有人读作"半山鹤"，那是因为"福佬"在客家话和潮州话里发音都为"hoklo"，福的发音与鹤（hok）相近。也有人称作"半山客"，其含义都是相同。

这些公司中规模较大的有三条沟公司、满和公司、新屋公司、坑尾公司、结连公司、十五份公司、霖田公司、十二份公司等。它们大都以采矿为业，也有一些公司从事农业养殖。由于"半山福"方言区行政上属潮州府的潮阳县、揭阳县和惠州府的海丰县、陆丰县，历史上的民间交流较多，因而"半山福"客家人组成的公司与大港公司的关系较为密切，曾一度与大港公司结成和顺联盟。但后来由于不能忍受大港公司的打压政策而纷纷脱离和顺联盟，最终都被荷兰军队剿灭。

西婆罗洲的华人公司时代

华人来到西婆罗洲之后如何生存？华人公司又如何管理运作和获取利润？公司势力如何发展壮大？华人与土著民的关系怎样？

由于大批来自中国的"新客"涌入西婆罗洲，当地华人很快发展到数万人之众。采金者最初都在马来土王或者华人"头家"（老板）的金湖做工，赚到钱之后有人选择寄回中国家乡买田做屋，也有人选择就地投资金湖，几个人或十几个人出资合股，成立"份头公司"自己来做老板。那些"九份头""十二份""十四份"公司里的份数，实际上就是客家话里原始股东的人（股）数。后来因为文字记录的差错，都记作"九分头""十二分""十四分"，有些读者难免会误认为是总公司属下的分公司。因此本书将这个"分"字恢复写作"份"字，可以完整表述本来意思而不致产生歧义。

华人公司最初为了占用山场开矿，需要取得苏丹或土王的允许，或要向其缴纳山租，采获的黄金也被迫要卖给苏丹或土王。此外，马来人基本上垄断了当地的商业和贸易，华人只能向苏丹和马来商人购买粮食、食盐和生活必需品，这些都是华人公司初期迫不得已之计。之后华人公司通过较长时间的内部兼并，势力增大，苏丹和马来人土王又住在远离矿区的沿海地区，华人可以逐渐自行开辟新矿而不向苏丹交纳山租，也可以自行开店做生意而不必向马来人求购，甚至后来发展到自己进行海上贸易，购置大船到新加坡购进粮食、食盐、鸦片、火药、武器等商品在西婆罗洲销售。据时任荷属东印度殖民政府驻西婆罗洲专员威勒的记载，三发苏丹曾向他抱怨：大港公司及和顺联盟的几家公司已经四十年没有向他缴纳地租，看来苏丹的所谓领土主权其实形同虚设。后来在苏丹和土王管治薄弱的地区，华人公司甚至独立行使收税、关栅、选举领导人等社会管治的权力，也是社会发展的必然结果。1778年坤甸发生达雅人叛乱时，阿都拉曼苏丹请求罗芳伯率领手下的华人帮助其平乱。平定叛乱后苏丹主动将坤甸新埠头之地送给兰芳公司，与罗芳伯"隔江而治"。坤甸苏丹也曾派出两位将军率领大队马来士兵，协助兰芳公司攻打沙坝达（Sepada）土王。三发苏丹与三条沟公司也长期保持友好关系，1852年7月，苏丹甚至派出马来士兵协助三条沟华人保卫关帝庙，不让荷兰人进入。可见当时马来人苏丹和土王政权的势力很弱小，没有能力稳定地统治西婆罗洲，华人根本无须推翻苏丹或土王的统治，自己就能在狭小的苏丹或土王辖区之外，建立更广阔而有效的华人自治区域。兰芳公司后来不断开发新的矿山，在矿山附近建造民居和店铺，发展垦荒种植，领土逐渐扩张，它的管治区域已远远超过坤甸苏丹或内陆地区一些马来人土王的管辖范围。

据荷兰学者高延在著作中附录的《兰芳公司历代年册》记载，坤甸苏丹曾多次出面调解兰芳公司与马来人土王之间的冲突，甚至主持划地让他们分界而治。南吧哇土王帕喃吧汉与兰芳公司也保持友好关系。事实上苏丹和土王也已承认了西婆罗洲的华人有居住、开矿和耕种的生存权利。坤甸苏丹住在卡巴斯河南岸的坤甸王府肚①，他的儿子卡西姆继承了南吧哇王位后主要从事商贸生意而无意政治，因而实际控制的地方更小。兰芳公司众多华人居住在卡巴斯河以北，万那河流域和南吧哇河流域的坤甸新埠头、八阁亭、淡水港、东万律、沙拉蛮（Senaman）、仨南（Toenang）、新港和茅恩等地，主要从事采矿业。大港、三条沟和其他十几家华人公司则在打唠鹿、邦戛和三发、拉腊、昔邦、西尼尼一带从事采矿和种植农业，很长一段时间里大家各管各地，互不侵犯。人数更多的达雅人则分散居住在万那河谷及卡巴斯河流域内陆的广泛山区，虽有首领管理自己的部落，但有些还是处于马来人（土王）或华人（公司）的管治之下，要向苏丹或华人公司缴纳人头税。而其他高山内陆地区，马来人和华人鞭长莫及，则由达雅族酋长管治。有些部落以家族形式聚居，以季节性迁徙的农业耕种方式生存和繁

---

① 王府肚，坤甸市区一处地名。因苏丹王宫建于此，华人称之为"王府肚"。

衍。这种状态维持了七八十年之久，直至1816年荷兰舰队开到西婆罗洲沿海港口，荷兰海军进入西婆罗洲后才开始改变。

上述二十几个华人公司分布在西婆罗洲广阔的地域，基本上都有自己的势力范围（领土）和经营项目（金矿、银矿、钻石矿或商业、赌博业、种植园）。近百年来他们之间既有合作又有斗争，在面对武力强大的荷兰殖民者时既联合对敌，也中立自守，甚至互相倾轧和私下串联背叛。居住在三发河流域和南吧哇河以北地区的华人，基本上原籍地为潮州府和惠州府，他们组成了大港公司、三条沟公司、新屋公司、坑尾公司、满和公司、结连公司、十五份公司、泰和公司、老八份公司、九份头公司等十几家公司，互相之间有较为密切的经济联系和战略上的联合。而居住在南吧哇河南岸和万那河流域广大地区的华人则组成了兰芳公司，他们基本上来自嘉应州和大埔、永定等周边客家地区，与潮州属的华人历来就有风俗习惯的不同和经济利益上的冲突。

1854年以后，西婆罗洲其他华人公司都被荷兰人消灭。由于刘阿生在几年的公司战争中没有与荷兰人为敌甚至提供了协助，荷属东印度殖民政府允许兰芳公司继续以半独立状态在东万律地区存在。刘阿生凭借个人的魄力对公司进行改革，使兰芳公司后二十年呈现中兴之势。1884年"东万律事件"爆发之后，兰芳公司也被荷兰人消灭，历时120年之久的西婆罗洲"华人公司时代"宣告结束。

二、罗芳伯：兰芳政权的缔造者

罗芳伯是清代广东嘉应州石扇堡大岭约（今称梅州市梅县区石扇镇西南村）人，乾隆年间他与同乡百余人结伴南渡，乘船来到西婆罗洲的坤甸，与早期抵达的数万华人一起，开金矿、耕田地，谋求生存和发展。罗芳伯凭借其过人的胆识和能力，六年间领导手下的同胞几经内部兼并斗争，又与马来人、达雅人几次征战，在东万律一带建立起一个"地广八百里，人丁数十万"的自治政权。罗芳伯被推举为领袖，名号称为"大哥"，公司正式文件的记载则称"大总制"。兰芳公司在辖地设置管理机构，在关隘要冲设卡征税，在聚居地开埠殖民，俨然一个独立自主的王国。罗芳伯逝世后，其领袖一职由江戊伯、阙四伯、宋插伯、刘台二、刘阿生等人先后继任，传十代约一百零八年，直至1884年，东万律兰芳政权才被荷兰军队所灭。罗芳伯在位十九年，当地华人尊称其为"坤甸王"。

在罗芳伯的故乡广东嘉应州石扇堡，人们早在清朝乾隆年间就知道他在南洋婆罗洲"建国称王"的故事。乡人口头传说他是"坤甸王"，也有人说他是"外朝天子"。但是在当时中国的其他地区，罗芳伯的名字仍然鲜为人知。

罗芳伯炭画像和像赞

按发表时间先后排序，最早记载罗芳伯事迹的文字，应是罗芳伯的同乡郑如壎于乾隆五十年（1785）前后所作的《芳翁懿行像赞》一文，今附录于书末，并加以注释。

郑如壎是乾隆三十六年（1771）辛卯科广东乡试举人，年龄比罗芳伯略小，家住嘉应州石扇堡东部之中心约，与大岭约罗氏有姻亲。罗家子孙辈按照当时的惯例，请本村画匠李启昌给罗芳伯画了一幅炭画肖像，请乡中有文墨的举人老爷（也是亲戚）郑如壎在肖像下边题个像赞。读者可以看到像赞中作者称"未由一晤翁范，心甚欷然。犹得于耳熟之下，缕悉高躅"，意思是说作者虽然没有见过画像中人物，但罗芳伯的事迹他已经耳熟能详。由此可知，罗芳伯当年在南洋创立兰芳公司的事迹，郑如壎和家乡父老已早有所闻。鉴于当时处于清政府统治之下，文字狱盛行，像赞中对罗芳伯的事迹和评价措辞谨慎，虽有赞颂之意却含糊其词，使人读罢感到费解。尽管作者刻意低调，但读者仍可从"悬弧早矢四方之志……树望不愧千里之驹……英风遍被乎中外，义闻广乎于遐迩"等词句中领悟到罗芳伯所开创的是大事业，并非一般凡人可比。末句"行将北阙荣旌，藉藉乎实大声宏，余乃叶德音而载赓"，表明当时罗芳伯仍然在世，似乎有传闻说朝廷将要旌表褒奖他。作者在句中表达了期待这位伟人声誉日隆、光耀乡邦的愿望。由于这篇像赞是写给罗芳伯家族的，直至1937年才由石扇人肖肇川在罗芳伯家谱中发现后载入《罗芳伯传略》一文，以油印本刊出流传于梅县。设在石扇的梅北中学于次年烧制了一幅罗芳伯瓷像，将这篇像赞誊录于罗芳伯画像下方，镶嵌在新建的罗芳伯纪念堂墙上，本地人也逐渐知晓罗芳伯其人其事。1961年罗香林在香港出版《西婆罗洲罗芳伯等所建共和国考》时,由于在文内附有罗芳伯肖像和像赞,此文得以在国内外学术界迅速传播。

罗氏家藏的罗芳伯炭画像(李启昌绘)

谢清高《海录》中的"昆甸国"

记录罗芳伯事迹的第二篇文字,当是嘉庆二十五年(1820)谢清高所著之《海录》。其中《昆甸国》一章叙事简洁,兹附录于书末。

谢清高(1765—1821)是嘉应州金盘堡(今梅县丙村镇)人。少年时期跟随粤海商船从事贸易,遇风暴被巨浪卷入海中,后被洋船救起,跟随洋船任职水手,游历海外诸国十四年,通多国语言且见多识广。晚年寓居澳门,因双目失明不能经商,以替人口译为业。其口述之见闻由游历澳门的嘉应州举人杨炳南记录修订成《海录》一书,所载之内容非常丰富而翔实,令人相信他确实曾亲临其境。据说林则徐亦曾对此书赞赏有加,认为谢清高是中国"开眼看世界第一人",并将此书推荐给道光皇帝阅读。谢清高与罗芳伯为同时代人,他在船上工作时到过坤甸,那时罗芳伯去世不久,而他在东万律创立的兰芳政权正值全盛之时。书中的记录简明清晰,对罗芳伯创业和定都之处——东万律的地理概况及其率众平乱、祭神灵、驱鳄鱼、为客长、享祭祀等历史事实都做了交代。由于《海录》一书曾数次翻印,甚至有人传抄,因而传播较广,许多国内学者通过《海录》了解到罗芳伯其人其事。文中所记均为作者亲历,叙述条理清楚,并无过多溢美之词,真实可信。

《嘉应州志》中的罗芳伯:祭神灵、驱鳄鱼,因奉为王

记录罗芳伯及兰芳公司事迹的第三篇文字,当属清朝光绪二十四年(1898)温仲和领衔编撰的《嘉应州志》卷二十三《人物部》所载之《罗芳伯传》,其文不太赘长,附录于书末。

温仲和是嘉应州松口堡人,光绪十五年(1889)进士,官至翰林院检讨。修志开始时他尚在潮州金山书院任主讲,《嘉应州志》实际上主要由他的副手梁诗五、饶芙裳、夏心根和梁国瑞等人主持编撰。这些编撰人员大都是举人出身,有

光绪版《嘉应州志》卷二十三《罗芳伯传》内页

些是生员和文童,都未游历过南洋。但此次修志时有荷属日里(棉兰)的富商——嘉应州松口堡人张煜南和张鸿南兄弟二人作为捐修人参与。张煜南生于1851年,少年即赴南洋经商,曾在坤甸及东万律活动,经办过兰芳公司后期的饷粮码(专卖税)。他的第二个妻子刘葵英是兰芳公司最后一任领导人刘阿生之女,故张煜南应知悉罗芳伯及其创建的兰芳公司后期的事迹。从文中可以看出,其通篇以引用谢清高《海录·昆甸国》内容为主,但末尾增加了坤甸华人立庙树匾纪念罗芳伯、吧城①博物馆藏有罗氏遗物和继位者之姓氏等事实。文中所记年份准确,很可能是编撰者采用了张煜南提供的材料或参考南洋华侨之记录而载入。文中记罗芳伯先有祭神驱鳄之事,后"因奉为王"。据考事件发生的时间顺序有误,祭神驱鳄应在兰芳政权建立后十余年罗芳伯据有坤甸新埠头之地以后。另称罗芳伯"因奉为王",比《海录》所称"尊为客长",已有明显抬高。又言罗芳伯"年七十余终"亦是误笔,罗去世时年仅五十八岁。由于这本《嘉应州志》是以木刻版刊印,发行数量有限,且多由官府秘藏,民间知之者甚少。1968年,台湾成文出版社曾以影印版少量发行,但民间知之者仍然不多。

梁启超笔下的罗芳伯:"昆甸国王罗大"

记录罗芳伯的第四篇文字,见诸梁启超所著《饮冰室合集》,书中的《中国殖民八大伟人传》有关于罗芳伯的一段话,现附录于此:

> 昆甸国王罗大②,王广东嘉应人也。昆甸亦在婆罗洲,乾嘉间③,王与土蛮战,破之。王焉。事迹无考。(据口碑)

梁启超是现代学术大家,一向治学严谨,1905年撰写此文时可能手头资料缺乏,只好根据传说略记。文中称罗芳伯为"昆甸国王罗大",又称事件时代为"乾嘉间",都有误。难怪罗香林说此文"寥寥仅三十许字,且误书罗芳伯为罗

---

① 爪哇岛西北部城市,原名噶拉巴,1619年被荷兰占领后称巴达维亚,华侨简称吧城。今称雅加达。
② 在兰芳公司内部,人称罗芳伯为罗大哥。作者误以为哥是尊称,故记为罗大,是笔误。
③ 罗芳伯(1738—1795)一生都在乾隆时期,记"乾嘉间"不够准确。

大,则又读罢反为不安也"。但由于梁启超是清末著名学者,他的文章往往更能引起读者的重视,许多人正是因为读了这篇短文才生发了对罗芳伯事迹的兴趣和关注。

罗芳伯与《兰芳公司历代年册》

《兰芳公司历代年册》是1853年任职兰芳公司先生(文秘)的叶祥云提交给荷属东印度殖民政府的文件(见书末附录)。后来被荷兰驻坤甸官员高延带回欧洲并发表,世人得以了解。这本年册开篇仅以寥寥数语,便将罗芳伯出身家世、体貌特征、品行修养和传世作品都交代得非常清楚。对罗芳伯创建兰芳公司的五次战役也有准确详细的描述,对兰芳公司与马来人政权及其他华人公司的关系也有记述。许多民国时期的学者(包括林凤超和罗香林)正是读到了这篇文献才开始研究西婆罗洲华人公司。这篇年册还详细记载了罗芳伯创建兰芳公司的经过和之后八十年兰芳公司及西婆罗洲其他华人公司的主要历史。

《坤甸历史》记载的罗芳伯

第六篇文字是林凤超于民国初年撰写的《坤甸历史》(见后文附录),其内容除了记载罗芳伯及其创建兰芳公司的一些事实之外,还有了"注释、查证、分析和评论"等研究性的内容。林凤超是广东镇平县(今蕉岭)人,曾在坤甸侨居多年。其所处年代为清末民初,距荷兰军队消灭兰芳公司不过十余年。他自述曾访问过兰芳公司末期之坤甸副厅遗址,有父老向其诉说过兰芳公司旧事和兰芳灭国之史实,亦知悉兰芳之旧部李玉昌(参谋)移居吉隆坡,末代领导人刘阿生之子刘恩官移居日里且藏有兰芳公司档案卷宗的事实。特别是《坤甸历史》记载了罗芳伯《游金山赋》《遣怀诗》和《祭鳄鱼文》这三篇诗文(赋),为后人了解和研究罗芳伯提供了宝贵的资料。由于《坤甸历史》写成后是在南洋印行传播,后来才由华侨学者传回国内,故而国内读者知之较迟。

林凤超在文中称罗芳伯"建元兰芳",是取义于"其兄兰柏",两处均有误。通篇事件以兰芳纪年,虽有史家笔法,却未注明原始资料出处和依据。所引罗芳伯之三篇诗文,亦未注明其来历或出处,此其不足之处。

余澜馨《罗芳伯传》

第七篇记载罗芳伯和东万律兰芳政权的文字，应是余澜馨于1920年前后撰写的《罗芳伯传》（见后文附录）。余澜馨（1880—1954）原名余九香，民国初华侨学者，广东梅县丙村人。少年时期曾在日本求学，归国后曾任同乡邓铿（仲元）将军的家庭教师，后前往婆罗洲定居坤甸。其文对罗芳伯由家乡经虎门出海，漂洋过海到达婆罗洲的经过叙述甚详，对罗芳伯创建兰芳政权的经过、吴元盛协助罗芳伯开国的事迹也交代清楚（但未记元盛被封为戴燕国王事）。特别是对兰芳政权的官制、疆域、法度、经济、教育等方面也有比较翔实的记录，对罗芳伯去世后的江、阙、宋三代继任人和他们的功绩亦有所提及，对兰芳灭国及梁路义组织抵抗荷军的史实也记录无遗。观其文中之词句，似乎曾参考林凤超《坤甸历史》，但又未载罗芳伯所作诗、赋及祭神驱鳄等重要情节。此文在南洋出版印行，后经华侨传播回国内，在岭南地区影响较大。

至于文中记载罗芳伯"于三发登岸"，史实欠考；记罗芳伯于"乾隆四十三年得国"，是为乾隆四十二年之误；记罗芳伯"卒于乾隆五十八年（西历一七九三年）"，为乾隆六十年（1795）之误。记兰芳公司据有邦戛、南吧哇、山口洋、万劳、双沟月，并设有县治，则与史实相违。虽然余文略有瑕疵，但其所载罗芳伯及东万律兰芳公司的事迹比较全面而真实，并无过多夸大溢美之词，且发表时间较早，学术界一向对其评价较高。

李长傅《罗芳伯传》

记载罗芳伯及兰芳公司的第八篇文字，乃是李长傅于1928年所撰《南洋华侨史》中的《罗芳伯之事业》（见后文附录）。李长傅于清末（1899）出生于江苏镇江，早在民国初就涉足华侨史研究领域。1927年在暨南大学（南京）主持南洋研究事业部，曾任暨南大学教授、中央大学教授等职，对南洋地理和华侨历史的研究科学而严谨，成果非常丰富，是中国华侨研究领域的开创者之一。

李长傅这篇《罗芳伯之事业》短短千余字，对罗芳伯出身家世和兰芳公司的创建、传承、灭国、抵抗等史实逐一作简略介绍，使人读后可以对兰芳政权的概况一目了然。末尾有民国三年坤甸华侨抗击荷兰殖民者的记载，是对兰芳政权后期历史的重要补充。由于这篇文章在国内发表，加上作者本人在华侨研究领域的地位，使罗芳伯及兰芳公司的事迹传播更为广泛。文中对罗芳伯家世的记载稍有错误，对罗芳伯开疆辟土、祭神灵、驱鳄鱼、立遗嘱、继位领导人的事迹和兰芳公司的民主自治精神等方面的记载也略显薄弱。

温雄飞《罗芳伯传》

记载罗芳伯及兰芳公司的第九篇文字，应为温雄飞所作之《罗芳伯传》（见后文附录）。温雄飞祖籍广东台山，1885年生于北美旧金山，早年追随孙中山在国外参与推翻清朝的革命活动。辛亥革命后曾任中华民国第一任总统府秘书，眼界和学识可算不凡。1912年他辞官回广州担任《中国日报》总编辑，1926年起在新加坡搜集资料研究华侨历史，1928年至1931年在上海任暨南大学教授，其间出版了《南洋华侨通史》一书，《罗芳伯传》即为该书中之一节，发表时间可能在1930年左右。

温雄飞这篇《罗芳伯传》较为详细地叙述了罗芳伯由家乡出发，经由岐岭、东江、虎门漂洋渡海到西婆罗洲三发登岸的旅程，以及在吻黎里、米仓下、松柏港一带以天地会名义集合同志、拜盟结义、潜植势力、以待时机的事实。文中对于罗芳伯所创建政权的国号、尊位、官制、郡邑、旗帜、印信、地域、法制、军备、教育、实业等方面均作详细描述。而对于罗芳伯身后之继任人，除江戊伯略有介绍外，其余均一笔带过，兰芳政权消亡的经过亦仅用寥寥数语讲述。

温雄飞生于兰芳灭国次年（1885），且未曾在坤甸居住，所以其文中所采用的资料，应是1926年在新加坡图书馆所搜集或者由熟悉坤甸华侨历史之人士所提供的，也有可能曾参考余澜馨的《罗芳伯传》。不过，文中许多资料均未注明出处，其真实性有待考证。特别是文中提及罗芳伯曾加入天地会，并以天地会之名在婆罗洲活动，似乎缺乏史实根据；对兰芳国制描述甚为详细，可惜亦缺乏实证，令人感觉民间传说和文学加工的成分多于历史事实；称兰芳公司在邦戛、山口洋、打唠鹿等地设立县治，则有明显错误。但详究其所载有关罗芳伯各事件的地名、人名及年代等要素，除未载与华人公司争夺地盘以及祭神驱鳄等情节外，其余与叶祥云《兰芳公司历代年册》所载基本相符。

肖肇川《罗芳伯传略》

记载罗芳伯及兰芳公司的第十篇文字,是罗芳伯的同乡——梅县石扇人肖肇川所撰《罗芳伯传略》(见后文附录)。此文的成文时间大约在 1939 年。细读其文之内容,主要参考林凤超《坤甸历史》和余澜馨《罗芳伯传》,增加了对罗芳伯故乡的一些描述和作者采访罗氏后人得到的资料,其中包括郑如壎《芳翁懿行像赞》和李启昌《罗芳伯炭画像》。1941 年作者将本文印成小册分送给亲友阅读,因而在罗芳伯的家乡梅县流传甚广,至今仍有人珍藏,其影响力可谓不小。

肖肇川 1936 年在梅北中学任国文教员时,有本乡人罗四维由南洋归国应聘来梅北中学执教,二人积极倡导在校内建筑罗芳伯纪念堂。罗四维原名罗泮香,民国初毕业于梅州中学,曾在荷属东印度之巴达维亚、勿里洞、三马望、八加连和英属马来亚之怡保、加影等地华文学校执教,前后长达十一年之久,其间搜集了不少有关罗芳伯的资料。肖肇川有可能参考了罗四维提供的资料而写成此文。罗四维又于 1942 年将其搜集到的林凤超《坤甸历史》手抄本、《梅县石扇罗氏简谱》手抄本和肖肇川《罗芳伯传略》油印本寄给罗香林,促成其写成具有影响力的《西婆罗洲罗芳伯等所建共和国考》一书。肖肇川 1926 年毕业于广东大学(中山大学前身),曾在上海某大学任教,据说是石扇第一个共产党员。后来脱党从政,抗战时期曾在昆明国民政府西南运输处任职,1946 年后曾任梅县国民政府民政科科长,1952 年被镇压(枪决)。罗四维曾任梅北中学和梅县东山中学教员,亦曾担任国民党大陆统治末期所谓"白皮红心"的石扇乡乡长。1949 年 5 月梅县第一次解放时,改任新政权的石扇乡乡长。同年 7 月,国民党胡琏兵团南撤时短暂占领梅县,罗四维被抓捕,关押数日后被处死(活埋),后来被追认为烈士。肖、罗二人同为石扇本土研究罗芳伯的文人,可惜因时代变迁而殊途同归,真是令人扼腕唏嘘!

谢贞盘《西婆罗洲大唐总长罗公芳伯纪念碑记》

记载罗芳伯及兰芳公司的第十一篇文字,是梅北中学罗芳伯纪念堂《西婆罗洲大唐总长罗公芳伯纪念碑记》,此文由谢贞盘所作。谢贞盘是民国时梅州城下市谢屋人,曾任中山大学教授。1937年梅北中学校董会决议兴建罗芳伯纪念堂,1940年纪念堂落成,彭精一校董委托时任梅县修志局局长的谢贞盘撰写了这篇碑记,镌刻于一方石碑,镶嵌在罗芳伯纪念堂正面墙上。1966年夏季"文化大革命"爆发,在"破四旧"的浪潮中石碑被本校学生"红卫兵"砸毁。所幸"文化大革命"后此文又由民间流出(今附记于附录)。

　　谢贞盘不愧为学问家,不仅能引经据典说明婆罗洲的地理、历史和人文状况,还对罗芳伯平乱称王的事迹作出详细叙述,实属难能可贵。谢贞盘认为罗芳伯建国后"任大总制",是第一个认为"大总制是官衔"的学者。此外他对祖国"宗邦多难,未遑于柔远"和"清廷失计,远略不勤。强虏肆噬,不为声援"感到无奈,对罗芳伯"仰先民之不作,伤遗烈之莫继"发出慨叹,令人读罢心有同感。值得一提的是,谢贞盘称罗芳伯"建邦称制,比踪扶余。奠都分邑,为国羽仪。共和效昔,周召之遗……唯公远识,不私其有。取决众议,择贤相授"。他把兰芳公司的政体比作春秋时期的"周召共和"国体,评价极为中肯。

　　以上几篇是清末民国时期国内学者记录罗芳伯的文字,其中有些内容是从南洋华侨口头或比较简单的印刷品传回来的,有不少错误或夸大的记载。比较完整和真实可信的文字记载,当属手抄本《兰芳公司历代年册》。另一本记载比较真实和完善的专著,是1961年由著名历史学家罗香林在香港出版的《西婆罗洲罗芳伯等所建兰芳共和国考》。这本专著以历史学考证的研究方法和充分的史料支撑,详细记载了罗芳伯及兰芳公司的事迹和重大事件,并将兰芳公司的性质定性为独立自治的民主共和国。

罗芳伯生平综述

　　罗芳伯,原名芳柏(伯是尊称),来自中国广东省嘉应州石扇堡大岭约。
　　《嘉应州志》记载罗芳伯"少负奇气,性豪爽"。肖肇川《罗芳伯传略》又加上"尤喜结纳,且天赋予一副强壮身躯,臂力超人,学文习武为群儿冠……遇事勤奋,乡里称之"等几句,总之把他描写成少年英雄。《兰芳公司历代年册》的记载更加详细:"罗芳伯太哥,广东嘉应州人也。其居里为石扇堡。水口有神坛一座，枌榆镇抚，桑梓屏藩，形势最胜。有习青乌者①，观此形胜，谓此处必产异人，将来功名事业，必高出寻常万万者。故罗大哥生而虎头燕颔，隆肫虬髯，长耳方口。虽长不满五尺，然好读书，胸中常怀大志，量宽洪，喜怒不形于色。而且多材多艺，诸子百家，无所不晓。壮游交，为众所推尊。"文中对石扇村庄的风水、预言及罗芳伯的相貌、才干和为人都做了描述，令读者脑海里浮现了一个清晰的人物形象。

笔者在石扇西南村调查时，一位老人笑言：传说罗芳伯年少胆大，竟敢将石扇帽山顶（地名）前人设置的一尊菩萨搬回村后矮寨山山顶（山名）安放，起名曰：公王老爷。此后罗芳伯每日清晨出门劳作，先割满一担鱼草（饲养塘鱼需投放的饲料）后登上屋后矮寨山，在山顶练一套拳脚。练完后在公王老爷坛前稍坐，香台上必有一杯热茶恭候。芳伯饮完这杯热茶，挑起草担子回家。乡民传说罗芳伯是天子下凡投胎，连神明都敬他三分。当然这些都是奉承和抬高罗芳伯的吉言。

据传罗芳伯在家乡曾经为了科举考试而学习古文和诗词，不幸的是他未能考取功名，一气之下远走高飞，漂洋过海到南洋谋求发展。在科举考试接连失败之后，罗芳伯于1772年35岁时来到西婆罗洲。最初他曾经在金湖做过矿工，后来到坤甸以教书为业。由于他乐于助人而又具有聪明才智，很快就团结了一批来自中国的农民和矿工，手下聚集了几百个华人。

但是笔者发现，大多数中国研究者都认为罗芳伯最初抵达西婆罗洲时的登岸地点在三发，原因是坤甸当时尚未成埠，洋船多数在三发或南吧哇靠岸，可惜目前未有确切史料证明这个说法。笔者2014年在西加实地调查时访问了坤甸新埠头80多岁的谢官友老人，据他听到的传说，罗芳伯是在南吧哇附近的乌山象嘴登岸。荷兰学者桑克称，他在调查时听到的传说是罗芳伯最初在打唠鹿居住（他没有说明具体登岸地点），并且很快组织了一个秘密会党组织——兰芳会。1774年兰芳会与打唠鹿天地会之间爆发一场战争，最终兰芳会大败而逃。罗芳伯因此离开打唠鹿到了南吧哇，后来到了坤甸，后来再到东万律创建了兰芳公司。因为那次惨败，罗芳伯一生痛恨打唠鹿的潮州属人，曾发誓要消灭他们。

不管是哪种说法，罗芳伯最后都是来到了坤甸。有记载说他在坤甸教书，和

---

① 青乌子，古代堪舆家。习青乌者，代指风水先生。

一百零八个客家人成为结拜兄弟。也有人说他结识了拉曼苏丹，与苏丹也结拜了兄弟，后来还应苏丹的请求带一支人马帮助苏丹平息了达雅人的叛乱。可惜这些都未能找到确切的史料证实。《兰芳公司历代年册》则记载："时坤甸初开，有聚胜公司、四大家围。罗太哥初到坤甸之日，聚胜公司及四大家围皆器重之，有罗方口之称焉。"初到坤甸就能得到几个华人公司的器重，可见罗芳伯之前曾做过一番大事，坤甸华人才有可能认识和器重他。

在罗芳伯抵达西婆罗洲的头几年，地处三发河流域金矿区的挖金矿场不断增多。随着越来越多的矿山被开发，出于对经济利益的争夺和保护各自的家园财产的需要，西婆罗洲逐渐形成了十几个由原籍潮州、揭阳等地的福佬人和上述各县客家人组成的帮派。这些地区性帮派把福佬地区乡村宗族的"公司"和客家地区的宗族"公尝"管理方法带到西婆罗洲，各自组织不同形式的合伙公司来经营矿山或农业。西婆罗洲的三发、邦戛、打唠鹿和坤甸等地逐渐形成十几个华人公司。

罗芳伯在坤甸一边教书一边聚拢志同道合的兄弟，他的势力和声望很快上升，据上述年册记载："是时坤甸埠头，潮州属人多不守礼法，好以强欺弱，嘉应州属人往往被他凌虐。罗太哥目击时艰，深为握腕①，思欲邀集同乡进据一方者久之。既而有同心者一百八人⋯⋯"看来各地华人之间的矛盾和利益争夺是罗芳伯创业的最初动力，这一百零八人是罗芳伯创建兰芳公司的核心。

1777年的某一天，罗芳伯看准时机，带领这一百零八个人连夜奔袭至坤甸以北百余里东万律的一处金湖。

罗芳伯通过这种方式迫使矿主张阿才就范，在今天看来是霸道行为，不过在当时的西婆罗洲却是常事。

为了争夺地盘，西婆罗洲的华人公司之间，华人公司与马来人土王之间，华人与达雅人之间都经常发生武装冲突。在罗芳伯带领下，经过5次较大规模的战争，兰芳公司领土不断扩大，金矿和其他收益也不断增加。到1794年，兰芳公司进入全盛时期，领土面积达到一万五千多平方公里。除了经营矿山，公司还担负了社会管理职能，数万华人在九个辖区安居乐业，繁衍生息。他们还与辖区内十多万达雅族人和平共处、互相通婚、守望相助，有些达雅人也加入了兰芳公司

---

① 握腕，常写作扼腕。

的军事行动。西婆罗洲的社会和经济得到发展，华人和达雅人逐渐走向种族融合。

罗芳伯是由当地华人推举产生的兰芳公司第一任首领，他的称号叫作"大哥"，对外行文则称为"大总制"。在兰芳政权内部，他们采取乡村自治和民主管理的方式，人民有权选举和罢免领导人。如果领导人死亡或有失职行为，人民有权选举新的领导人来取代他。在罗芳伯统治之下，西婆罗洲人民过着和平而安定的生活。

1795年，58岁的罗芳伯因病去世，兰芳公司为他举行了隆重的葬礼。继罗芳伯之后，群众选举江戊伯成为新一任领袖。江戊伯死后，阙四伯、宋插伯、刘台二和另外几位领导人先后由群众选举而继任，直至1884年10月，兰芳公司才被荷兰军队消灭。

三、兰芳公司："曾经的共和国"

叶祥云手抄《兰芳公司历代年册》

记载兰芳公司历代领导人和主要历史事件最完整的一篇文字，当属叶祥云手抄之《兰芳公司历代年册》。这篇文献写成于1856年或之后，高延将其附录在他所著的《西婆罗洲公司制度》一书之后，1939年被新加坡学者刘焕然发现并将其编入《荷属东印度概览》书中。

高延是19世纪末荷兰著名学者，也是荷印殖民地政府官员，曾于1880年至1883年间担任荷兰巴达维亚殖民政府派驻坤甸的中文翻译，能说福建话和客家话，与华人公司有良好的沟通。叶祥云（一作湘云）字汀帆，原是嘉应州一名生员（秀才）。他放弃科举之路而远赴南洋，是兰芳公司最后一任首领刘阿生的女婿。当时他在东万律担任兰芳公司的先生（文秘），与高延有公务性往来，这本《兰芳公司历代年册》正是叶祥云交给高延的内部文件。文中所述事件较为完整

罗香林附载之叶祥云抄本《兰芳公司历代年册》照片（原件现失考）

而详细，未加过多的人为修饰，可信度较高。据分析此文成文时间比谢清高之《海录》略迟，但早于光绪《嘉应州志》及民国后有关罗芳伯的研究文章，记载的事件到1856年为止，距离兰芳公司被荷兰人所灭尚有二十余年。高延得到此文应在1882年或之后，由于《兰芳公司历代年册》成文后交给了荷属东印度殖民政府的官员被高延带回欧洲而未在中国国内流传，1942年后罗香林才从其学生刘伯奎和朋友张礼千处获得抄本，后附记于1961年出版的《西婆罗洲罗芳伯等所建共和国考》书末。

《兰芳公司历代年册》开篇仅以寥寥数语，便将罗芳伯出身家世、体貌特征、品行修养和传世作品都交代清楚；接着详细叙述兰芳公司建立初期，罗芳伯智取山心金湖、草创东万律总厅，通过收服兰和营的坤日、龙冈和沙拉蛮等处之金湖，亲临前线血战刘乾相得以扩大地盘，增加淘金收入使兰芳公司日益富强的经过。接下来，交代罗芳伯率众进攻打唠鹿受挫；联合坤甸苏丹的马来人军队攻打高坪、上万那、沙坝达，灭邦居兰使打；攻打新港相持九月，掘地破寨驱逐使打。最后由坤甸苏丹出面讲和，与万那王立约，双方休兵划地而治……整篇文章读来有如演义小说般引人入胜。

文中还对罗芳伯夫人献金助战、罗芳伯祭神驱鳄的事迹，兰芳公司的官制法度、建栅设卡征税的行为以及罗芳伯愿兰芳公司成为祖国藩属、临终前确立兰芳公司继任制度等都作了记载，确实是研究罗芳伯及兰芳公司的宝贵资料。对于罗芳伯去世后的继任人江戊伯，年册作者也通过二三事件作了极其生动的描写，把他比作三国时期"威震逍遥津"的魏将张辽，将江戊伯勇猛豪爽的性格及其对巩固兰芳政权所起的重要作用表现得淋漓尽致。

至于第四代领导人宋插伯及其后的刘台二、古六伯、谢桂芳、叶腾辉、刘鼎和刘阿生六代继任人，年册作者以简笔记述了他们各自执政时期的主要活动，对各人的功过也有所评述。除了兰芳公司有这份史料，其余二十多个华人公司基本上没有留下较为完整的文字档案，甚至连领导人的名字和故乡等重要事项都无记录，使后人研究它们的历史时困难重重。

林凤超《坤甸历史》记载的兰芳公司

林凤超于民国初年撰写的《坤甸历史》，除了记载罗芳伯事迹之外，还比较详细地记载了兰芳公司的一些事实。林凤超是广东镇平县人，曾在坤甸侨居多年。其所处年代为清末民初，距荷兰军队消灭兰芳公司不过十余年。《坤甸历史》采用史家笔法，按年纪事，对事件和人物有注有释、有考有证、有评论有褒贬，非常具有特色。

林凤超在文中率先提出"兰芳公司的性质是共和国"的观点，并对罗芳伯等华人早期开发婆罗洲的功绩作出高度评价。《坤甸历史》中详细记载的兰芳公司的机构设置、法律、历代领导人事迹和重大历史事件等，是研究西婆罗洲华人公司的重要资料。据说林凤超还向当时的中华民国总统黎元洪上书，建议以国家名义向荷兰人进行国际交涉，索还西婆罗洲华人公司管治区域的十几万平方公里领土主权，曾得到许多海外华人的赞同。可惜当时的中华民国刚刚从积贫积弱的清朝政府手中接过政权，国内军阀混战不已，根本无能力进行国际交涉，更无索还领土主权的底气，中华民族白白失去了一个难得的历史机遇。

罗香林《西婆罗洲罗芳伯等所建共和国考》

综观过去百余年，国内学术界对罗芳伯及兰芳公司历史的研究，最具影响力的文章当属罗香林的《西婆罗洲罗芳伯等所建共和国考》。罗香林是广东兴宁人，

1930 年清华大学历史系毕业后继续修读研究生课程，师从陈寅恪和顾颉刚，致力于民族史研究，是现代著名历史学家、当之无愧的客家学研究奠基人。其最著名的学术力作是《客家研究导论》和《客家源流考》。读者从这两本书中可以看出他的研究工作全面而扎实，研究方法和所得结论十分科学且清晰明了，1932 年末回到广州，在中山大学任教。

据罗香林自述，"1934 年得管又新①先生寄来林凤超撰《坤甸历史》抄本一册，感其材料之珍贵"，结合自己搜集的有关南洋华侨史的资料，"乃为撰作《罗芳伯所建婆罗洲坤甸兰芳大总制考》一文，首发表于北平《禹贡》杂志第六卷第八九期合刊"，在学术界引起了重视。1942 年，罗四维先生又寄来《梅县石扇罗氏简谱》抄本、林凤超《坤甸历史》另一抄本和其他有关资料②。其后罗香林又得到学生刘伯奎由南洋寄来的荷兰人高延《西婆罗洲公司事件》所附录的《兰芳公司历代年册》抄本，里面记载的丰富内容让罗香林意犹未尽，让他想要撰写一篇更有说服力的论文来向世人介绍罗芳伯，以及他所创建的有近代共和国雏形的东万律兰芳政权。当时抗日战争进入相持阶段，全国军民正与日本侵略者进行殊死搏斗，罗香林当时在暂迁粤北的中山大学任教授和研究生导师，教学工作和日常生活都相当艰苦。他业余时间忙于野外考察和撰写《国父家世源流考》等论文，又发起成立"中国史学会"，撰写有关罗芳伯及兰芳政权论文的计划一再拖延。1945 年抗战胜利后中山大学迁回广州，罗香林担任了广东省政府委员兼省立文理学院院长，后来又兼任国民大学特约教授，事务十分繁忙。1949 年大陆政权更替，罗香林转往香港广大书院、新亚书院和香港大学任教，同年全家迁往香港居住。几年间政局动荡，生活辗转不定，著述颇受影响。直至 1961 年 6 月，这篇影响深远的《西婆罗洲罗芳伯等所建共和国考》才得以问世，在哈佛燕京学社的资助下由香港中国学社出版，以专著书铅印本一千册发行。直至 1978 年罗香林在香港去世，似乎未再发表关于罗芳伯及兰芳政权的研究文章。

《西婆罗洲罗芳伯等所建共和国考》不失为罗芳伯及兰芳公司研究的扛鼎之作。作者渊博的地理历史知识和引用他人资料之真诚坦率，真是令人钦佩。有兴

---

① 管又新，名瀚文，字又新，民国时梅县泗都堡人，毕业于广东省师范传习所。曾任梅县教育局科长、东山中学校董。1936 年前后去世。
② 笔者认为应为肖肇川作《罗芳伯传略》和谢贞盘作《西婆罗洲大唐总长罗公芳伯纪念碑记》等，从罗香林文末注释可以推知。

趣的读者可以阅读《西婆罗洲罗芳伯等所建共和国考》中的"英文提要"（笔者译，见附录）。罗香林对罗芳伯及其所创立的"兰芳大总制"予以极高的评价，他认为罗芳伯是"一个伟大的领袖、一个独立的思想家和开明的统治者"，他创立的兰芳大总制"政府不是由一个人说了算，而是由人民来表决，这个国家就是一个直接的民主国家"，他的观点比林凤超更加坚定和旗帜鲜明。但他在文中将兰芳公司领导人的官衔"兰芳大总制"当做兰芳政权的名称；认为罗芳伯将几个本地土王纳入自己管治之下，最后取代苏丹成为西婆罗洲唯一的统治者；将兰芳公司的领土范围过分夸大……笔者将在后文对这几个错误的观点和不恰当的说法进行评述。

《西婆罗洲罗芳伯等所建共和国考》在中国香港发表以后，在汉语学术圈引起了极大反响。随后许多学者也纷纷涉足这一领域，发表了许多研究文章。在学术界比较有影响力的有暨南大学华侨研究所朱杰勤《东南亚华侨史》、厦门大学南洋研究所温广益《罗芳伯所建兰芳公司的性质问题》、梅州《客家人》杂志社罗英祥《名扬世界的印度尼西亚"大唐客长"罗芳伯》和福州大学袁冰凌教授《罗芳伯与西婆罗洲的开拓》等，基本上所有作者都对罗芳伯及其所创建的兰芳政权持正面评价。

〔荷〕高延《婆罗洲华人公司制度》（袁冰凌译本）

高延这篇《婆罗洲华人公司制度》是在荷兰军队消灭兰芳公司后一年，即1885年写成的。他认为，在西婆罗洲的其他几个华人公司被荷兰人消灭后，兰芳公司仍然能够一枝独秀维持生存三十余年，这与其领导者和人民都是客家人大有关系。于是他不顾身体状况不佳，从欧洲启程前往中国南方，对客家人和福佬人聚居地的社会特征进行了为期四年的田野考察。四年间高延游历了广东、福建、江西、上海、北京、四川等地，回国后写了大量关于中国的著作，奠定了他作为欧洲最著名汉学家的地位。

高延在书中详细记录了当年发生在西婆罗洲的"公司事件"（即荷兰军队镇压华人公司的四年战争），也记录了华人特别是客家人的一些生活习惯、传统文化和特性，是一部难得的研究成果。通过对客家人和福佬人聚居地（广东和福建）的社会调查，高延研究他们的民俗性质特征和移民背景，以及中国南方的村

荷兰著名汉学家高延（1854—1921）

社制度乃至民间秘密会社组织对婆罗洲华人公司的影响等，来论述婆罗洲华人公司制度的性质。

在《婆罗洲华人公司制度》一文中，高延多处称西婆罗洲华人公司为"曾经存在的华人共和国"，并且使用的是"Republiekje"这个荷兰文词汇。"事实上十九世纪的西方学者无论对华人公司持肯定还是否定的态度，都称公司为'共和国'（Republic），主要是指公司在西婆罗洲境内独立自治而言"（袁冰凌语）。而与华人公司同时存在于西婆罗洲的马来人苏丹国或其他小王国，高延则称它们为马来君主国或者马来人王国。

高延在这篇文章中表达的观点为，东万律的兰芳公司和西婆罗洲其他华人公司"使西婆罗洲的金矿业得到了前所未有的发展，它为人类增添了数以百万计的财富，使这海岛变为令人向往的殖民地，其贡献应当被肯定。兰芳公司虽然被我们的政府（指荷属东印度殖民政府——笔者注）解散了，这个华人自由国度的存在，是我们殖民地历史上一个特殊阶段……那些几乎都出身于普通农民的中国移民，能够建立组织良好的自由国度，那些国家的体制具有最严格的共和精神、秩序、纪律与政策。他们拥有独立的立法与币制，常常要应付马来君主与自己人之间的相互冲突。就像国对国那样与强大的荷属东印度殖民政府进行谈判，并长期武装民众与荷印军队对抗。而这些移民，大部分都是客家人。他们在炎热的赤道，日复一日起早摸黑在金矿里从事一种连当地人也难以忍受的苦工，一种其他任何民族在同等条件下都难以支撑的工作，其艰苦程度，只有亲眼见过的人才能想象。今天，正是这些健壮的客家男儿将三发、坤甸和南吧哇的原始森林、荒山漠野开辟成良田、蔗林和果园……由于客家人的辛劳，使邦加、勿里洞①锡矿的开发成为现实。他们的汗水增添了我们的财富，成就了我们作为殖民大国的地位……"

作为一位西方人和荷属东印度殖民政府的官员，高延能对婆罗洲华人公司的历史地位做出如此大胆而公正的评价，确实令人敬佩。

1884年，荷属东印度殖民政府趁兰芳公司最后一任领导人刘阿生去世之机，派军队捣毁兰芳公司总厅，消灭了西婆罗洲最后一个华人公司。高延在国内闻讯后表示震惊，他从维护荷兰殖民政府利益出发，认为这些华人公司为西婆罗洲的繁荣发展做出了贡献，为荷兰殖民政府带来大量财富，也为千千万万华人带来保护和财富，为什么荷属东印度殖民政府要花费上百万军费派兵剿灭它们？对于马来人的苏丹国，则处处小心呵护。马来人也是移民，只不过比华人先到而已。对于千万个被战火和死亡残酷迫害的生灵，有谁去了解、同情和记录他们？正是在这种情绪的驱动下，1885年高延抱病在海牙写作了《婆罗洲华人公司制度》，并将《兰芳公司历代年册》的中文本附在书末。

袁冰凌论文《中国人的民主》（*Chinese Democracies*）

1991年，厦门大学袁冰凌女士获得台湾蒋经国基金会的资助，赴荷兰莱顿大学进行为期两年的进修和研究。得益于莱顿大学丰富的婆罗洲华人公司史料和大量荷兰学者早期的研究成果，袁冰凌对西婆罗洲华人公司的历史进行了详细的梳理和研究。她以一个中国学者的身份对荷兰人的记载进行了甄别和评价，特别是采用了几位19世纪荷兰学者对华人公司的记录，有重点地选用了他们的观点加以评判，提出了一些新的观点。在进修期间她将荷兰学者高延的荷兰文著作 *Het Kongsiwezen van Borneo* 译成中文本《婆罗洲华人公司制度》，1996年在台湾出版。在荷兰

---

① 邦加、勿里洞，爪哇岛西北方的另外两个岛，今属印度尼西亚邦加—勿里洞省。

1819 年西婆罗洲金矿的华工和工头（荷兰莱顿大学藏）

期间她又使用英文撰写了一篇论文《中国人的民主——西婆罗洲公司研究（1776—1884）》(*Chinese Democracies—A Study of the Kongsis of West Borneo 1776—1884*) 而获得博士学位。在这篇论文中作者将欧洲学者对西婆罗洲华人公司的记录加以系统化梳理和重组，让读者更清晰地读懂了当年发生在西婆罗洲的一段段精彩故事，特别是让世界各国使用英语的读者了解早期华人在西婆罗洲建立的民主政权，对中国人和中国式民主在海外的实践有了重新的定义和评价。

四、兰芳荣衰的 108 年

罗芳伯最初是如何创立兰芳公司的？后来又如何发展壮大？它的组织架构、性质和政治态度如何？据现存荷兰莱顿大学的《兰芳公司历代年册》的记载和拙著《罗芳伯及东万律兰芳政权研究》的考证，兰芳公司的创立、发展、壮大乃至逐渐衰落的过程经历了以下几次较大的事件：

羅芳栢太哥開創東萬律蘭芳公司時是唐前丁酉年即是和

一千七百七十七年

羅太哥時未有公班衙來理此州府故一切法度經其手定犯

重罪者如命案叛逆之類斬首示眾其次如爭奪打架之類責

以打藤條坐脚鐐又其次如口角是非之類責以紅綢大燭是

時本廳舉一副頭人本埠頭亦舉一副頭人并尾哥老太以幫

理公事其餘各處亦有舉者為副頭人尾哥老太以分理公事各副

頭人有餉務可收惟尾哥老太以得舉者為榮無言俸祿之事

為時人子約有兩萬餘人之間開金湖者居多亦有耕種生理

業藝等項經紀開金湖仿金耕種者有納鴉息米烟

戶錢做生理者出口貨物無抽餉惟入口貨物方有抽餉為

羅太哥時由坤甸新埠頭港路上有萬那港口栅沙垻鬧栅高

坪栅新港有寶恩栅喃吧哇港上有華帝栅此數處為東萬律

咽喉之所

刻本《兰芳公司历代年册》内页照片

兰芳公司的草创时期

1774年至1775年间，罗芳伯在坤甸筹谋创业，他四处联络同乡，准备伺机起事。等待多时的机会终于来了，罗芳伯决定以武力占领东万律附近的山心金湖，并以此为基地建功立业。据《兰芳公司历代年册》记载，当日有一百零八人跟随罗芳伯实施夜袭行动，由坤甸以北的笏黎里（Peniti）出发，走水路坐船沿河上溯而行，天明时分到达山心金湖。山心金湖是大埔人合伙经营的，而大埔当时属潮州府管辖。虽然大埔人也讲客家话，最初并不属于嘉应州阵营，因此这次事件大致被视为是潮、嘉两大人群之间的利益之争。

不过这次事件看上去并未引起武力斗殴和人员伤亡，罗芳伯当时采取招安抚慰的手段稳定人心，张阿才也获得留任，后来成为罗芳伯手下大将和兰芳公司财库（财政部门负责人），后期还担任过新港甲必丹（Kapitein）[①]。建立了"根据地"之后有了事业基础，金矿开采的收益提供了经济支撑，罗芳伯的声望日益上升，创建东万律兰芳公司总厅。创建总厅就是新建了"祠堂"，里面供奉的关帝神牌是公司成员同舟共济的精神凝聚，公司高层也有了议事场所。在此基础上兰芳公司正式创立了管治机构，罗芳伯被推举为大哥，对外称大总制。手下有"二哥"（副手）、"尾哥"（基层头目）和"老大"（长者）。罗芳伯率众人在东万律大路两旁起民房、造店铺，不久就形成了一个小市镇。数百兄弟齐心合力，决心共同扩大公司事业。

攻打茅恩，扩张领土

茅恩在东万律西北二十余里，当时正值金矿开采高峰期，人员聚集甚多。老埠头有店铺两百余间，以潮阳人、揭阳人和海丰人、陆丰人为多，为首的头人叫黄桂伯。新埠头有店铺二十余间，以嘉应州人为多，为首的头人叫江戊伯。罗芳伯欲据有茅恩而壮大实力，派手下兄弟刘台二头上戴藏有罗芳伯亲笔信的竹笠，暗中联络江戊伯，相约里应外合攻击老埠头。这个妙计果然得手，按照约定的时

[①] 甲必丹，荷兰文"Kapitein"。荷兰人在华人区任命的华人区首长叫"甲必丹"，后被华人公司效仿。详细解释见本节后文。

间，罗、江二人各自带领手下一齐发起进攻，包围之下黄桂伯只好投降。罗芳伯收编了黄桂伯的部下，茅恩、昆日、龙冈、沙拉蛮等地俱为罗芳伯管辖，兰芳公司第一次向西北扩张了地盘，并且在二十里外的沙拉蛮设置副厅（地方政府）处理矿业事务和民事纠纷。兰芳公司除了经营矿山之外，第一次有了对下属地方的社会管理职能。

黄桂伯在这次兼并斗争中归顺了罗芳伯，后来仍获得重用，担任了兰芳公司的二哥。1824 年，刘台二执政时期黄桂伯还担任了万那甲必丹。

攻打明黄，消灭刘乾相武装

明黄在东万律西北四十余里，靠近沿海市镇南吧哇。

刘乾相是潮州府大埔县恭洲人，自立为大哥，手下有同堂子弟五百余人，明黄一带的金湖尽归其管辖，是远近华人武装组织实力最强盛者。刘乾相自恃实力强大，多次企图蚕食兰芳公司土地。1778 年，他率领手下人马一步一步向东万律推进，甚至将营房扎在离兰芳总厅仅数百步的地方——六份头。罗芳伯对此侵占行为愤恨至极，决定发起反攻。某日早晨他亲自擂鼓调兵，率领兰芳公司民兵冲锋陷阵。一日之内连拔敌方六个大寨，又乘胜追击把刘乾相的残部赶到西北数十里外的阿亦华帝，刘乾相跳港而亡。经此一役，兰芳公司声威大震，疆域又向西北延伸近百里。兰芳公司的原有华人和大批由中国来到西婆罗洲的新客不断向北迁徙，数年间当地的华人社会发展得很快。

取消攻打大港公司

打唠鹿马来语称蒙特拉杜，在东万律西北百余里外，是由潮州府惠来一带的客家人组成的大港公司所在地。大港公司是当时西婆罗洲势力最大的华人公司，主要从事农业耕种。据荷兰人资料记载，在华人公司混战时期，大港公司能动员一万人的兵力投入战斗，而兰芳公司全盛时期也不过只有六千民兵。大概是两家发生了利益冲突，也有可能是为了报 1774 年兰芳会与天地会大战时的惨败之仇，1778 年，罗芳伯率领部下长途行军，在距离东万律百里外的打唠鹿外围扎下营寨，欲将大港公司一举歼灭。双方对峙多日，罗芳伯审时度势，认为这一仗没有把握取胜,乃引兵而退。半路遇到领兵前来接应的江戊伯,二人商议后引兵退回东万律。这次扩张领土的计划虽未能实现,但避免了华人公司之间的一次厮杀和两个公司人民的生命财产损失,也反映了罗芳伯顾全大局和客观灵活的军事思想。

兰芳公司成立三年后,两次扩大领土,公司的实力大大增强。回顾当初漂洋过海来到婆罗洲的经历和在金湖做苦力的往事,罗芳伯写下一篇文辞优美的《游金山赋》。兰芳公司蒸蒸日上的前景,让罗芳伯不禁满怀信心,还写下了一首著名的《遣怀诗》,内容详见本书附录。

攻打沙坝达港口,驱逐马来人"土王"

沙坝达在东万律东南面,万律河自北向南流经此地后在坤甸附近汇入卡巴斯河。有个马来人名叫使打(Seta),自称邦居兰。使打仗势占据沙坝达地盘,华人称其为沙坝达王。据中国学者林峰的研究,这个马来人土王是万那王的儿子,也是南吧哇土王帕喃吧汉的外甥。沙坝达王的势力范围在东万律东南数十里,中心在沙坝达港口至万那一带。虽然地方不是很大,但他们的武装人员扼守了东万律来往坤甸的水路咽喉。使打占据沙坝达港口以后,派兵把守水陆要道,华人不敢从水路往返坤甸,大大影响了兰芳公司与坤甸的交通和经济活动。罗芳伯决定打通沙坝达港路,先派大埔人张阿才领一路兵马由高坪(在东万律以南十余里)一线进攻,自己率另一支人马随后增援。坤甸苏丹也派出两位将军助战,各自率领兵马由南至北夹攻沙坝达王的防线。这一仗气势很大,四路兵马一齐进攻,沙坝达王招架不住,只得带领残部往北逃窜至万那。自此一役,东万律以东百余里土地皆属兰芳所有。兰芳公司派人到沙坝达开发新矿,大批华人进入该地开垦和居住,数年后就形成了新的社区。兰芳公司在此设置沙坝达副厅(地方政府)处理矿务和民事纠纷,公司的疆域首次向东扩展百余里。

扩大领土,开发银矿

新港在沙坝达以东、高坪以南的万那河谷地带。兰芳公司数年前曾经与沙坝达王——邦居兰使打开战大获全胜,沙坝达王向北逃窜至万那,与万那王汇合后在新港地区发展势力。万那王辖下的达雅人又不断向西骚扰，兰芳公司经营的矿山和华人种植的农作物屡屡受到侵害。罗芳伯见此形势，决定对新港发起进攻。乾隆五十八年（1793），罗芳伯率兰芳公司数千民兵挥师向东，迅速扫除马来人的据点，在百里以外的新港周围筑下六个大寨，将邦居兰使打的营寨围困在中间。双方僵持长达九个月，由于敌方占据有利地势，罗芳伯领兵久攻不下，决定用"地道战"的方法，命部下挖掘长达一里的地道，直抵贼巢。不料被敌兵侦得动静，使打连夜遁逃，部下溃不成军，罗芳伯挥兵追赶，数日间驱驰上百里，直至三叭地方扎营。万那王和使打见大势已去，急忙派人连夜到坤甸向苏丹求救。坤甸苏丹亲自来到三叭调停，罗芳伯姑念穷寇莫追，即允诺苏丹，遂与万那王签订和约。苏丹用大竹桩写字插地为记，以三叭为界两家分治，过了许多年，竹子不见了，但是插孔还在（1856）。美国布兰代斯大学副教授杭行博士和马来西亚学者罗启光博士等人2016年在戴燕（三叭附近）实地考察，发现据当地人所说的当年罗芳伯部下所挖的地道至今还有小段遗迹留存。

经此一役，兰芳公司的领土再向东扩展数百里，新的矿山（银矿）开发也随之展开，大批华人向东迁徙至新港、万那和梭索一带。

内修政务，外联友邦，完善政权架构和制度建设

自创立兰芳公司后的十九年间，罗芳伯逐步建立兰芳公司的政权架构，设立民政、司法、征税、边境管理等机构，建立领导人选举制度、公务人员薪酬制度和武装民兵制度，开设学校保存和弘扬中华文化，鼓励民间垦荒耕种，开店铺营商和手艺人从业，使西婆罗洲的社会经济取得快速发展。据年册记载，罗芳伯在东万律创立兰芳公司后，先后通过武力和外交手段扩张领土，分别在新开辟的土地上设置了地方政府（副厅）来管理民间事务。兰芳公司的行政管理机构逐渐完善。

罗芳伯祭神灵、驱鳄鱼

西婆罗洲地处热带，加上河汊纵横、水网密布，时有鳄鱼出没伤人。据《兰芳公司历代年册》记载，罗芳伯时常走水路来往坤甸，屡见鳄鱼吃人事件发生。

因回忆在家乡读书时，曾读到韩愈在潮州所作《祭鳄鱼文》，于是效仿韩愈有了祭神驱鳄之举。笔者在坤甸新埠头考察时，华人老者谢官友笑指门前河岸称，相传罗芳伯就在这里设坛祭神驱鳄。兰芳公司华人在河边搭了台子，准备了许多鱼、肉、其他食物、石灰和土制火药炸弹。罗芳伯登台燃香点烛，祭拜天地诸神后大声宣读《祭鳄鱼文》，读完后叫人将鱼、肉等食物投入水中。鳄鱼见有食物，纷纷游来争食。芳伯又叫人将石灰和点燃的土制炸弹投入水中，炸死许多鳄鱼。自此之后，坤甸河岸再无鳄鱼伤人事件发生。据说围观的当地马来人和达雅人无比惊诧，纷纷传言罗芳伯神力可通天地，威震巨鳄鱼豚，于是以坤甸王称之。自此，居住在兰芳公司势力范围内的马来人和达雅人都臣服罗芳伯，服服帖帖听从华人公司管治。

坤甸苏丹赠地给罗芳伯的考证

在《兰芳公司历代年册》中，作者对罗芳伯创建兰芳公司的过程以及后来扩张领土的几次战斗和设立沙拉蛮、南吧哇、仁南和新港四个副厅都做了详细交代。但事实上兰芳公司所管辖的坤甸新埠头、淡水港、八阁亭三个副厅于何时设立？所属土地在何时以何种方式得到？年册作者并未加以说明。按理这三个副厅所在的地域，都属于卡巴斯河出海口北岸（现今坤甸县）的平原富庶之乡，为何罗芳伯可以不战而得地？而余澜馨、温雄飞、李长傅等学者的文章中都记载了关于"苏丹赠地给罗芳伯"的传说。因此认为，有可能罗芳伯在创立兰芳公司之后，确实曾应他的结拜兄弟——坤甸阿都拉曼苏丹的请求，协助平定坤甸达雅人的叛乱。战斗结束后，罗芳伯的部下驻扎在坤甸新埠头及以北地区，与坤甸老埠头成隔江对峙之势。荷兰学者也有记载，说老苏丹阿都拉曼曾与罗芳伯签订合约，前者负责提供武器弹药和给养，后者率兵进攻南吧哇帕喃吧汉。最初的战斗并不顺利，罗芳伯几乎要败退了，后来使用计谋，兰芳民兵才获得大胜。谅必老苏丹惧怕罗芳伯觊觎卡巴斯河南岸鱼米之乡的大片土地，不如做个顺水人情，将江北本来就无力控制的大片土地"送给"罗芳伯，两个政权隔江而治。

现存江北新埠头的罗芳伯庙遗址（原址是兰芳公司副厅）与对岸王府肚（地名）的苏丹王宫隔江相望。笔者采访当地八十二岁老者谢官友，他说老辈传说罗芳伯曾在"行宫"(指副厅)门前挖掘一段数十米河道,使船只可直入靠泊副厅,方便其直接上船驶往对岸王宫拜访苏丹。今天,河道的遗迹仍然存在,华人群众仍称之为"伯公沟",可以从旁证明上述假设。目前可以确认的是,罗芳伯亲自制定并长期坚持与坤甸苏丹政权保持和平共处友好往来的战略,年册也曾多次提到坤甸苏丹帮助罗芳伯调停与马来人政权之间的冲突。

据笔者查考,1886年刘阿生之妻在坤甸去世后,坤甸苏丹(阿都拉曼之子)派人送来一块马来王室专用的黄布,盖在刘夫人的棺材上面,又安排一位马来人身穿华人白色孝服,站在棺材前边守灵。可以说明兰芳公司与坤甸苏丹一直保持良好的关系。

江戊伯和阙四伯执政

1795年,58岁的罗芳伯因病去世,兰芳公司将其遗体葬在东万律河右岸一座小山边。根据他的临终推荐,兰芳公司高层推举江戊伯为第二任大总制。江戊伯是"功爷"出身,身强力壮且武艺高强,用一柄大刀东征西剿无人可以匹敌,当地土著闻风丧胆。他上任后数年,发动了清剿万诸居(Menjoekei)土著武装的战斗,开辟了文兰(Belentien)等处金矿,带旺了万那河上游地区的社会发展。后来兰芳公司在万诸居设置了副厅以管理地方,疆域再一次向西北扩张数十里。江戊伯以个人的威望震慑了马来人和达雅人,给兰芳公司所辖地域带来了十多年的和平环境。

1800年,江戊伯回唐山嘉应州省亲,阙四伯代理兰芳公司大总制。阙四伯是嘉应州丙村堡人,也是罗芳伯同时期的兄弟,为人老实忠厚而缺少魄力和主见。上任后不久,南吧哇马来人土王辖下的达雅人趁机作乱。1803年,阙四伯兴兵向达雅人开战,因指挥无方而兵败。幸好江戊伯及时由唐山回来复位,凭借他个人的智慧和威慑力,很快通过外交方式平息了动乱,兰芳公司继续保持天下太平。阙四伯后来在东万律逝世,兰芳公司将他的遗体埋葬在东万律茅恩路口。江戊伯执政前后十五年,为兰芳公司的创立和发展做出很大贡献。

宋插伯夜袭荷军营地

1813年,执政十五年的江戊伯逝世,兰芳公司将他的遗体埋葬在东万律上桥头。次年群众推举宋插伯继任大总制。宋插伯是嘉应州上半图堡白渡人,也是罗芳伯同时期的兄弟,为人忠勇刚直。上任后他积极整顿公司,1814年主持修葺东万律总厅屋宇,门前的旗杆座也换上了新的(上面刻有"嘉庆十九年甲戌兰芳公司立"),还树立了一根高大的新旗杆。两年后,即1816年,时局发生了巨变,荷兰军队由爪哇来到坤甸,兰芳公司面临一场事关生死的抉择。

随着荷兰殖民政权在爪哇和其他岛屿得到初步巩固,荷兰海军于1816年派出军舰开赴西婆罗洲的坤甸、三发等沿海地区,占据海口航道,防止英国海军从北婆罗洲南下染指西婆罗洲。对于众多华人公司在该地开矿和种植的行为,荷军并未过多干预。1819年荷属东印度殖民政府驻坤甸专员哈特曼到任,荷军在坤甸河口修筑了军营和堡垒,指挥官德·史杜尔斯(De Stuers)中校带领一队士兵住进军营,准备长期驻扎并进一步向内陆扩张。荷兰人扶植坤甸苏丹作为傀儡,不断扩大地盘向整个西婆罗洲推进其殖民统治。

那时的兰芳公司正处于第四代领导人宋插伯执政时期,荷军的举动很快被驻在坤甸新埠头兰芳副厅的"二哥"郭庚伯发觉,报告给东万律兰芳总厅的宋插伯大哥,请总厅众头领研究对策。高延在《婆罗洲华人公司制度》中记载,1819年荷属东印度殖民政府特使纳胡易斯来到东万律,宋插伯接见了他。关于此次会见的谈话内容,据说荷兰官员威茨做了详细记载,但目前还未发现有相应的荷兰文史料披露。或许这位特使会向宋插伯炫耀荷兰帝国的强大,还会以武力胁迫和封官许愿引诱兰芳公司就范。但可以肯定的是这次会见不欢而散,宋插伯坚持兰芳公司的独立地位而不肯向荷兰人俯首称臣。1819年12月,因荷军在坤甸抓捕了一名兰芳公司的华人,把他关押在河口的军营里。宋插伯不顾刘台二等人的反对,率领兰芳公司民兵乘夜袭击了荷军军营。1819年12月14日晚上,大约有五百至一千名兰芳公司民兵袭击了坤甸荷军军营。荷军事先得到情报,哈特曼专员命令所有荷兰人进入军营戒备,行政人员和士兵总共才七十多人。袭击开始时中国人向军营屋顶投掷了大量土制炸弹(装满火药的椰子壳),大火很快燃烧起来。荷军用七门大炮向兰芳公司民兵射击,很快便驱散了攻击者。兰芳公司民兵死伤六十余人,其中包括七名副厅领导人。据说宋插伯甚至带了许多副镣铐来到坤甸,抓了几个荷兰人要把他们押回东万律审问关押。协助荷军防守的马来士兵追赶撤退的民兵,抓到四十几个俘虏,但三天后在坤甸苏丹出面斡旋之下被释放。

袭击荷军军营是一个十分大胆和冒险的行动,由于荷军堡垒坚固且有炮火及海军舰艇后援，宋插伯发动的袭击未能对荷军造成多大的威胁。面对荷兰人的压力，宋插伯毫不示弱。他立即去面见坤甸苏丹，重申兰芳公司缔造者罗芳伯和老苏丹阿都拉曼的友谊，表示要坚决与荷兰人战斗到底，直至把他们赶出西婆罗洲。宋插伯甚至在坤甸贴出悬赏广告，能杀死荷兰专员哈特曼者奖励黄金十两，杀死任何一个荷兰人则奖励黄金一两，表明了他坚决抵抗荷兰势力入侵西婆罗洲的态度。

1820年，坤甸荷军中校德·史杜尔斯派遣一支小分队，在坤甸苏丹的协助下从坤甸向西北部沿海进军并占领了南吧哇。荷属东印度殖民政府专员多比亚斯在坤甸苏丹协助下招集大批马来人民工，修筑从坤甸沿西海岸经松柏港至南吧哇的公路，将大炮等重武器开进内陆地区，进一步以武力威慑来推进其殖民统治。荷兰人也把目光瞄准东万律的兰芳公司，多比亚斯派人进入松柏港以东的内陆进行勘测，准备修筑由松柏港通往东万律的战略公路，进而对兰芳公司构成军事上的威胁。1822年，宋插伯派人破坏荷兰人修筑战略公路的设施，令多比亚斯大为恼火。他派遣一支荷枪实弹的军队小分队进入东万律，包围兰芳总厅，扬言要抓捕破坏勘测和筑路设施的人，并指名要宋插伯对此事负责。

面对荷兰人咄咄逼人的胁迫，兰芳公司高层采取避其锋芒的做法。他们叫宋插伯隐蔽起来，由刘台二出面与荷兰人周旋。荷兰人坚持宋插伯要对此事负责，要求他引咎辞职。在荷军中校德·史杜尔斯的压力下，兰芳公司的代表刘台二只好答应免去宋插伯的大总制职位，由刘台二接任兰芳公司的大总制。荷兰人进一步提出兰芳公司要在"公班衙"①即荷属东印度殖民政府管辖下统治华人，要给公班衙上交人头税等等要求。刘台二表面上答应荷兰人的要求，接受了荷兰人口头上的委任，暗中却虚与委蛇。荷军撤走后，宋插伯仍然担任大哥。东万律虽然暂时恢复了平静，但是荷兰军队重兵压境和步步推进的事态，确实让东万律的华人感到紧张。外围松柏港、仑南和坤甸新埠头等地的副厅头人不断发来军情报告，说荷军正在派兵威胁逼迫西北部打唠鹿地区的大港公司、满和公司和拉腊的三条沟公司等华人政权就范，兰芳公司高层陷入紧张焦虑之中。

---

① 公班衙是荷兰语 Compagnie（合伙，联合体）的客家话对音。因为最初荷兰人是打着私人合伙经营贸易的幌子——"Vereeneg de Oostindische Compagnie"（东印度联合体）而进入南洋群岛，实际上背后有荷兰皇室的支持和国家财政与武力的后盾。在华人眼中这些"红毛鬼"是外国政府派来的官员，因此把只有"合伙"意义的民间经济组织 Compagnie 转译称为"公班衙"，从汉语字面看这个称谓已经具有"公营"和"官方"（衙门）的含义。

此时宋插伯已经年老，刘台二尚且年轻。据现有各家资料综合分析，笔者认为当时兰芳公司高层内部出现了分歧。有可能分成以宋插伯为首的主战派和以刘台二为首的主和派。据《兰芳公司历代年册》记载："宋插伯太哥，广东嘉应州人也。亦罗太哥同时之兄弟。值承平之世，功名事业罕所表见，惟坐享太平而已。"对这位担任大头领十二年之久的开国元勋，仅此寥寥数语且略带贬义的评价，实在不近情理。高延也对年册中忽略了许多兰芳公司与荷属东印度殖民政府之间发生的冲突事件而感到困惑，这只能说明年册的编撰者由于某种原因刻意淡化了宋插伯在关键时刻对兰芳公司的影响和作用。据林凤超《坤甸历史》记载，宋插伯于 1821 年去世，次年刘台二继位。叶祥云抄写给高延的年册，则记载宋插伯于 1823 年才去世。高延还补充记载了一个细节："在 1823 年宋插伯的葬礼期间，东万律甲太①位置空缺，发生了一些混乱，不过警察很快就恢复了治安。"高延还说，从年册记载的历任领导人名单上来看，宋插伯去世前实际上还保留着首领的地位，可见此前所谓"免职"是兰芳公司糊弄荷兰人的说法。

刘台二接受招安

刘台二是嘉应州上半图堡人，也是罗芳伯同时期的兄弟。1821 年荷兰势力入侵东万律之前，刘台二任兰芳公司南吧哇副厅的二哥。他拒不执行宋插伯的战略决策，擅自与荷兰人扶植的傀儡坤甸苏丹拉关系。他率先接受了荷兰扶植的傀儡——坤甸苏丹授予的封号"德猛公"，又按照荷兰人在爪哇等地华人区设置"华人公馆"处理民政事务的做法，把南吧哇副厅也改名为"兰芳公馆"，按照荷兰人的叫法把公馆头人称为"甲必丹"。

---

① 甲太（荷兰文 Kapthay）是荷兰人委任的西婆罗洲华人区首长的官职名，其含义与汉语"大区区长"相当。其实 Kapthay 这个西文词汇是由英国殖民地的官职名 Captian（意为区长，华语音译甲必丹）演化而来，荷兰人在东印度殖民地任命的华人区首长也叫甲必丹（荷兰文 Kapitein）。这个"甲"字的发音不是普通话中的 jia，而是客家话和福佬话的发音 kap。荷兰人最先取得管治权的爪哇地区和后来管治的苏门答腊地区，任命的华人区基层官员一般叫雷珍兰（荷语 Lieutenant，上尉），区长叫甲必丹，大区区长叫玛腰（荷语 Majoor，少校），再高一级以上的官员就必须由荷兰人担任。鉴于西婆罗洲华人区早就由华人公司管治，荷兰人也就入乡随俗，依旧把基层官员称为"老大"（客家话音 laotai，荷兰文写作 Lothay，相当于其他地区的雷珍兰），区长照样称为甲必丹。而管辖地域较为广阔的大区区长，在马来人聚居区称之为 Kapitein Demang（华人称德猛公，马来语意为贵族），在华人区则演化成 Kapitein Toewa（Toewa 是福佬话"大"）。由于客家话的"大"与"太"同音，因此 Kapitein Toewa 又演化成"甲太"（荷兰文写作 Kapthay）。实际上在西婆罗洲甲太就是管辖范围比较大的区长，他的级别类似于其他荷印殖民地的玛腰，他手下的小地区首领叫甲必丹，而基层村社的管理者称为老大。

1822 年 7 月，荷兰专员多比亚斯从巴达维亚带回三百多名士兵和一批大炮等武器，他命令指挥官史杜尔斯率领荷军从南吧哇出发，准备征服不肯交税的东万律兰芳公司。刘台二闻讯大惊，带着几个人赶快到坤甸向多比亚斯求情。荷兰人开出一份停止武装征服的条件，叫刘台二带回东万律请示宋插伯大哥和高层领导人。十天后刘台二再次来到坤甸，很显然兰芳公司未能全部满足荷兰人提出的条件，多比亚斯立即下令荷军向东万律开进。刘台二又急忙赶回南吧哇，在镇上他再次请求多比亚斯停止进兵，并送给他一小袋黄金。多比亚斯全然不顾，带着全副武装的十几人小分队继续向东万律进发。

　　荷军的进入非常顺利，一路并未遇到任何抵抗。进入东万律镇之后看到的情景让荷兰人大为吃惊，他们不仅没有看到荷枪实弹的民兵，也没有看到街边的堡垒。相反他们看到的是每一家店铺门前摆放着桌椅、茶水、点心和其他食物，中国人热情地招呼荷军士兵休息和喝茶。就连疲惫的多比亚斯都忍不住坐下来休息了一会。兰芳公司的领导人客气地将荷兰人引进总厅，门外鼓乐喧天，堂上香烟缭绕，职员们在罗芳伯的神牌面前垂手肃立。荷兰人不禁心怀敬意地注视着这位共和国的创始人和中国人的神祇，并在刘台二殷勤的邀请下宽衣入座，接受了中国人美味的酒菜招待。刘台二在欢迎荷兰人的致辞中诚恳地表达了对过去那些不敬行为的道歉，强调这只是部分人士所为（暗指宋插伯），并保证今后将会按照公班衙的要求缴纳人头税。多比亚斯非常佩服这些中国人用玉帛化解干戈的手段，不由得心中降低了警觉。

　　一连两天，多比亚斯到处观察，他看到东万律镇并无备战的迹象，商铺照常营业，学校照常上课，一切都显得和平而安宁。中国人一日三餐好酒好肉招待荷军官兵，再加上一小袋黄金的作用，最终多比亚斯降低了对兰芳公司的要求，只要象征性缴纳一些人头税就行了。刘台二高兴地召集高层人士，换上清朝的官服和帽子，点燃香烛并虔诚地站立在罗芳伯神位前向他报告一切，又把与荷兰人签订的合约纸张在神位前焚化。当晚在总厅旁边的广场上举行了盛大的宴会，中国人和荷兰人都很高兴。第二天刘台二和兰芳公司高层人士护送荷军返回坤甸，这次他们走水路沿东万律河顺流而下，只用了一天就回到了坤甸。荷兰人这才看到沿途到处布置了关栅和检查站，一路经过许多堡垒和军事设施。多比亚斯心下吃惊，假如这次贸然率大兵进入，必然会遇到顽强的抵抗，不由得暗暗佩服中国人的智慧。

刘台二一行在坤甸逗留了八天，荷属东印度殖民政府为他们举行了委任仪式。多比亚斯也投桃报李，一连八天招待他们吃喝，双方都非常高兴。1823 年兰芳公司领导人改选，在荷兰人的势力压迫之下宋插伯去职，由刘台二担任大总制，荷属东印度殖民政府随即委任刘台二为兰芳公司"甲太"。兰芳公司屈服于荷兰人的武力恫吓而接受了这个委任，向荷印殖民政府"公班衙"缴纳人头税，刘台二等于接受了荷兰人的"招安"，成为荷印总督手下的臣民。中国学者普遍认为，刘台二执政时期交出了兰芳公司的独立管治权，丧失了民主自治的独立政权地位。兰芳公司自我矮化成为荷印殖民政府统治下的附属区域。

宋插伯去职后，刘台二则接受荷兰人委任，受职为兰芳公司大总制甲太。虽然刘台二答应了荷兰人的条件，但迟迟未向坤甸的荷属东印度殖民政府上缴人头税。这显然是迫于兰芳公司内部的压力，可能是高层和大多数华人群众都不同意给荷兰人交税。1823 年一支十二人的荷军小分队再次开进东万律，以武力胁迫兰芳公司，强行收取了 8000 荷盾的人头税。他们又要求刘台二交出东万律的鸦片烟馆税及其他税收权，条件是税款与兰芳公司总厅五五分成。荷军士兵们在总厅附近住下，打算长期驻扎在东万律。荷兰人还采取恩威并施的手段笼络刘台二，1824 年荷属东印度殖民政府驻坤甸专员哈特曼邀请刘台二访问巴达维亚。在哈特曼陪同下刘台二乘船来到巴达维亚，繁华的都市和金碧辉煌的总督府让刘台二大开眼界。荷兰人最初是以隆重的礼仪接待刘台二的，可是刘台二赤脚没有穿鞋，见到铺着地毯的豪华宫殿，紧张得不敢抬脚。刘台二的窘态让荷兰人洞悉了他的底牌。荷兰官员威特在其著作《婆罗洲西部》(*Borneo's Westerafdeling*) 中说："（那次旅行）目的无疑是为了让刘台二得到盛情的款待，以便收买他，也让他一睹我们壮观的首都，感受到荷属东印度殖民政府的威力。从他以后无可置疑的忠诚来看，哈特曼先生的策略十分有效。"可以想象当时荷兰人肯定用好酒好菜招待刘台二，又赏赐他一些礼物，还许诺让他终身担任甲太。刘台二此行还与荷属东印度殖民政府签订了互不侵犯条约，承诺兰芳公司永远拥有属地主权。刘台二感激涕零，从此更加忠心地为荷兰人服务，准时向公班衙交税。1825 年，这支十二人的荷军小分队才撤出东万律。

1825 年发生的另一个事件，也可以说明刘台二的所作所为受到兰芳公司群众的抵制。一艘由中国开来的海船，满载着一百二十五位华人"新客"到达坤甸，西婆罗洲荷属东印度殖民政府不准这批新客登岸，转而将他们送去爪哇岛。兰芳公司的华人闻讯后十分愤慨，新客中大多数人都是他们的亲戚，许多人摩拳擦掌要与荷兰人对抗。刘台二则极力安抚群众，愤怒的群众竟把刘台二抓起来关了一段时间。高延在书中写道："刘台二曾要求我们加强在东万律驻军，相反我们却撤走了原有的军队，而他本人则被自己同胞关押了一段时间……"这年7月，打唠鹿大港公司的华人袭击了南吧哇的荷军堡垒，部分对荷兰人不满的兰芳公司群众也积极参与袭击行动。高延接着写道："然而兰芳公司的首领仍然忠于政府，刘台二亲自率团来到坤甸与新任特使彼亚德（Piard）谈判。政府对这次袭击南吧哇的行动表示谅解，主动免除了兰芳公司1825年的税收。"荷兰人积极支持刘台二执政的策略，由此可见一斑。

刘台二就任甲太之后，新任命了东万律总厅和新港、仃南、沙拉蛮、八阁亭、南吧哇、淡水港、坤甸新埠头等几处副厅的头人。按荷兰人的要求副厅一律改称公馆，领导人俱称为甲必丹。其中南吧哇兰芳公馆的甲必丹由刘台二的同宗刘阿伦担任。1829年，刘台二又将刘阿伦调去坤甸新埠头兰芳公馆接替郭庚伯的职位，称呼也从"二哥"变成为"甲必丹"。这个刘阿伦对刘台二言听计从，对荷兰人也是毕恭毕敬。不久，刘阿伦就从荷兰人那里取得一笔贷款，用于开发文兰的金矿。在开发金矿过程中，刘阿伦与当地散居的华人（原来属于打唠鹿地区的满和公司）发生冲突，驻扎在三发的荷属东印度殖民政府副专员利达（Ritter）闻讯率领一支荷军赶来支援，要驱逐这些华人。对此高延写道："无疑，在前两处（指南吧哇和坤甸新埠头）他履行了我们授予他的职责，得到了我方领导的信任，因而申请到了开发文兰金矿的经费。"后来刘台二又将刘阿伦调往新开的万那兰芳公馆担任甲必丹，让他更方便就近管理自己的生意。后来刘阿伦因年老去世，这笔贷款被转到刘台二名下，用于经营新的矿场。1834年，原先在三发任副专员的利达调任坤甸副专员，他带着刘台二乘船到卡巴斯河上游的上侯、新当和塞加道等地视察，旨在促进内陆的贸易发展。由此可见坤甸荷属东印度殖民政府对刘台二的信任。

1837年，刘台二年老去世。据林凤超在《坤甸历史》中说，刘台二生前在巴达维亚与荷兰人签订了三色字（汉文、马来文、荷兰文）书写的互不侵犯条约，刘台二死后三色字条约传给下一任甲太古六，后来传到刘鼎手中，据说竟然下落不明。究竟刘台二是否与荷兰人签订有"互不侵犯条约"？目前发现的荷兰档案未能证实，兰芳公司的内部文件也没有透露。

兰芳公司进入衰退时期

刘台二的执政时间长达十四年，1837年他去世前推荐武秀才出身的嘉应州人谢桂芳接任。但群众却选举古六伯担任甲太，谢桂芳落选。古六伯也是嘉应州人，为人忠厚有余而魄力不足，上任后次年即1838年，万那达雅人造反，古六伯轻率地兴兵开战。不料兰芳公司华人过去几十年坐享太平，战斗力严重下降。出兵数月耗费公司大量钱粮，反而被达雅人打得大败而回。古六伯因兵败引咎辞职，返回唐山嘉应州终老。1843年兰芳公司群众选举谢桂芳任甲太，可惜谢桂芳年老多病，任职仅八个月身亡。从此兰芳公司进入十年衰退时期。1844年由嘉应州人叶腾辉继任甲太，不料叶腾辉无心履职，每日仍在自家店中料理生意，很少到总厅办公，以致公司政务弛废，各地副厅房舍荒芜，群众意见很大。1846年兰芳公司群众改选刘鼎（乾兴）为甲太，据说刘鼎是嘉应州上半图堡凤岭村人，他上任后野心甚大，不久又兴兵与万那达雅人开战。孰料此一战竟重蹈古六伯覆辙，兰芳公司大败。荷属东印度殖民政府追究刘鼎的责任，撤销万那公馆和甲必丹职位，将刘鼎调往邦戛任职。此时兰芳公司已经严重衰落，金矿资源枯竭，经济收入下降，人民谋生艰难。总厅和各地副厅房舍老旧，各处华人庙宇荒废坍塌，地方行政人员执政不力，管理松散懈怠，人心严重涣散，群众意见很大。

兰芳公司的末代中兴

有些南洋华人学者撰文称，刘鼎被荷兰人免职离开东万律去邦戛之前，兰芳公司并未举行换届选举程序，刘鼎只是将公司印章和普通文书交给店中伙计刘阿生收执保管。而最重要的文件——刘台二执政时期代表兰芳公司与荷兰人签订的三色字条约却未曾交出，由刘鼎自己带去邦戛，最后丢失（林凤超说是给荷兰人劫去）。1849年（中文文献记载1847年），荷兰人任命群众推举的刘阿生为兰芳公司甲太。他上任后积极进行改革，修缮各地兰芳公馆房舍和关栅设施，开发新的矿山，兰芳公司面貌发生了可喜的变化。1854年刘阿生利用大港公司被荷兰军队击溃、六七千名大港华人逃至不离居的机会，率部拦截了这批难民，并成功说服了当地马来人土王，同意将其中一部分华人安置在万那定居。兰芳公司趁此机会恢复了万那公馆,任命了一名甲必丹,壮大了公司的实力。有学者认为这是兰芳公司的"中兴气象"。凭借刘阿生个人的魄力,兰芳公司得以在荷兰人的支持之下继续管治了三十年,直至1884年10月刘阿生去世后爆发了群众奋起抗荷的"东万律事件",兰芳公司才被荷印殖民政府取缔。华人武装顽强抵抗了两三年,最终被荷军消灭。

五、吴元盛和他的戴燕王国

戴燕在卡巴斯河中游沿岸,属西加省桑高县所辖,是一个方圆一公里左右的小岛。传说该地曾有华人吴元盛创立一个小的王国,很早就被荷兰人消灭了。2014年拙著《罗芳伯及东万律兰芳政权研究》中有所介绍,现将主要内容修订并概述如下:

> 有关戴燕王国的史料比兰芳公司更少,学术界似乎也忽略了其研究价值,有些学者只是在研究罗芳伯及兰芳公司时顺便提及。最早记载戴燕王国事迹的谢清高在《海录》中这样记载:戴燕在昆甸南,由昆甸南河溯流而上,约七八日,至双文肚,即戴燕境。又行数日,至国都。乾隆末,粤人吴元盛刺杀番酋,国人奉以为主。元盛死,子幼,妻袭其位,至今犹存。

在这段文字中,作者对戴燕的地理位置描述准确,对吴元盛据地称王的事迹记载清楚,可信度高。但谢清高未说吴元盛是嘉应州人。据了解现今戴燕属西加省桑高县所辖,是卡巴斯河中游沿岸一个重要的港口,历来就有许多华人居住。

清末(1905)梁启超亦在《中国殖民八大伟人传》中介绍过吴元盛:"戴燕国王吴元盛,王广东嘉应人也。戴燕在婆罗洲,乾隆末,王与土蛮战,破之,王焉。事迹无考,据口碑。"梁启超首先提出吴元盛是嘉应州人。

据包括光绪年间《嘉应州志》在内的其他清代史书,均未见有记载戴燕国或吴元盛事迹的文字，民国时期温雄飞在《南洋华侨通史·吴元盛传》则有一些记载（详见附录）。

温雄飞在这篇传记中首先提出"吴元盛，广东梅县下半图堡葵岭乡人"。葵岭乡乾隆时属嘉应州下半图堡，梅县乃民国后改称，而当时葵岭乡已属梅屏堡。这篇传记让人读起来有点像故事书，人为修饰的成分太多，经不起读者的推敲诘问。文中"吴元盛与罗芳伯同谋，参加天地会'反清复明'，事泄而遭官府追捕，不得已才远走南洋逃避"一类情节缺乏事实依据。但文中所称其辅佐罗芳伯创立兰芳公司的功劳却有迹可循。荷兰学者桑克曾在他的书中写道："戴燕和桑高位于卡巴斯河沿岸，17世纪90年代罗芳伯时期，兰芳公司的二哥吴元盛以及他的妻子、儿子和一些客家人在这里开辟了一个小规模的金矿场。当矿场的收益令人失望时，他们开始从事农业，并从事小规模的贸易活动。后来他们向东迁移到新当，再次尝试开采黄金。但由于资源枯竭，后来都转向种植农业。"

吴元盛曾经是兰芳公司的二哥，助罗芳伯攻克平定东万律周围几个地区，甚至包括卡巴斯河上游的桑高和新当诸地，其功勋卓著，堪称兰芳之第一缔造功臣，其功劳与江、阙、宋、刘不相伯仲。温雄飞文中描述吴元盛智取戴燕，围困铁山，反被酋妻断了粮道。元盛漂木求救，芳伯发兵驰援，朝夕而解元盛之围，元盛以火药轰营破敌，遂掩有其地而王。这些故事俱有文学加工的成分，而非历史记录。岂不知东万律至戴燕，水路航程需数日，陆路驰援，兵马粮秣非十天断难抵达，何能朝夕解围？全文虽仅千余字，而疑点重重，看来水分较多。

罗香林同意温雄飞关于吴元盛帮助罗芳伯开拓了兰芳公司的事业、罗芳伯封吴元盛为戴燕国王的说法，并且将戴燕国的领土计入兰芳公司版图。对于温雄飞所描述的故事，罗香林未曾采用，而是通过另外的途径了解到吴元盛在家乡时的事迹："尝纳郑氏奔女云娘为妇，伉俪甚笃。比出走，云娘即入庵为尼，不再字人，至嘉庆廿四年（公元一八一九年）病卒。云娘固知书能诗，尝撰《香南雪北集》，中有《寄外子元盛诗》，缠绵哀厉，凄楚欲绝。其诗云：自君判袂数归期，寂寞年华望里依。短枕泪垂流水远，深闺梦入万山迟；孤魂飞断云千叠，杜宇啼残月一枝。最是无情窗外柳，画眉人去故丝丝。"

这一段哀艳悲切的故事据说是出自南洋某报，但笔者亲赴温雄飞所指的吴元盛故乡嘉应州下半图堡葵岭乡（今梅县城东镇葵岭村）调查，发现该村历史上并未有郑云娘其人，况本村郑氏并无官宦或大富之家，至今未听说出过知书能诗的才女,《香南雪北集》也未见传世或被其他书所记载。按上文所述,郑云娘出家为尼之前与吴元盛未曾育有子女,但据当地村民称,族谱的确记载了吴元盛的名字,且其名下有妻室子嗣,至今传下裔孙多人,但未记载其曾前往南洋。

笔者在好友吴荣光(当地人)帮助下找到本村《梅县葵岭吴氏族谱》,族谱未记载元盛曾前往南洋,也没有其他更多记载。

2016年11月2日,美国布兰代斯大学历史系副教授杭行博士、马来西亚学者罗启光博士特意到戴燕调查吴元盛事迹。他们在印尼雅加达学者林世芳老师陪同下,从坤甸出发到戴燕和上侯一带考察。在考察中他们发现了一些据说是戴燕国的遗迹,还意外地了解到上侯有吴元盛后裔的消息。

2018年3月23日,笔者专程飞赴坤甸参加纪念罗芳伯诞辰280周年活动及东万律兰芳园开园仪式。当晚在下榻的酒店见到了据称是吴元盛第六世裔孙吴侠良先生。吴侠良能说客家话和简单的华语(普通话),但不能进行中文读写。笔者与他交谈了好久,得到他提供的一份手抄的中文、印尼文对照吴家简谱。据其家谱记载:"吴氏祖居地在中国,一世始祖绍公原居福建永定。五世祖维锦公在广东嘉应州葵阳乡石下黄泥塘开基,传至十六世原先(有可能是元盛的谐音,或记录的错误)公南渡婆罗洲,在东万律开基。十七世丙生、戊生仍在东万律,戊生之子十八世习富迁泻傲(潮州话音泻傲,客家话音上侯)开基。习富公曾任本地老大,生七子,长子成龙曾任甲必丹;十九世福郎行七,生钦礼、钦全。其家族成员甚多,在此不一一详记。"观其家族迁徙路线,是由嘉应州来到东万律,再迁徙到上侯(即今桑高县城),而目前吴家后裔包括吴侠良等仍然居住在上侯。

据吴侠良口述,他的祖先吴原先与罗芳伯是嘉应州同乡,在家乡就是结拜兄弟。两人相约赴南洋发展,因海船搁浅耽误,吴原先没有与罗芳伯一起到达东万律,却来到卡巴斯河中游的泻傲(不是戴燕)。吴原先在泻傲从事挖金工作,吃苦耐劳创业兴家,又和芒基恩(Mengkeang)的苏丹阿叶(Ayap,上侯另一位马来人土王)结拜兄弟,苏丹任命他为泻傲甲必丹,管理华人事务。后来东万律兰芳公司与万诸居的达雅人发生利益争斗,吴原先带领泻傲的华人帮助兰芳公司平息了战乱。自此吴家深受苏丹信赖,后代有六人担任过甲必丹,家族至今仍居住在上侯。

不过这份家谱倒是记载了一位早期来西婆罗洲的嘉应州移民的故事:这位名叫吴原先的华人来自嘉应州葵阳乡石下黄泥塘(与温雄飞记载和笔者调查的地名

相符),第一站是到东万律开创基业,后来他的孙子吴习富迁居上侯,曾做过华人社会的老大(耆老),后代曾有多人任甲必丹。至今传到第八代(吴侠良的孙子),前后大约二百余年,按时间推算吴原先有可能是罗芳伯同时代人。而且家谱所记之吴原先为十六世,其孙辈移居上侯者为十八世习富(习字辈),二者恰与葵岭族谱所记相合,这一点值得深入考究。但由于年代久远,加上中国文化在印尼七十年来被压制的遭遇,家族历史的记录和传说严重失真。因此不能简单判断其真伪,也不能就此证明吴元盛曾在戴燕称王。

此次在坤甸,笔者还见到一位来自印尼雅加达的学者林世芳老师。林老师是目前印尼为数不多的研究西婆罗洲华人历史的学者,是一位在西加省土生土长的戴燕(今称大院)人,祖上也来自嘉应州。据她自述,她从小就知道罗芳伯这位英雄,也听长辈说过罗芳伯派兵来大院征战的故事,但从未听过吴元盛在大院建国称王的传说。大院是卡巴斯河中游的一个江心小岛,面积大约一平方公里,居民不足千人,华人(客家人)三百多人,其余是马来人和马都拉人。旧时没有建桥,要靠船只摆渡与两岸交通,在这个弹丸之地建国不太可能。据她回忆,直至20世纪50年代,大院还保留着罗芳伯时代的村社自治模式,有一位负责大院行政事务的老大(客家人)是她家的常客。岛上居民安居乐业,有中华小学、青年篮球队,社会一片繁荣安定。1965年之后一切都发生了改变,华文学校被取缔,许多华人离开大院迁徙到雅加达。

林世芳在《西加里曼丹华人史》一书中认为,罗芳伯或许曾派兰芳公司的民兵征战大院和上侯一带,取胜后留下一部分人在此开发和管理地方,日久便繁衍了许多华人后代。吴元盛的传说或许由此而衍生,未必真有其人和建国称王的事实。

六、淘金时代:和顺联盟和"大港哥"

大港公司及三发河流域华人公司的兴起

在西婆罗洲淘金热尚未兴起的1850年之前,打唠鹿地区已经有一批早期抵达的福佬人聚居，他们主要以种养农业为谋生手段。受国内社会风气的影响，他们曾以天地会为核心抱团发展，也许曾有过"反清复明"的政治意图。据说这一组织的领导人叫刘三伯。1774年刘三伯带领天地会武装与罗芳伯的兰芳会人员在打唠鹿以东的大树山和兰芳会崇一带大战一场，兰芳会大败。罗芳伯率残部逃到南吧哇以南的乌山、唠子港和淡水港一带落脚，积蓄力量准备东山再起。

又据荷兰学者的说法，1775年以后华人矿工大批抵达西婆罗洲，淘金时代随即开始。许多原籍属于潮州府惠来县和邻近陆丰、海丰县的华人也在打唠鹿定居，一部分从事农业生产，另一部分则在打唠鹿附近开辟金湖。后来，这些新来的矿工与原本已定居的天地会福佬人之间爆发了利益冲突，谢结伯领导一批手下的矿工在黄梨崇与天地会爆发一场战斗，打败了天地会武装。谢结伯也仿照其他地区华人矿工的组织形式，1775年组建了大港公司。由于天地会在冲突中失败，刘三伯不知所终，后来天地会的成员大都加入大港公司。谢结伯率领大港公司众人在打唠鹿下屋（地名）开辟了一处金矿场，人数大约有250人；后来又开辟了另一处金矿场叫上屋，人数也在250人左右。据荷兰学者统计，当时三发河流域的结连公司、三条沟公司、新八份公司和新屋公司等几个规模较大的公司，人数都在800人以上，此时大港公司的实力还比较小。

大港公司最初的总部设在打唠鹿市镇，公司的成员主要由潮州府福佬人和惠来县客家人及惠州府的半山鹤组成，主要姓氏有吴、黄、郑等。但大港公司人少地窄，在打唠鹿影响不大，大港人甚至被其他公司人私下称作"大港狗"。后来大港公司经过内部兼并战争而势力大增，坐上了有十四家公司的"和顺联盟"头把交椅，大家转而对大港人毕恭毕敬，称呼也改为"大港哥"。

塞道港"走私船事件"

由于西婆罗洲的金矿资源枯竭，1840年之后华人公司已将谋生手段转向商业和农业。一批胆大的华人开始转向海上贸易，购置大船并与福建人或潮州人合作，从新加坡等地运进粮食、盐、药品、布匹、陶瓷和其他日用商品，然后在三发、邦戛和坤甸等城镇批发给华人商贩分销。但这些商品的专营权早已被荷兰人卖给三发苏丹的哥哥邦居兰拉托·内加拉（Pangeran Ratoe nekra），华人的贸易活动只能偷偷进行。因为这些走私商业活动利润可观，所以华人甘愿铤而走险。当然，利润最丰厚的就是鸦片走私。

1850年2月，一艘由山口洋驶往塞道（Sedau，在邦戛附近，也称诗杜河）港口的小船被邦居兰拉托·内加拉手下人拦截检查，发现船上有25箱鸦片、40袋盐和400桶火药。马来人判断这是一个走私集团的船，没有扣留它而是派人跟踪到了塞道港，查清了这个走私集团的头目是大港公司的林三按。大港公司发觉小船被人跟踪调查，于是杀了那个马来人探子。三发苏丹接报后一气之下向荷兰驻三发副专员告状，请求荷兰人惩处走私和杀人的大港公司华人。

荷属东印度殖民政府驻西婆罗洲专员威勒接报，立即致信和顺公司头人官志尹，要求将涉案货物和船员交由荷属东印度殖民政府处理。数日后，荷印公司收到大港公司回信，说船上只有四五箱火药，是矿场用来放炮炸石的，至于运鸦片的船他们并不知情。威勒闻讯大为恼火，决定用武力对付这些华人。当时坤甸荷兰驻军有一百零三名士兵和三名指挥官，三发有八十一名士兵和两名指挥官，但除非请示巴达维亚总督批准，否则威勒无权调动他们。威勒只好下令封锁塞道港口，不准任何船只离开，并再次给大港公司头人官志尹写信，要求将涉案船只和人员交出，送往三发警署处理。

谁知大港公司不理会威勒的要求，4月底派出一批代表到坤甸，直接向荷属东印度殖民政府反映此事，否认走私货物并要求解除港口封锁，放船只出港。威勒闻讯更加恼怒，立即致信巴达维亚总督，要求派兵，用武力解决。并以发现一艘英国船只停泊在塞道港外为由，派一艘荷兰军舰来塞道港，监视和驱离英国船只，目的是对大港公司华人施加压力。

威勒的要求得到荷印总督批准，5月底一艘护卫舰抵达婆罗洲海岸，另一艘准备前往广州的荷兰邮轮也暂时与之停靠在一起，借以虚张声势。6月5日，两艘舰船驶进塞道港口，威勒和舰长等人上岸，来到大港公司的办事处，要求与公司领导人就走私船只问题进行谈判。职员要求宽限两日以便禀报打唠鹿总部，并建议荷兰人明天到大港公司的堡垒（kubu）内谈判。荷兰人拒绝了这个建议，第二天上午，威勒指挥护卫舰进入河口，放下武装小艇，载着荷兰士兵企图进入要塞。五百名三发苏丹派来的马来士兵乘船沿河逆流而上登岸，要抢夺停靠在船坞的那艘走私船。大港公司华人见状立即开枪射击，几个荷兰士兵中枪倒下，马来士兵听到枪声后立即掉头往回跑，荷军也开枪还击，并赶快撤回到护卫舰上。战斗仅仅持续半小时即告结束，据荷兰学者统计报告称，华人被打死八人，荷军死一人伤三人。荷兰军舰没有开炮射击并撤回坤甸，邮轮则继续驶往广州。荷兰人退回三发，马来人如鸟兽散。

塞道事件发生之后荷兰当局非常震惊，他们认为西婆罗洲正在重蹈二百年前荷兰人在台湾被郑成功赶走的覆辙，今后必须更加严厉地压制华人公司，使之屈服和就范。大港公司损失了八条人命，也只得自认倒霉。过后不久大港公司便派人向荷兰副专员送信，解释说走私船只进入塞道港口后已经离去，船和货物并不属于大港，大港公司并不知其下落，还说大港公司闻讯后已经开会调查，并已将情况写信回复了荷兰专员，但送信的船被三条沟公司的朱阿豪（Tjoe Ahou）拦截，那条小船的船主叫阿禄（A loek），加上坤甸专员很快就派来一艘军舰和几百士兵，封锁港口河道，造成华人生计困难，因而对荷兰人产生抵抗情绪，情急之下才开枪对射等等。大港公司派人送求情信和一些黄金给三发苏丹，希望他从中调停；大港公司又向荷兰人承认开枪射击的行为过激，情愿自认罚款若干而了结案件，事情告一段落。大港与三条沟本来就有旧仇，这封信似乎有意将事件的火苗引向三条沟公司，使双方矛盾进一步加剧。

达雅人屠村事件和邦戛战争

塞道事件平息半个月之后，也就是1850年7月初，拉腊地区各个村庄都发生了达雅人袭击华人事件，大批手持枪械和刀剑的达雅人进入村庄屠杀华人，居住在乌乐和芦末地区几个村庄的华人惨遭杀戮，二百余人死亡。有人给荷兰当局写信提供证据，说亲眼看见昔邦的朱阿豪和船主阿禄与达雅人密谋给他们指路。这些村庄的华人属于霖田公司和十五份公司，他们原本属于和顺联盟，后来离开联盟独自发展，此次遭到达雅人杀戮，不得已向大港公司求救。大港公司认为此次达雅人袭击华人事件幕后主谋是三条沟公司，因而发兵千余人前往昔邦等地，攻击达雅人和三条沟公司，营救霖田公司和十五份公司的华人。三条沟公司与大港是老冤家，见状立即派人报告三发苏丹。7月12日，苏丹征得荷兰副专员的同意，派了一百名马来士兵前去救援，但于事无补，昔邦还是被大港公司占据。许多住在西尼尼的三条沟公司华人连夜逃往沙捞越。

荷兰人事后才了解到，这次事件的始作俑者是三发苏丹。就在荷兰人和马来士兵进攻塞道港口的堡垒遭到惨败后，马来人纷纷传说华人的火力如何厉害，又散布谣言说华人要进攻三发。三发苏丹害怕华人攻打三发城镇,在征得荷兰人同意后立即在三发招募达雅人士兵。大批达雅人在马来人带领下奔向乌乐、芦末和西尼尼,见到华人村庄就进入杀人。在昔邦河左岸,有一个名叫巴湾的村庄,住着八十多户人家,除了一个男人逃脱、二十多个女人被抓走送给苏丹之外,其余全部被杀死。巴湾的屠杀令华人大为愤怒,随后达雅人进攻乌乐、勒多和沙垄村庄时,遭到华人的激烈抵抗。

大港公司随后包围了昔邦的三条沟公司,据说被包围的有四千余人。三条沟公司立即向三发的荷兰人求救,也向东万律兰芳公司送信请求支援。但荷兰人既没有武器也没有兵力驰援,只有八十名士兵留着保卫三发副专员公署。威勒只得发信再向坤甸求救。趁荷兰援军未赶到之机,七月初大港出动千余名民兵向昔邦三条沟总部发起攻击,遭到对方的顽强抵抗。大港几次败退后调集更多兵力强攻,终于在7月15日攻陷并占领了昔邦,之后兵马继续沿大路向三发推进,一连攻克西尼尼、塞吧维和沙坡,眼看三发城不久就可以攻下。大批马来贵族、中国商人和有钱的市民卷着细软财物争相出城,逃往沙捞越。三发苏丹和荷兰专员威勒非常恐慌,焦急地盼望着坤甸荷军救兵的到来。但接到警报后从坤甸匆匆赶来的一队荷军此时还在路上,离三发还有几日路程。

在这关键时刻,大港军队突然改变进攻目标,放弃三发转而向西攻打邦戛。邦戛是三发河口一个小市镇,可以控制进入三发河的所有船只,战略地位非常重要,居民主要是从事农业的三条沟公司人员。大批大港士兵攻入邦戛,三条沟公司的农民纷纷涌向河对岸的小岛卡兰班(Karanban)。8月20日,邦戛被大港民兵攻陷占据,市区到处浓烟滚滚,许多房屋被大火烧毁。大港公司命人在各处要塞重新修筑工事,防堵荷军和马来士兵进攻。几千名三条沟公司的群众逃到卡兰班,困在岛上无水无食。幸得兰芳公司派来的大船及时赶到,难民被接载到了安全的地方。

最先赶到的一支荷兰军队在索格(Sorg)中校的率领下于8月21日抵达邦戛,这支部队只有五十人,想夺回邦戛但几次进攻都被大港军击退,被迫退回三发。8月30日,第二支荷兰援军抵达三发,第三支援军也于9月6日抵达。荷兰军舰婆罗洲号和几艘快艇同日抵达三发港口,船上有三十多名海军陆战队士兵。9月9日,荷军集结完毕后登船出发前往邦戛,婆罗洲号军舰领头,其余三艘舰艇紧随其后,此次担任攻击任务的兵力计有荷军四百一十九人、马来士兵一百八十人和警察十八人。索格和一支侦察兵带着一些熟悉地形的马来人向导已于前一日到达，9日他们在向导带领下选定了登陆地点和进攻路线。大部队于10日抵达，但由于遇上大风，载着马来人的船只被风吹散，只好重新组织集结，准备第二天登陆。

9月11日早上5点，荷军开始登陆，但在滩涂遇到泥沼，士兵们在泥泞中艰难前进了两小时才上陆地。大约8点半，士兵们进入一大片水稻田和农舍错落的村庄。只见房屋内空无一人，居民们早已撤退。大港人的第一个外围据点在山坡脚下的大栅，华人士兵们从工事里向荷军开火。荷军遇到了火力阻击，只得后退并组织炮兵向据点射击。华人士兵后退到一个长宽约一百米的砌石墙修筑的堡垒中，通过墙根的射击孔向外开火。索格率领荷军再向堡垒发起攻击，大港士兵密集的子弹飞蝗似的射向荷军，索格膝盖中弹倒下被救回船上，半月后因伤口感染而死亡。荷军以猛烈的炮火射击堡垒，数百名荷军和马来士兵拼死攻击，最终于上午11点攻陷堡垒，把里面两百多名手无寸铁的华人全部杀死。这时一名受伤的大港士兵点燃了几箱火药，只听轰隆一声巨响，一座房屋被炸毁。荷军赶快带上索格及受伤士兵，在巴德（Bade）上尉率领的第六步兵连掩护下迅速组织撤退，但遭到数百名大港士兵阻击，只好退回大港的堡垒内死守。整个下午双方僵持不下。

傍晚时分，荷军陆战队员成功清除了河道的阻碍，两艘小型舰船靠近岸边，船上的海军陆战队员和马来士兵涌向岸上支援荷军。在炮火掩护下，困守堡垒内的巴德上尉企图带领士兵们突围，但立即遭到三百多名大港士兵的火力阻击。增援的马来士兵纷纷向岸边逃窜，海军陆战队员也只好撤回船上。大港士兵一直追击到岸边。晚上11点，海军陆战队和马来士兵才撤回船上，大港士兵放火烧了堡垒建筑，整个天空红光照耀，连邦戛集市上的房屋也全部付之一炬。次日早晨，巴德自己逃回婆罗洲号舰上，向众人诉说昨晚在大火中死里逃生的经过。威勒和受伤的索格中校检查部队情况时发现弹药几乎耗尽，不能再发动进攻。岸上漫山遍野都是大港士兵，他们占据附近一座山头，在山上几乎可以俯瞰邦戛全境。荷兰人在船上度过了惶恐的一天。天黑之后荷军舰船和狼狈的士兵们一道撤回三发，留下一支十二人的小分队在培尼班干山（Penibangan）驻守。后来荷军在山坡上建了一座小堡垒，取名索格堡，以纪念阵亡的指挥官索格中校。

邦戛战争结束后，荷兰人大肆宣扬对婆罗洲华人作战的首场胜利，巴达维亚、坤甸、新加坡和欧洲各国的报纸都在吹嘘荷军的英勇和华人的野蛮。荷兰方面引述索格中校和巴德上尉的口述称，此役荷军死亡十八人，重伤六十七人（后来全部死亡），大港华人死亡约二百五十人（包括在堡垒内被射杀的二百人）。范·瑞斯则报告，华人死亡四百余人，受伤六百余人。另一位荷兰军官潘宁·纽沃兰记载华人估计死伤三百人。总之，战争造成了大量人员伤亡，大港公司的华人遭受重大损失。

荷兰人撤回三发的第二天，大港华人重返邦戛，并在民兵保护下整修房屋、收割已成熟的水稻。9月19日上午，大批大港民兵围攻培尼班干山上的荷军堡垒，想把他们赶出邦戛。荷军开火并顽强抵抗，华人只能在外围监视荷军。威勒接报后又从三发派出一支援军，把被围困的荷军救出。大港士兵重修房屋和堡垒，又从新加坡不断购买鸦片和武器弹药，准备继续与荷兰人对抗。

9月23日恰逢华人的传统节日中秋节，大港公司在邦戛集市举行盛大的活动，庆祝抗荷战争的胜利。头人在大会上宣布准备进攻三发，因为三发苏丹先是派马来士兵帮荷兰人抢夺塞道港口的船只，制造了上次巴湾达雅人屠村事件；这次邦戛战争中苏丹又派马来士兵与荷兰人一道攻击大港，造成大港公司几百人死伤，简直是罪大恶极。而兰芳公司屡次支持大港的仇人，1807年大港公司与结连公司争斗之时，兰芳公司派三条船接载几百名结连公司难民。今次邦戛之战，兰芳公司又派船接走数千名三条沟公司的难民。为此大港宣称也要进攻东万律，灭掉兰芳公司。兰芳公司甲太（领导人）刘阿生闻讯大惊，急忙号召公司群众储粮备战，在边境设卡布阵，严密监视大港公司动向。

荷兰人也在庆祝邦戛战争的胜利，婆罗洲号军舰于9月17日由坤甸返回巴达维亚，向总督报告荷军邦戛之战的胜利；10月9日再次来到坤甸，舰上带来一百名增援婆罗洲的荷兰士兵和新任指挥官勒布朗（Le Bron）中校。勒布朗到任后去三发和邦戛了解情况，他发现大港公司群众竟然在士兵保护下收割水稻和修建房屋，根本不把索格堡的十几个荷兰士兵放在眼里，非常气愤，他决定将坤甸的全部兵力调往邦戛，把大港士兵赶出堡垒。11月2日婆罗洲号载着这支远征军到达三发，休整半个月后决定于20日在邦戛登陆作战。到达预定地区后恰遇天降大雨，军队只好在舰上等待了24小时。第二天上午8时攻击开始，暴雨让邦戛河变成滚滚激流，五百四十四名荷军士兵在二十五名军官指挥下蹚过齐腰深的河水艰难前进。到达大港据点第一道栅栏时，勒布朗下令开火，但并未遭到还击，据点内似乎并无大港人马。荷军继续向堡垒发起攻击时突然遭遇大港士兵的伏击，密集的火力之下二十八人死伤。勒布朗急忙下令退兵，把伤兵救回船上，两天后回到三发。勒布朗见识了华人士兵作战的勇猛，对他们奋不顾身的精神感到难以理解。范·瑞斯认为，中国人为了保卫自己的家园和领土，不惜以生命为代价，即使战败也不会求饶或投降，因为他们具有捍卫独立与自由的勇敢精神。

大港"主降派"冒头

勒布朗退兵回到三发，几天后收到打唠鹿大港公司的三封来信，信上解释说："我们三个公司的主要敌人是三条沟，之所以攻击邦戛是因为三条沟人与达雅人合谋攻击了昔邦和西尼尼的村庄。我们并不打算进攻三发，可是坤甸的荷兰专员也太急躁了，我们等待局势平静时，你们从坤甸发兵来攻打我们，岂能束手待毙？我们向政府交税，华人在这里也有贡献，人多才能增加政府的财富。我们的未来前景究竟怎么样？敬请回复。仅向上校阁下致以敬意和良好祝愿！（署名是三个公司）霖田、大港和十五份。九月二十八（农历）于打唠鹿。"

第二封信说："我们愿意与政府和平相处，但我们的人民遭到达雅人屠杀，死了很多。塞道港事件中的小船我们并不知情，你们的军舰既然发现走私船又不抓捕，反而怪罪我们。我们的人民稍有反抗，你们就派了军舰和士兵来攻击。现在我们获悉阁下来三发履新，恳切希望事件能圆满解决。"落款、署名和日期与第一封信相同。

第三封信的内容与前两封大致相同，都是传达了希望和解谈判之意。从信末的日期来看是写于勒布朗发兵攻打邦戛之前，既然大港有意和解，为何荷军攻打邦戛堡垒时还遭到伏击？勒布朗对此感到困惑。12月4日，和顺公司代表团来访，勒布朗友好地接待了他们，并同意他们派出代表团到坤甸面见专员威勒。但是第二天邦戛传来消息，大港士兵又一次袭击了荷兰留守士兵，企图夺取索格堡。事情已很明显，大港公司高层发生了分裂，分成主战派和主和派。荷兰学者范·瑞斯、官员潘宁·纽沃兰等人的记载中都没有说明，究竟谁是大港公司的主战派、谁是主和派，甚至连公司头人的姓名都没有说明。袁冰凌则记载，1850年来自大港公司的郑洪任（可能是郑宏之笔误）接任和顺公司头人，他的前任官志尹也来自大港公司。似乎可以认为，前任和顺公司头人官志尹可能是大港公司的主战派，后任郑宏则可能是主和派。后面发生的一连串事件可以佐证这个假设。

关于大港公司内部分裂成主战派和主和派的内幕，荷兰学者分析认为，从塞道港走私船事件开始，大港公司华人对事件的处理就有不同意见。大部分华人认为走私鸦片是违法行为，动员公司的武装力量去惹荷兰人得不偿失。而代表市镇商人利益的某些领导层则认为，要不惜代价教训荷兰人和三条沟公司，有人特意将事件的责任推到三条沟华人身上，企图转移视线，混淆事实真相。后来发生达雅人屠村事件，荷兰人也认为事情起因主要是三发苏丹的幕后推动，而不是三条沟华人主动发起。而大港公司高层再次把责任推到三条沟华人身上，不惜动员千余人的武装攻击达雅人和三条沟华人，造成大批三条沟华人逃亡邦戛。大港公司又攻打邦戛，造成更多的三条沟华人逃亡沙捞越，进而导致荷军大军压境而引发邦戛战争，造成大批华人死伤。

邦戛之战打响之际，主战派和主和派已经在公司总厅展开了激烈争论。打唠鹿市镇上的商人和有钱人支持对荷兰人妥协，希望尽快恢复和平秩序，好让他们的生意和幸福的生活继续，主和派的代表人物是郑宏、郑永宗和吴昌贵等人。另一帮人数更多的矿工和农民则不愿意与荷兰人妥协，代表人物为廖二龙、林三按和黄金鳌等人。对他们来说土地（矿山和农田）是子孙后代赖以生存的命脉，土地被出卖给荷兰人意味着今后的日子更加艰难，因此要不惜以鲜血和生命来捍卫。大港公司代表各方利益的两派高层在总厅展开论战，主和派渐渐占了上风，甚至在民兵们于邦戛向荷军发起伏击战之前，求和信件已一封接一封送到三发副专员公署。荷军上校勒布朗在战场上惨败并带着伤兵撤回三发之后，意想不到的一幕发生了，12月4日大港高层组织的代表团访问三发，勒布朗接见了这批愿意求和的大港人士。除了传达大港高层愿意求和的信号之外，这些代表要求以和顺公司的名义派出一个代表团访问坤甸，与西婆罗洲最高长官威勒当面谈判，勒布朗答应了。

以后发生的事情尽管可能仍在大港公司的主导下进行，但已使用和顺公司而不是大港公司的名义。事实上自从郑宏于1851年6月29日被荷兰人任命为和顺公司领导人之后，大港公司的一部分华人已不再听命于他。1852年11月，荷兰人要求彻底取缔大港公司和其他华人公司，只保留和顺公司作为打唠鹿和拉腊地区所有华人的代表。为了得到荷兰人的信任、获得荷属东印度殖民政府颁发的鸦片种植专营权，郑宏之流竟不择手段骗取大港公司印信和公司档案材料交给荷兰人。1853 年 1 月 14 日，荷属东印度殖民政府在坤甸举行的一个道教仪式上当众烧毁了大港及其他华人公司的印信和档案，大港公司灭亡。一部分不愿做荷兰王国臣民的大港群众在廖二龙领导下继续开展抗荷斗争。

冤家：三条沟公司

三条沟公司最初由来自陆丰县的"半山鹤"和来自惠来县的客家人创建，以朱姓和温姓居多。他们在打唠鹿附近的半腰鸦、白芒头、水垄碓一带开采金矿。1805 年前后，三条沟公司的规模在三发河流域首屈一指，人数有八百人之多。1807 年，三条沟公司与大港公司等结成同盟，通过消灭结连公司、新八份公司、十三份公司等一系列兼并战争，人员和势力大大增强，一度成为三发地区势力最大的公司。1808 年，三条沟公司与大港公司结成军事同盟，以三条沟公司首领朱凤华为联军统帅，经过半年多的激战，消灭了新八份、十三份、九份头等几个公司。取得胜利后大港公司占有了大部分战败者的土地和财物，三条沟公司首领朱凤华因战利品分配过少而与大港公司暗生嫌隙，埋下了之后数十年两大公司交恶的伏笔。1818 年 8 月，胡阿禄接替因事返回中国的刘正宝出任和顺联盟的大哥，朱凤华则在和顺总厅担任先生（文秘）职位。当年 11 月，荷属东印度殖民政府驻三发副专员穆勒（Muller）和荷军指挥官普雷迪克（Puledik）一行人来到和顺总厅，此时，胡阿禄已被群众免职，总厅先生朱凤华接待了荷兰人。荷兰人对这位"Singsang"（客家话先生）印象很好，据说后来朱凤华当了和顺公司甲太后荷兰人一直称他为"唱歌的甲太"（Sing Song，英语唱歌），跟他合作得很好。朱凤华与三发苏丹的关系也很好，这些都是他日后担任和顺总厅甲太的人脉资本。

1819 年年初，在荷兰人的支持下，朱凤华以先生的身份当选为和顺公司甲必丹，他认为三条沟公司在历次战争中出力最大，但获得的地盘甚少。于是他主导了三条沟公司华人向昔邦一带扩张，开发新的矿场，而昔邦历来主要是大港公司的矿场，那里的矿藏丰富且品质极好。于是，三条沟与大港之间的矛盾进一步激化。

据说大港公司高层有人写信敦促身在中国家乡的刘正宝，让后者赶紧从中国回到西婆罗洲，这无疑给朱凤华带来了极大的麻烦。刘正宝一回到打唠鹿，就听闻三条沟公司的朱凤华已主政和顺公司，且近年来肆意压制大港，已将势力扩张至昔邦一带。刘正宝认为朱凤华趁自己回国之机窃取和顺总厅首领职位，有欺负大港公司的用意，遂利用各种手段对抗朱凤华，甚至与三条沟公司发生武装冲突。联盟内的十二份、泰和两个小公司也都起来反对朱凤华，甚至有人扬言要杀他。1820年朱凤华被迫辞去和顺公司甲必丹的职位，躲到三发，在苏丹保护下隐居。刘正宝接替朱凤华担任和顺公司甲必丹，大港更有恃无恐地排挤和压迫联盟内各公司。三条沟公司则多次向荷兰人和三发苏丹投诉大港公司的霸凌行为，最后发展到需要依附荷兰人和三发苏丹的势力来抗衡大港公司。

1822年农历端午节，三条沟公司正式与大港公司决裂。从此结下了冤仇，双方争斗了几十年，直至1854年大港公司被荷兰人消灭，三条沟公司被荷兰人取缔。

"和顺联盟"的建立

和顺公司联盟是西婆罗洲华人公司百余年历史中曾经存在三十余年的类似西方"联邦制"的华人政权。这个联盟因为利益纠纷而成立，后来又因为利益纠纷而破裂，最后也因为利益纠纷而瓦解。在三十年的利益争斗中这个联盟内十几家公司分分合合，最终被荷兰人各个击破。由于这个联盟和各个独立公司留下的文字和历史遗迹等史料极少，中外学术界对这个"联邦制"华人公司的研究文字也很少见。

在西婆罗洲淘金热兴起后，大批来自河婆、海丰、陆丰、永安、归善等地的客家人在西婆罗洲北部的三发、打唠鹿、邦戛、拉腊、昔邦和西尼尼等地开辟金矿场。1770年至1780年之间，他们先后组织了结连公司、三条沟公司、大港公司、坑尾公司、十五份公司、新十四公司、满和公司、泰和公司、新屋公司等数十家华人公司，主要从事开矿和农业种植。这些公司大都各自占山为王，独立经营矿山（金矿和锡矿），在矿场附近就地建设定居点而形成小村镇。有人从事农业种养以供应矿工所需，矿业衰退之后又纷纷转向农业生产和商业贸易，这里的华人曾经多达五六万人。笔者从叶祥云《兰芳公司历代年册》、高延《婆罗洲华人公司制度》、易仲廷（J. De Kreek）《鹿特丹民族博物馆藏西婆罗洲及邦加岛华人公司钱币》、高柏（P. N. Kuiper）《莱顿大学总图书馆藏中西文抄本与手稿目录》、许理和（Erik Zurcher）《近代东亚的冲突与和解》和袁冰凌《中国人的民主》等有关资料中摘录与兰芳公司同时存在的西婆罗洲华人公司二十多个，它们的名称和根据地大致如下：

　　大港公司，在打唠鹿及西南部一带，主要从事农业和采金。
　　坑尾公司，在板肚、路下横和骨律，主要从事采金。
　　满和公司，在板肚、乌鲁和百富院，主要从事农业和采金。
　　赞和公司，在砂令斯（Selins），主要从事采金。
　　元和公司，在乌唠由，主要从事采金。
　　应和公司，在六份头，主要从事采金。
　　惠和公司，在假唠所，主要从事采金。
　　泰和公司，在打唠鹿以南，主要从事采金。
　　十五份公司，在打唠鹿东北，主要从事农业和采金。
　　三条沟公司，原在拉腊白芒头、半腰鸦，后来退到邦戛、昔邦和西尼尼，从事农业和采金。1850年，一部分群众迁移到砂拉越①，继续以三条沟公司名义存在。
　　新屋公司，在打唠鹿以东桥头，主要从事农业和采金。
　　结连公司，在三发以南沙乌，主要从事采金。
　　升和公司，在辛下里，主要从事采金。
　　双和公司，在砂坡，主要从事采金。
　　十三份公司，在黄梨紫至桥头，主要从事采金。
　　九份头公司，在打唠鹿西北面，主要从事采金。
　　老十份公司，在打唠鹿西北，主要从事采金。
　　十二份公司，具体地点不详，主要从事采金。
　　十四份公司，在拉腊，主要从事采金。
　　新八份公司，具体地点不详，主要从事采金。
　　老八份公司，在打唠鹿西北，主要从事采金。
　　霖田公司，在乌乐地区，主要从事农业和采金。
　　聚胜公司，在坤甸地区，主要从事农业。

---

① 即今"沙捞越"。

四大家围,在坤甸地区,主要从事采金。

兰芳公司,在东万律及周边地区,主要从事采金和农业。

此外在拉腊地区还有下屋、老十四份、新十四份等公司,主要分布在南吧哇以北和打唠鹿以东的广大地区,以惠阳一带客家人为主。据个别荷兰学者认为,西婆罗洲华人最多时将近二十万。

荷兰学者桑克认为和顺联盟是由十四家公司组成的,把大港公司的死对头结连公司、新八份公司和老十四份公司也统计在内,但并未研究联盟形成的过程。桑克认为和顺公司于1776年成立,目的是平衡各地区的人口和各公司的采矿能力,更好地分配矿区、水源等资源,以达到和平开采而共享繁荣。

笔者研究荷兰莱顿大学1993年新发现的三份中文史料（见后文图一、二、三）,认为和顺联盟并非1776年成立,而是在此之后的采矿业长期竞争中逐步形成的。联盟成立的理由也并不如桑克说得这么理性化,而更可能是在华人公司发展过程中遇到利益纠纷而促成,形成的过程也肯定充满波折和争斗。其中《打唠鹿地方历史》和《鹿邑先时故事》记载了和顺公司结盟和分裂的大致经过,比较合乎事物的客观规律和华人的民族特性。这份史料看上去出自一个亲历事件的打唠鹿华人群众手写的纸本活页（见下图及书末附录）。史料记载,和顺公司联盟的初级阶段由大港、三条沟、十五份和坑尾四家公司组成,主要原因是这四家公司与结连等四家公司在采矿过程中发生利益纠纷。结连公司原在三发以南,是西婆罗洲早期势力较为雄厚的华人公司。大约在1805年,结连公司与新八份公司、老十四份公司和新十四份公司四家结成同盟,与大港公司、十五份公司、三条沟公司和坑尾公司四家组成的同盟相对抗。四家对四家实力相当,两派时常因矿场、水源和道路等利益问题相互斗殴,相持两三年之久。

1807年,大港公司与三条沟公司、十五份公司和坑尾公司四家结盟,主动给新十四份公司送礼（一个大铜盘,可能是一面锣）,成功策反新十四份公司加入"大港—三条沟"联盟。此举令双方力量对比发生变化,大港公司五家联盟对付结连公司三家联盟,结连三公司明显处于劣势。之后,大港公司又动员了十六份、十三份和另一个小公司九份头参与战斗,八公司一起进攻,击败结连三公司而获大胜,七家公司将战利品均分,大港则分得几处矿山和不少财物。

Text A, page 1

荷兰莱顿大学藏中文手稿《打唠鹿地方历史》①（一）

大港公司得胜后势力更加强盛，次年（1808）成功说服其余七个公司结成正式同盟，取名"和顺公司"，又在打唠鹿闹市区合建一座公司总厅为联盟总部，八个公司各派一人为厅主，常驻总厅商议联盟大事。和顺公司推举大港头人谢结伯为首任大哥，大家在香案面前斩鸡头喝血酒，对天发誓要互相忠诚，共同进退，和顺联盟从此进入所谓"七公司时期"，此后数年大港公司在联盟中占主导地位，三条沟公司次之，其他小公司基本上没有话语权。

1814 年，来自新屋公司的刘贵伯接替温三才，担任和顺总厅大哥。上任后数月他想将坑尾公司并入新屋公司，遭到群众激烈反对，有人甚至扬言要打他。刘贵伯一连十天不敢到总厅办公，最后只好辞职。来自大港公司的刘正宝接替他成为和顺总厅的大哥，来自三条沟公司的朱凤华则在公司总厅任先生（秘书）之职。1818 秋，刘正宝因事回中国，三条沟公司的胡亚禄接替他成为和顺总厅大哥。胡阿禄名禄士，是福建永定县下洋乡中川村人，是西婆罗洲远近有名的打铁师傅，擅长打造各式兵器。胡阿禄的父亲胡永成在罗芳伯执政时期曾任兰芳公司二哥，率领数千民兵东征西讨，立下大功，后来死于回国途中的洋船上。可惜胡阿禄生性老实憨厚，上任不久就听信公司内福建客家人的提议，要将和顺公司改名为"广福公司"，遭到联盟内各公司特别是大港公司群众的极力反对，有

---

① 原手稿无名称，《打唠鹿地方历史》为袁冰凌代拟，详细内容见附录。

人编了个歌谣"大港人么目,和顺改广福",讽刺大港公司头人眼瞎(无眼光),闹出这样的笑话。胡阿禄任职仅三个月,1819年年初被联盟内各厅主开会罢免。

1819年荷兰人重返西婆罗洲,坤甸的"公班衙"重新开张。荷军指挥官德·史杜尔斯带着全副武装的荷军小分队向各地华人公司"宣示主权",下令各地升挂荷兰国旗,向公班衙缴纳人头税。据荷兰学者记载,荷军小分队来到打唠鹿和顺总厅,恰好胡阿禄刚被免职。总厅先生朱凤华接待了荷兰人,并且表现得殷勤老实。此后朱凤华主动亲近荷兰人,又说服总厅各位厅主和各公司头人,通过选举由他接替胡阿禄的职位,称号也由和顺总厅大哥改为甲必丹。朱凤华上任后处处为三条沟公司谋取利益,企图在昔邦开辟新的矿场。他与三发苏丹的两个兄弟勾结,让苏丹给予三条沟公司在昔邦开矿的独家经营权。朱凤华私下答应他们可以得到新矿的10%股份,企图唆使他们运用王室的名义赶走在昔邦的大港公司矿场。大港公司有人写信把情况报告还在中国家乡的刘正宝,刘正宝带一百多个黑道上的兄弟赶快回到打唠鹿。1819年冬,大港群众通过选举把朱凤华免职,让刘正宝重新担任和顺总厅甲必丹。

虽然朱凤华被赶下和顺总厅甲必丹宝座,但他和三发苏丹的特殊关系,使他仍然在三条沟公司发挥作用。1822年5月,三条沟公司放出风声,说大港人占领了昔邦下屋的矿场,要求荷兰人出面驱赶。恰逢驻坤甸专员多比亚斯因事离开坤甸回到巴达维亚,三发苏丹说服了荷属东印度殖民政府驻三发副专员范·格雷夫(Van Graaf),让他下令由荷军中尉冯·基尔伯格(Von Kielbeg)带领五十四名荷军士兵前去驱赶。数百名三条沟公司民兵紧跟荷军之后,浩浩荡荡向拉腊进军,在西尼尼、昔邦和芦末,都未遇到抵抗。最后,他们来到拉腊主要市镇本卡杨,遭遇了大港民兵的抵抗,双方互相猛烈开火,荷军中尉基尔伯格膝盖中弹受伤。大港民兵放过荷军,对三条沟民兵发起猛烈攻击,造成多人死伤。5月31日,荷军撤回三发,基尔伯格不久后因伤口感染而死亡。三条沟公司死伤惨重,自知不能再留在打唠鹿与大港相容,于是便有了端午节集体逃离事件。

争斗与分裂

和顺联盟的成立不仅对兰芳公司和其他华人公司构成威胁,也让不断由沿海向内陆扩张的荷兰人感到头痛。1819 年之后，荷军的武装小分队不断进入各个华人公司，以武力胁迫华人接受荷印殖民政府的管治。很显然一个势力膨胀的联盟不会就范，于是荷兰人采取拉拢分化的手段来对付他们。加上大港公司自恃人多势众，不断侵吞成员利益，联盟内部渐生嫌隙，数年后蜜月期宣告结束。

荷兰莱顿大学所藏的中文史料记载，道光二年（1822）端午节（6 月 23 日），联盟内实力仅次于大港的三条沟公司在事先未告知的情况下突然撤离，连夜搬离打唠鹿西南面的基地，把金湖屋内的黄金、精矿、设备和武器弹药全部运走。同时，事先约定属下白芒头、半腰鸦、水垄硪和西哇里等处从事农业的居民一起撤离，迁往拉腊开辟新矿和定居。三条沟公司在打唠鹿通往拉腊路上之大凹（地名）中连筑大栅二个，分兵把守，若有来往之人，尽皆拿捉，自此无人敢过。大港公司闻知此事，遂凑齐四公司到总厅相议。谁知一查连十五份公司、十六份公司也已追随三条沟公司逃走。不得已四家势力比较雄厚的公司兴动干戈，共起大兵，直到凹下屯扎，然后上大凹攻打其栅。谁知凹中山路崎岖，人马难以通过，连打数日不能攻破，损伤兵士甚多。相持数日后，头领下令寻找本地人带路，领兵由别处绕过山背，两头攻打，两处大栅遂破。之后，四个公司合兵直追三条沟公司到拉腊埠头屯扎，听说三条沟公司众人已在拉腊下屋原细三条沟公司之旧矿场安身，打算重开金湖、造屋及起大栅等，又移兵下到烟坡（地名）面上，筑大栅一个为大中营，暂时驻扎，再作良图。这时和顺联盟只剩下大港、坑尾、新十四份和新屋四家，势力已大不如前。

拉腊地方矿藏丰富，三条沟公司的前身大三条沟和细三条沟都曾在下屋开金湖。同时附近的乌唠由有元和公司、砂令斯有赞和公司、六份头则有应和公司在该地开金湖和居住。此外附近假唠所（地名）有惠和公司，辛下里有升和公司，砂坡有双和公司。以上几个公司近年大都投靠盟主大港公司，以其为保护伞，听说三条沟和十五份、十六份三公司因联盟分裂反抗大港而迁徙至拉腊，都感到十分惊恐，元和、赞和、应和三公司随即星夜由山路逃回打唠鹿。三条沟公司派人进入细三条沟旧日把砺（马来语：金湖）屋中，与十五份公司和十六份公司合作，在去往芦末路口、哇黎大路、金山坡面上、拉腊埠头大路等各处连筑大栅数个，分兵把守，等候大港前来攻伐。

道光三年（1823）正月初八，大港公司邀集联盟内三公司到齐，一同前往和

荷兰莱顿大学藏中文手稿《打唠鹿地方历史》（二）

顺总厅，请示甲必丹刘正宝，商议兴兵攻打拉腊一事。联盟众公司同声响应，至正月十六四大公司一齐起兵，赞和、元和、应和三个小公司也派兵相随。大队人马浩浩荡荡向拉腊进发，一路连筑几处退步用的栅栏，以防意外发生。到了西哇黎，屯扎大中营一座。众头领商议攻打大凹顶三条沟公司的栅栏。数日之后凹中之栅攻破，众公司之兵蜂拥直到拉腊，屯住在敌营大栅内。三条沟公司、十五份公司和十六份公司俱大败而逃，往芦末、昔邦、邦戛、古打等处逃去。此后大港众公司兵分几路，在芦末路口、金山坡面各筑大栅一个，驻兵把守要路，以防后患。众公司兵马得胜，班师回打唠鹿，各自回到原来的住处。随后拣取吉日，众公司群众聚齐在总厅设庆功宴，演戏酬神，答谢天地。众人饮酒宴乐，大家满心欢喜，大闹通宵。次日众公司头人到和顺总厅喝酒，将原三条沟等逃亡公司所属拉腊地方等处，分给获胜的各公司看管。大港公司分得金山、下屋、砂坡直至哇黎、沙仑等处；坑尾公司分得六份头、假唠所、三把口、砂令斯、下节、滑打容、马砂下等处；新十四份公司分得上下砂横、把云、山东、两厘半、上下砂容、石壁沟等处；元和公司仍在乌唠由，赞和公司分得锡牌、双沟唠也、凹下等处。各公司群众皆大欢喜，分别赶往各地安居立业。

此次战争后，和顺联盟各公司各自为业，十余年间看似相安无事，但事实上，大港公司在和顺联盟中不断强化自己的盟主地位，蚕食各公司利益，内部矛盾已经逐渐累积。道光十七年（1837）5月，坑尾、新屋二公司头人私下商议，要在骨律附近的谢额抢先修筑一处蓄水池，开辟一个新的矿场。因为近年大港已经占据山口洋、洋顶、塞道港、巴溪、新南、路下横等地开矿，其他公司明显受到挤压，所以要抢先行动。有人记载坑尾和新屋公司故意把谢额蓄水池的水排入大港公司的矿场，造成矿井淹没。还有人传说坑尾、新屋二公司头人歃血为盟，意欲共同起兵举事，攻打大港公司。二公司已串通东万律兰芳公司和邦戛三条沟公司，各方书信联络频繁，已约定某月某日一同起事。又私下派人送信给拉腊、砂令斯、坑尾，约定新十四份公司属下之人同举大事。计算到期之日，拉腊一处、打唠鹿一处，两地同声响应，首尾相攻，出其不意，攻其无备，内外夹攻之下大港公司必然有门无路，唯有举手投降。

岂料密谋泄露，被人报知大港公司。大港头人听说后大为惊恐，火速下令调兵，四处构防守护，日夜巡查，又派人到和顺总厅奏知甲必丹。时任甲必丹温官寿闻讯大惊，即刻起身亲自前往谢额查看。又以和顺总厅名义派人到坑尾、新屋二公司，召集其头人、财库、伙长及众人等问话，质问是否有与新十四份公司密商同谋一事。又传和顺甲必丹之口谕，命二公司头人上总厅商酌，方可定夺。次日坑尾、新屋头人一齐同到和顺总厅，甲必丹命将二头人囚禁大牢，分作两处拘禁。逼迫新屋公司头人写信回去，叫人将库内的火药、铳码（弹丸）调上大港上屋存放。新屋公司接到此信，头目及众人大惊失色。此乃两难之事，不得不将火药、铳码送交大港收存，以换取头人获释放回。坑尾公司头人回去后，想到羽翼已无，后悔也来不及了，心中惶惧不安。忽然有一天，由山口洋、骨律开出一路兵马，约有数百人，不分青红皂白，竟到礤（客家话）面酒廊背山岭上筑一座大栅，旗鼓连天，铳炮齐鸣。坑尾公司头人看到这个情况后心胆俱碎，随即率公司男女老少人等大败而逃。大港随即派兵屯扎在把坜屋，数日以后摆酒祭军旗收兵。后三年即道光十九年（1839），新屋公司也惧怕被大港欺压管制，于是全部移往吧罗地方，开矿及种养居住。至此，和顺公司几乎由大港一家做主，联盟已名存实亡（参考下图及书末附录）。

这三份史料的文字记载清晰而翔实，文中所记地名、事件和时间等要素都与其他史料记载相吻合，记录者可能是原大港公司的一名成员。可惜记录者有意隐去各公司领导人及事件当事人的姓名，且过分偏重记录和顺联盟内部的争斗，忽略了当时荷兰武装势力是华人公司最大的威胁，令它的价值大打

荷兰莱顿大学藏中文手稿《打唠鹿地方历史》（三）

折扣。

所幸笔者从袁冰凌《中国人的民主》文中读到她摘自荷兰文史料的一份名单，记录了当时和顺公司几位领导人的名字、主要事迹和大致在位时间，今摘录如下：

谢结伯，约1776年起在位，创建和顺公司总厅。

温三才，1807年前后在位，与结连公司发生冲突。

刘贵伯，来自新屋公司，1814年前后在位，与坑尾和大港发生冲突。

刘正宝，来自大港公司，1818年前后在位，最先与荷属东印度殖民政府对抗。

胡亚禄，来自三条沟公司，1818—1819年在位，仅任职3个月被群众罢免。

朱凤华，来自三条沟公司，1819—1820年在位，与大港公司开战。

刘正宝，来自大港公司，1822—1826年再任，扩张至拉腊、昔邦、西尼尼和邦夏。

罗　派，来自大港公司，1826—1836年在位，将满和公司赶到万那。

李德伯，来自坑尾公司，1836—1837年在位。

温官寿，来自大港公司，1837—1839年在位，与坑尾、新屋公司开战。

谢　祥，来自大港公司，1839—1843年在位，与万那达雅人开战。

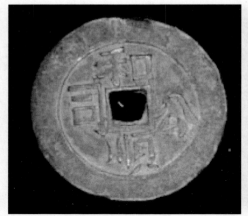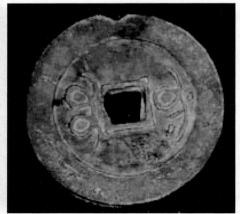

和顺公司铸造的钱币正面（左）和背面

朱　来，来自大港公司，1843—1845 年在位，其间工会党的势力增长。

温官寿，来自大港公司，1846—1848 年再任。

官志尹，来自三条沟公司，1848—1849 年在位，重建与三发苏丹的良好关系。

郑洪任（疑为郑宏），来自大港公司，1850—1851 年在位，在位期间荷兰军队与和顺开战。

许七伯，来自十五分公司，1851—1852 年在位。

黄金鳌，来自大港公司，1852—1854 年在位，和顺总厅灭亡。

以上十七位和顺联盟领导人的名字、任职时间和主要事迹，可以帮助读者更容易了解上述历史事件。和顺公司是西婆罗洲规模最大、人数最多的华人公司联盟，他们甚至用当地冶炼的铜铅锡合金铸造了和顺公司的"公司钱"。可惜联盟的核心力量打唠鹿大港公司没能协调好各公司之间的利益，1850 年末大港公司内部产生分裂后，三发地区华人公司与荷兰人之间的外交活动转而以和顺公司之名进行，荷兰人也拒绝承认并设法取缔大港公司和其他几个华人公司。

向荷兰人屈服

和顺联盟在 1850 年 2 月塞道港走私船事件之后，接连与荷兰人、达雅人和三发苏丹发生武装冲突。当年 4 月，大港公司内的主降派主动与三发的荷兰人接触，以和顺公司的名义要求谈判，又进一步要求派出代表团去坤甸面见荷兰专员，商谈和顺接受荷属东印度殖民政府管理的细节。

1850 年 12 月 31 日，荷属东印度殖民政府驻西婆罗洲专员威勒在坤甸接见了和顺公司一行五人的代表团。令人诧异的是，这些华人一踏进专员公署的大门，就把一条红绸带绑在荷兰国旗旗杆上，又把香炉摆在旗杆下面，点燃香烛向国旗跪拜行礼。威勒在写给荷军中校勒布朗的信中表示，他对这些中国人戏剧性的屈服感到惊奇。最终荷兰人明白了大港高层的分裂，立即抬高了谈判的门槛，给代表团开出一份苛刻的条约：

1. 和顺公司必须为邦戛之战向荷属东印度殖民政府赔偿黄金一皮克（约 50 公斤）；
2. 每年向荷属东印度殖民政府进贡数斤黄金（1 斤＝0.618 千克——袁冰凌注）；
3. 关闭所有未经荷属东印度殖民政府许可的贸易口岸；
4. 公司领导人必须由荷属东印度殖民政府认可。

代表团五人不敢做主，表示要回打唠鹿请示总厅领导人，才能决定是否接受这些条款。过了十几天，1851 年 1 月 13 日代表团一行九人再次来到坤甸，仍以和顺公司的名义前来会谈，并提交了一份由大港、霖田和十五份三家公司盖章的授权书，表明可以全权代表和顺公司与荷属东印度殖民政府谈判、签约。应荷兰人要求代表团首先面对荷兰国旗宣誓，对他们之前冒犯荷兰人的行为表示悔过，请求荷属东印度殖民政府宽恕，又表示和顺公司愿意作为荷属东印度政府的附属和臣民，永远效忠荷兰王国。

1 月 14 日，双方举行了隆重的签字仪式，条约文本以荷兰文和中文书写。条款在初稿基础上增加了几条，主要是对和顺总厅的组织结构做了调整——总厅必须对荷属东印度殖民政府解释其行为，西婆罗洲专员有权从和顺公司推荐的四位候选人中任命一位为甲太（头人），公司的法律地位为荷兰王国的附属，但允许有民事裁判和治安管理等类似的自主权等等。荷兰人给和顺公司设计了一枚徽章，圆形的中间部分是双狮护盾的荷兰国徽图案，周围绕以汉字"和兰皇帝敕封和顺总厅甲大"（见下图）。甲太有权任命各地领导人，他们的名称为"栅主"和"老大"，但必须报三发副专员同意等。九位代表唯唯诺诺，在条约上画押签字。

荷兰人设计的和顺总厅徽章

在场见证的除了和顺公司的九位代表，还有荷属东印度殖民政府官员威勒（西婆罗洲专员）、勒布朗（远征军司令）、谢登堡（西婆罗洲驻军指挥官）、范·佩雷恩（三发副专员）。坤甸苏丹的代表邦居兰班达哈拉，坤甸华人公馆甲必丹郭佛团，兰芳公司甲太刘阿生，邦戛华人公馆副甲太刘根生（兼翻译），和顺公司总司令温保（兼大港公司副司令），大港公司副司令陈连；大港公司财库兼代表郑宏、黄锦华和吴芳，芦末十五份公司财库兼代表宋福和陈寅，乌乐霖田公司财库兼代表张鼎、方夏桂。令人奇怪的是和顺总厅的九位代表都没有留下姓名，而作为地区主要力量的三发苏丹和三条沟公司的代表也没有到场。

最后，会谈双方推举大港公司的财库郑宏、霖田公司的财库张鼎和十五份公司的财库宋福等三人到巴达维亚，代表和顺公司向荷印殖民政府表达服从和敬意。考虑到西婆罗洲的采矿业已经式微，农业生产尚未发展，荷兰方面同意和顺公司应交的罚金分二十年缴纳。

巴达维亚谈判

2月1日，西婆罗洲专员威勒带着和顺公司的三位代表郑宏、张鼎和宋福以及翻译等人员，搭乘凤凰号轮船由坤甸出发去巴达维亚。一路上他们满怀信心，满以为这些条约很快就会得到总督和荷属东印度政府的批准，西婆罗洲从此将开启和平发展的新时代。到达巴达维亚后，威勒向总督提交了签字的条约文本，总督并未表态，而是将其交给一个咨询机构——荷属东印度委员会加以研究。这个委员会又委派了三个人组成一个专门委员会来讨论这个条约。他们分别是荷属东印度委员会成员杜皮伊（Du Puy）、前西婆罗洲委员会成员佛朗西斯（Francis）和潘宁·纽沃兰将军。经过几天的商讨，三个委员都发表了措辞激烈的言论。他们认为威勒太仁慈了，中国人不值得信任，应该使用武力镇压他们。委员会基本上否定了威勒几经辛苦争取到的"和平条约"。他们认为将战争赔款分20年缴纳简直有失荷兰政府的尊严；让几千名三条沟公司的华人逃到沙捞越，既削弱了婆罗洲殖民地的人口和生产力，也便宜了英国白人拉者詹姆斯·布鲁克（James Brooke）① 政权，无形中增加了他们的吸引力。如果把所有打唠鹿地区的大港华人杀绝或赶走，三条沟公司的华人就会回到邦戛，打唠鹿即使没有了大港华人，也会有其他地方的华人迅速进来，那个地区又将成为西婆罗洲富裕的粮仓。因此，对大港华人施加更大的军事压力、迫使他们解散公司才是上策。

委员会向总督提交了一份报告，除了上述意见之外，进一步指出：条约上签字的人都不是和顺公司领导人，这次来巴达维亚的三个人不过是和顺下属三个公司的财务人员。为何中国人的头儿不敢现身？不过是担心被扣押成为人质罢了。同时，西婆罗洲另一个重要的华人公司——三条沟公司并未参加谈判和签约，代表马来人方面的三发苏丹政府也未参加，使人怀疑这个条约的代表性。他们建议总督要重新组织对西婆罗洲的谈判，而且不能用对等政治实体的谈判方式，只能以政府与商业组织的谈判方式进行，必要时施加军事压力，实行军事占领。

荷兰驻巴达维亚总督罗库森（Rochussen）读了委员会的报告，没有支持委员会关于加强军事行动的方案。他认为荷兰人目前正在爪哇和苏门答腊进行多项军事行动，不能抽出更多兵力对付西婆罗洲的华人，当下重要的是控制坤甸和三发两个城市以及沿海地区几个港口，其他地方则任其自然发展生产，华人公司内部的争端则由他们自己解决。

3月27日，总督召集会议，基本同意威勒的政治框架，即维持华人区的有限自治权。会议决定1月14日签字的条约作废，需重新签订一个更加全面的条约。总督认为，不能对华人实施强硬的军事镇压，否则会让他们投入沙捞越白人詹姆斯·布鲁克政府的怀抱。另外，华人公司不能具有政治地位，只能是政府管治下

---

① 英国人詹姆斯·布鲁克占领沙捞越后，建立了白人政权，自称拉者。

的商业机构，但如果三发苏丹同意，可以任命一位华人政务官。而大港公司的华人应当撤出邦戛和昔邦地区，把水田和矿场归还三条沟公司，让他们的人民重新回来定居。关于战争赔款，则不必要求一担黄金，反正他们也付不起，只要几斤意思一下就行了。威勒和三位委员只能同意总督的方案。3月31日，总督接见了和顺公司三位代表，并向他们提出了上述几点要求，没有给他们发表意见和提出任何要求的机会。

威勒带着三位代表回到坤甸，4月18日在坤甸召开了关于重新签订一份条约的会议。威勒提出将战争赔偿金额从一担黄金减少为160两（十斤），但需立即交付。另外必须在5月9日之前将四位和顺公司政务官候选人的名单交到专员办公室。三位代表都不敢做主，只能带着新的条款各自回自己公司交差。新上任的荷兰驻婆罗洲军事指挥官安德里山中校取代了上一任的勒布朗，他也于同日由坤甸出发，乘船赴邦戛和三发等地视察。

大港公司群众传言郑宏已与荷兰人签订了卖国条约，又去巴达维亚接受荷兰总督的受降仪式，从此大港公司的国土属于荷兰，中国人只能做亡国奴了。打唠鹿地区和拉腊一带和顺联盟的许多华人闻讯后群情激愤，大家都对郑宏一伙的卖国行为深感痛恨，纷纷奔走相告。据高延和威特在书中的记载，大港群众听闻郑宏回到打唠鹿，许多人集结在街上游行抗议（起哄），纷纷高叫要痛打卖国贼。愤怒的群众冲入郑宏的屋子，将他痛打一顿并赶出了打唠鹿。郑宏忍着疼痛拖着浑身淤青的身体在乡下躲藏了几天，才被大港公司的老大找回去参加紧急会议商讨对策。

荷兰人的期限紧急，但和顺公司显然没办法在短时间内统一意见。联盟内各公司要先召开会议取得一致，才能选出代表参加联盟的会议，进而推举和顺公司政务官的四位候选人。而且各公司很快面临一个同样的难题，那就是群众强烈要求把公司多年的账目先结算清楚，并给出一个交代。据说大港公司历来的欠债很多，公司财库和领导层花了很多时间才勉强把账目理清楚。5月14日（已经超过荷兰人的期限五天），二百名和顺联盟各公司的代表聚集在总厅开会，讨论荷兰人提出的条件、联盟所处的形势和今后的前途。会议开了五天，最初几天代表们的争论极其激烈，几乎到了混乱和喧嚣的程度。大部分矿工和农民代表反对向荷兰人妥协，反对关闭某些矿场，反对退出昔邦和邦戛，把水稻田归还三条沟华人。而郑宏则极力主张与荷兰人签约，他认为不再追究邦戛战争的责任体现了荷兰人的宽宏大量，荷兰人还答应给予和顺联盟一定的自治地位，是不容错过的极好机会。他还列举了荷兰人承诺的鸦片烟税、食盐进口税分成给联盟带来的好处等等。市镇上的商人和有钱人代表们都支持郑宏的意见。然而，签订和约还有一个最大的障碍是和顺公司几任头人都靠借债支持公司运作，目前财库欠下16万盾的巨额债务，假如按照荷兰人的安排改组公司，这些债务由谁来还？这些债务的债权人大都是和顺公司的华人群众，他们纷纷要求现任领导人承担这些债务，在未还清债务之前不能撂担子。

另一个让群众难以接受的是改组后的头人甲太的任期，荷兰方面提出任期为一年。但根据和顺公司以往的惯例，头人任期最长不能超过四个月，以避免任职日久而贪污舞弊滋生。只有公司的先生和财库等文职人员，才会连任时间较长。群众担心这会让那些与荷兰人和马来人比较熟悉和友好的人士比如郑宏、张鼎、宋福等人当选。事实上威勒也早已属意这几个去过巴达维亚且倾向荷兰人的和顺公司代表。在大家经过几天的吵闹而口干舌燥之际，郑宏才站出来说话。他翻译了总督的条件和答复，表明新的和顺总厅将承认这笔债务并优先偿还一部分，剩下的债务停止付息，但将陆续偿还。为了向荷兰人支付10斤黄金的战争赔偿，新总厅将发行债券，按月付息。此外有关鸦片种植许可、食盐进口免税等其他几个群众关心的问题他都给了较为满意的承诺，吵闹了几天的代表们一时鸦雀无声。事实上，除了郑宏，没有任何一个人能提出其他解决方案。群众在无可奈何之下唯有鼓掌通过甲太候选人名单：和顺的财库郑宏、霖田的张鼎、大港的蔡戊秀和十五份的刘朱芳。此时已是5月20日，超过荷兰人的期限十一天了。次日四名代表和这四个候选人匆匆出门，搭船赶赴坤甸与荷兰人进行谈判。

荷军指挥官安德里山中校则乘船由巴达维亚直接前往西婆罗洲北部沿海，先后视察了山口洋、邦戛和三发。他发现华人区一切活动如常进行，并无明显的反抗情绪。在山口洋，他看到荷兰国旗在大港公司屋门前的旗杆上飘扬，大港人热情地请他吃饭，还特意演了一台中国戏剧招待他。在邦戛，他看到大片稻田荒芜，看来大港华人已经放弃了耕作，但三条沟华人尚未回来。他把这些情况写信告诉威勒，自己对形势也比较乐观。

5月26日，和顺派出的八人抵达坤甸，原先去过巴达维亚而留在坤甸的几名代表也加入代表团，于次日开始谈判。在决定甲太人选之前，和顺必须先解决财务问题，按照原先巴达维亚协议，每年需向荷兰人缴纳效忠费6000盾，每年偿还债务及利息需 5000 盾，公司职员及警察等 35 人的薪水每年需 14880 盾，公共工程及意外开支预留 10120 盾，合计需 36000 盾。对于如何筹措这些款项，代表们没有信心。郑宏认为人头税难以征收，打唠鹿地区有两万人口，但最多只能收到六千人的人头税，每人一盾可收 6000 盾。和顺公司原先征收过货物入口税，主要是向马来商人征收，但威勒明确表示应当废除。郑宏认为货物入口税应当照旧征收，并提议甲太可以适当分成，这样可以避免耗费大量警力来缉私。他还建议荷属东印度殖民政府批准和顺总厅以农场形式种植鸦片，这样可以杜绝鸦片走私，总厅能获得巨额税收来弥补财政的窘迫，预计可以筹足每年 36000 盾的开销，威勒答应将有关细节报请总督审批。会议还讨论了停止发行和顺"公司钱"以及允许华人向祖国的清廷捐钱以换取皇帝敕封（捐官）的行为。威勒还劝阻了和顺对三条沟土地的要求，最后他宣布决定从四位候选人中任命郑宏为和顺总厅甲太、蔡戊秀为副（候补）甲太、张鼎为法官（审事），将这些内容作为补充条款附加到 1 月 14 日签署的条约中，寄往巴达维亚总督府审批；又约定下次正式签约会议将于 7 月在三发举行，要求和顺必须筹够 10 斤黄金带来三发，在签约前支付战争赔偿。

6 月 7 日，郑宏一行乘船返回双沟劳也港，14 日抵达打唠鹿后立即召集代表开会讨论新条约各项条款。据荷兰人收到的密报，打唠鹿大部分群众对郑宏"通敌卖国"的行为表示愤慨，有人甚至喊出"拒绝缴械投降，准备武装抵抗"的口号。鉴于群众反对投降的诉求强烈，郑宏不得不写信给威勒要求推迟在三发签约的时间。直至 6 月 29 日，郑宏终于说服和顺公司高层，在总厅举行了庄严的就职仪式，和顺自愿成为荷兰王国的附属，三色旗被高高挂在旗杆上。

争端

然而，来自巴达维亚荷属东印度殖民政府的回复却令威勒感到沮丧。总督收到新的条约文本后不同意威勒的方案，东印度委员会几乎否定了一切。他们认为中国人不能征收关税，那是政府行为；由荷属东印度殖民政府支付薪水的甲太等官职也不应设立，司法权更不允许拥有；作为荷兰王国的臣民，向中国皇帝效忠（捐官）也不能允许。威勒决定先不理会总督的回复，按照原有计划先让和顺公司甲太、三发苏丹及三条沟公司的头人坐在一起。他回复郑宏让他务必于 7 月 20

日赶到三发，又邀请了东万律兰芳公司甲太刘阿生也来三发，让他参加签字仪式。因为刘阿生历来与三条沟公司较为亲近，威勒希望他能够从旁修补和顺与三条沟的关系。

就在威勒准备动身前往三发时，7月12日刘阿生来请假，说他不便出席7月20日的签字仪式，因为他不想过多卷入和顺与三条沟之间的是非恩怨。刘阿生提醒威勒，郑宏的威望值得怀疑，据他所知有三分之二的大港群众反对他的路线，估计打唠鹿还有事情发生。威勒到达三发后接到报告，说三发苏丹不愿意与和顺总厅甲太同堂议事。威勒尽力说服苏丹答应郑宏以荷兰政府使者的身份出席，又派人联络三条沟公司，希望他们在新的协议下以另一个名字参与谈判，并承诺让他们返回昔邦和邦戛。三条沟公司认为这是一个机会，便答应以"三达总厅"的名义参与新协议的谈判。

威勒把一切都安排好之后，郑宏于7月20日抵达三发。他是坐轿子来的，随行有一百多人，郑宏首先把带来的10斤黄金交给荷属东印度殖民政府库房收妥。第二天他拜访了三发苏丹，后来又与三条沟公司代表会谈，但谈得并不顺利。双方争执的焦点是位于昔邦的一所旧房子。据说这所旧房子是三条沟公司还在和顺联盟之内时的总厅屋，已荒废多时。这次三条沟公司以新名字"三达总厅"重返昔邦，想把它修整后作为办公之用，预计修复费用最少需6000盾，要求和顺捐款，但遭到拒绝。后来在各方协商之下，商定由三发苏丹、沙捞越三条沟公司和朱凤华各出资2000盾。房子修好后举行了乔迁进火仪式，一块崭新的"三达总厅"木匾悬挂在门前，三条沟公司的人员欢天喜地住进屋内，庆祝重返旧地。第二天郑宏也来贺喜，当晚三条沟人安排他和助手住在一个小房间里，其余大部分随从只能回到船上过夜。郑宏对这个安排大为不满，认为三条沟人有意冷落和打击他，另外他对这个新的"三达总厅"名字也有意见，认为它凌驾于和顺之上。他私下对威勒表达了这些不满，声称那所旧房子和顺仍有主权，要把它作为和顺的公馆而长期居住。同时和顺在昔邦还占据着一个堡垒，郑宏也表示不会退出，甚至还要重新考虑同意沙捞越三条沟华人返回昔邦的决定。郑宏语带威胁说，我虽然被任命为和顺总厅甲太，但下面反对的声音很多，如果让沙捞拉越三条沟回来昔邦，我都不敢回打唠鹿，怕被群众杀了，请再向总督请示修改条款。威勒被郑宏将了一军，只好再次请示巴达维亚。

威勒想试探一下三发苏丹对此事的立场。苏丹这个老狐狸说只要能增加他的马来政府的收入，他对昔邦交给谁来管理都没有意见。他告诉威勒，昔邦地区以前有三条沟公司的十二个大型矿场和许多私人或几家合作的小矿场，西尼尼则有四十几家小矿场，两地共有矿工六百多人，说好要交给马来政府的租金四十年未曾交过。现在这些矿场被朱凤华全部转给沙捞越布鲁克当局管辖，三发马来人政府更是一分钱也拿不到。北边的布鲁克政府是荷属东印度殖民政府最大的威胁，威勒对此十分恼火。他把沙捞越三条沟公司的代表杜峰叫来，愤怒地表示三条沟必须放弃效忠布鲁克政府，总厅之名也不能叫作三达，这个名字的"三"字与三条沟的"三"字相同。杜峰也毫不示弱地跟威勒争吵，表示如果不允许使用"三"字，他们将回到沙捞越。杜峰气愤地离开威勒，去找三发苏丹商议。

经过商议后三发苏丹和杜峰都认为既然郑宏出来相争，不如把屋子改做公馆和关帝庙，让所有华人都可以使用馆舍和参拜关帝。这样一来，三条沟和苏丹要求和顺总厅要承担一半修缮费，即3000盾，郑宏只好答应。过几天庙宇改造落成，信众举行关帝登殿仪式，威勒亲自带了一对写有中文"关圣帝君"的灯笼前去祝贺。不料守护庙宇的三条沟人并不领情，他们依仗有苏丹派来的马来士兵做后盾，阻止威勒进入关帝庙，混乱中甚至有人用枪指着威勒。威勒赶忙下令荷兰士兵前来救急，又企图驱赶庙里的华人。这些华人有枪在手，拒绝离开并提出许多条件。威勒只好暂时撤退，请求三发苏丹从中斡旋，马来士兵和三条沟武装人员这才离开关帝庙。

7月28日，关圣帝君终于就位，威勒松了一口气。这时郑宏来告诉他，8月2日和顺公司想在关帝庙举行一次庆祝甲太就职的活动，队伍将会敲锣打鼓、挥舞旗帜和鸣枪放炮，游行到关帝庙，并在庙里举行午宴。威勒同意，但提醒他不许把庙宇作为办公地点，最好邀请三条沟人参加，郑宏爽快地答应了。谁知三条沟华人并不领情，他们提出关帝庙里供奉着三条沟公司的大伯公像，大伯公不愿看到和顺那帮人在庙里饮酒宴乐，因此必须让大伯公离开公馆。苏丹在背后出点子，提议把公馆让给和顺，但和顺必须把昔邦的堡垒交给马来政府，而三条沟大伯公像移到三发，苏丹会安排妥善的地方暂住。然后三条沟将昔邦、邦戛和西尼尼三个大伯公庙香火合为一处，再另觅地方新建公馆和大伯公庙。三条沟人又提出既然荷兰人不同意使用"三达"，那就改为"和先总厅"，各方都接受了这个方案。

8月3日，昔邦大伯公像迁移仪式举行，郑宏终于可以庆祝和顺在昔邦有了自己的公馆。和先总厅派人找到威勒，提出自己要撤离昔邦并另觅地方设立公馆，要求荷属东印度殖民政府仿照和顺总厅的办法，也任命一位和先总厅甲太来管理原三条沟地方。三发苏丹则乘机要求让马来人进驻昔邦地方，而荷军指挥官安德里山则主张对昔邦实行军事占领。威勒拿不定主意，决定9月初赴巴达维亚向总督和婆罗洲委员会等有关机构请示。

取缔与改组

在威勒回到巴达维亚之前，总督罗库森已经离职，接替他的总督范·特维斯特是一个军事征服论者。新总督和他的顾问潘宁·纽沃兰将军都认为，应该以更强有力的军事手段对付婆罗洲的华人公司。

9月3日，威勒来到总督办公室，被告知总督无暇接见。失望之余威勒拿到一份之前总督和他的幕僚草拟的"秘密决定"文本，基本上是否定了他的方案，认为它将和顺公司置于荷属东印度殖民政府的对等地位，在法律上不可被接受，因为前者是三发苏丹的臣民。而所谓和顺甲太、候补甲太和法官也应由三发苏丹任命。另外，也不能对和顺公司予以豁免或延迟支付税款。总督的意见是要么继续"不干预"政策，要么实施军事镇压，他本人倾向于后者。威勒认为总督不了解西婆罗洲的情况，以他多年的观察，只有中国人才能最有效地开发婆罗洲的经济、管理婆罗洲的社会，其他民族则不堪当此重任。他还认为，总督说和顺总厅是三发苏丹马来政府的"附庸"是完全错误的，事实上他们两者是"国与国"的关系，又是商业关系。只有苏丹才是荷兰人的附庸，他需要借助荷兰人的力量抗衡中国人，所以接受了荷兰人的统治。他写信极力建议总督，要把华人公司视作与苏丹同等地位的对象进行谈判和安置，这对婆罗洲的繁荣和历史进程有好处。

10月6日，总督才回复威勒说基本同意他的方案。对于目前郑宏已经就职和顺总厅甲太，打唠鹿大港公司仍然另搞一套的情况，威勒认为与没有公开宣布取消大港公司的印信有关。对于威勒允许打唠鹿种植鸦片的提议，总督也有积极的回应，他认为应把特许种植权给予郑宏，让他们增加财政来源以支付欠债和税收，政府也能增加收入；同时要增加军事存在来保证这一政策的落实。总督请威勒修改补充有关条款，再次提交给婆罗洲委员会讨论。10月21日威勒向总督和婆罗洲委员会提交了一份新的方案，12月18日才获总督接见，他极力陈述自己的主张，又向总督提交了一份更为详细的"秘密报告"。最终总督接受了他的方案，并于 1852 年 2 月 6 日做了决定。

3 月初，总督的决定被译成中文在三发公布，主要内容依然大致遵照 1851 年 1 月 14 日的条约，将打唠鹿、乌乐和芦末地区划为一个行政区，称为"和顺总厅"，由群众推选出四人，经荷属东印度殖民政府任命，一人为甲太，另任命候补甲太、财库和审事（法官）各一人来进行管理。区内的马来人和达雅人则由苏丹政府管理。华人与马来人、达雅人之间的民事纠纷由荷兰官员裁决。辖区共设九个华人村庄，每个村庄由纳税人推选老大（村长）一人。九位老大再推选一个"七人酌议厅"为咨询机构，再由荷兰官员任命。所有船只必须悬挂荷兰国旗才能进出坤甸、三发和其他港口、河口。决定还对许多细节问题做出规定，不过这些条款仅仅停留在文字上，打唠鹿华人根本不理会这些。而苏丹则趁威勒离开之机，派出一支马来士兵占领了昔邦。

1852 年 4 月 28 日，威勒回到三发，但一切都太迟了。打唠鹿地区已非常混乱，和顺公司的先生和老大主持选举了新的领导人黄金鳌，照旧以大港公司的名义进行社会管理和一切经济活动，有时也用"和顺总厅"的印章进行外交活动。郑宏则因为害怕被杀而不敢回到打唠鹿。面对这个局面，威勒只好如实报告总督，总督再征求军事部门的意见。军事部门说接到婆罗洲指挥官安德里山 7 月 17 日的报告，认为三发苏丹的马来人军队是一群饭桶，要结束这种"国中之国"的局面只有动用荷军的武力。总督和婆罗洲委员会都不同意派兵远征，他们打算先封锁西婆罗洲沿海口岸，然后启动威勒的鸦片种植计划。安德里山则强烈反对威勒方案，甚至与威勒争吵起来，两人不和的传言不胫而走。见局面如此，总督遂于 12 月 6 日发出指示，敦促威勒启动鸦片种植计划，又告诫他要顾全大局，与安德里山保持合作共事关系。

威勒接到总督指示后随即启动鸦片种植计划，他首先与东万律兰芳公司甲太刘阿生进行了会见。既然威勒打算把鸦片种植园设在打唠鹿，以后鸦片销售控制在和顺总厅之手，价格肯定会提高，这样兰芳公司得不到任何实惠。刘阿生心中不悦，嘴上却说既然对政府有利，兰芳公司表示支持。得到刘阿生表态后威勒又叫郑宏来坤甸详谈，郑宏自己没来，却派了两个助手来见威勒。他们表示，打唠鹿非常欢迎鸦片种植计划，如果群众知道政府如此照顾打唠鹿，他们会改变对荷兰人的敌意，有可能同意交出大港公司和其他几个公司的印章和旗帜。威勒闻言稍觉安慰，接连给郑宏写了两封信，告诫他务必小心开展计划，低调对待大港群众的反应。郑宏回到打唠鹿，开始宣传鸦片种植计划的好处。他于 11 月 21 日复信威勒，说他在打唠鹿召开了群众大会，正式提出了取消大港公司名称和交出印章的要求，可是有八成群众表示反对。12 月 8 日，郑宏再次召开群众大会，这次有一千多人到会，大家争吵了六七天也没有统一意见。据说郑宏和几位助手已收到暗杀警告，他叫人把老婆孩子送到三发，自己一个人留在打唠鹿，坚持不拿到大港印章就不去坤甸，并扬言荷兰人必将派兵征服打唠鹿，到时免不了玉石俱焚。

据说郑宏的口才极好，几天后他成功说服了大多数群众，并且答应了群众提出的几个条件：荷兰人永远不得强制华人交出武器；不得取走关帝庙里的画像；矿区领导人三个月改选一次且不受荷兰人及和顺甲太节制。郑宏拿到了大港公司的印章，连夜赶到坤甸把它交给威勒。据荷兰人后来了解到，原来印章并非大港群众自愿交出来的，而是郑宏私下叫人不择手段偷出来的。据说大港印章由打唠鹿上屋的财库黄朱保管，黄朱把它交给了芦末的刘珠东，刘珠东又将印章带到百富院，交给打唠鹿的栅主，辗转再将其送到坤甸交给威勒。据说在黄朱交出印章之前，上屋一位姓钟的警察已在一叠空白纸上盖了印章。后来大港印章被荷兰人烧毁，大港主战派照样使用旧印章发布公告。后来廖二龙干脆叫人照着印模新刻了一枚，以大港公司的名义继续进行各种交易。

威勒拿到大港印章后将其小心封存。郑宏在九名打唠鹿市镇警察的护送下带着以吴昌贵为首的几位打唠鹿商人来到坤甸，要求威勒兑现承诺，发给鸦片种植农场的许可证。威勒也并不傻，他仔细询问了和顺的几个人，到底印章是怎么拿来的？当得知印章并非大港群众自愿交出而是偷出来的，威勒非常气恼，当场叫嚷要将鸦片种植特许权交给三发的马来人。郑宏派提议派人返回打唠鹿，再次做群众工作以取得支持，威勒同意了他的请求。数日后郑宏带来了打唠鹿上屋、下屋和乌乐、芦末的八个代表，他们在会议上表示会支持荷属东印度殖民政府的协议条款，同意交出并烧毁印章和旗帜，取消大港名称，改为和顺总厅属下的上屋公所、下屋公所、乌乐公所和芦末公所。为了堵住更多中国人的嘴，郑宏安排了一个"求神问卜"的环节，据说打唠鹿的大伯公和三王爷都发出了"神谕"，同意烧毁大港公司的印章旗帜和改名。威勒也兑现承诺，当天下午举行了鸦片种植特许权拍卖，以吴昌贵为首的几个打唠鹿商人以 145200 荷兰盾投得 1853—1854 年的鸦片特许种植和专卖经营权。按照威勒原先的计划，其中 96000 盾归荷属东印度殖民政府，其余部分归和顺总厅作为职员薪水及债务偿还等开支。郑宏等人终于松了一口气。

1853年1月14日，在荷属东印度殖民政府的策划下威勒及荷兰官员们见证了在坤甸举行的一个庄严而隆重的道教仪式。卡巴斯河左岸的荷印专员公署门前设立了一个祭坛，祭坛前面是荷兰国旗的旗杆，码头上停泊着一艘荷兰军舰。郑宏和所有和顺总厅的代表以及许多坤甸华人群众也在一旁观礼。仪式由一位华人道士主持，红绸包裹的大港印章放置在香炉面前。上午11点吉时一到，执事点烛燃香，道士口中念念有词，恭请玉皇大帝降临。执事斟茶敬酒毕，大港代表宣读效忠荷兰王国的庄严誓言，又将许多纸钱投入盆里烧化。道士恭请玉皇大帝颁旨，然后恭敬地用双手捧起印章，朝天三拜后将其投入燃烧纸钱的火盆。众人注视着熊熊烈火烧毁红绸和印章，化作一缕缕青烟升上天空，荷兰军舰上的大炮"轰—轰"地鸣响致敬，荷兰人个个脱帽敬礼，中国人则弯腰鞠躬，现场一片庄严肃穆。

片刻之后印章已烧化成灰，道士将灰末用另一块红布包好，几位中国人和一位荷兰人护送着红布包走到水边，把它投入水中，让滔滔江水将灰末带入大海。军舰上再次鸣放礼炮，象征着一个时代的结束。接着每个中国代表都发表讲话，宣读效忠和服从的誓言。威勒代表荷属东印度殖民政府将荷兰国旗和公所印章颁发给各个公所代表，象征着新的商业组织诞生，整个过程鸣放了21响礼炮。最后道士用中国人的谢礼仪式恭送神明归天，全体嘉宾鼓掌欢呼，礼炮鸣放三响，仪式正式结束。

下午2点，坤甸专员公署助理员范·普雷恩（Van Pulenn）和秘书哈登博格（Hadenbeg）举行宴会，所有来自三发和坤甸的荷兰和中国嘉宾都被邀请参加。但因为桌上摆满了猪肉及其制品，马来人不能来。郑宏首先提议为荷兰国王及其在婆罗洲的官员的健康长寿干杯，荷兰人和中国人一个接一个发表致辞，六十多位宾客在快乐的气氛中尽情吃喝，大约消耗了啤酒、葡萄酒、白兰地等各种酒类六十多瓶，宴会直至傍晚才结束。据荷兰学者桑克在书中记载，荷属东印度殖民政府保留了1822—1853年间西婆罗洲大港、新屋、十五份、坑尾、十四份和兰芳等华人公司使用过的印章铭文，也保留了1853—1854年新使用的和顺总厅甲太及九个栅主的印章铭文，笔者在莱顿大学总图书馆所藏的西婆罗洲历史文献目录中发现确有这些印章铭文的条目，但未能见到图片。

几天以后，威勒召集代表们继续开会，协商财务问题。中国人迫切地提出了金钱要求，首先是鸦片种植计划的分成，投标总额145200盾，扣除荷属东印度殖民政府收入96000盾，和顺总厅最少要分到作为放弃大港印章旗帜代价的49200盾。威勒答应了这个要求。其次是今后为了建立新秩序，维持十个地方（总厅和下属九个公所）升荷兰国旗的活动需要钱，每年大约十次节日庆典活动也需要钱，两项加起来需要5000盾。郑宏又抱怨说，他和打唠鹿的同僚们已经花光了所有的钱，现在一贫如洗。他自己原来有1500盾余钱，在威勒离开婆罗洲的几个月里为了应付局面，他不但花光了这些钱，还背上了2000盾的债务。郑宏希望威勒能补助他3500盾，威勒以政府财政困难为由拒绝了他的请求。郑宏无奈之下提出，政府没有钱那就给我一些盐，盐也可以卖钱。经过几番讨价还价，最终威勒答应给他6000皮克（约30000公斤）盐。威勒暗自高兴，因为这些盐政府付出的成本仅需1000盾。5000盾升旗费政府也答应支付，新官员的名字已经登记在册，威勒给他们预支了第一个季度的薪水，敦促众人可以回家了。

1853年1月26日，郑宏和吴昌贵乘坐荷属东印度殖民政府的巡逻艇由坤甸前往三发，安排鸦片农场具体事宜。其他代表乘船到双沟劳也，再走陆路回到打唠鹿。几天后吴昌贵也回到打唠鹿，郑宏却不敢回去。他在坤甸时已派两个人回打唠鹿打探情况，这几天一直没有消息，郑宏未免担惊受怕。过了几日，他的侄子郑德正捎信来告诉他千万别回打唠鹿，否则一定会被人杀死。芦末的刘松也给他写信，告诉他目前的危险境地。郑宏只好待在三发，惶恐中静观其变。恰好就在此时，接替威勒的荷属东印度殖民政府驻婆罗洲专员普林斯（Plins）到任，他和荷军指挥官安德里山中校乘船由巴达维亚直接到了邦戛，视察索格堡的荷兰驻军后到了三发。虽然荷属东印度殖民政府中的主战派认为威勒对付华人公司的政策失败，但政府还是将他调往廖内担任专员，有人还是认为他高升了。新的上司到任，郑宏的命运将发生改变，西婆罗洲华人公司的历史又将掀开新的一页。

荷军占领昔邦

据荷兰学者的记载，威勒被调离西婆罗洲的主要原因是与荷军指挥官安德里山不和。安德里山始终奉行武力至上政策，与威勒怀柔的政治主张相悖。12月28日威勒回信给总督，说安德里山已公开挑战他，二人已成为政治对手，失去了合作共事的基础，要求上级将自己或对方调离西婆罗洲。就在威勒写信给总督时，安德里山正在巴达维亚度假。总督专门召见安德里山，听取了他对西婆罗洲的政治策略分析，又叫他回去提交了一份报告给婆罗洲委员会讨论，最终做出了更换专员的选择，主战派思维一下子占了上风。1853年2月3日，新专员普林斯被派往西婆罗洲，同时配备了一个助手——冯·德·沃尔和一艘专用汽船，船上载着一百名荷军士兵，以加强西婆罗洲荷军实力。普林斯赞同安德里山的看法，主张以更强大的军事力量作为后盾，支持马来人政府执政及其保护达雅人、压制华人的策略。到达三发后普林斯会见了三发华人区甲太刘根生、坤甸华人区甲太郭佛团以及和顺总厅甲太郑宏。据三人反映，虽然政府烧毁了大港公司的印章，乌乐和芦末也升起了荷兰国旗，但打唠鹿群众拒不承认郑宏等亲荷派就职。他们依然以和顺及大港、霖田、十五份三个公司名义开展活动，推选黄金鳌为和顺公司甲必丹，大港、霖田和十五份三个公司也新选举了甲必丹，公开号召群众拒绝服从荷属东印度殖民政府，拒绝悬挂荷兰国旗、交出武器。郑宏等人恳求政府封锁西部海港，断绝打唠鹿的物资来源，迫使大港公司就范。马来人也认为需要这么做。

　　普林斯了解情况后认为，大港印章和旗帜已经烧毁，打唠鹿的和顺总厅已经是荷属东印度殖民政府的下属机构，作为负责人的郑宏应当返回岗位任职，目前打唠鹿的混乱局面很显然跟甲太缺席有关。他于3月10日单独召见了郑宏，命令他立即回到打唠鹿岗位。郑宏强调打唠鹿局面混乱，自己回去的话安全无法保证，因此提出辞职。普林斯当场批准了他的请求，失去主子的郑宏惶恐万状，顿时心慌意乱而不知所措。

　　同一日，郑宏的叔叔郑永宗被打唠鹿反荷派组成的新和顺公司逮捕，被控以叛国罪拘押起来。郑永宗原先是大港公司下屋矿场的伙长，因为支持郑宏依附荷兰人的诸多活动而被群众斥为卖国贼，最近又因为企图在打唠鹿升挂荷兰国旗，被愤怒的群众当场揪获，扭送大港公司交给廖二龙。4月9日郑永宗被和顺总厅判处叛国罪，押到百富院河边处以死刑。笔者在莱顿大学所藏西婆罗洲华人公司档案中看到，一份由郑永宗之妻温氏及其二子于4月24日具名向荷属东印度殖民政府提交的申诉状称，郑永宗被黄金鳌处死，要求政府给予经济补偿，当可佐证此事。廖二龙又派人到乌乐和芦末，降下并收起荷兰国旗，警告卖国者不准再追随荷兰人。而普林斯并不知情，让人通知乌乐和芦末的栅主到三发开会。两地栅主不敢再去三发，只好说已经求过三王爷灵签，以神谕不许出行而推脱。

普林斯认为打唠鹿目前的局面混乱，要有强大的武装力量才能解决，而眼下西婆罗洲的兵力不过区区数百人，贸然进攻毫无胜算。这次由巴达维亚乘船直接来到邦戛视察，他看到一大片绿油油的水稻田生机勃勃，有不少农民正在田里耕耘。据迎接他的官员报告，有三百多名三条沟公司的华人已经回到邦戛定居，给这位刚上任的新官莫大的欣慰。眼下几千名华人矿工在沙捞越，对英国白人拉者詹姆斯·布鲁克的政府是一笔财源，争取让他们回归也是荷属东印度殖民政府的当务之急。他想把打唠鹿的问题先放一放，从解决三条沟华人回归昔邦的问题入手。他把自己的想法与安德里山交谈，没想到与对方一拍即合。两人立即展开部署，安德里山命令驻三发荷军上尉克罗森（Krosen）迅速做好占领昔邦的准备。

3月29日，安德里山和克罗森率领三百五十名荷军士兵，带着大量武器弹药和装备向昔邦开进。4月5日，部队抵达昔邦，一路未遇到任何抵抗。安德里山大喜，叫人送信给普林斯，并要求派一批马来人苦力紧急调运一批补给物资送来昔邦。4月8日，有十几位来自乌乐和芦末的亲荷华人前来迎接荷军，10日又有十几位来自打唠鹿的华人来求见指挥官，其中就有吴昌贵等几个亲荷派的商人。他们提出想组织一个打唠鹿代表团与荷兰人谈判，以彻底解决打唠鹿大港遗留问题。安德里山大为高兴，答应他们可以组织代表团于两周后来三发进行谈判。吴昌贵高兴地离开昔邦返回打唠鹿。荷兰人憧憬大批三条沟华人将会回归昔邦，而打唠鹿华人也会因为荷军占领昔邦而受到震慑，或许会出现新的局面。

就在安德里山期待胜利到来时，手下忽然报告了一个坏消息：昔邦各个村庄的华人忽然之间全部逃走了，有些家庭连饭菜摆上了桌都来不及吃，全家老小一起逃亡。据说，甚至连为荷军运送补给物资的马来人苦力也在半路丢下物资逃走了。接下来的几天荷军无法收到补给，吃饭都成了问题，所幸群众遗留的一些食物救了急。安德里山于是派一名荷兰军官卡斯蒂尔（Kasdir）潜回三发打听消息，又捎去命令叫留守三发的荷军不得轻举妄动。几天过去后，派去三发侦察的军官一直没有回来，4月18日安德里山带了几个士兵打算回三发去探个究竟。当他们来到一个叫"鸡笼洞"的地方时，遇到了几个荷军士兵，他们奉命从三发来保卫被马来人苦力遗弃的荷军补给物资。安德里山高兴地与他们会合，士兵们在准备午餐时，他躺在树荫下想休息一会。忽然一个士兵发现不远处来了一队大港华人民兵，人数有百余人。幸得荷军未被发现，安德里山急忙带着众人逃走，有些人只穿着内衣内裤，武器也丢了一些，所幸跑到通往昔邦的大路上时遇到一队荷军侦察兵，这才保护着他们于当晚 11 点返回昔邦与部队会合。次日荷军发现大批大港民兵包围了昔邦，不过民兵只是围困而没有发起攻击，一连十天荷军不敢露面。直至 27 日，被派去三发侦察的军官卡斯蒂尔冒死潜回昔邦，把外面的情况告诉安德里山。原来十几日前三发也有传言，说打唠鹿大港公司的大部队正在组织进攻三发和昔邦，外面到处人心惶惶，马来人、达雅人和华人都纷纷走避。安德里山判断局势后决定突围，三百五十余名荷军与千余大港民兵一场混战，荷军终于穿过大港的防线回到三发。

这次占领行动失败，普林斯的计划泡汤了。安德里山怀疑吴昌贵和乌乐、芦末的几个华人代表是奸细，一方面表示愿意归顺荷属东印度殖民政府，一方面却在准备围困荷军。事实上安德里山冤枉了吴昌贵，他们是真心投降的。据普林斯专员的助手冯·沃德尔后来的记载，事情的起因是安德里山占领了昔邦之后，派一个马来人去通知乌乐的达雅人首领，叫他安排一二百人到昔邦给荷兰人修堡垒。达雅人首领不敢做主，带着通知（马来文）来到打唠鹿询问是否要去？乌乐和芦末十几个亲荷的华人去昔邦见过安德里山，回来后也传出话来，说五六百个荷兰士兵占领了昔邦，正在整修工事，准备进剿打唠鹿华人。

听说荷兰人已进军昔邦，五六百人正在整修工事准备开战，打唠鹿和昔邦的反荷派华人义愤填膺，纷纷表示要出兵进攻昔邦，赶走荷兰人。黄金鳌和廖二龙等和顺及大港的首领也不能容忍。有人马上到庙里请示神明，据说三王爷和大伯公都发出谕旨，不能让荷兰人在昔邦居住，否则荷兰人下一步将进攻打唠鹿。上屋的三王爷甚至发出指示：三月初八（阳历 4 月 15 日）是开战吉日，全体矿工都要停止工作，拿起武器向昔邦进军，赶走荷兰人。于是整个和顺公司迅速动员起来，大家摩拳擦掌，一场大战一触即发。

事有凑巧，三月初七上屋人林新伯拦截了一位昔邦来送信的马来人，并从他身上搜到一封寄给和顺总厅的中文信件，说的是吴昌贵一行将于西历 22 日到三发会见新任专员，重新谈判打唠鹿问题。上屋公所的头人张浪当众朗读了信件，在场群众听罢非常愤怒，撕毁信件后立即决定明日发兵攻打昔邦。初八上午，和顺总厅升起一面大旗，上面写着"和顺大港总帅"六个大字。廖二龙被任命为总帅，他手握一把双刃剑、一条皮鞭和一面"令"字三角旗，对着将领们发号施令。来自上屋、下屋和骨律的武装民兵，每队一百零八人，为首者各执一面大旗，跟在来自山口洋的一支队伍后面。几队人马浩浩荡荡由打唠鹿向昔邦进发，来自拉腊和芦末的两支队伍也各执一面大旗紧随其后。来自乌乐的一支队伍则奔向善盖不录。打唠鹿的四支队伍各执大旗，分别由叶保、黄成忠、钟丙和朱远指挥。大旗上分别写着"叶""黄""钟""朱"等姓氏，代表每一位将领的部队。来自山口洋、拉腊、芦末和乌乐的四支队伍则分别由刘进、刘寅、黄忠来和杨安指挥。此外各处神庙的代表也参战，上屋三王爷庙的法师颜庄、下屋妈娘庙的法师吴盛俱随军护法，其余各地的神庙都送有神谕和法器随军护阵。为防止打唠鹿一些亲荷派人物做汉奸内应，黄梅忠等数人被武装押送去芦末暂时拘押。大队人马杀向昔邦，把荷军包围起来。十天后荷军突围，双方发生激战后荷军逃回三发。

为了防止群众走漏风声，初八出兵前叶保率领的民兵也控制了乌乐的亲荷派华人。廖二龙在副将方良的随同下随叶保大队出发前往乌乐。初十叶保接报，说鸡笼洞有一队马来人苦力丢弃了许多补给物资。廖二龙率队前往拦截，恰遇安德里山和几个荷军士兵正在准备午餐。幸亏荷兰人及早发现和逃脱，否则中校指挥官未及接战已先做了廖二龙的俘虏。廖二龙未逮到荷军，截得一大批物资满载而归。

荷军被赶出昔邦，大港民兵收队回营。廖二龙清点各路人马，大港死伤八十余人，荷军伤亡未见记录。回到打唠鹿之后大港群众又征求神谕，据说上屋的三王爷、下屋的妈娘、邦居林的土地爷和金坦的观音娘都通过他们的法师传达口谕，鼓励人民继续战斗，特别是要夺回西尼尼。由于荷军败走，亲荷派华人不敢抵抗，西尼尼之战大港民兵很有可能获胜。

这里有一件可以佐证事件真实性的文物。深圳学者林峰给笔者发来两张照片，据说是印尼国家档案馆所藏的中文史料。这是两张毛笔书写的请帖，其中一张请帖做成信封式样，封口两端分别写有"吉""封"二字，字面盖有骑缝篆字小印章，很明显里面有密信。请帖正面抬头和落款写着：

  内信烦台携至坤甸交，
  郭府佛团甲太高发，
  和顺公司付托。

请帖背面写有如下文字：

三月初八日叨蒙公宠，愧乏厚酬优觞。恭迎文驾，兄台预降。

会弟　黄金鳌　拜

这封请帖由和顺公司黄金鳌发出，看似邀请坤甸华人公馆甲太郭佛团于三月初八前来赴宴。第二张写给另一位朋友余利水的请帖上注明——宴会的缘由是和顺公司下属几个公馆的甲必丹就职。

但翻开请帖的内里，黄金鳌如实对郭佛团写道：

浮文未叙，□□□□□□□□□□□□①之心，侵我昔邦之地。敝公司恐其愈进愈深，实不能忍。手酌于三月初八日兴兵驱之。惟望阁下诸事垂青照料，则所感良深也！余之未尽，肃此。顺候近祺不一。

郭府佛团甲太电照。

三月初六日　叩

请帖封面

农历三月初八正是和顺公司出兵进攻昔邦荷军的日子，廖二龙和黄金鳌都要领兵厮杀，不可能宴请郭佛团甲太等坤甸客人。很显然这是以请帖的形式隐蔽的

---

① 此处12个字无法分辨识读，用□表示。

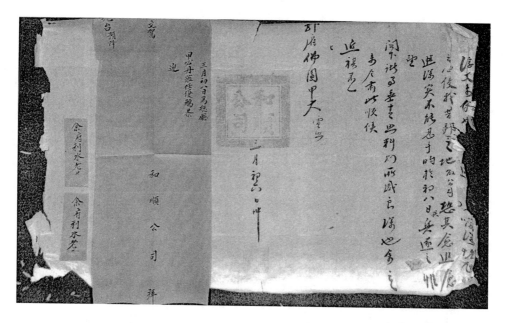

黄金鳌写给郭佛团的密信

密信,大战前夕叫人急送给身在坤甸的郭佛团甲太,告知和顺公司出兵的消息,希望他留意荷兰人的动态并尽量给予关照。黄金鳌落款"会弟",说明他与郭佛团是拜把兄弟。郭佛团名义上为坤甸华人公馆甲太,实际上也暗中支持反荷的和顺公司。

荷军大败的消息传到巴达维亚,总督和军事部门将领都非常愤怒。安德里山被上司批评"准备不周,贸然行动",被大港民兵围困十日不敢突围是"惧战"。普林斯也被总督批评"在军队没有充足物资"的情况下允许军事行动,"未能及时组织运送补给物资"。5月11日,普林斯乘船离开三发,六天后抵达坤甸。5月27日,普林斯给总督写信,重申自己对西婆罗洲华人公司用军事手段征服的主张,并表示对这次荷军的失利承担责任,要求辞去西婆罗洲专员之职,建议由安德里山暂时兼任他的职务,拥有政府和军队的绝对权力。6月17日,荷属东印度殖民政府婆罗洲委员会讨论了普林斯的辞呈和建议,决定接受普林斯辞职,委任军事指挥官安德里山兼任驻西婆罗洲专员。会议还确定了以强大的武力为后盾彻底解决西婆罗洲华人公司的政策,这将给大港公司带来灭亡的命运,给打唠鹿等地华人群众带来深重的灾难。

大港公司的覆灭

1853年4月下旬,打唠鹿大港公司民兵将荷军赶出昔邦之后,计划乘胜占领西尼尼。就在他们进行战前准备之时,群众发现西部沿海出现了多艘荷兰军舰和马来人的船只。三发荷属东印度殖民政府贴出了布告,宣布封锁婆罗洲西部海面,禁止一切船只出入港口。荷兰人想实行经济封锁,禁止从沙捞越和新加坡进口食盐、武器、火药、鸦片等一切贸易商品,要困死打唠鹿华人。荷兰军事指挥部在坤甸、南吧哇、邦戛等所有集市上张贴了传单,声称任何帮助"叛乱分子"获得盐、鸦片、大米或其他食品的人都将作为从犯受到严厉惩罚。5月初,大港公司在打唠鹿集市召开了群众大会,提出"饿死不如战死"的口号,廖二龙决定组织一支1700人的民兵进攻西尼尼,这一次公司给每位参战的士兵相当于20荷兰盾的黄金。得知大港民兵要进攻西尼尼,刚刚升官的荷军克罗森少校派范·霍腾(Van Hoetenh)少尉带领100名武装士兵和几门火炮前往阻击。荷军很快在高地筑起防御工事,5月16日遭到大约400名大港民兵的进攻,很快用炮火将之击退。第二天,进攻的大港民兵增至700人,他们在更高的地方构筑工事,但未能打破荷军的防线。这次,150名三条沟华人支援荷军追击大港民兵,严重打击了大港民兵的士气,此后一个月他们没有再发动进攻。

6月中旬,大港民兵再次发起进攻。克罗森少校带领两个连的士兵和火炮,乘船来到塞拉维口岸防守。大港民兵大约有1200人,分成三支队伍分别进攻西尼尼、公司屋和善盖比鲁。约900名民兵包围了善盖比鲁,那里居住了40多户华人。克罗森带领荷军在三条沟华人向导的帮助下从后面突击,赶走了大港民兵。另一队大港民兵进攻西尼尼,荷军出击追赶。荷军士兵离开基地很远时,受到大港民兵的反击,造成严重死伤。由于荷军火力也很猛,入夜后大港民兵只好退去,荷军重新占领西尼尼。经过几天混战,荷军士气低落,克罗森只好放弃西尼尼,领兵退回三发。

同时,大港公司在芦末、昔邦和鸡笼洞也集结了大批部队,使荷军顾此失彼。7月7日在塞拉维河口,荷军攻击了一艘木排船和一座公司屋,发现里面有大批中国传统武器和弹药,其中有14门火炮,有一门是欧洲制造的。荷军放火烧毁了一切,本土奈(Betunei)和善盖吉利的华人定居点一片火海,但是守卫在山口洋附近岸边的几门大炮仍然有40多名民兵值守，来自打唠鹿的方森被任命为海岸防御工事指挥官，士兵们每四天换防一次，以阻止荷军船只登陆，一直坚持了几个月。

7月中旬后，打唠鹿和昔邦一带局势转趋平静。廖二龙依照神明示谕，告诉群众可以照常生活，洗金的矿工照样上山开工，耕田的农民照样下田收割，集市的商户照常开门营业。荷兰人也暂时停止了军事行动，安德里山要耐心等待，以让经济封锁政策的效果显现。打唠鹿和山口洋一带大港华人群众生活的必需品供应越来越紧张，集市商人的生意也日益萎缩。吴昌贵因为没有进口的鸦片货源，烟馆收入也捉襟见肘。但是荷兰人的封锁也不能完全困死大港。西婆罗洲海岸线太长，坤甸和南吧哇等荷兰人控制的口岸不能封死，进口货物仍然可以通过这些口岸和内河偷运入打唠鹿。荷兰莱顿大学所藏的一份中文史料记载，兰芳公司甲太刘阿生暗中支持大港公司，通过各种方式偷运粮食、药品、食盐和日用品等物资支援大港。西婆罗洲北部与英国人管治的沙捞越接壤，有漫长的边境可以偷运物资。1853年下半年，大港华人基本上都在困难中度过，许多人被派往西部海边和北部边境参与货物偷运。到了年底转新年初，西北季风吹袭之下负责封锁的荷兰船只无法守住下风的口岸，只能寻找避风港。有些冒险出海的大港船只运载着来自沙捞越或新加坡的货物成功靠岸，封锁的效果更加微弱。安德里山几次写信给大港公司高层，开出优越条件引诱他们投降，遭到廖二龙、林三按和杨七等领导人的坚决拒绝。

直至1853年年底，局势才有所缓和。据说兰芳公司的刘阿生甲太曾经应大港公司领导层的要求，向荷兰人提出担任中间人斡旋，推动双方之间的谈判，后来因为荷兰人的强硬态度而宣告失败。1854年2月初（春节期间），打唠鹿内部主战派与主和派之间的争吵白热化。2月10日（农历正月十三），以吴昌贵为首的主和派成功地通过选举把廖二龙和黄渡赶下了公司领导人的宝座。但是清查公司账目的结果让大家寒心：账面上的钱只有区区几两黄金粉末的价值，总厅还剩下一些作为公务礼品的金器，最值钱的一件是重约一公斤的一条镶金的梭子鱼，那是早期三发苏丹奥马尔·阿卡姆丁赠送给大港公司的礼物。面对如此局面，主和派吴昌贵等人也一筹莫展，没有钱就不能体现权威，主和派也只有静观其变。

安德里山的经济封锁政策实行了半年多，效果差强人意。他几次给大港公司领导人写信劝降，多次设定"最后期限"，可惜全无效果。他寄希望于吴昌贵等亲荷派"资产阶级"能扭转局势，但也收效甚微。于是，他越发下定决心要以军事手段消灭那些顽固不化的抵抗派华人。婆罗洲每年七八月是雨季，安德里山想在雨季到来之前实施军事行动。他给总督写信报告近况，并提出了一个大胆的军事占领计划：要求巴达维亚派遣至少一千七百人的军队和大批武器弹药，另加七百名爪哇人苦力作后勤保障。此外还附上了详细的行动方案细节。

总督范·特维斯特收到信后觉得事关重大，将计划交给婆罗洲委员会研究。几天后委员会认为可行。1853年11月28日总督复信给安德里山，说政府原则上同意他的方案，叫他速来巴达维亚开会研究。1854年元旦过后，安德里山来到巴达维亚，参加了婆罗洲委员会召集的会议。在会上安德里山提出，大港华人与荷属东印度殖民政府抵抗了三年，其实力不可低估。他认为要先剪除大港的羽翼，即对打唠鹿以外的上屋、下屋、乌乐、芦末和拉腊等外围的大港盟友分而治之，尽早让它们脱离打唠鹿的控制，削弱大港公司的实力。然后要以重兵拿下山口洋，因为山口洋是打唠鹿的物资进口门户，也是对外交通必经之路，且廖二龙就是山口洋人。实现这两步之后打唠鹿将陷入孤立无援的境地，荷军可以一战成功。总督和婆罗洲委员会批准了这个方案，立即展开准备工作。

1854年西婆罗洲荷军指挥官安德里山中校

1854年3月4日，安德里山回到婆罗洲，立即开始准备军事行动。他把荷军指挥部设在三发，大批荷军士兵在三发河口沿线集结。政府秘密地安排坤甸和三发的马来人政府准备大量船只和苦力，准备作战时提供后勤支援。荷兰人佯装部队将从三发沿陆路进攻打唠鹿，实际上安德里山打算用舰船载着士兵在山口洋附近海岸登陆，先占领山口洋后再向打唠鹿推进，而选定的登陆地点是本土奈。大港公司的高层或许误判了荷军的意图，后来荷军在本土奈的登陆虽然花了四天时间，却没有遇到抵抗。荷军迅速占领滩头阵地后向山口洋市区及内陆推进。

就在荷兰人紧锣密鼓准备发兵进攻打唠鹿之时，大港公司高层也已获知情报，迅速开展了发动群众和军事准备工作。主和派吴昌贵等人也积极串联，试图避免这场战争。打唠鹿华人曾于1854年4月给政府写了一封信。信中指控三发苏丹和郑宏才是叛乱的煽动者，打唠鹿人民是无辜的，请求政府宽恕。据说信末的署名是林三按、廖二龙、黄金鳌、黄渡、杨琪、吴胜、钟生、赖振奋和关慧。据说这封信最初是交给坤甸苏丹的，后来才转交给荷属东印度殖民政府。但荷兰人没有理会，因为战争已如箭在弦上，一触即发。不过根据大港民兵紧张备战的姿态和后来对荷抗战的激烈程度分析，这封信的真实性令人怀疑。笔者在荷兰莱顿大学所藏的中文史料目录中也未发现此信。与此相反，荷兰学者记载了荷军攻克山口洋之后在大港公司屋发现两张中文告示，第一张贴在墙上，落款是农历四月十三（5月11日），第二张落款是四月二十二（5月19日）。笔者识读后认为它原本的内容应该大致是这样：

  和顺大港公司告示：此邦土地乃我等命脉所系，兹土出产之黄金、五谷，子孙赖以生存繁衍者也。今日荷兰番狗入侵，其势猛如饿虎，我等岂能坐以待毙？自今日起，凡我大港民众，务必万众一心，团结抗敌，定能保我国土千秋万年。凡我军将士，务必无所畏惧，英勇杀敌，冲锋陷阵，必将全歼敌寇，则兹土可保也。凡临阵杀敌而受伤者，公司将全力救治，务令痊愈；不治而身亡者，偿以棺木并厚葬之。凡杀敌阵亡者，偿以六倍丧葬之费，并以安家费黄金四两寄付唐山之亲属。特此告示，希四民周知。

四月十三日

第二张告示来不及张贴，原文大意应为：

和顺大港公司告示：兹者荷兰番狗侵我国土，凡我和顺民众务必万众一心，奋勇向前杀敌。保土地即保身家，国土不失，则万物丰饶，庶几方能国泰民安。凡我子民，毋生二心，军民团结，一致御敌，番寇与内奸必胆寒而自败。特谕：自今日起，人无分男女老幼，禁止妖言惑众，不得借故逃亡。如有通敌资敌、走漏消息者，一律以奸细论处。违者必遭严惩，且将祸及妻儿财物，切切此布！

四月二十二日 山口洋发布

1854年5月13日，荷军正式展开登陆行动。几艘军舰和船只载着1700名荷军士兵、几百名马来士兵和苦力，在本土奈港口靠岸。岸边的码头早已被大港民兵拆毁，士兵们下船后只好踩着齐腰深的泥泞艰难地走到坚实的地面。这个过程足足花了四天，但没有遇到任何抵抗，这说明大港领导层误判了荷军进攻的路线。5月17日，部队集结后来到善盖吉利镇，遭到大栅后面大港民兵的顽强抵抗。荷军强大的火力猛攻了半日，大港守军退去。亲临前线的荷军军官冯·德沃尔记载，亲自指挥先头部队攻破大栅的荷军军官古辛（Kusin）和几个士兵阵亡。下午荷军继续往山口洋推进，在善盖义贝沙（Sungai Yibisa）又遭遇大港民兵抵抗。守军是山口洋"大旗"（荷兰人称为将军）方干的部队。他们依托防御工事向荷军猛烈射击，荷军发射数十发炮弹攻击防御工事，方干和多名大港民兵中弹牺牲。激战至傍晚，荷军才进入善盖义贝沙。5月18日，精疲力尽的荷军士兵才进入山口洋，市镇内已空无一人，群众早已逃走。据说廖二龙、林三按和黄金鳌仍然留在山口洋，直至5月19日才离开集市前往骨律。上屋和下屋的群众都逃到骨律暂避，有两千多人在廖二龙率领的民兵保护下安顿下来。荷军暂时停止追击，留在山口洋休整。马来人进入华人区屋内搜索，找不到值钱的东西。唯一值钱的是门口晒着的许多渔网，他们便将渔网收起来带回船上，载回三发卖钱。

安德里山首战取得胜利，心下自然高兴。面对几处空城、空村，荷兰人的当务之急是召回逃难的华人。安德里山立即叫人书写了许多安民告示，动员逃难的群众回来定居，重振地方经济。正如安德里山预料，山口洋被攻占后，打唠鹿外围的和顺各公司群众受到震慑。5月19日，一封盖有大港公司小印章的信交到安德里山手上，大意是请求政府宽大处理，并要求提供不再进一步镇压的书面保证，笔者估计可能是主和派吴昌贵等人所为。乌乐、芦末和拉腊地区的霖田、十五份公司代表也提交了愿意接受荷兰人管治的信件。而对于打唠鹿的大港公司，安德里山开出了一个苛刻的受降方案，他要求打唠鹿必须派出一个打着白旗的代表迎接荷军部队进城，妇女和儿童必须留在家中。所有武器弹药必须集中在一处，在荷军进入城市之前交出。荷军入城后如发现仍藏有武器弹药者格杀勿论。这个方案当然遭到大港华人的拒绝。

5月23日，安德里山收到了和顺大港、霖田和十五份三公司署名的回信，内容大致为：

> 尊敬的荷军中校阁下，三发附近这些土地本来就属于我们，但据说是荷兰人先开发的。我们曾经长期在此安居乐业，但后来我们被迫迁徙。我们的印信和旗帜被烧毁，造成举国愤怒。我们不想要战争，但战争已迫在眉睫。打起仗来我们不会赢，我们要求平安地离开这里，到另一处地方安身。请你理解我们的要求，不要翻译错误而读成其他意思。¹
>
> 1854年5月22日写于打唠鹿上屋

安德里山读罢信件大为恼怒，这无异于拒绝向荷军投降。据回归山口洋的华人报告，廖二龙许诺给每位敢于放火烧毁荷军占领的集市者高达12塔司黄金的奖励，目前已招募到6位勇士。安德里山愤怒地发出告示，许诺给予举报放火者24塔司黄金的奖励。荷军休整数日后奉命开赴前线，在骨律和打唠鹿附近集结待命。大港民兵再次企图组织抵抗，他们组织小分队夜间袭击荷军，又加固了骨律的工事，在几个险要地段修筑了堡垒。5月26日，大批荷军向骨律和打唠鹿进攻，廖二龙等人企图放火烧毁打唠鹿集市和公司屋，但没有成功。据说廖二龙、林三按和黄金鳌等人在打唠鹿待了一夜，天亮后逃往东万律，被兰芳公司甲太刘阿生藏匿并保护起来。5月28日，打唠鹿亲荷派吴昌贵等人组织的代表团来见安德里山，愿意接受荷兰人的投降条件，希望荷军停止军事行动。安德里山提出了更苛刻的条件，除了上次要求的打白旗、收缴武器弹药之外，还要求打唠鹿所有华人必须走出家门，排队跪在街道两旁迎接荷军进城，直到最后一个士兵走过为止。吴昌贵只好答应这些条款，代表团被荷军扣押了两人作为人质，其余众人回去打唠鹿做好动员工作，准备迎接荷军入城。

5月30日，两个团的荷军由山口洋向打唠鹿开进，四天后也就是6月2日到达打唠鹿。吴昌贵手拿白旗，带着三十多名身穿白袍的商人跪在路旁，一些群众也跪在各人店铺门口。两千人的荷军大部队沿着大街进入打唠鹿，市区周围鸡犬无声，一片寂静。安德里山命令部队迅速占领了和顺总厅、上屋、下屋和附近地区，荷兰国旗在和顺总厅前面的旗杆上升起，和顺、大港公司灭亡。

最后的抵抗

荷军占领打唠鹿的消息迅速传遍了婆罗洲，并很快传到巴达维亚和荷兰国内，南洋和欧洲各地报纸纷纷转载荷军获胜的消息。安德里山一夜之间成为征服西婆罗洲华人的英雄。荷兰国王威廉三世于8月15日写信给巴达维亚总督称：我怀着喜悦的心情收到了西婆罗洲取得全面胜利的消息。帝国海军和陆军都表现了他们的优秀、勇敢和善良。请代我向英勇的士兵们转达我对他们祝贺和慰问……特别向安德里山中校转达我最崇高的敬意。为了嘉奖他的贡献，我决定授予他三等威廉爵士勋衔，并任命他为特种部队的副官。署名：威廉。

虽然安德里山获得了满堂喝彩，但他明白事情并非如想象得那么轻松。7月12日他在打唠鹿发布了一连串的布告，整肃社会秩序和安定人心。布告一再强调荷属东印度殖民政府的仁慈、宽厚和威严，劝谕群众配合和服从政府的管治措施。他宣布取缔和顺联盟及大港、霖田及十五份公司，取缔打唠鹿地区的矿工协会等一切华人组织，没收它们的所有财产；又宣布打唠鹿和乌乐、芦末、西尼尼和昔邦等地区直接纳入荷属东印度群岛，由政府派出官员管理。列名通缉廖二龙、林三按、黄金鳌等数十名大港公司骨干分子，抓捕所有参加过塞道走私船事件、邦戛战争、昔邦战争、攻打西尼尼战争、抢走鸡笼洞荷军补给物资以及放火烧毁骨律集市等行动的人员。藏匿上述人犯者将受到惩罚，而举报者则可得奖赏。安德里山又下令一个月内摧毁所有军事设施，荷军占领区的所有矿工必须离开矿场回到原居地。中国人不许再选举领导人、不许征税、不许命令马来人和达雅人工作。免除达雅人所欠中国人的一切债务……安德里山认为，解除华人武装并实施一系列严格的管治措施之后，打唠鹿地区不会再有抵抗荷兰人的事件发生。据群众报告，大部分叛乱分子都逃到东万律，被兰芳公司藏匿并保护起来。安德里山派出二十多人到各处查访，尽量抓捕这些逃犯。据说刘阿生曾于5月29日给安德里山写了一封言辞恳切的信，委婉地提出由他作为中间人为打唠鹿与荷兰人斡旋。但安德里山认为政府不跟叛军谈判，断然拒绝了这个建议，并敦促刘阿生交出他收留的所有大港华人。据说刘阿生收留了数千名上屋、下屋的矿工，后来有一部分被遣送回打唠鹿，一部分不愿回去的则在万那安置。在最后阶段，据说黄渡、林三按和黄金鳌也移交给荷属东印度殖民政府处理，廖二龙则在刘阿生安排下在东万律继续隐藏。

尽管安德里山带着一身荣耀信心满满地度过了半个月惬意的日子，但麻烦和坏消息还是接踵而来。正如荷兰学者范·瑞斯记述，荷军进入打唠鹿时过于顺利，事实上大港公司的领导人还藏在森林里，这意味着更糟糕的事情还在后面。先是2000多名驻扎在打唠鹿的荷军士兵因为天气炎热、枯燥乏味和缺少食物而感到窒息，士气日渐低落。大量食物要靠马来人苦力从山口洋或三发运来，而那些苦力大多数因吃不了苦而逃跑，留下的又过于懒惰而不堪驱使。只有六七十名从爪哇押来的囚犯可供使用，但人数太少，只能召唤更多中国人参与。但政府希望尽快恢复和振兴山口洋和打唠鹿一带的农业经济，需要中国人尽早回归旧业，很明显二者之间存在矛盾。更糟糕的消息还在后头，不久荷军队伍里爆发了霍乱疫情，进一步打击了他们的士气，安德里山被搞得焦头烂额。

7月10日，再次被任命为西婆罗洲专员的普林斯来到坤甸，安德里山特意从打唠鹿出发乘船去坤甸迎接他。在坤甸休息了几天之后，7月18日二人一同乘船到了山口洋，抵达后普林斯不愿下船，直接去了三发。安德里山进入山口洋后看到镇上和附近村庄空无一人。就在山口洋街上，安德里山接到报告，说打唠鹿遭到大批华人民兵的袭击。据荷兰莱顿大学所藏一份中文史料记载，廖二龙在东万律兰芳公司甲太刘阿生的帮助下组织了一个九龙公司，继续开展抗荷斗争。打唠鹿荷军遭遇袭击，正是廖二龙率部所为。安德里山提交给总督的报告称，廖二龙还在中国时就是一名天地会成员，精通中国武术，功夫非常了得。来到西婆罗洲后他是山口洋、打唠鹿上屋和下屋几间神庙的武术教头，经常指导矿工和农民练拳习武，极可能是"兄弟会"的首领。1854年7月之后，廖二龙与他的同党组织了九龙公司开展抵抗运动，他们派出船只到新加坡购买武器弹药，其中一条船差点被荷兰人的海岸警卫队抓获，但最终还是逃脱了。凭借这些渠道，九龙公司重新武装起来，不断袭扰荷兰驻军。7月18日，驻守在打唠鹿总厅和上屋、下屋的荷军遭到华人和达雅人的包围和袭击，安德里山接报后派出大批荷军增援，华人民兵沿着公路撤退到拉腊，在距离集市半小时路途中间修筑了一个据点。荷军企图对据点发动攻击，但发现四周山上已被数百名持枪的中国人占领。在半腰鸦，荷军与华人民兵激战了一整天，荷军少尉卡姆百利（Chambray）和十几个士兵阵亡。荷军攻占半腰鸦后，华人民兵已撤退到森林中不见踪影。

安德里山接获上述军情报告后不以为然，认为不过是少数散兵游勇所为，打唠鹿目前固若金汤。为了展示信心，7月25日他特地率领一批士兵押运粮食由山口洋来到打唠鹿，果然看到市面上一切平静如常。其实廖二龙派出的手下已经潜入打唠鹿，当晚他们在多处放火，大火烧毁了集市和民居，整个打唠鹿陷入一片火海，持续烧了一夜。荷兰士兵开头企图救火，但一接近火场就遭到华人民兵密集的枪击，只好任其燃烧殆尽。据荷兰学者记载，只有吴昌贵经营的店铺没有被大火烧到。群众反映，大火发生前几日，九龙公司在集市贴出了布告，要求所有居民撤离市区搬到他们的据点接受保护，否则会玉石俱焚。据范·瑞斯记载，事实上几天前集市的群众已经带着细软纷纷离开，妇女和儿童被送往山上安置，各家屋内空无一人，连稍微值钱的东西都没有留下，打唠鹿几乎成了一座空城。只有吴昌贵没有离开，他的房子也没有被烧毁，可能是因为他付出了金钱作为代价。

就在大火焚烧打唠鹿的次日，荷兰驻军少校布拉班特（Brabant）接到报告，说廖二龙正率领部队往白芒头挺进。白芒头离打唠鹿只有两小时路程，布拉班特派出一支三百人的部队前往追击，荷军到达白芒头之后却未见华人民兵的踪影，只好拖着疲惫的双腿回到打唠鹿。在芦末，十五份公司的华人组织起来，试图破坏荷兰人的补给线。华人小分队袭击荷军的事件时有发生，安德里山十分烦恼，在他看来中国人的抵抗是不会停止的。有人送来一张九龙公司的布告，翻译把内容告诉了他，"九龙公司郑重布告：任何人在战斗中逃跑或因恐惧而撤退，不敢与荷兰人战斗，将被处以死刑。在这种困难的情况下，我们必须像兄弟一样团结起来，我们必须重新夺回我们的土地。希望人人遵守这个命令。对于那些不服从命令的人，将不再有赦免。我们相信你在战斗中的勇气。临阵退缩者将受到严惩"。

同一天，另一份布告更清楚地表达了九龙公司的精神状态和动机："荷兰白狗抢走了我们的土地，他们的武器精良，作战凶猛，我们能做什么？让我们团结起来，集中力量对抗他们。打败荷兰白狗，我们将重新拥有土地，我们会再次繁荣富强。所有参战者都将获得权力。希望所有居民，无论老幼，无论男女，都能无所畏惧。记住我们都是同胞！我们都必须为我们的国土着想，因此我们必须团结起来，拿起武器进行战斗，否则我们的国家就无法继续抵抗敌人。战死比做亡国奴好！让我们用最大的勇气去战斗！"

一连串的袭扰行动和抵抗信息让安德里山非常愤怒，他认为自己太仁慈了，下定决心要实行一场"大屠杀"（Grote Slachting）来震慑华人。在坤甸的普林斯也来信支持安德里山的决定，他认为每一个处于战争状态的国家，甚至在文明的欧洲，只要是落入军队手中的武装叛乱者，都会立即被处决，何况在蛮荒的亚洲丛林？但是发生在荷兰人自己队伍里的问题更令人恼火，过去一个月里霍乱疫情越发严重，担负后勤补给的马来人苦力已经染病死亡四百余人，荷军士兵也有四十余人染病。随着马来人苦力越来越少，军队的后勤补给不断告急。8月初九龙公司民兵占领了半腰鸦的要塞，安德里山决定在半腰鸦与华人决一死战。荷军发动了一次次攻击都未能夺回要塞，相反还被华人民兵的地雷——埋在地下的成桶火药炸得七零八落，血肉横飞。后来廖二龙率部撤到拉腊，安德里山想率部追击，无奈要等待给养，只好下令就地休整几日。

好不容易等到给养到达，8月14日布拉班特少校率三个连的荷军士兵追至拉腊，南吧哇邦居兰也派了两百名达雅人苦力作为后勤支援。荷军每占领一个村庄，看到的只是空屋，华人群众已全部撤离。布拉班特则发出告示叫人们回来，否则就放火烧掉房屋。在半腰鸦和拉腊市镇，九龙公司民兵主动点火烧掉房屋，令荷军进村后露宿山间。布拉班特率部一路追击，把几千名华人群众赶到万诸居一带，这里已是兰芳公司所属地域。安德里山下令停止追击，叫布拉班特率部返回打唠鹿，另叫人通知刘阿生派人去万诸居拦截逃亡的华人。据《兰芳公司历代年册》记载，刘阿生派人到不离居（万诸居属地）拦截了六七千个华人，发给他们衣食并安置他们。后来一部分华人返回打唠鹿，不愿回去的则就地安置他们定居和垦荒种植。

经过荷军一个多月的清剿，到9月下旬抵抗运动已逐渐式微，各地只有零星的反荷武装人员不时袭扰荷军。安德里山下令叫刘阿生交出被他藏匿庇护的原和顺大港领导人，刘阿生不敢违抗。最终黄金鳌、林三按和黄渡等几个人被交给荷属东印度殖民政府，廖二龙则在东万律隐藏了很久，最终在刘阿生帮助下逃往沙捞越。荷兰人采取了马来人的计策，以"釜底抽薪"的办法对付华人群众，一旦发现华人村庄的空屋，立即安排达雅人住进去，并让他们占据华人的田地耕种。许多华人不愿看到自己亲手开垦的田地和家园被人占据，纷纷返回原乡定居。后来打唠鹿、山口洋、拉腊、昔邦、西尼尼等地又逐渐焕发了生机。

1854 年 10 月 24 日，安德里山的"大屠杀"计划实施，打唠鹿举行了处决华人抵抗运动领袖的行刑式。大批全副武装的荷军士兵把华人群众隔开很远的距离，十位华人领袖被处以绞刑。安德里山仿照中国官方的手法，把他们的遗体用铁钉钉在木桩上，示众半个月才允许收殓。其余三十多位参加了抵抗运动的民兵骨干则被流放到爪哇。行刑式结束后，安德里山带着全副武装的荷军在鼓乐队伴奏下游行于打唠鹿全市，张贴在集市的中文布告警告人民要遵纪守法，服从荷属东印度殖民政府的管理。凡是对荷兰人做出抵抗行动的人都会得到同样的下场。

　　一场轰轰烈烈历时四年的抵抗运动到此结束，延续八十余年的西婆罗洲华人自治政权到此也基本消失殆尽。他们留下一段华人海外奋斗自强的历史和悲壮的保家卫国战歌，足以令后世中国人感动和铭记。他们中许多人连姓名和尸骨、墓碑都未曾留下，事迹也几乎湮没在历史的长河中，但是他们顽强的生存发展意识和保土抗荷的勇敢无畏精神将永世长存。

秘密抗荷活动

　　在荷兰人看来，1855 年是恢复社会秩序和建立新管理系统的第一年，而在坚持抵抗运动的华人看来却仍然是对敌斗争的继续。就在元旦前夕，一名曾经协助荷兰人抓捕大港骨干分子黄渡的亲荷派分子被暗杀死亡。敢死队员临走前还在重建的打唠鹿集市上张贴了布告，除了宣布处决这名汉奸，布告还以"穷人的名义"警告那些亲荷派商人：你们为了得到荷兰人的 200 盾赏金，不惜出卖自己同胞的性命，简直是丧尽天良！你们的恶行必将遭到报复，我们已掌握了八个汉奸出卖同胞的证据，这些人将陆续被送去见阎王！

　　亲荷派分子被杀和布告的强硬口气让那些亲荷派商人大为震惊，荷兰人对此也感到愤怒。2 月 17 日是中国农历新年，镇上亲荷派商人的几个代表穿着长衫马褂，到公馆拜会新任命的荷兰关都力瓦·斯佩克（Val Speck）。他们谈论了布告上的威胁言辞和自己的担忧。安德里山接报后立即派人深入调查，摸清了这是廖二龙余党新组织的"三点会"成员干的。据荷兰学者范·瑞斯记载，"三点会"是一个秘密会党组织，他们的政治诉求并非针对荷兰人展开武装斗争，而是针对与荷兰人合作的华人。据说三点会的人初次见面会伸出三个指头作为暗号，或以三指持物来表明身份，与较早前在打唠鹿发现的"天地会"有相似之处。笔者在莱顿大学图书馆所藏中文史料中发现了三点会成员的往来书信，他们在书写姓名或某些字眼时，会特意加个"三点水"偏旁来暗示自己的身份。据说打唠鹿有几个投靠荷兰人的商人都收到了来自三点会的警告，郑宏就是第一个。郑宏还提醒瓦·斯佩克，称后者也已身陷险境，一时间搞得人心惶惶。

1855年3月12日，普林斯任命郑宏为打唠鹿华人公馆甲太。普林斯认为，郑宏虽然只会讲荷语不会写，但他对荷兰人的绝对忠诚在华人中罕见。他的叔叔郑永宗被和顺总厅杀了，财产被没收，他的老婆甚至在拍卖时被出价最高者买走。郑宏多次威胁群众执行公班衙的命令而被自己同胞痛打并驱逐出境，他所受的这些痛苦应当得到补偿。普林斯决定让他再次成为一名中国人的首领，但没想到倒霉的郑宏刚上任不久就遇到了麻烦。4月3日，郑宏在山口洋执行公务，晚上在集市遇到刺客的袭击。他身边的保镖身负重伤，幸亏郑宏走得快而逃过一劫，他跑到荷兰人的堡垒里躲了起来。

过了几日是农历二月二十五（4月15日），中国人的神祇三王爷的生日。打唠鹿下屋举行了传统的祭神活动，晚上请了戏班来唱戏，庙前一片热闹气氛。就在演出进入高潮时，人群中忽然爆发一阵惊叫和恐慌，陪同荷兰军官范·奥特路（Van Otterloo）看戏的一个叫牛杨的华人被刺，血流满地当场死亡。牛杨也被列入三点会汉奸黑名单，去年他曾向荷兰人告密九龙公司华人预谋火烧打唠鹿集市。暗杀得手后刺客立即消失在黑夜中，演戏活动被停止，居民纷纷回家躲避。荷兰学者范·瑞斯看到，没有一个华人为死者表示同情或哀悼。

由于接连发生三点会刺杀汉奸的事件，荷兰人立即展开调查，发现刺客都来自骨律山上，原先是九龙公司的民兵。后来又摸清原来三点会的总部就设在骨律山上，其中一个头目名叫吴凡。几天后郑宏收到一封信，信中以神明的口吻指责他没有尽到作为福首的责任，判处他死罪。在中国岭南客家农村地区，每年或每隔几年神庙都要举行一种祭神祈福活动，俗称作福，而负责筹款和组织活动的人称为福首。在邦夏之战那年（1850），大港群众选举郑宏当福首，当年举行了声势浩大的群众抬神像游行。信中说道：近几年因为战乱，群众抬神像游行的作福活动已经停办。不仅如此，许多群众在战争中被打死，华人的房子和田园被达雅人侵占，连打唠鹿大伯公的庙宇都被火烧了，害得神明失去居所，郑宏罪不容赦！郑宏看到这封恐吓信，吓得不敢出门。

在接下来的几个月甚至几年中，三点会的暗杀活动一直没有停止，甚至蔓延到南吧哇、三发和其他公班衙管治区域。例如打唠鹿的汉奸黄金华也被暗杀，刺客在布告中说他们杀的不是中国人，而是荷兰人的一条狗。据高延在《婆罗洲华人公司制度》中记载，1856年4月11日夜里，芦末的华人袭击了荷兰驻军，杀死了荷军少尉梅科尔恩和几名士兵。荷军展开报复行动，抓捕和杀死了几位华人，有三百多位华人逃到沙捞越。随着荷兰人管治越来越严苛，华人又不断受到达雅人的袭扰和侵占，许多人选择离开婆罗洲返回中国，或者迁移至坤甸、三发和南吧哇等沿海市镇谋生。1884年最后一个华人公司——兰芳公司被荷军消灭之后，又有更多华人迁徙至沙捞越、吉隆坡、巴达维亚和棉兰等地谋生，西婆罗洲的社会和经济发展陷入长期停滞甚至衰退的低潮。

七、末代甲太刘阿生

1854年"公司战争"之后，西婆罗洲几乎所有华人公司都被荷兰军队消灭。唯独东万律兰芳公司被荷印殖民政府允许继续存在，其原因是在四年的公司战争中兰芳公司领导人刘阿生保持中立，没有加入大港公司及和顺联盟的抗荷阵营与荷军作战。荷兰人对刘阿生很满意，兰芳公司的寿命因此得以延长三十年，直至刘阿生于1884年9月病逝后才被荷属东印度殖民政府取缔。刘阿生在兰芳公司甲太的位子上稳坐三十二年，是当时荷属东印度殖民地地位最高的华人，也是最后一位华人甲太。他经历过西婆罗洲许多重要的历史事件，在华人公司历史上有重要地位。

身世及主要政绩

刘阿生原名耀南，谱名应台，号寿山，在华文和荷兰文献中则多称为刘阿生（或写作刘生、刘星。星字客家话与生［Sen］同音），阿生有可能是他的小名。

荷兰文献记载其于 1812 年（嘉庆十七年）出生于嘉应州。笔者根据中外有关文献的记载来推算，刘阿生应于嘉庆十八年十一月初八（1813 年 11 月 30 日）出生在嘉应州上半图堡（今称梅州市梅县区白渡镇）凤岭村。

关于刘阿生青少年时期在家乡的事迹，目前仅发现《凤岭刘氏族谱》有这样的记载："十六世应台公，讳耀南，号寿山……少有大志，壮游婆罗洲，以信义重于侨民，被举为首领。"可知刘阿生少年时期就有做一番事业的雄心大志，当然这也许是后来修谱的人给他的溢美之词。不过据族谱记载，刘阿生之父刘善享（字师锡）是清朝增生，是个秀才。再查其上代，五世祖刘儒，谥林泉隐逸，很可能就已经是读书人了。六世祖刘致荣，族谱载其"力田创业，家资累万，为乡饮介宾"①，这一代人开始发家致富，并且有了一定的社会地位。八世祖刘养真、九世祖刘以久和十世祖刘具斐俱为明代庠生（秀才）。由此笔者认为，刘阿生出身于一个书香世家，至少可以说是耕读传承之家。可以推测刘阿生少年时期，很可能在父亲的启蒙和教导下认字读书，至少他的文化程度不会很低，甚至有可能像罗芳伯一样参加过科举考试而未取得功名，但目前未有确切证据。另据笔者调查，在白渡镇凤岭村有刘阿生之妻邓太夫人墓，可以推知其南渡婆罗洲之前在故乡娶有妻室邓氏，但未生育子女。

族谱记载，刘阿生"壮游婆罗洲"，可知其成年后才跟随水客由家乡来到坤甸，南洋学者记载，他最初是在同乡刘鼎（乾兴）店中做工，为人颇为精明能干。笔者根据中外文献记载推算，刘阿生大约于 1846 年 34 岁时来到西婆罗洲，在东万律居住的第三年再娶次妻吴氏，第四年（1850）长子刘亮官（捷元）出生。1847 年兰芳公司甲太刘鼎兴兵与万那王开战，兵败后被公班衙革职。1849 年荷兰人任命刘阿生接任兰芳公司甲太之职，由此开始了他三十年主政生涯。

刘阿生接任兰芳公司甲太之职后采取了一系列改革措施，重新修葺总厅、关帝庙和各地副厅（公馆），调整各地人事任命，使兰芳公司上下气象一新。据《兰芳公司历代年册》记载，刘阿生上任时"河水澄清三日"，颇有圣人降世或

---

① 乡饮，始于周代，最初是乡人的一种聚会方式。后来被官府用来作为一种荣誉礼仪：每年春秋两次举行乡饮酒宴，地方官邀请各乡村有贤德者出席。尊者称大宾，次为僎宾，再次为介宾，再次为众宾，受邀者引以为荣。秦汉以后，乡饮酒礼长期为历代所遵用，直到道光二十三年，清政府决定将各地乡饮酒礼的费用拨充军饷，才被下令废止。乡饮酒礼前后沿袭三千年之久，在中国历史上产生过深远的影响。

"光武中兴"之势。上任第二年即道光三十年（1850），在刘阿生策划和带领下，兰芳公司开发万那的文兰新矿（钻石矿）。刘阿生吸取前人失败的教训，放弃了古六伯和刘鼎在任时与达雅人开战以武力争地的战略，采取和马来人土王谈判的外交手段，亲自到六七十里外的万那拜见马来人土王。万那王最初不知刘阿生用意，借故躲到外地，避而不见。刘阿生在万那等候了三个月，最终未能见到土王，只能失望地返回东万律。次年春天刘阿生再次前往万那拜访土王，行前叫人传话给土王说明来意，万那王这才接见了他。刘阿生耐心地和土王协商，打消了他的顾虑，又克服了许多困难，至咸丰元年（1851）秋天，兰芳公司终于成功开发了文兰新矿。新矿出产钻石的产量为西婆罗洲之最，兰芳公司经济收入大增。由于新矿开发成功，万那的牙王城很快聚集了上千华人，原来只有钟恩寿一家居住的山村几年间变成热闹的新埠头，印尼独立后更成为万那县的县城。

1850年西婆罗洲发生了一件大事：原先结为"和顺联盟"的大港公司和三条沟公司之间发生内战，三条沟公司的首领派人到东万律向兰芳公司求援。坤甸荷军急忙派大批援兵赶往邦戛，兰芳公司刘阿生也派人驾船走水路赶来驰援。但是援兵到达邦戛为时已晚，前一日（8月20日）大港公司民兵已攻陷邦戛，三条沟公馆和荷军的防御工事全部被摧毁，死里逃生的三条沟公司华人向三发河右岸逃走。数百人被包围在海边一座山上，无水无粮被困数日。兰芳公司派去的两条船及时赶到邦戛海面，接载了这批坐以待毙的三条沟公司华人，将他们带回兰芳地界。刘阿生叫人发给衣食，又妥善安置他们定居垦殖。之前在三发附近的另一个华人公司——结连公司也因内战被大港民兵击溃，千余华人逃亡到东万律附近。刘阿生闻讯派人接纳这些难民，施粥救饥，又把难民分插各地安置，让他们定居和垦殖。

大港公司占据邦戛后随即修复工事，积极整军备战迎接荷兰人的反攻。据说大港公司曾极力拉拢兰芳公司的刘阿生甲太加入抗荷战争，刘阿生始终没有同意。他让兰芳公司保持中立，动员民兵在打唠鹿附近边界上修筑工事，保卫兰芳公司领土的安全。1850年9月11日，荷军果然对邦戛展开反攻，大批荷军士兵在大炮掩护下攻入城市，四千名大港民兵奋勇抵抗。荷兰人则对大港公司实行经济封锁，禁止外界的武器粮食运入打唠鹿，准备围困大港削弱其战斗力，进而将其消灭。南边的兰芳公司一直坚持中立，刘阿生下令民兵通山筑栅，制铳炮铅码、储备火药粮食等一切器用，以防堵大港，不准其超越半步，一直坚持了四年。

1851年荷兰人除了对大港实行经济封锁之外，荷军与大港之间的军事冲突仍然不断，此后几年荷军仰仗武器的优势不断向打唠鹿推进。1854年7月，荷军调集重兵向大港发起全面进攻，大港民兵被迫放弃打唠鹿向东撤退到山区。为了让荷兰人进入市镇后难以立足，大港华人放火烧毁了打唠鹿所有店铺、民居和军事设施，整个打唠鹿变为一片火海。荷军占领打唠鹿之后继续向东推进追赶大港民兵，繁荣的砂令斯、拉腊和哇郎甘（Warangan）等几个村庄也化作一片火海。在荷军重兵追赶之下有六七千个大港公司的华人逃到兰芳公司属地不离居（在东万律东北面百余里外），准备逃亡沙捞越。刘阿生接到荷兰人的命令后带领六百余人进行拦截，将这些大港民兵缴械，并擒获他们的首领交给荷兰人。数千名大港华人因此留在不离居，刘阿生派人护送他们中的一部分返回打唠鹿，帮他们修复埠头安身定居。又亲自到万那与马来人土王谈判，允许兰芳公司吸纳那些不愿返回打唠鹿的大港公司华人，并拨出粮草安置他们就地居住，帮助他们定居和进行农业垦殖。后来在荷属东印度殖民政府的允许之下，兰芳公司重新恢复了刘鼎执政末期因战败而失去的万那公馆，刘阿生任命了一名甲必丹来管理这些华人的事务，兰芳公司的人口和土地都因这次事件而得以增加。

不过由于荷印殖民政府的势力越来越大，邻近地区的南吧哇王和万那王等马来人小政权也还存在，兰芳公司的利益不断受到侵害，独立性越来越少。据现存荷兰莱顿大学的一份兰芳公司致荷印殖民政府的文件可知，1854年7月，荷属东印度殖民政府驻坤甸专员发文要求各地方政府缉拿要犯，八月初八刘阿生致函："缎高罗宁①大人阁下启者，前承钧命，所嘱各钦犯务须留心访捉。近日又捉得一名钟丙，兹着人解下，望缎发落可也……"由此信件内容可以看出，兰芳公司必须遵照荷属东印度殖民政府的指令行事，已经成为荷属东印度殖民政府的附庸，仅仅保留有限的独立性。

鉴于刘阿生在1851年至1854年的"公司战争"中表现出对荷兰人的支持以及他对兰芳公司卓越的管治能力，1855年荷属东印度殖民政府授给刘阿生一把枪，以表示对他执政地位的支持和个人安全的关心。1856年，刘阿生在荷属东印度殖民政府驻坤甸官员安德里山中校带领下乘船到巴达维亚，拜会了荷印总督。据年册记载，刘阿生在巴达维亚再一次与荷兰人明确约定了兰芳公司拥有东万律

---

① 缎，马来语"Tuan"（长官、主人）的音译。高罗宁，荷军中校"Kolonel"的客家话音译。

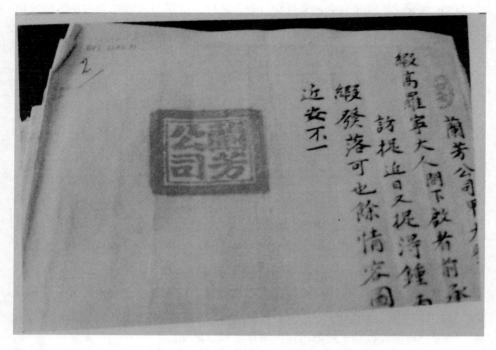

刘阿生写给荷兰官员的一封信（现藏荷兰莱顿大学图书馆）

和下属九个副厅所辖乡村的土地。但是这个条约有无文字依据？它的内容是什么？荷兰殖民地档案中有无保存？至今仍是一个未解之谜。

另据林凤超《坤甸历史》记载，刘阿生此番去巴达维亚与荷兰人签约，最初也坚称兰芳公司前任甲太刘台二曾经与荷属东印度殖民政府签订过条约，承认兰芳公司地界，承诺它永远归兰芳公司管辖，可以世代揖让相传。但是刘阿生却拿不出以前签订的三色字条约，荷兰人拒绝承认兰芳公司拥有九个属地的主权。最后刘阿生收受了荷兰人的贿赂，重新签订了一个条约，只承认兰芳公司拥有东万律总厅附近的土地权属，而且仅限于刘阿生在世期间有效，刘阿生去世后荷属东印度殖民政府将收回东万律管辖权。这就为1884年刘阿生去世后荷属东印度殖民政府强行占领东万律总厅埋下伏笔。当然，这些仅仅是传说而已，后人至今无法证明它们的真实性。

林凤超《坤甸历史》记载，光绪元年（1875），63岁的刘阿生将甲太之位传给自己的儿子刘亮官。兰芳公司近百年来领导人由群众推举的制度名存实亡。林凤超认为刘阿生不择手段操纵了选举，而兰芳公司的群众自愿放弃民主选举的权利，也要对兰芳政权的最后灭亡负责。根据荷兰文献的记载，1874年3月26日，兰芳公司各地公馆的甲必丹、老大和群众要求由刘亮官接替甲太之位。荷属东印度殖民政府同意了群众的请求，兰芳公司在东万律总厅召开了甲必丹和老大会议，推举刘亮官为继任甲太。次年荷印总督委任刘亮官为兰芳公司新一任甲太，刘阿生正式退位。不管如何，这次兰芳公司甲太新旧交接都是荷兰人的安排，劝进和开会推选不过是走个形式而已。荷印总督为了嘉奖刘阿生二十五年来对政府的忠诚，颁给他一块金牌。荷属东印度殖民政府通过高层会议决定，每月发给刘阿生250荷兰盾作为退休金。

刘亮官接任甲太后执政不到五年，光绪六年春（1880年4月18日）因病身故，年仅31岁，留下的子嗣还未成年。刘阿生不顾自己年老，再次接受荷印总督的委任接受甲太之位。此时兰芳公司的组织机构已经严重衰老，刘阿生俨然是一位君主。公司总厅的高层管理者、各地公馆的甲必丹和各个村庄的老大已沦为甲太的臣仆，唯甲太之命是从。兰芳公司的群众一盘散沙，各自经营谋生，再无人关心政事，公司组织确实气数已尽。

1883年，刘阿生71岁。按照故乡嘉应州的传统，有钱有地位的男人要在61岁、71岁和81岁时举办生日寿宴，来的宾客越多，越能显示主人的地位和慷慨。据荷兰文献记载，1883年12月7日（光绪九年十一月初八），刘阿生在东万律总厅为自己的71岁大寿举办酒宴。那天从爪哇、坤甸和婆罗洲各地前来祝寿的贵客络绎不绝，主家大摆筵席宴请宾客。据荷兰文献记载，刘阿生的寿宴活动一连举办了几天，前来祝寿的宾客多至上千人，真可谓是荣耀至极。可惜这次祝寿宴会是刘阿生一生中最后的辉煌，他的第二任期也仅仅只有四年，次年即光绪十年八月（1884年9月），刘阿生在坤甸病故。荷属东印度殖民政府派兵以护送刘阿生甲太灵柩为名，于10月3日趁机占领了东万律兰芳总厅，宣布接管兰芳公司属地的行政管理权。兰芳公司的华人群众组织数千人的武装民兵收复总厅，杀死占领总厅的荷军官兵和前来侦察的荷兰官员，打响了抗荷守土之战。荷属东印度殖民政府急忙从爪哇调两千兵力前往镇压，双方筑起堡垒开战。荷军依仗正规部队的优势步步推进，华人武装退到山区。小规模战争进行了两三年，华人武装最终失败，兰芳公司灭亡。

刘阿生任内（1871）树立的旗杆（2014年摄）①

旗杆座木刻字迹。右：清同治十年春立，左：总制兰芳公司（2014年摄）

---

① 此旗杆所升旗帜有两种说法：一是刘台二执政前，升兰芳公司黄色方形旗帜；刘台二执政后，可能升荷兰国旗三色旗；二是1884年兰芳政权灭亡之后升荷兰国旗。

对刘阿生的重新审视与评价

刘阿生是兰芳公司末代领导人,在荷军重兵剿灭西婆罗洲几个华人公司的关键时刻,受命于兰芳公司的"危难之中",以个人的努力让公司的寿命延长三十年。对于公司内的数万华人群众而言,刘阿生使他们避免了被烈火焚烧和家园尽毁的灾难,自然对他感恩戴德。而对于大港公司群众而言,刘阿生拒绝加入抗荷联盟而保持中立,甚至拦截大港逃难群众,将其缴械并擒其首领交给荷属东印度殖民政府,是出卖华人利益的"汉奸行为"。因而在中国和南洋各地的华文历史文献中,刘阿生留给后人的是一个负面人物甚至汉奸、卖国者和贪渎者的形象。笔者在近年的研究中发现,事实可能并非如此简单,因此有必要加以深入研究,重新审视对刘阿生的历史评价。

20 世纪初的坤甸学者林凤超(广东镇平县人)在《坤甸历史》中这样评价刘生(即刘阿生):

> 兰芳七十有六年①壬子,刘生率兵,助荷人拒大港同胞,擒其首,以献公班衙。大港同胞,与荷人战,干戈相见者六年。孤立无助,卒为所败。荷人将其鹿邑埠烧灭净尽,逃难之民约数千,逃至东万律属不离居地。欲由万那往沙拉划。刘生率师拒战,擒其首,以献公班衙。及大港平,荷军即移向东万律矣。噫,初则助荷人灭同胞,继则转以自灭。蠢尔刘生,何不思之甚乎?
>
> 书拒同胞,罪之也。何为而罪之?曰:同是华侨,则宜守望相助,即不相助,亦不可同类相残。今刘生不知中计,反借此邀功,斯诚华侨罪人也。

林凤超认为,刘阿生帮助荷兰人消灭大港公司的华人同胞,等到大港公司被消灭后荷兰人转向东万律开战,最终消灭兰芳公司,刘阿生真是愚蠢。另外,他认为刘阿生拦截大港同胞是同类相残,是华侨之罪人。

---

① 1852 年。

下面也是林凤超在《坤甸历史》中对刘阿生的几点指控：

  传闻刘生嗣立，河水澄清，今观其事迹，唯以残杀同胞为事，又立约割地与荷人。之二者，对于同胞则为汉奸，对于芳伯则为贼子。如斯人者，乃欲窃圣出河清以自况，多见其不自量也。或曰：此说乃其婿叶汀凡谬托，非有其事也。
  兰芳八十年丙辰，咸丰六年，西历一千八百五十六年，刘生同荷兰官阿物恩德里山，往见吧督，立约割地，仅留兰芳厅所地界。
  荷人既劫得三色字，谓刘生曰：河东地当属荷国。刘生谓有约，荷人谓约文安在，可照约勘验。刘生不能对。荷人乘机又以金银物饵之，乃与立约割地，仅留兰芳厅所地界。所得之银，悉归私囊。又其子与婿，不识刘生与荷人有密约，各争长其地，趋奉荷兰。故荷人知其中之虚实，而出吞并之手段焉。

  林凤超在这几段文字中列举了刘阿生的"三大罪状"：其一为残杀同胞；其二为1856年去巴达维亚立约，割地给荷兰人；其三为接受荷兰人的金银贿赂。关于"残杀同胞"，林凤超大概是指拦截大港难民和"擒其首献公班衙"事。据查所有中外文献，都未见有"兰芳公司民兵杀死大港逃难群众"的记载，林凤超自己文中也仅仅说刘生率师拒战，擒其首以献公班衙。所谓拒战，即是拦截，并无人死伤，擒获并献给荷兰人的大港首领也无证据显示已被荷兰人杀害，因此林凤超所言之第一项"残杀同胞"罪状查无证据。
  第二项罪名是"1856年去巴达维亚（吧城）立约割地"。笔者在上文说过，刘阿生究竟是否与荷属东印度殖民政府签订了互不侵犯条约？目前并无确凿史料证据。至于林凤超所言"立约割地，仅留兰芳厅所地界"，则有证据证明属不实之词。据笔者2014年在印尼西加省田野考察时发现，现存坤甸县淡水港兰芳公馆大门口一根高达十米的硬木旗杆仍然矗立，底座夹木上所刻的"清同治十年春立"和"总制兰芳公司"等字迹依稀可辨，可以证明直至同治十年（1871）后，远在东万律数十公里之外的淡水港副厅（兰芳公馆）仍然属于兰芳公司管辖，刘阿生任内还修葺过这座公馆，更新了"兰芳公馆"匾额和公馆门前的硬木旗杆。另据高延在《东万律的刘阿生》文中记载，1874年南吧哇地区的华人成立了一个

刘阿生主持更换的淡水港兰芳公馆门匾（2014年摄）

反荷秘密组织，刘阿生及时制止了下属华人加入这个组织，并在起义爆发之前保全了兰芳公司的人民和土地。这个记载可以证明当时南吧哇兰芳公馆也依然属于兰芳公司管辖，刘阿生仍然可以控制南吧哇地区的华人。

至于第三项"收受荷人贿赂"，则更是信口开河，单凭猜测而没有实证。高延在《东万律的刘阿生》中说过，刘阿生为了应对几年的公司战争和开辟万那公馆，购买武器、弹药和粮食而花去的钱财相当于"半吨黄金"，所以他去世前几年的财务状况非常糟糕。林凤超指责他收受荷兰人的金银贿赂，是不负责任的。

兰芳九十七年乙亥，光绪元年，西历一千八百七十三年，刘生退位，计立其子亮官。

兰芳一百零二年庚辰，光绪六年，西历一千八百七十四年，春，亮官死，刘生复位。

其弟恩官，不得嗣者，刘生约中有云，终刘生一生，仍有东万律管地权，故也。恩官字碧莪，现在日里。其姊在棉兰，即张榕轩妻。

> 书计立其子者何？盖阳则为专制，阴则知与荷人立有密约，恐难于服人，欲多传一代，以掩人耳目也。噫，狡矣。
>
> 已欲退，则立子，子已死，则复任；而当时之人，一任刘生左之右之，无一敢起而抗议者，则刘生之权术可知矣。虽然，东万律之众，放弃责任，亦有所不能辞其咎焉。

这几段文字说的是，到光绪元年刘阿生退位，计划让他的儿子继位。林凤超指责其不择手段玩弄权谋，儿子死后又自己上位，完全丢弃了兰芳公司自罗芳伯以来一贯实行的民主精神。这一项指控确实是刘阿生一生最大的污点，兰芳后期这种乡村自治式民主制度已经荡然无存。正如荷兰官员高延在《东万律的刘阿生》中所言："当兰芳公司在荷属东印度殖民政府的保证下得以继续存在时，甲太就成为我们政府在公司的代理人。他首先必须对荷属东印度殖民政府负责，而不是民众意见。因为甲太代理荷属东印度殖民政府的权力，他有举足轻重的影响力。低级首领只是甲太的臣仆，甲太就像君主，而这位君主的权力只受到我们政府的限制。"其实这也是中国几千年君主专制和封建臣民思想的流毒。刘阿生和兰芳公司群众当然跳不出历史的局限。

> 罗、江、阙、宋艰难缔造之国，相传仅及五十年，未几一败于刘台二，再败于刘乾兴，至刘生，则国即与之俱灭焉。何东万律之不幸而出此三刘也。今坤甸立芳伯副厅，留为纪念，而无知之辈，犹立刘氏以陪之，芳伯有知，当亦不瞑矣。
>
> 东万律所以致亡者，由于不明国际交涉。初，刘台二至吧城，荷人以王礼厚待之。刘徒跣履地，不敢践其绒毡。及受封以还，则以属国之礼待之矣。自是以后，每况愈下，至刘生益不可收拾矣。盖刘生贪渎性成，挥霍任意，密与荷人约，犹粉饰以欺人，竟至割地与荷人，曾无一人知之者。及其身死，荷人践约，人始知之，然已无及矣。

这一段文字带有总结性质，对刘阿生的指责基本上重复以上所述。其他中国学者基本上赞同林凤超的观点，认为刘阿生与荷兰人合作，出卖了兰芳公司利益，应该对兰芳公司的灭亡负主要责任。

请转换一个角度和立场，看看荷兰人是如何评价刘阿生的。1885 年 3 月，刘阿生去世的消息传到欧洲，正在荷兰海牙养病的前荷属东印度殖民政府驻坤甸官员高延写了一篇题为《东万律的刘阿生》(Lioe A Sin van Mandohr) 的文章，以另外一个角度比较公正地评价了刘阿生（详见附录）。这篇文章于刘阿生去世次年即 1885 年写成的。高延认为，在西婆罗洲的其他几个华人公司被荷兰人消灭后，兰芳公司仍然能够一枝独秀维持生存三十余年，这与它的领导者刘阿生的个人能力和他的人民是客家人大有关系。读者可以看到，作者高延从荷兰殖民政府官员的角度对刘阿生作出了很高的评价。他认为刘阿生在 1853 年前后的公司战争中采取与荷兰人合作的策略，甚至协助荷兰人拦截大港公司难民，他的行为并非同情殖民者，而是为了保护数万华人的生命。他还认为，刘阿生对自己同胞的管治手法比较温和，也能积极为人民谋利益，辖区的道路设施也建设得很好，对他的执政成绩给予肯定。此外，高延通过与刘阿生打过交道的荷属东印度殖民政府驻坤甸官员安德里山中校和科鲁山（Krosen）上校的回忆，从个人品德和能力方面也给予刘阿生正面的评价。科鲁山还特别指出，在东万律管辖的华人区，行政效率和治安状况一点也不亚于荷兰本国。

除了以上两种持不同立场的人对刘阿生的评价，笔者还发现了一份荷兰莱顿大学图书馆所藏的中文文献。这份文献没有题目，也没有作者署名，读后感觉好像是 1886 年之后一个原来属于大港公司的群众向荷属东印度殖民政府举报刘阿生的信件，笔者给它代拟题为《刘阿生暗中反荷证据》。这份文献由荷兰莱顿大学著名汉学家许理和教授于 1975 年在汉学院图书馆的一个文件箱里发现，并于 1993 年译成英文，刊载于他的英文著作 Conflict and Accommodation in Early Modern East Asia（暂无中译本，笔者代译书名为《近代东亚的冲突与和解》）中。这件纸质中文单页尺寸约为 54 厘米 × 25 厘米，作者将照片也附录在书中。现将这份举报信的内容誊清并附录如下：

刘阿生暗中反荷证据

和①1853 年，即唐癸丑年，公班衙到昔邦，大港恶人即与东万律兰芳公司甲太刘阿生狡串谋反。所以公班衙禁大港货物不准通行，而刘阿生担扛大港一切食用货物，暗路相送。致令公班衙浩（耗）费银钱甚多，而大港有所

---

① 此处和字，或即荷的同音字，指荷兰纪年（西历）。原件中 1853 是苏州码写法，现换成阿拉伯数字。

《刘阿生暗中反荷证据》原件照片

恃而无惧。当时刘阿生与大港公司往来货物私通之信，曾被郑永宗、魏陈拿来送于坤甸呵吻①处为据。及和1854年，唐甲寅年，公班衙到鹿邑，人民皆钦服。惟有恶党廖二龙、林三按、黄金肴、黄度等，统带一切恶人逃往东万律，俱被刘阿生藏匿。随即创一九龙公司，使恶党回来复反。且使他管下不离居地方甲必丹陈立为军师，吴庆五为先锋，东万律老大赖杨兴为总理，接济军粮货物等项。并帮助兵丁千余，黑夜到鹿邑打上屋、下屋公班衙衙城。后反不胜，又使恶人放火烧去鹿邑一切埔头店铺，致令人民货物、银钱、米谷俱一无有。人民不得已逃过唠唠②，及公班衙兵到唠唠，刘阿生又使他人子杨阿现等，统带数人，尽行放火烧去埔头店铺、米谷、银钱、货物，俱一赤地千里。人民皆被刘阿生招去东万律地方居住。公班衙鹿邑、唠唠及各处仅存地坭③，空空无人。公班衙故出示招人，郑宏亦即命曾耳、房丙、刘解去东万律等处招回人民。孰知刘阿生心怀奸诈，阳奉公班衙之告示，阴惧人民复走，故屡屡恶人在唠唠岗半路拦抢回人货物，阻人勿回。后公班衙作

---

① 呵吻，荷语首席长官（overste）的客家话对音，此人时任荷属东印度殖民政府驻坤甸的军事长官，名为"Andrisan"，中校，中文文献多译作安德里山，也有人译作安德烈森。
② 唠唠，今拉腊。
③ 地坭，客家话，泛指土地。

主，不敢复阻，但恶人俱一被他隐藏。后呵吻恩其离山①知此消息，喊刘阿生到去，当面发怒，随即乘夜使船回去，捉出<u>林三按</u>、<u>黄金肴</u>、<u>杨八</u>等数人，而<u>廖二龙</u>仍被藏过。故和 1855 年，唐乙卯年，复又狡谋<u>义兴兰芳</u>、<u>三点</u>公司结寨，拜会<u>丹员</u>地方。幸甲必丹同郑宏□□②过去，捉得贼首数人。<u>廖二龙</u>复回<u>东万律</u>隐藏，其事遂止。及和 1856 年，即唐丙辰，<u>刘阿生</u>又与他同姓<u>刘聪</u>狡谋串同砂唠画三点及<u>炉末</u>③公司谋反，由<u>炉末</u>起手，乘势由<u>唠唠</u>至<u>鹿邑</u>。幸得<u>刘聪</u>受死，所以仅<u>炉末</u>受害。此事件件皆有实迹，并有证佐。及今公班衙<u>鹿邑</u>管下各处地方，人民稀少，穷苦致（至）极，立脚不能，皆由<u>刘阿生</u>心地奸诈，狡谋故害，连反五次，受害数年之过。其<u>刘阿生</u>所为如此，总惊公班衙<u>鹿邑</u>地方闹热多人④，<u>东万律</u>附近公班衙势必取来，而着人掌管也。故所以千万算计，谋冷⑤<u>鹿邑</u>地方，庶可以保全其<u>东万律</u>也。

（笔者代拟题和标点注释，下划线依照原文）

举报者主要指控刘阿生有五次反荷行为：一是 1853 年公班衙（荷属东印度殖民政府）接管昔邦（三条沟公司已迁走），接着对打唠鹿进行经济封锁，准备围剿大港公司。而刘阿生却暗中与大港公司串联，供给一切粮食器用，破坏了荷兰人的围剿战略。二是 1884 年，打唠鹿被荷军攻破后占领，大港公司一批人员逃至东万律，在刘阿生资助下重新组织抗荷队伍，夜袭打唠鹿上屋、下屋的公班衙营地，失败后放火烧毁鹿邑（即打唠鹿）店铺、货物、银钱和米谷，使大批人民无家可归而逃至拉腊。三是公班衙派兵占领拉腊之后，刘阿生又派手下人到拉腊进行破坏，放火烧毁店铺、货物和钱粮，造成拉腊一带赤地千里，人民被刘阿生招去东万律居住。后来公班衙出告示招人返回拉腊和鹿邑定居，又遭到刘阿生派人半路阻拦，并且藏匿公班衙通缉的逃犯。四是 1855 年刘阿生策划以"义兴兰芳"之名，串通沙捞越三点公司，在丹员（地名）结寨反荷，后来被甲必丹派人抓获首领，廖二龙仍被刘阿生藏匿。五是 1856 年刘阿生与刘聪联合，起兵攻打芦末，想乘势由拉腊攻入打唠鹿，后因刘聪死亡而罢兵。举报人说以上这五次反荷行动

---

① 此处恩其里山，即为前文所指之荷兰中校安德里山，发音和写法稍有不同。
② 此处有两个字无法分辨，识读用□表示。
③ 炉末（Loemoe），又称芦末。
④ 总惊，客家话，唯恐之意。中闹热，客家话，指热闹、繁华之意。
⑤ 谋冷，福佬话，指蓄意冷落。

有证有据，并且指控刘阿生的意图是破坏打唠鹿和拉腊地区的生存条件，使人民不能居住，而达到保全东万律兰芳公司的目的。

上述指控涉及许多重大历史事件，由于暂未发现其他史料可作旁证，笔者不能贸然判断其事实真相。假如上述指控有一项可以成立，那么刘阿生就可以成为西婆罗洲历史上的一位反荷斗士。假如五项指控都能成立，刘阿生简直是一位抗荷保土的华人民族英雄。在1853年前后的"公司战争"期间，刘阿生的政治态度主要是保持中立和观望，最后在局势明朗时才采取与荷兰人合作的策略，其目的是让兰芳公司人民获取最大利益。当然也不排除他会默许或者暗中主导支持大港公司和其他华人公司的反荷行动。刘阿生之女刘葵英后来嫁给苏门答腊富商张煜南为妾，她的侄女张福英在《娘惹的回忆》中也说过："刘玛腰（刘阿生）……是坤甸华人首领，他曾经试图联络荷属殖民地的华人首领，为保卫他们的领地而与荷兰人对抗。"句中也提到刘阿生曾联络其他华人公司首领共同抵抗荷兰人。但以当时荷兰军队的绝对优势和华人公司之间复杂的内斗关系，刘阿生似不可能如举报信所言采取大张旗鼓地公开反荷行动。当时荷属东印度殖民政府驻坤甸当局收到这份举报信后，并没有对刘阿生加以惩罚，相反还一直对刘阿生信任有加，其原因之一可能是这五项指控的水分太多而且证据不足，就连荷兰人也不相信。二可能是刘阿生的手法非常高超和隐秘，做了这么多大张旗鼓的反荷举动却没有给荷兰人抓到把柄。荷兰学者高延在《东万律的刘阿生》中也认为："1853年之后我对东万律的华人进行了细致的观察，那里的华人可能直接或者间接地给大港公司提供了帮助，但我找不到这种怀疑的确凿证据（时任驻坤甸专员安德里山的回忆）。"而荷兰人一再提到刘阿生的智慧和政治远见："他认为凭借公司的力量无法与荷印殖民当局对抗。他这样做不是出于对殖民者的同情，而是为了保全数万华人的生命。"笔者相信，随着学术界对西婆罗洲华人公司历史研究的不断深入，很可能会发现有新的史料可以证明上述指控是否真实。不管最后事实究竟如何，兰芳公司有这位冷静智慧、具有政治远见的首领，最终保护了数万华人避免遭受1853年前后的战火荼毒，刘阿生可谓功不可没。

笔者认为，刘阿生于1849年担任兰芳公司甲太，而兰芳公司早在刘台二执政时期（1822）已经沦为荷印殖民政府的附庸。假如要追究兰芳公司如何由罗芳伯创建的独立民主政权蜕变为荷印殖民政府附庸的政治责任，也应当由刘台二承担，而不是由刘阿生承担。进一步探讨，刘台二当时采取与荷兰人妥协的策略，是出于对荷兰军队武装力量和兰芳公司兵力悬殊的清醒认识和充分评估，也可能是让兰芳公司华人获得最大利益的选择。处在 19 世纪后期中国积贫积弱之际，英国人的军舰用几阵炮火就轰开了中国沿海的门户，貌似强大的堂堂大清帝国都抵挡不住数千英军的进攻，更遑论处在西婆罗洲的一群农民武装。彼时，祖国根本无力支持和保护华人在海外异邦的利益。以西婆罗洲十几个华人公司落后的民间武装与荷兰帝国的坚船利炮相搏，以手持刀剑火铳的农民与全副现代装备的荷兰正规部队作战，华人公司的胜算真是微乎其微。事实上除了兰芳公司的领导人稍微具有政治智慧和远见，懂得调整策略与荷兰人周旋之外，大港公司及其他十几个华人公司的首领都不是有见识者。他们曾经结盟，却又内斗内耗排除异己，企图一家独大，最终四分五裂而被荷兰人一个个消灭。大港公司不顾自己微薄的实力与荷兰军队硬拼，得到的是鸡蛋碰石头的结局。大港公司华人群众的保土抗荷情绪和保卫家园的要求是正义的，但领导人采取的策略和行动造成了人民群众生命财产的巨大损失，也严重阻滞了当地社会的发展，因而不值得肯定。

刘阿生担任的甲太职位，是由荷印殖民政府授予的，站在荷兰人的立场而论，他一开头就是荷印殖民政府任命的官员，他的行为必须对荷属东印度殖民政府负责。而荷印殖民政府为了维持社会稳定，制止暴乱发生、推行治安管理也具有积极意义。站在兰芳公司华人群众的立场，能够在稳定的社会环境中安居乐业、繁衍生息，就是人民群众的最高利益。刘阿生在六年的公司战争中先是保持中立观望，后期看到局势明朗才与荷兰人合作，有政治人物的精明之处。即使接到荷兰人命令后带人去不离居拦截大港民兵，将他们缴械并擒其首领交给公班衙，他也没有对那些败兵进行杀戮或虐待，而是救助和安置他们，送他们返回打唠鹿、帮他们重建家园，不愿返回的则帮助他们在万那定居，这也是刘阿生的人道精神和战略眼光的体现。因此，刘阿生执政三十年间所做的一切，并非如林凤超等中国学者所言是汉奸行为、卖国行为或者贪渎行为，相反是一种负责任的勤政爱民行为。中外学术界应当进一步深入研究，用事实还原历史真相，推翻强加在这位末代甲太头上的不实之词。刘阿生对西婆罗洲的社会进步和海外华人的生存发展做出了巨大的贡献，在当地社会发展和华人的海外开拓历史上都应该占有一席之地，他的事迹也值得后人记载和肯定。

八、风烛之光：华邦的消亡

刘阿生病死，引发抗荷风暴

1885 年，时任荷兰莱顿大学教授的施好古（Gustaf Schlegel）出版了法文版著作《婆罗洲的华人公司》，书中对刘阿生的去世而引起的东万律华人暴动事件有一段记载：

> 1884 年 11 月，爪哇各报都刊载了一则消息，说荷兰派驻西婆罗洲东万律华人区的一位县官被当地华人杀害了，这使荷兰当局和新闻界大为震惊。《爪哇时报》(*Javasche Courant*)——荷属东印度殖民政府的机关报——此前曾报道，说东万律兰芳公司的管理权已于 1884 年 10 月 3 日隆重移交给荷属东印度殖民政府了，并且说荷属东印度殖民政府派出的县官利兹克（J. C. Rijk）也已在东万律就任，并未遭到华人方面的任何抵抗。但几天后又说驻坤甸的荷兰专员接到一个消息，说派去东万律的县官利兹克和四五名土著宪兵已于 10 月 23 日被华人残杀了。于是荷属东印度殖民政府立即派出一位军事首长，带领几位荷兰官员和五十来名士兵组成一支军事侦察队，赶赴东万律了解情况。但他们所能证实的，也只是暴动的规模相当宏大，整个东万律地区已卷入抗荷运动而已……
>
> （事情起因是）1884 年 9 月中旬，东万律兰芳公司甲太刘阿生病故，荷属东印度殖民政府便于次月三日（以护送刘阿生灵柩为名）派兵前往东万律接管该地的政务，这个突然的举动就像一阵冷风似的吹遍整个华人区。我们应该指出，因为那边的中国居民对荷属东印度殖民政府与公司负责人之间所订的密约是一无所知的。他们的最大财产——自治权和村社自由都被这一举动所侵害了。再加上我们在接管时那种草率、鲁莽和匆促的工作方法，更增

加了人民的不满。于是暴动发生了，工事构筑起来了，两位荷兰县官被杀害了……

一个加强师（两千余人）从爪哇调来了，军事管制代替了行政机构，许多毫无抵抗的中国村社人民被放任与野蛮的达雅人劫掠，人民运动终于被淹没在血泊中了。这个被剥夺独立自治权的地区，也和一切被吞并后的华人区一样，完全解体了。它的和平秩序可能要好几年才能恢复。

刘阿生去世后荷兰人乘机接管了东万律，兰芳公司的群众起来反抗，荷军派兵镇压，兰芳公司灭亡。

中文史料也有相应的记载，据林凤超《坤甸历史》称，光绪十年（1884）八月初，兰芳公司甲太刘阿生因事到坤甸，住在新埠头兰芳公馆，数日后染病身亡。荷属东印度殖民政府驻坤甸官员很快获知情况，立即派人协助处理后事。数日后荷印殖民政府驻坤甸专员加达亲率十几位全副武装的士兵，护送刘阿生灵柩返回东万律。随行还有一位名叫利兹克的荷兰人，他是准备接任东万律地方管理权的关都力。荷兰官员和士兵到达东万律后拒绝按华人的治丧传统停灵于总厅，而将刘阿生灵柩放在附近的关帝庙内。士兵们占据并住进兰芳公司总厅，搬开罗芳伯的神位，拆掉总厅门前的旗杆，撕烂公司的旗帜。专员加达命令刘阿生家属交出兰芳公司印章和文书，又对众人宣布荷属东印度殖民政府正式接管兰芳公司，兰芳公司所辖地域全部归公班衙统一管辖，今后不得再选举新领导人。加达又向众人介绍了新任命的东万律关都力利兹克。据荷属东印度殖民政府报纸记载，那天是1884年10月3日（农历八月十五），后来学者将这一日定为兰芳公司的末日。

由于西婆罗洲的其他十几个华人公司早已在三十年前（1854）的"公司战争"中被荷兰军队消灭，兰芳公司是当时唯一被荷印殖民政府允许保留的华人政权。荷兰学者的说法为："那是由于兰芳公司在战事一开始时就站在我们这方面，因而为了酬答他们的协助，我们政府就允许他们把独立权保持至他们的首领刘阿生（即刘寿山）死亡为止。"在荷兰人看来，现在刘阿生已经去世，兰芳公司的管治当然应该结束。兰芳公司的群众由于忙于为首领刘阿生治丧，对于荷兰官员的宣布似乎并没有反对，东万律地方看起来风平浪静。数日后荷兰专员加达带着几名士兵返回坤甸，只留下新任关都力利兹克和四五名士兵留在总厅。

其实当时的东万律并非风平浪静，刘阿生在坤甸突然暴病去世，华人群众已怀疑有人下毒。接着又发生荷兰人派兵占领兰芳公司总厅等一系列事件，这些早已引起了许多华人群众的猜疑和抵制，一场反抗荷兰军队占领总厅的群众运动悄悄地酝酿发酵。兰芳公司的骨干分子暗中联络，几日内已有数千人响应。10月23日，以监生①梁路义为首的一群东万律群众突然冲入总厅，混乱中荷兰关都力利兹克和几名士兵被愤怒的华人杀死。梁路义宣布收复总厅，叫人重新树起兰芳公司旗帜。这一消息很快传到坤甸和巴达维亚，荷属东印度殖民政府闻讯大惊，迅速做出相应措施对付"暴乱"。荷属东印度殖民政府和欧洲媒体都将华人的这次反抗称之为"东万律事件"。

对于这次反抗荷兰殖民当局的暴动华文史料没有留下及时的记载。比较接近事发时间的记载在林凤超的《坤甸历史》（1912）中：

> 是年八月初旬，刘生②至坤甸，沾疾数日而卒……荷官缎思粦③，名加挞者……于甲申八月中旬，送刘生之柩至东万律，不许停柩大厅，迫移入关帝庙，而大厅国务院竟被荷人驻兵矣。尔时，将厅前桅杆锯断，国旗扯碎，又迫刘氏交出印信，不得再行公举总长。至九月初四日，激成战争……杀荷人无数。时有梁路义者，率众与敌人战，连年败之……战至丙戌，路义不敌……后多汉奸，军火不继，路义知大势已去，众寡不敌，遂逃之吉隆坡。自路义去后，无人敢抗，而东万律遂为荷人并吞矣。

据笔者查考万年历，1884年乃光绪十年，公历10月3日恰为阴历八月十五，九月初四为公历10月22日，林凤超所记与荷兰学者施好古文中所言基本吻合。

另一份史料是罗香林在《西婆罗洲罗芳伯等所建共和国考》书中的注释："宋子屏与张尚仁④书，亦谓：……后传至刘寿山甲太，甲申年在坤甸寿终，葬东万律。荷政府名为送刘寿山甲太还山，即放文武官员及兵，亲到兰芳总厅，兵亦驻此。后由坤甸缎里思粦，放一名官都力为管辖地方。又将关老爷出火⑤，该兰

---

① 监生，清代国子监生员的简称。严格来说州县儒学考试合格的生员（贡生）到京城国子监读书的才可称为监生。但清末科举制度腐败，多以纳捐方式取得监生虚名，监生并非国子监就读的生员。
② 刘生，即刘阿生。有些华文资料写作刘星（嘉应州客家话星字与生字同音）。
③ 里思粦，即荷语"Résident"，意为专员，此人名叫"Kater"。
④ 张尚仁，台山人，巴拿马华侨，20世纪著名旅行家。
⑤ 出火，指挪动神像。荷兰人将关帝庙里的神位移动，这是当地华人相当忌讳的大不敬行为。

芳公司桅杆拆去，接木一杆，即升荷兰旗帜。及通山人民不忍，梁露二（路义）演说，要同盟各负责任，恢复故土。至甲申阴历九月初五日上午八句①钟，光复回总厅，并杀官都力……"

宋子屏是兰芳公司第四任领导人宋插伯的后裔，居坤甸经商，粗通汉文。可能曾经亲历东万律事件，所言比较可靠。上述这三份史料来源较为可信，百年来有许多知名学者著文言及"东万律事件"，几乎都是引用上述三份史料的说法而已，在此不必赘述。

上述荷兰官员和士兵砍断兰芳公司旗杆、移动关老爷神位、毁坏总厅罗芳伯神主等行为，严重伤害了东万律华人的自尊和信仰，必然激起民愤。但由于刘阿生的灵柩刚运回东万律，可以想象当时兰芳公司群众虽然对刘阿生突然身故和他生前与荷兰人签有合约一事感到可疑，但本着"逝者为先"的原则，群众首先考虑为首领治丧，而对于荷兰人的命令不曾反抗。两三天后局势仍然平静，加达带领部分士兵离开东万律返回坤甸，利兹克和四五个土著宪兵仍然留在兰芳公司总厅。数日后《爪哇日报》登载消息——东万律政权已于10月3日和平交接。

东万律华人反抗荷军占领

荷军占据兰芳公司总厅和砍旗、辱神、毁牌的消息迅速传遍东万律各个村庄，群众的反荷情绪暴涨。刘阿生突然病逝及其生前与荷兰人订有密约的疑团也开始在兰芳公司华人中发酵。据上文宋子屏于1924年1月26日的口述，刘阿生治丧期间有激进分子发动抗荷，群众情绪激愤，三日之内已有数千人拜盟响应，合谋起事。酝酿十余日后事件终于爆发，九月初五（即公历10月23日），盟主梁路义带领人马来到总厅，将荷兰关都力利兹克及四五名土著宪兵杀死，夺回总厅。宋子屏的证言非常翔实："梁路义叫众人保持冷静，有人忍耐不住而开枪打伤关都力，曾荣添以刀杀之。"

但据林凤超在《坤甸历史》中所言，上述事件发生在前一日即九月初四（公历10月22日）。九月初五（10月23日）还发生了另一桩事件：

初，万帝隆之关都力（荷官），用汉奸林弼唐言（弼唐后升玛腰），侦得虚实，知东万律全无战备，故率队深入。不意被唐人小子戴月兰、邱耀郎、

---

① 八句钟，八点钟。

赖有传,三人游猎,开鸟枪击毙。闻当日荷兵,见有无数人马,不敢恋战,相惊而遁,仅击毙关都力一人。时甲申九月初五日事也。现坤甸商会侧之纪念塔,即万帝隆关都力藏骨之所,其名未详,有碑记可考。

林凤超说的事件,似乎与前文施好古所言相吻合:"(荷属东印度殖民政府接报)于是立即由府尹、军事首长、几位官员和五十来名士兵组成一支军事侦察队,赶赴东万律了解情况。"看来,这支侦察队不巧碰上了正在树林里打猎的三个华人少年,一名官员(关都力)被他们开枪打死。

《荷属东印度概览》插图:1885年殉职县长纪念塔

万帝隆(Mentidung,又称望地龙)是地名,在东万律以西靠近松柏港一带,不属兰芳公司所辖。此次侦察队来东万律的引路者,正是这个地方的行政官员。可能他走在队伍最前头,因而首先中枪身亡。在这里,林凤超特别指明,这位关都力的墓塔在坤甸商会侧边,名字尚可从墓碑上考证。另据刘焕然《荷属东印度概览》第四篇第六节云:"府尹公署,则濒河北面,府前僻一公园,殊见庄严,风景尤佳。"文下则附图一幅,注曰:"一八八五①年因兰芳公司事殉职之县长纪念塔。"由此可知,林、刘二人文中所称之殉职县长(即被华人少年鸟枪打死的万帝隆关都力)纪念塔,应在坤甸市区(老埠头)原荷印殖民政府专员公署门口的花园内。2014年4月,笔者曾按此线索亲自到坤甸市区寻访,可惜近百年来几经沧桑变迁,该墓塔已不见踪影,目前也无人知其下落。

---

① 原注如此,可能是作者笔误。据各家史料所载事件发生时间应为1884年。

据陈达在《浪迹十年》中所言，东万律总厅遗址附近有一座西人坟场。在马来西亚学者罗启光博士指引下，2018年3月24日笔者亲临该地考察，发现荒草丛中确有西式坟墓两座，一座是"东万律战争阵亡者纪念碑"，另一座是被兰芳公司群众杀死的荷兰官员利兹克（东万律关都力）之墓（见照片）。

荷兰官员利兹克之墓碑　　　　　　　东万律战争阵亡者纪念碑

荷文碑文：
　　　　Hier Rest
　　　　J. C. Ryk①
　　Controleur B. B. ②
　　Gevalllene te Mandor
　　　23. October 1884.
　　　　23. 10. 1934.
译：此处长眠者为地方官利兹克，1884年10月23日于东万律殉职，1934年10月23日立。

荷文碑文：
　　　　AAN DE
　　　GEVALLENEN
　IN DENSTRIJO TEGEN
　　MANDOR 1884—1885
译：向1884—1885年东万律战争阵亡者致敬。

---

① 笔者细察碑文中墓主名字，确为荷文"J. C. Ryk"无疑。显然与施好古文中所记之"J. C. Rijk"不同，二者必有一错。笔者为此致函荷兰莱顿大学教授包乐史（"J. L. Blusse"，现已退休），他回复认为正确的名字拼法应该是"J. C. Rijk"，而"J. C. Ryk"可能是后人刻碑时出错。
② 右图碑文第二行之"Controleur B. B."据包乐史教授回复，"B. B."是荷兰文"Binnenlands Bestuur"（政府内部管理）的缩写。"Controleur B. B."指地方行政官员。

东万律事件中有两位荷兰官员被杀的细节也可以从荷兰方面的史料中找到证据。施好古法文版《婆罗洲的华人公司》称：

> （事情起因是）1884年9月中旬，东万律兰芳公司甲太刘阿生病故，荷属东印度殖民政府便于次月三日（以护送刘阿生灵柩为名）派兵前往东万律接管该地的政务，这个突然的举动就像一阵冷风似的吹遍整个华人区。我们应该指出，因为那边的中国居民对荷属东印度殖民政府与公司负责人之间所订的密约是一无所知的。他们的最大财产——自治权和村社自由都被这一举动所侵害了。再加上我们在接管时那种草率、鲁莽和匆促的工作方法，更增加了人民的不满。于是暴动发生了，工事构筑起来了，两位荷兰县官被杀害了……

笔者特意复核了法文本原文，"deux contrôleurs Néerlandais furent massacrés"确实是说两个荷兰地方官员被杀死。看来除了九月初四在兰芳公司总厅被愤怒的群众杀死的新任关都力利兹克，九月初五还有另一位万帝隆关都力在东万律外围被三名华人少年用鸟枪射杀。利兹克的墓已在东万律找到，另一个万帝隆关都力之墓应该在坤甸，他的名字有待找到墓碑才能确认。

著名荷兰汉学家高延1885年也写了一篇长文《婆罗洲华人公司制度》(Het Kongsiwezen van Borneo)。在文章末尾作者也记载了东万律事件的恶果："政府宣布取消公司控制权，消息马上震动了整个地区，造成十分不安的气氛。到处设置堡垒，两个巡察员被杀，要从爪哇派一支庞大的军队来。西婆罗洲的民政要改为军政。"证实当时东万律的局势确实非常紧张，华人设置堡垒与荷军对抗，两个荷兰官员被杀死；一支从爪哇调来的军队镇压东万律华人的抵抗，并对该地区实施军事管制措施，从这些可以推知双方交战的规模不小。

以上是1884年10月3日"东万律事件"爆发的开端。兰芳公司的民众为了反抗荷兰殖民政府的统治，重新建立了武装力量，打响了守土抗荷战争的第一枪。此后数年间荷属东印度殖民政府曾多次派兵清剿，兰芳公司民兵则坚持武装斗争，双方曾多次交战，互有死伤。"刘寿山葬礼之后，（荷兰）东印度公司强行改变兰芳公司的金矿、税收、刑法案件审判权，并拆毁公司的旗杆，占据公司总部。该官员随即被兰芳公司处死，并焚毁了东印度公司派驻公司官吏的住所。公司开始组织千余人的武装准备抵抗，并囤积了足够一年用的粮食，一部分妇孺被疏散到沙捞越，当地马来族人和达雅克人都支持公司的抵抗。"（田汝康：《十八世纪末期至十九世纪末期西加里曼丹的华侨公司组织》）。千余人的武装抵抗队伍声势颇大，看来双方的战斗规模也不小。但田汝康并未说明这段史料的出处，据查田汝康20世纪40年代曾在沙捞越居住过，估计这些资料是采访沙捞越华族老人得来的。

另据荷兰学者施好古著文指出：（"东万律事件"爆发后）"一个加强师（两千余人）从爪哇调来了，军事管制代替了行政机构。"通常，一个加强师有数千兵力，笔者怀疑荷军未必投入了这么多。但笔者核查原著，该句法文为"unc forte division militaire fut envoyée de Java"，确实是说"一个加强师由爪哇调来"。有些华人学者认为当时荷属东印度殖民政府投入东万律征剿的兵力可能只有数百人。如现代学者陈达在《浪迹十年》中所引用的1924年1月26日坤甸老人宋子屏的口述："明年一月（指1884年十二月［农历］——笔者注）荷兵至，与东万律华军战于圆山，荷军败绩。爪哇亦无重兵可调，乃请苏丹作调解人。荷人后向巴达威请增援，约二百兵士由南吧哇到望地龙……丙戌年，荷兵三百自爪哇开到，由圆山分两队前进。华军守关口者以刘龙生为领袖，败荷兵。荷人请土王到东万律调停，荷兵同行，占办公厅及所藏兵器。丁亥年（1887）荷兵退至高坪，罗义伯与之分界而治。吴桂山、黄福源二汉奸引荷军围华军，分两路入山。罗义伯见会员变节带兵来犯，逃亡砂捞越①。是时与荷兵抵抗者，仅剩同盟之达雅人。四个月后（达雅）首领战死，乱平，时在戊子（1888）年。"

"东万律事件"爆发后，当地华人和达雅人组织了武装队伍抵抗荷军，这种小规模战斗坚持了两年多才结束（荷兰官方竖立的纪念碑记载为两年）。特别值得一提的是这次守土抗荷之战，坚持到最后的竟然是兰芳公司辖下的达雅族群众，他们的首领直至战死都未向荷兰人屈服。

1888年后局势趋于平静，大批荷军占领东万律并实行了数年的军事管制。据说带头抗荷的领导人如梁路义、李玉昌等逃亡吉隆坡，罗义伯及许多华人妇孺逃亡沙捞越。最终，荷印殖民政府控制了东万律地区，兰芳公司彻底灭亡。战争期间双方人员各有死伤，笔者在东万律看到的"东万律战争阵亡者纪念碑"就是很好的证据。

以上是1884年"东万律事件"及其余波的大致经过。

---

① 即沙捞越。

第三章
华人公司的政权与治理

一、最初的"公司"是什么？

　　18世纪欧洲人在东南亚建立殖民地的过程中，首次接触到当地中国人的社会组织——"Kongsi"（公司）。在爪哇、苏门答腊、婆罗洲、马来半岛和菲律宾，几乎所有侨居当地的中国人都有一个这样的组织。最初欧洲人以为它是一个宗教组织或福利团体，没有人去了解和研究它。直至1816年荷兰人重返西婆罗洲，打算推行殖民统治之时，才发现中国人的"Kongsi"并不只是一个宗教组织这么简单。荷兰官员和学者花了很多精力去了解和研究它，军事指挥官安德里山认为它是一个"邪教组织"；学者范·瑞斯认为他是一个民间"会党"；有人说它是一个从事开矿的商业机构；有人说它是流寇的江湖山寨组织；也有人说它是中国传统宗教——道教的分支。而身兼官员和学者两大身份的高延则通过在中国的调查考察后认为，西婆罗洲华人公司的源头是华南地区的乡村自治模式，它的性质不是宗教团体，也不是单纯的商业机构，更像是一个卓有效率的社会组织，甚至是一个严密的政权组织。在现代社会，中国人普遍认为公司就是商业组织，虽然有内部的管理机构和规章制度，但它最终目的是牟利和发展，与政治机构或政权组织相去甚远。为了让国内读者更好地了解18世纪中国人在海外建立的公司，这些公司建立的原因以及它们的功能和性质，以下笔者对汉语"公司"的词义以及它的名称溯源作一些介绍。

公司与宗族组织

现代汉语里的"公司"（一般对应英语"Company"）一词已被广泛应用，其含义几乎人人知晓，就是指以营利为目的之经济组织。殊不知在 18 世纪之前，中文里最初出现的"公司"二字，并非指从事商贸的经济组织，而是一个具有综合管理职能的社会组织。有中国学者研究认为，"公司"一词最早出现在 17 世纪的福建沿海农村，是一个带有宗族性质的民间组织，后来被海上走私贸易集团采用。研究东亚海上交通史的美国布兰代斯大学历史系副教授杭行博士曾表示，明末清初福建郑芝龙家族的海上走私集团，就是以"公司"的名称和组织形式开展贸易活动的。荷兰学者高延也曾于 1885 年后亲自到福建和粤东农村进行了为期四年的社会调查，他发现客家人和福佬人居住的乡村都有一种特殊的村社管理制度，这个制度具有民主自治政体的雏形，与后来华人在西婆罗洲建立的"公司"有相同之处。

据笔者自小在家乡梅县成长的背景和撰写《罗芳伯及东万律兰芳政权研究》时在粤东各地的调查，早在明清甚至更早的宋元时期，程乡县（清雍正十一年改称嘉应州，今梅州）和邻近客家地区就有了管理宗族资产的民间组织——"公尝"。它的名称通常冠以祖宗的名字，例如笔者家族的开基祖韦志富，则称为"志富公尝"。其成员是由这位祖宗传下的全体子孙；它的议事厅也是祭祀祖宗的场所，称为"公祠"，客家话口语称为"厅下"（Tanghah）。厅下的正面设有神龛，供奉开基祖考妣的神位，岁时须依礼祭祀。厅正中设有条桌和座椅，为族中大事的会议场所；它的资产一般是这位祖宗的遗产或由子孙筹钱购置的田产，被称为"蒸尝"，口语也称作"公尝田""公尝山"或"公尝铺"，此外还有祠堂的祭祀器具和宗族祭祀基金、储备粮仓等。它的管理者是由裔孙推举的"理事"，也称族长，一般都由成员中的长辈或德高望重者担任，理事年老不能胜任时通常由裔孙推选新理事接替。理事的职责主要是管理公尝财产（收租、储巢仓谷等）、组织每年春秋祭墓和除夕祠堂祭祖等宗族活动，他手下有一名或几名助手负责具体事务。有些较大的村社"公尝"甚至开办族塾或学校，培养子弟读书做官。有的组织拳馆、武馆，太平时期习武强身健体，乱世则购买武器训练民壮（旧时被征募服役的壮丁），遇到与邻村发生利益纠纷或遭遇外敌侵入时，便动员民壮进行群殴或武装自卫。遇到本姓群众有偷盗、通奸、侵占等案件时，族长可以召集父老在祠堂里办案，对犯错者处以刑罚。据笔者调查，嘉应州邻近的福建厦门、漳州、龙岩和粤东的潮州、揭阳等福佬人居住地区，揭西、紫金和惠阳地区也普遍存在这种"公尝"组织。看来高延在实地调查后撰文所指的村社自治管理制度，就是指这种宗族管理组织。

据笔者在印尼雅加达、万隆、泗水和马来西亚吉隆坡、槟城、马六甲等地的调查，18世纪初或更早时期由福建、粤东地区移居南洋谋生的华人，在海外异邦之地经营多年，渐渐以原籍地域或同姓者聚集结社，这个社团的名字就是"公司"，在英属殖民地的英文语境里被写作"Kongsi"，而不是"Company"。这些公司一般都以成员捐款或摊派、经营产业等形式筹集资金，甚至有些公司创立钱庄、汇兑庄（银行），吸收成员资金（有付利息），用于兴建活动场所、祠堂、寺庙、义山（墓园）、武馆、学校等福利设施。有些公司还设置耆绅长老，调解成员纠纷，甚至拥有部分司法功能（以鞭刑、杖刑、拘禁、劳役等手段惩戒盗窃、通奸、诈骗、斗殴和背叛等过错）。笔者亲自访问过位于马来西亚槟城乔治市缎罗申街的邱公司（Khoo Kongsi），它是由清代祖籍福建漳州海澄县新江社（今属厦门市沧海区）的邱姓乡亲于1835年创立，初期除了具备上述功能之外还筹款修建了一座富丽堂皇的祠堂，名叫龙山堂。时至今日邱公司仍然存在，依旧在当地华人社会发挥其大部分职能。除此之外，附近的干冬街、社尾街一带还有槟城谢、杨、林、陈等姓氏的公司，其功能和规模都与邱公司不相上下。

现存荷兰文及中文史料记载，18世纪中后期西婆罗洲的华人公司不是以姓氏宗族来组织，而是由原居地域相同的各姓氏华人组成的，其功能和组织形式与上述槟城邱公司相似。这些华人公司除了合股经营矿山之外，还具有维持社会秩序、惩戒犯罪、收税、边境管理甚至武装自卫的功能。笔者访问过一些南洋长者，他们认为海外华人公司的早期功能与故乡的"公祠"相似，但比起故乡公祠偏重祭祀祖先的功能，海外华人更加注重的是保护侨居地人民的安全和谋求公共福利，因而把公祠的祠字去掉含有祭祀意义的礼字旁，成为"公司"。从汉语词义的角度理解，"公"就是公众，"司"就是执行，公司就是公共事务的管理。罗芳伯在西婆罗洲创立的东万律兰芳公司，也是一个仿照故乡的宗族组织——"公祠"而设立的各姓氏共同自治团体，成员多为来自嘉应州和邻近大埔、永定等地的客家人。据到过兰芳公司总厅考察的荷兰学者记载，公司的祭祀、议事和办公场所都在总厅，总厅的正面神龛供奉的是本埠开基者——大伯公之神位。公司领导人在开会议事和决策时，全程都在大伯公的注视下进行。这样会使他们觉得与公司的创始人始终未曾分离，从而获得更大的信心（高延语）。笔者查看荷兰人1822年绘制的兰芳公司总厅平面图，发现它的形制与粤东客家地区的"厅下"完全相同。由此可以推知，这些客家人把故乡的"厅下"和公祠的管理模式带到海外，建立和发展了一套与当地社会和经济活动相适应的自治管理模式——公司（Kongsi）。可以说西婆罗洲华人公司是福建和粤东沿海地区"公祠"文化的"海外版"。

《东印度公司对华贸易编年史》记载，西方最早建立股份制商业组织的是荷兰人，1602年他们以"Vereenigde Oostindische Compagnie"（东印度联合体）的名义进军东方，推行武力保护下的垄断贸易。1604年8月荷兰人的船队抵达澎湖，遭到中国明朝水师战船的驱赶而离开。1622年荷兰人再次进入澎湖，不久又被中国战船赶走。1624年荷兰人退据"台湾"，在台南筑城固守三十余年，直至1662年被郑成功赶走。在此期间荷兰人以"台湾"为据点开展对日本、朝鲜、菲律宾和爪哇等地的贸易活动。他们与中国沿海的贸易活动则与福建郑芝龙的海上走私集团（武装商业船队）互相勾结，后者的船队规模多达上千艘，以"公司"的名义和荷兰人进行货物贸易。此时的荷兰"Vereenigde Oostindische Compagnie"，被海上华人称作"公班衙"（荷兰文"Compagnie"的客家话音译）。"公班衙"的原意为合伙人，但从汉语字面上看很明显具有"公营"甚至官府衙门的含义。请读者注意，在西方人意识中"合伙经营"的私营商业组织，由于有了本国政府强大的武力支持，在华人眼中已变成具有官府性质的"公班衙"。而与之对应的华人武装商业船队"公司"，在汉语词义和华人心目中也有"公营"和"管治"的含义。据此可以认为，"公司"一词被用于商业名称，是从明清时期在东南沿海与外商贸易过程中开始的。后来"公司"之名被移居马来半岛和南洋群岛的华人用于同姓或同一地域人群组成的自治团体。令人意想不到的是后来这个荷兰的合伙人商业组织"Vereenigde Oostindische Compagnie"，也被华人转译而冠以"公司"之名，译作"荷兰东印度公司"。19世纪英国人步荷兰人的后尘来到亚洲和中国进行贸易，他们的商业组织"Company"（同伴、合伙人）也被华人冠以"公司"之名。读者请注意，同一时期中国国内的商业机构名称尚未出现"公司"二字。就在海外中国人纷纷建立公司保障自身利益时，荷兰人的商业组织"Compagnie"和英国人的贸易组织"Company"也进入亚洲。海外中国人把自己的帽子"公司"套用到欧洲人的头上，把他们的合伙企业也称作"东印度公司"。这顶帽子一直戴到今天已经成为国际流行款式，以至于许多中国人误以为它是洋货。

清代道光年间（1821年后），著名学者魏源在其著作《海国图志·筹海篇》中向中国人介绍了英国人来华贸易的公司组织："西洋互市广东者十余国，皆散商无公司，惟英吉利有之。公司者，数十商辏资营运，出则通力合作，归则计本均分，其局大而联。"这是中国近代最先将西方合伙经营的商业组织"Company"称为"公司"的文字。据笔者进一步查考，中文"公司"在中国被广泛用于指代商业组织，是20世纪初才出现的事。在20世纪之前，中国商家的字号招牌一般以某某字号后面加上"记、店、庄、号、铺、园、栈、行"等较为常见，"公司"之名则未见。笔者为此专门查考了《红楼梦》《儒林外史》《浮生六记》《蜃楼志》等清代乾嘉道时期描写世俗生活的文学作品，书中所涉及的商贸行当也几乎都是上述称呼，而未见"公司"二字。由此可以认为，我们今天司空见惯的中文"公司"一词，最初并非用于商业组织。18世纪中后期西婆罗洲的华人公司，也不是单纯意义上的商业组织，而是延续闽粤沿海地区农村宗族或村社管理模式的社会组织。当代中国人不甚了解"公司"一词的过往历史，往往一见"公司"二字，立即认为这是商业组织，因而对西婆罗洲华人公司是自治政权的说法抵触很大。因此笔者提醒读者，二百年前的"公司"（Kongsi，公共事务管理）与现代的公司（Company，合伙经营）不是同一个概念，不要以当今的公司性质来看待两百年前西婆罗洲的华人公司。

二、两级政权：从总厅到副厅

兰芳公司的政权架构

鉴于东万律兰芳公司留下的文字史料较为完善，本书先从兰芳公司的行政、司法和防务机构设置入手，进而研究其他华人公司的政权架构。笔者梳理国内外学者的观点，发现林凤超、余澜馨、罗香林等学者都认为，兰芳公司的政权架构分为中央、省（郡）和县三级，即东万律总厅为中央政府驻地，沙拉蛮副厅、坤甸新埠头副厅为省级政府驻地，其余昆日、南吧哇、淡水港、万诸居、万那和八阁亭为县级政府驻地。但笔者认为，东万律兰芳政权的管理架构，实际上没有这么完善，大致上是两级政府加乡村自治的形式。

叶祥云手抄的《兰芳公司历代年册》记载："是时本厅举一副头人，本埠头亦举一副头人，并尾哥老大，以帮理公事。其余各处，亦有举副头人、尾哥、老大以分理公事。各副头人有饷务可收，惟尾哥、老大，以得举者为荣，无言俸禄之事焉""兰芳公司自罗太哥传位至江戊伯、阙四伯、宋插伯，俱称太哥。传至刘台二时，始有公班衙来理此州府，封甲必丹南蟒刘台二为兰芳公司甲太大总制。于是本厅副头人，本埠副头人俱请封为甲必丹。后开万那，设公馆，举一甲必丹。而新港、佇喃、沙拉蛮、喃吧哇、八阁亭、淡水港、坤甸新埠头①等处，俱设公馆，俱举甲必丹。"

细读上文，可知兰芳政权的中央机关是东万律总厅，首领被称作大哥；本厅选举一副头人，被称作二哥，是为大哥的贴身副手。另据其他中文史料记载，兰芳公司还设有财库（财物管理）、先生（文秘）、采办（采购）、军师（参谋）、先锋（战时职务）等职务，分管下属各副厅及总厅内外事务。本埠头（即东万律镇）亦举一副头人（二哥），主管本地民政事务。其余各处，应是指下属新港、佇喃、沙拉蛮、南吧哇、八阁亭、淡水港、坤甸新埠头和后期开发的万诸居、万那等九处，亦有选举副头人（二哥），管理属地民政事务。以上两级政府的驻地和官职名称都记载得很清楚，并无中间"省、郡"一级的政权设置。至于下属各处副厅所管辖的乡村地方，则采取村民自治的方式，各村设不拿报酬的"尾哥"（不脱产基层干部）和"老大"（德高望重的长者）来协助管理行政事务。因此笔者认为，兰芳政权的管治架构，应该定性为两级政府加乡村自治为宜。

另外，林凤超在《坤甸历史》中对兰芳政权的司法体系也说得很清楚："按兰芳大厅旁，有关帝庙一所，亦当日京都总裁判厅也……兰芳裁判厅五所：（一）万那，（二）万诸居，（三）淡水港，（四）八阁亭，（五）新埠头。"也就

---

① 今印尼华人将喃吧哇写作南吧哇，将新埔头写作新埠头。

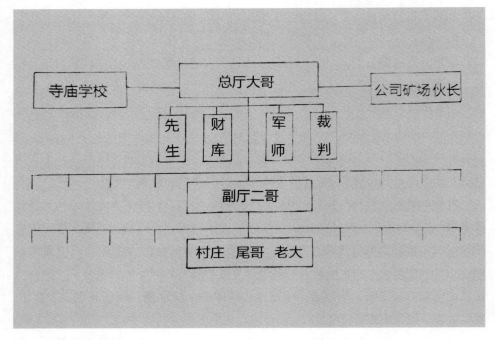

兰芳公司政权机构设置图

是说，兰芳政权的司法机关分为中央和地方两级，与行政机构的设置基本相互对应。司法机关设在关帝庙，说明西婆罗洲华人沿袭中国社会千年以来的习惯，以关羽的"忠义"精神作为公平正义和明辨是非、惩恶扬善的楷模。相信许多读者都从影视作品中见过，1997年香港回归之前的差馆（警察局）也是以"关二哥"为崇拜对象，警察们都要像关羽一样有忠心义胆，并以此维护社会治安，保护市民群众。不过笔者发现，兰芳公司虽然在关帝庙设置了裁判所，但《兰芳公司历代年册》中未发现有司法官员的设置。在荷兰学者记载的大港公司及和顺公司的官职设置中，则出现了"审事"（法官）的职位。估计西婆罗洲各个华人政权也有这个职位。

对财库和先生这两个职务的执行事例，中文史料记载较多。兰芳公司的首任财库是原山心金湖的董事张阿财，张阿财在金湖被兼并后依然得到罗芳伯的重用，后来甚至升任万那公馆的甲必丹。兰芳公司最初只拥有山心金湖一处矿场，后来又开辟了新港银矿、万诸居金矿和万那钻石矿，公司的收入自然增长不少。再加上开征了人头税、户税、入口货物税、烟酒税、赌博税和粮饷码，还需购买武器、弹药和药材等，公司的钱物管理必然变得重要。特别是罗芳伯时期发生了黄安八私吞公司采购粮食的银钱私逃回国的案件，公司后来对财物管理更为严格。荷兰学者高延称，兰芳公司后期刘阿生执政时，由于连年应付战争或备战，需要购买更多的武器、弹药和粮食，又要新开万那公馆，安置大港流入的数千华人群众，帮助他们发展种养产业，公司的财政开支庞大。高延估计，兰芳公司在1850年至1856年六年间的花费达12万荷兰盾，价值半吨黄金。由此亦可推测，兰芳公司的财物管理也需要很费心思。尽管现有文字记载极少，但笔者相信这个机构肯定非常重要。

1819年荷兰军队进入西婆罗洲之后，坤甸和三发的马来人苏丹得到荷兰人的承认和支持，以当地土著政权的地位对华人公司施加影响。兰芳公司属下南吧哇副厅的二哥刘台二私自接受了坤甸苏丹的"德猛公"封号，但其他副厅的头人仍称他为二哥。1823年之后，荷兰人不断推行殖民统治，他们在坤甸和三发华人区设立公馆，首领称为甲必丹。有些华人公司虽然坚持独立自治，但也逐渐受到影响而将首领的称号改为甲必丹。兰芳公司时任大哥宋插伯由于坚持反荷立场和独立自治原则，受到荷属东印度殖民政府和公司内部亲荷派的双重压力，被迫放弃大哥职位。兰芳公司改由亲荷派人物刘台二上台，接受荷兰人的招安政策而沦为荷属东印度殖民政府的附属。刘台二的称号由大哥改为甲太，总厅名称仍然不变，副厅一律改为公馆，二哥改称甲必丹。据荷兰学者记载，似乎裁判所仍然保留了下来，但只可以处理一些华人的民事案件，涉及华人与马来人或达雅人的民事案件，则必须由荷兰法官审理。

关于防务机构，《兰芳公司历代年册》说明公司在各处设有边境管理的关卡，计有：坤甸新埠头港、万那港口栅、沙坝达港口栅、高坪栅、新港宝恩（Koeboe Tengah）栅、南吧哇港华帝栅等几处，基本上控制了兰芳公司范围内的边境水陆关口。英国学者厄尔1839年访问兰芳公司时记载，他由三发方向进入兰芳公司地盘，一路上经过几个关卡，每个关卡都有民兵把守，访客要提交证明文件才能被放行；离开东万律后沿水路去坤甸，路上也曾多次经过关卡盘问、查验，才能被放行。这些都足于证明兰芳公司的边境管理严密而有效。

总厅

总厅既是华人公司的议事场所和权力机关，也是公司的祭祀场所和精神象征。在粤东客家地区，宗祠文化绵延上千年至今不衰，足于证明其精神凝聚力之巨大。而在西婆罗洲，华人公司的总厅也是一方百姓的精神中枢，堂上供奉的大伯公是公司的开山鼻祖，他化为了一尊保护神。高延在《婆罗洲华人公司制度》文中描述："罗芳伯去世后，与每个已故的中国人一样，兰芳公司给他立了神主牌。他创建了总厅，并长期居住在里面，他的神主牌理所当然就设在那里，以便让他继续注视他终生为之奋斗的兰芳公司事业。这个神主牌摆在大厅的祭坛上，进入大厅的人第一眼就能看到。选择这个地点并非偶然：前厅是公司首领和长老聚会处理重要政务的地方，在那里一切都逃不脱公司创始人的监视。中国人认为，人与人之间的关系不会因死亡而中断，所以罗芳伯的灵魂一直在共和国的事务中起着积极的作用。"自然而然，罗芳伯就成为兰芳公司乃至西婆罗洲华人的保护神，人们称呼他为"大伯公"。总厅因此具备了作为祭祀场所的功能。

高延还说，在荷兰几乎完全统治西婆罗洲的时期，他曾亲眼看见东万律华人对罗芳伯的崇敬。那时罗芳伯去世已将近九十年，但高延发现："他的神主牌还十分荣耀地被摆放在他的故居（总厅）里。任何一个比较重要的节日，公司领导人都要向他的神牌上供各式各样的食物和供品，由现任甲太率领大小头目隆重祭祀。每逢他的生辰和忌日，也要用这种方式款待他；每当歉收或灾难降临时，通过祭祀来呼唤他的帮助；每当开挖新矿或者进行重要决策时，通过占卜与他商议。只有最高层的人才能与他密切接触，例如 1881 年西婆罗洲荷印专员温·祖特芬（Ven Zutphen）先生来到兰芳公司总厅，老甲太刘阿生郑重地向他介绍罗芳伯的神主牌。"而高延本人，他自己在文中自嘲："由于我地位低微，从未得到此类荣幸。"兰芳公司的华人和西婆罗洲的民众（包括一部分达雅族人）都相信，他们的富庶和康乐有赖于罗芳伯的庇护，必须始终按照他的原则和精神办事。

下面是 1822 年由荷兰学者威特绘制的一幅兰芳公司总厅平面图，它的形制与粤东客家地区的祠堂几乎完全一样：上厅正面是神台，下厅是议事场所，两厅之间有天井。上厅左右两侧的正房为长者居所，下厅左右两侧厢房为后辈的居所。厅房左右两侧各有一排数间的平房，称为"横屋"，为子孙居所和厨房、粮食仓库和储物间等。大门有门楼和台阶，屋前有池塘，四周有围墙。屋侧有晒谷坪，屋后有风围树林。所有配置几乎与粤东客家祠堂相同，唯一不同的是在屋前的围墙根下建有一间火药储藏室。

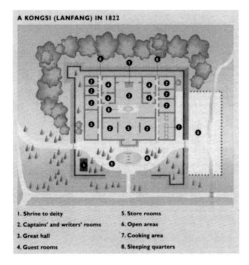

1822年荷兰人绘制的东万律兰芳公司总厅平面图（客家祠堂式样）

关于总厅的室内陈设，高延有一些记载，足以说明里面也同时具备了政权机关的职能：

> 在东万律兰芳总厅，摆设与中国官府刑堂相似。一张高大的桌子，上面摆着文房四宝的大型仿制品、盛着公司图章的盒子和装着竹签的筒子……通往大院的大门下，摆着竹板、皮鞭以及一些红色、黑色的宽沿帽——所有这些属于中国刑吏装备的组合。正如出现在大街上的中国官吏出行的全副行头……就是威吓老百姓回避的工具……每当荷属东印度殖民政府的专员到访东万律，他们总是隆重地用这种工具为专员鸣锣开道，又在总厅门前持铳列队，按照来访者职衔高低鸣铳敬礼。（高延：《婆罗洲华人公司制度》，袁冰凌译）

除了上述祭祀和行政功能，总厅屋侧还有一处面积近千平方米的露天广场，绘图者注明这是睡觉角（Sleeping Quarters）。威特称，每当兰芳公司进行战争动员时，这里就成了士兵们临时集结和休息的地方。总厅屋内则是战争指挥中枢，大哥（后期为甲太）和军师、老大们在此运筹帷幄，彻夜不眠。另外，林凤超《坤甸历史》中提到总厅旁边设有裁判所，似乎英国人厄尔访问打唠鹿和东万律时都有提到公司设立的"法院"，但高延文中未提及。根据高延的上述记载，兰芳公司的裁判所似乎就在总厅内，那些"与中国刑堂相似"的签筒、竹板和皮鞭等陈设就是佐证。

兰芳公司总厅经历了罗、江、阙、宋四位大哥的四十余年独立自治时期，后来又经历了刘台二之后六代甲太的半独立自治时期，寿命长达百余年。1884年兰芳公司被荷属东印度殖民政府取缔后，总厅被改为关帝庙和罗芳伯祠，当地华人一直延续香火祭祀四十余年，直至1941年日寇南侵后总厅才被大火烧毁并逐渐倒塌，至今遗址尚存。

西婆罗洲华人公司的权力中心"总厅"来源于粤东客家地区的祠堂——"厅下"，这是不争的事实。有些荷兰学者费尽心机研究和比对中国明清时期的行政机构，得出一个结论：华人公司的总厅，来源于清代朝廷在云、贵、川少数民族地区设置的半军事化行政机构"厅"。笔者认为这是错误的。

副厅（公馆、公所）

兰芳公司的地方政府早期称为副厅，是地方管理人二哥（后期称甲必丹）的住所和办公场所。兰芳公司曾经有九个副厅，目前仍有遗迹或遗址的只有坤甸新

淡水港兰芳公馆外貌（2014年摄）

埠头和淡水港两处。淡水港副厅在刘阿生执政时期改为"兰芳公馆",1771 年修葺时设置的牌匾和门前的旗杆至今保存完好。副厅的建筑也基本上保持总厅的形制,只是规模较小。正厅只有一间,正面也设置大伯公神位和烛台,供奉罗芳伯画像和神主牌;左右有偏房各一间和厨房、储藏室;大门口有一口池塘,中间以木桥联通外门,外门两侧各有房一间。据当地人传说,由于此地近海,附近方圆几里地挖的池塘和井都只出咸水,唯有此处罗芳伯挖的井和池塘是可供饮用的淡水,因此得名淡水港。1884 年兰芳公司被荷兰人取缔后此处一直是华人公馆,由一位荷兰人任命的甲必丹管理事务。后来公馆撤销,该建筑被当地华人改为罗芳伯宫,至今香火不断。目前屋宇由理事会和庙祝管理,各项设施保存完好。

兰芳公司另一个副厅遗址在坤甸新埠头,此地与阿都拉曼苏丹王宫隔河相望。相传罗芳伯来往坤甸俱在此处副厅下榻,故而称为行宫。后期刘台二执政时已改名为兰芳公馆,设一位甲必丹于此处事。末代甲太刘阿生1884 年 9 月就在这里染病去世。兰芳公司被取缔后此处屋宇逐月凋敝,1930 年代华人在此建有关帝庙,兼祀罗芳伯。原建筑于 1953 年毁于大火,当地华人在原址改建了一个小庙,仍祀关帝及罗芳伯。该副厅原占地面积千余平方米,现除了庙宇和一个篮球场之外,其余大部分土地已被民居所占。庙门前约八十米处仍有当年兰芳公司树立的旗杆底座和两根长约一米半的夹木,周身黝黑,很明显有大火烧过的痕迹。本地华人用护栏将其围住,估计二十年后将会消失。

三发地区的华人公司似乎不设副厅,总厅以下各地定居点(村镇)设大栅(半军事设施),各设一个"栅主"职位。这个"栅"在客家话里发音"Cap",原义指用竹木围成而且设有门的护栏,在袁冰凌《中国人的民主》一书里曾多次出现,指大港公司民兵的防御工事或据点。后期总厅被荷兰人管辖后,栅改为公馆或公所,负责人也改称甲必丹。据荷兰学者记载,和顺公司联盟下设九个大栅,有九个栅主,但这些大栅的具体位置均无确凿记载,至今也无人发现有遗迹或遗址留存。

大港公司、和顺联盟的政权架构

大港公司及三发地区的其他华人公司也和兰芳公司一样,基本上都设立总厅,早期首领都称为大哥或伯(袁冰凌语)。和顺联盟的总厅除了一位头人"伯"

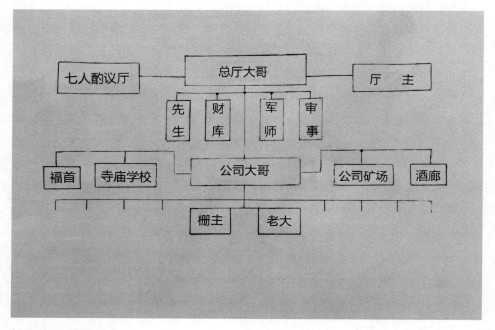

和顺联盟的管理架构

（1822年后改称甲太）之外，还有联盟内各公司派出的"厅主"，共同组成一个类似"委员会"的实际掌权集团。在1853—1854年被荷兰人军事压制时期，和顺联盟每遇大事都需要由甲太召集厅主和老大们多次开会，有时甚至争吵几日，才能最后决策，可以看出它的民主属性非常明显。

和顺联盟内除了甲太和厅主之外还设有"审事厅"（类似法院）和"七人酌议厅"（有议会职能），职位设置还有副（候补）甲太、先生、军师、财库和审事。战时民兵总指挥为"总令"，将军为"大旗"，副将为"二旗"。下属各公司照样设有大哥，也有公营的矿场和酒廊（酿酒及专卖），还建有寺庙和学校。有些地方设置栅和栅主，后期栅改为公所，头人称甲必丹。各地乡村也和兰芳公司一样设老大作为基层干部，协助公司和栅主（后期称甲必丹）管理地方事务。荷兰学者记载，大港公司和三条沟公司也把矿场的负责人（伙长）、招募工人的负责人（客头）、集市的老板（酒廊①）和寺庙祭祀和公司庆典负责人（福首）纳

---

① 酒廊，本处为西婆罗洲华人习惯约定中的职位，指卖酒或酿酒店铺的老板。

入公司会议成员，他们也可以参与政策制定和首领选举。为了防止出现职务腐败，首领和各机构负责人的任期一般为四个月到半年，到期后重新选举，可以连任。可见它的机构设置相当完善，各种社会管理职能都已具备。

1885年和顺及大港都被荷军消灭之后，荷属东印度殖民政府在南吧哇破获了一个秘密反荷组织，名叫"义兴公司"。荷兰人缴获了一张纸条，实际上是义兴公司的领导选举票。票上的候选职位计有：大哥、二哥、先生、先锋、红棍、议事、柜匙、收柜、代收柜、草鞋等。除了《兰芳公司历代年册》中出现的大哥、二哥、先生和先锋之外，还出现了红棍、议事、柜匙、收柜、代收柜和草鞋等称谓。由于当时南吧哇处在荷兰人管治之下，义兴公司实际上已转入地下活动，已渗入了一些秘密会党的痕迹。笔者采访坤甸罗贤义、谢官友、罗耀祥等几位华人父老，都说这些称谓确有所闻，其中先生类似现代的文秘人员，先锋是开战时带头冲锋陷阵的将领，红棍类似于监察或督军，议事类似议员，柜匙类似库房监督，收柜类似库房总管，草鞋类似传令兵或通讯员……由此也可以看出西婆罗洲华人公司后期的机构设置也很完善。

三、便把他乡作故乡：异域之地的治理

以下，我将从各个方面简述公司的管治方式。

"土地的主人"

最初进入西婆罗洲的华人都是来谋生的"散客"，为马来人土王做工。数十年后积累了一定财富的华人逐渐脱离马来人自立门户，继而又成立华人公司来保护及谋求更大的利益。这些华人公司在长期的采矿和农业生产过程中逐渐形成了自己的势力范围，他们在外围交通要道设立关栅，控制人员及货物进出，领土观念已经形成。在东万律，兰芳公司与前来争地的刘乾相发生冲突，罗芳伯率民兵

与之大战一场，将领土向北扩张数十里地；在沙坝达，罗芳伯率兰芳公司民兵与马来人使打交战，将其驱逐至万那；在三发地区的昔邦，三条沟公司的前身大三条沟和小三条沟早年都曾在当地的上屋和下屋开过金湖，留下有几间破屋，数十年后由于和顺联盟破裂，三条沟华人连夜撤离打唠鹿附近的矿场，迁往昔邦上、下屋故地，重新开辟矿场；荷兰人以武力胁迫大港华人就范，大港公司发出"此邦土地是吾子孙命脉所系，保土地即保身家"的口号，动员群众守土抗荷；刘阿生死后荷兰人乘机占领总厅，宣布取缔兰芳公司，东万律群众奋起反抗，杀死荷兰官员和马来人士兵，他们的口号也是保土抗荷……这些行为只有一个目的，那就是争夺和保卫领土，保卫赖以生存的资源。总而言之，西婆罗洲华人的领土观念非常强烈，他们在这块土地上创造家园、和平存在了数百年，他们是这块土地当然的主人。

然而，18世纪的西婆罗洲华人公司与同时存在的马来人政权，以及后来建立的荷印殖民政府之间，事实上并没有勘定很明确的边界（交通要道关卡除外）。在未开发矿场的山地和未种植农作物的荒原，人员的流动也并无严格的限制。因此在地图上划分每个华人公司或马来人政权的边界并不严谨，也无必要。

据笔者研究，西婆罗洲华人公司之间长期保持争斗格局，1820年之前已基本形成两大集团，即东万律兰芳公司与打唠鹿和顺联盟，两者之间以争斗为主，合作很少。但兰芳公司自创始人罗芳伯开始就与坤甸苏丹的马来人政权保持良好的外交关系，甚至两者还有军事和外交上的互相支援。而和顺联盟特别是大港公司长期与三发苏丹的马来人政权关系很差，曾经几次爆发武力冲突。1820年之后和顺联盟内部不断分裂，以三条沟公司为代表的第三势力形成。兰芳公司主动与三条沟公司修好，多次救助和安置他们的难民。三条沟公司也主动与三发苏丹修好，后来又依附荷兰人来抗衡大港。1851年因发生了昔邦事件和邦戛战争，大批三条沟华人逃到沙捞越。他们的首领主动与沙捞越的詹姆斯·布鲁克政权取得联系，在后者的支持下重新开发矿业，公司曾一度壮大兴旺。

在对待荷印殖民政府的态度和外交关系上，1819年荷军势力重返西婆罗洲时，各个华人公司都出现了亲荷派与反荷派：兰芳公司的宋插伯极力抵抗荷军侵入东万律，反对向华人收税的要求，甚至亲率民兵袭击坤甸荷军军营；而以刘台二为首的亲荷派则主张妥协，主动组团到坤甸、南吧哇向荷兰人求和。最终亲荷派得胜，兰芳公司接受荷兰人招安，成为荷属东印度殖民政府的附庸。大港公司最初也执行抗荷路线，从塞道港走私船事件开始与荷兰人对抗，最后发展到包围昔邦、血战邦戛、火烧打唠鹿等激烈的军事冲突。以郑宏为首的亲荷派则处处屈从于荷兰人，最后葬送了大港与和顺公司的和平，让打唠鹿华人群众的利益遭受很大损失。1854 年之后，打唠鹿大港公司及和顺公司都被荷兰人取缔，所有华人被纳入当地华人公馆管治；三条沟公司也被荷兰人取缔，留在昔邦和邦戛的华人也被纳入当地华人公馆管治。

防卫系统

为了保卫国土、人民和政权，西婆罗洲华人公司一开始就注重自身的防卫。各公司都在交通要道设置关卡，既控制来往行人和出入口货物，也防止敌方侵犯。在 1850—1854 年的"公司战争"中，荷军在三发河流域与大港及和顺公司发生多次冲突，其中邦戛之战、昔邦之战和山口洋、打唠鹿之战的规模都不小。兰芳公司坚持（表面上）不介入的姿态，组织民兵严加戒备，日日在边境巡逻，不让战火延至兰芳公司境内，展示了公司的防卫系统和战备精神。各个公司都建立了民兵组织，购置了武器弹药，进行了必要的组织和训练，随时准备投入战争。读者从前文章节已经读到的许多战争场面的记述，足以体现各个公司的军事实力。

不过，受制于经济实力，华人公司似乎所有参与战争的都是民兵，并无正规军或常备军的记载。据荷兰学者的记载，华人公司民兵的组织形式也停留在类似宋代《水浒传》或清朝八旗兵的编制水平。总帅凭借令旗和宝剑发号施令，各路兵马由大将率领。每一员大将各举一面"大旗"，若干支"二旗"队伍跟随其后。每一杆"二旗"由一名副将高擎，身后跟随一百零八名士兵；作战时"先锋"带头冲锋陷阵，后队大批人马跟随掩杀。如此作战队形，虽然形式落后，但毕竟有军队的模样，也曾杀得荷军落荒而逃。在战术层面，兰芳公司民兵能利用夜幕掩护袭击坤甸荷军，大港公司在邦戛之战中也使用伏击战术重创荷军，在昔邦把荷军包围在山谷底长达十日。在骨律和打唠鹿，大港公司和九龙公司民兵都使用了火攻战术。和顺公司被取缔后，反荷华人组织了三点会，开展暗杀锄奸活动，有力阻止了荷兰人的占领图谋。这些行为都体现了华人公司的防卫意识和军事斗争策略。

由于时代的限制，华人公司初期大多数人都使用冷兵器厮杀。例如兰芳公司第二代大哥江戊伯，使一柄十八斤的大刀冲锋陷阵，杀得"唠子"闻风丧胆。至嘉庆中期（1815年前后），华人公司民兵的装备已经出现了火药枪和土炮。1819年12月宋插伯率领兰芳公司民兵袭击坤甸荷军军营，已经使用了火药霰弹枪和椰子壳内装填火药的土制炸弹。虽然目前未发现有关于华人公司制造火药和枪炮的史料记载，但相信西婆罗洲华人当时已掌握了这项技术。据考大铳即是清军在道光年间装备的"抬枪"，作战时一人在前肩扛枪管，一人在后瞄准射击，其威力堪比火炮。1823年和顺公司内部战争中已使用了大铳。1850年大港民兵与荷军作战时也已用上了由新加坡买来的欧洲制造的滑膛火炮，据桑克记载，这种火炮威力强大，可以射出十磅重的炮弹。不过华人民兵的武器与荷军的坚船利炮不在同一档次。而华人民兵正是使用如此落后的兵器，与拥有军舰和步枪大炮的荷军交战，其勇气可嘉！荷军前后花了十余年时间才将使用土枪土炮的华人武装消灭，后者的顽强意志和敢于牺牲的精神值得后人铭记。

税收与律法

西婆罗洲华人公司大部分以采矿为业，矿工在矿场须服从伙长（矿主）的安排和管理，矿主和矿工都要向公司纳税（脚仿金），本书前文已有记述。而在商家营业和矿工居住的市镇、农民居住的村庄，各个公司都有各自的社会管理措施。比如兰芳公司在九个地方设有副厅，由二哥和尾哥、老大管理各村镇，按时催收规定的人头税（后期交给荷属东印度殖民政府）、户税和烟馆税、酒馆税等。在关栅，入口货物要交税。通过征税，公司筹措社会管理需要的开支，譬如支付维护治安的警察、公司领导人和职员的薪水，以及道路、学校、关栅等公共工程的维护费用。据荷兰学者的记载，和顺公司每年支付公司领导人、职员和警察共35人的薪水需14800盾，支付公共道路和公司屋宇维修工程费需10120盾，支付欠债和借款利息需5000盾，这些开支都需要靠收税来筹集资金。规模比较大的华人公司比如兰芳、大港和三条沟等都有矿场和酿酒厂等公营企业，可以为公司提供利润和税收，有效地支撑公司的行政开支和战争消耗。

公司的基层行政人员被称为老大（兰芳公司多设置了一个职位叫尾哥），平时做一些催交税款和传达公司指示的工作，无薪饷报酬。打唠鹿大港公司的管理手段与其他公司类似，主要有出布告、开会和总厅议事等；有时也辅之以宗教活动，召集群众问卜，征求神谕来统一思想。高层的政策主要由大哥（甲太）和各地副厅的二哥（甲必丹）开会制定，集体领导的特色在大港及和顺公司后期尤为突出。

虽然华人公司没有详细的法律条文传世，但从史料记载已经可以确认华人公司基本上是一个依法治国的政权。据说荷兰学者范·瑞斯曾开列了一大串打唠鹿大港公司的法律条文和惩罚方法，可惜笔者未搜集到。《兰芳公司历代年册》中也记载了由罗芳伯亲自主持制定的一套简单法律条文。有些荷兰学者则记载了公司在司法过程中有不公平和酷刑现象，比如杀死一名中国人，凶手必须以命抵命，还需赔偿家属720盾。而杀死一名半唐番，则仅需赔偿480盾并处以四年以上劳役，不需偿命。如果打着雨伞、蒙头或盘起辫子进入总厅，会被看作冒犯神明而被鞭打和罚劳役三年。偷盗者一经抓获，则斩断一只手指并施与鞭笞。抢夺他人财物者则割去一只耳朵，再次重犯则割去另一只耳朵。在金湖被发现偷窃黄金，会被当场打死并抛尸河中，等等。当然这也和当时中国清廷的法律和司法制度有关。

荷兰学者桑克也记录了一个颇有特色的司法现象：某个人如果有吸食鸦片、酗酒、赌博等恶习，在他自己发誓戒除并提出要求时，由公司在集市贴出布告，要求群众监督此人的行为。如被发现重犯，则强迫他向寺庙捐款。另外兰芳公司对打架、口角等民事纠纷的过错方处以罚款，用于购买红绸大烛向对方道歉。这些做法在欧洲并未发现，也算是西婆罗洲华人公司的特色。

经济

西婆罗洲华人公司是公有经济和私人经济并存的混合经济模式。以东万律兰芳公司为例，罗芳伯最初夺取了山心金湖，并以此为基地发展公有制矿业，后来发展到明黄、沙坝达金矿、新港银矿，刘阿生任内又开发了万那钻石矿。据荷兰学者桑克记载，1847年兰芳公司在博南昂（地名）开钻石矿，在戴燕开采铁矿，在东万律开采婆罗洲最大的铜矿。这些矿场无疑给兰芳公司提供了大量资金，用以支撑公司的行政管理和战争消耗。另据荷兰学者记载，打唠鹿大港公司拥有一家大型的公营酒厂（酒廊），还拥有几处公营的矿场，公司的财政收入肯定不少，才能支持后来长期的战争消耗。三条沟公司和新屋、坑尾、十五份等几家较大型的公司也拥有公营矿场，他们的行政开支和公共事业费用也要靠公司财力支持。和顺公司后期力争取得荷属东印度殖民政府种植鸦片的特许权，也是企图垄断暴利行业，为公司争取更大的利益。

除了公营企业，更多的西婆罗洲华人可能靠私人经济为生。小型矿场和矿山物资配套供应，集市的日用品商店和陆路、海陆贸易，农业耕种、养殖和手工业，这些私人经济的存在和发展给华人的家庭提供了生存和繁衍子孙的物质基础。一般华人都认为是不正当的行业，比如赌场、鸦片烟馆、酒廊和妓馆，公司还是允许私人经营，说明西婆罗洲的经济是自由的。经过上百年的发展，19世纪末华人公司时代结束之后，西婆罗洲沿海坤甸、南吧哇、山口洋和三发等华人聚居区的商业已经颇为繁荣，甚至有造船、木材加工和土产加工业开始兴起，对西婆罗洲的社会和经济发展起到了很大的推动作用。

选举

选举是民主政权最显著的标志，西婆罗洲华人公司开历史之先河，创造性地采用了这种文明、进步的制度，对于华人公司能在异邦之地生存近百年起了关键作用。荷兰学者对这种选举制度非常好奇，他们试图从多方面研究，解开中国人为何会采取这个制度的困惑。直至1884年兰芳公司被荷军消灭后，荷兰学者高延亲自到中国福建和粤东各地调查，最终才得出"华人公司的民主制度来自中国南方的村社自治模式"的结论。

中国的村社自治方式古已有之，头人的产生大多出自群众推举。与朝廷任命官员的"皇纲独断"和"科举选拔"不同，民间的"推举"是自下而上和较为符合民意的方式。在粤东客家地区，自明清以来乡村的"会""社"头人、宗祠的"理事""族长"或神庙的"福首""总理"等，无一不是由群众推举产生。这个方式虽然看似简单，其实蕴藏着很丰富的内涵。亲疏远近、"房头"关系、"姓界"关系都会影响选举结果。最后的当选者一般都是能力较强、办事较公道和家道较殷实的人，当然也不排除存在舞弊或因群众眼光短浅而被投机者篡权的可能。这个传统被华人带去西婆罗洲，公司头人的选举也按照原居地的方式举行。读者从前文可以看到，兰芳公司、大港公司以及和顺公司的选举都是群众性的选举。

至于选举形式究竟是一人一票制，还是举手表决制或其他方式，目前未发现史料记载。荷兰学者的记载中多次出现"多数人同意""多数人反对""另选他人"或"将某人成功拉下宝座"等语句，可以证明"人数"在选举中是决定性因素。另外，兰芳公司第五代领导人刘台二临终前推荐谢桂芳为甲太候选人，但开会选举时群众却选择古六伯，谢桂芳落选，也可以证明群众的意愿在选举中能够得到尊重。

选举的另一个因素也被西婆罗洲华人所重视，那就是任期的设定。袁冰凌《中国人的民主》记载，和顺公司历任领导人的任期一般都在一年以上，最久的长达四年。但据桑克和威勒等人的记载，荷兰人要求和顺公司甲太的任期最少一年，而群众则坚持一年太长，容易滋生职务腐败，必须按照传统惯例四个月更换一次。为了任期是一年还是四个月，会议开了几天还是争持不下，也可以证明西婆罗洲华人公司选举的民主特性。

除了选举中的尊重多数和任期设置要素，引咎辞职和罢免不称职的领导人也是民主制度的组成部分。兰芳公司第六任大哥古六伯因战争失败、耗费公司钱财而引咎辞职，返回唐山养老；胡阿禄上任三个月，因"和顺改广福"而被群众罢免；大港公司后期领导人廖二龙和黄渡，也因亲荷派商人吴昌贵拉拢大多数群众反对他而遭罢免。总的来看，西婆罗洲华人公司的选举和罢免制度体现了海外的中国式民主实践既有其进步的一面，也容易带来民粹主义的弊端。

文化和教育

总的而言，西婆罗洲华人已将原乡的中国汉族客家文化完全带到异邦之地，把他乡当作故乡。所有华人定居的集市和村庄都充满中华文化的特色：按照中国样式建造的房屋和店铺；具有中国原乡风味的饮食；大门口悬挂的大红灯笼和年节张贴的红纸对联；村社自治的各种"会"和公司；本村保护神"关圣帝君""大伯公""三王爷""观音娘娘""妈祖娘娘"的庙宇和游神赛会；"作福""过月半"等传统节日；求神问卜的道教习俗；吹笛、拉弦、锣鼓、唱戏（潮剧或外江戏）、打纸牌、舞狮和跳傩神的娱乐形式。据荷兰学者记载，每逢中国人的传统节日，西婆罗洲华人公司会从新加坡甚至从中国家乡请来潮剧或外江戏班唱戏……中华文化的元素被他们带到异邦，直至今日依然保留。

关于西婆罗洲华人使用的语言，据中文和荷兰文史料记载主要是客家话和福佬话,目前发现的遗存史料记载也是客家话和福佬话。例如,当时的荷兰学者绘制的三发地区华人公司分布图上标注的"Sjip ng foen"就是福佬话"十五份"的发音,"Hang moei"和"Manfo"就是客家话"坑尾"与"满和"的发音。另外,笔者从荷兰莱顿大学藏中文史料中发现,许多文字记载的都是客家话口语的读音,比如:"炎炎通"(激烈摇晃)、"地坭"(土地)、"哗哗跳"(雀跃)、"么见识"、"头那"(脑袋)、"真系晓(枭)"、"Lakia"(蜘蛛)等,母语是客家话的读者一看就明白,但似乎未发现有关华人使用官话(Mandarin)的记载。今天,西加各地华人也还使用客家话和福佬话作为社会语言。笔者在西加考察时发现,坤甸和山口洋街市上的其他民族人士也会使用简单的客家话或福佬话与华人交流,甚至能以之与店家讨价还价。

有关西婆罗洲华人教育方面的史料记载较少。中文史料有余澜馨和肖肇川的记载,说兰芳公司开办学校,招收华人子弟入学读书。荷兰学者桑克记载,当时打唠鹿有四所华人学校,东万律兰芳公司辖下有三所华人学校。高延也有记载,说凡有华人居住的村庄,必然开办了学校。很难找到一个没有学校的华人村庄。兰芳公司的缔造者罗芳伯是嘉应州读书人,曾参加科举考试,落榜后才南渡婆罗洲谋生,他的文章和诗赋水平很高。兰芳公司的先生叶祥云(字汀帆)也是嘉应州秀才,他撰写的《兰芳公司历代年册》文笔也很好。与当地的马来人和达雅人相比,华人子弟的教育和文化水平明显高于前二者。因而在村庄和集市开店做生意的,一定是华人居多。时至今日,在坤甸、南吧哇、山口洋和三发等沿海城市,经商开店做生意的大多数仍然是华人。

四、"华人公司"的性质之争

1961年罗香林在香港出版了《西婆罗洲罗芳伯等所建共和国考》,作者在书中表达的几个观点在中国学术界引起了不小的争论。特别是有关兰芳公司的名称和性质之争,五十多年来一直未曾停止。究竟罗芳伯在东万律创建的兰芳公司是什么性质？它的名称是否叫兰芳大总制？它是"亚洲最早的共和国"还是一个金矿公司？

大总制之辩

有学者认为，罗芳伯在东万律创建的华人政权名称是"兰芳公司"，而非罗香林等人所称的"兰芳大总制"。笔者细考其公司内部文件，初期确实自称为"兰芳公司"，后期遗留至今的旗杆上所刻的文字，乃至灭国后遗留在吧城博物馆展览的印章，都仍自称"兰芳公司"。"兰芳大总制"这几个字眼，目前只在《兰芳公司历代年册》中出现过两次。

年册中第一次出现"大总制"的字眼，是在介绍刘台二的词句里："刘台二甲太，广东嘉应州人也。为罗大哥同时兄弟中年最幼者。嗣位后，始有公班衙来理此州府，封刘台二为兰芳公司太总制甲太之职。"由此段记载可以看出，刘台二任职兰芳公司甲太时，确实在兰芳公司后面加上了"大总制"的字眼，这三个字并非凭空捏造而来。众所周知，刘台二所担任的"甲太"是荷兰人委任的官职，那么"甲太"前面的"大总制"这三个字，似乎就应当归入公司名称部分，读作"兰芳公司大总制"。想必这也正是罗香林认为东万律兰芳政权的名称是"兰芳大总制"的依据。

林凤超在《坤甸历史》中说："书大唐总长，众尊之也。曷为尊之，以其为建立大总制也。"他是第一个认为罗芳伯在东万律创建的政权名称叫"大总制"的作者。罗香林也赞同这种观点，他认为"大总制"是一种政治制度，与现代国家的总统制相似。他把"大总制"用英文翻译成"Presidential System"，确实有总统制的含义，他把这个"制"看作是一种政治制度，即英文中的"System"。

大总制之名在年册中第二次出现，就在同一页下一节："传至刘台二时，始有公班衙来理此州府，封甲必丹南蟒刘台二为兰芳公司甲太大总制。"这里的说法与第一次出现时有些不同："大总制"三字放在甲太的后面，变为"兰芳公司甲太大总制"。

不管是第一种还是第二种说法，很明显文中的"大总制"是指领导人的称号。刘台二的官衔就是"大总制甲太"或者"甲太大总制"。既然"大总制"是官衔的一部分，这个"制"就不应理解成"政治制度"，而应当理解成"掌控、统治或制约"，译成英语就不是"System"，而是"Control"或"Command"。

既然刘台二的官衔称谓中有"兰芳大总制"这五个字眼，很自然又引出另一个新的问题：刘台二的前任是否也叫兰芳大总制？进而向前推理，罗芳伯创建兰芳公司后大家推举他当首领，这个首领的职衔是否也叫兰芳大总制？据《兰芳公司历代年册》和高延《婆罗洲华人公司制度》中所述，兰芳公司内部称呼罗、江、阙、宋四任首领都叫"大哥"，并无"大唐总长"或"大唐客长"称谓的记载。最先提出"大唐总长"名号的是林凤超，最先提出"大唐客长"名号的是温雄飞，这两位作者都没有拿出令人信服的依据。而且读者不难发现，他们的文章中都有比较明显的民族主义倾向。

究竟罗芳伯担任首领时期的对外职衔称谓是什么？笔者注意到光绪版《嘉应州志》有载："吧城博物馆中藏有兰芳大总制衔牌，盖罗之遗物也。"那么，这里说到的"兰芳大总制衔牌"究竟是何物？既然它是罗芳伯的遗物，当然要弄清楚。据当年曾多次到过东万律兰芳总厅，而且熟悉兰芳公司后期运作情况的荷兰人高延说："在东万律兰芳总厅，摆设与中国官府刑堂相似。一张高大的桌子，上面摆着文房四宝的大型仿制品、盛着公司图章的盒子和装着竹签的筒子……通往大院的大门下，摆着竹板、皮鞭以及一些红色、黑色的宽沿帽——所有这些属于中国刑吏装备的组合。正如出现在大街上的中国官吏出行的全副行头……就是威吓老百姓回避的工具。"高延说他曾亲眼见到："每当荷属东印度殖民政府的专员到访东万律，他们总是隆重地用这种工具为专员鸣锣开道，又在总厅门前持铳列队，按照来访者职衔高低鸣铳敬礼。"

上述高延所见的"全副行头"，正是中国清代官员出巡的仪仗，相信读者已经在影视画面中屡见不鲜。为首的兵勇手擎的几块牌子上写着"肃静、回避"以及官员的级别和职位名称——有的写"二品巡抚"，有的写"四品道台"，有的写"钦差大臣"……读者注意，这就是衔牌，是官员级别的标志。笔者推测，当年高延所见到的刘阿生迎送荷属东印度殖民政府专员之仪仗队的衔牌，极可能写的就是"兰芳大总制"这五个汉字。若这块衔牌确实是"罗之遗物"，则极可能是从罗芳伯时代一直沿用到兰芳灭国，所以荷兰人将其作为文物在吧城博物馆展览。吧城博物馆有兰芳大总制衔牌之事，并非一般人能知晓。光绪末年，参与编撰《嘉应州志》的张煜南在棉兰已经是荷属东印度殖民政府任命的玛腰（市长）和拥有许多实业的千万富翁。笔者在上文也说过，张煜南是兰芳公司末代甲太刘阿生之婿，完全了解兰芳公司后期之史实。故张氏参与编撰的《嘉应州志》所载之事，与高延所言不谋而合，真实度极高。所以笔者认为，早在罗芳伯执政时期，领导人的职衔就叫"大总制"，而不是"大唐总长"。

清代乾嘉时期朝廷在全国设有八个总督，每个总督管辖两省（或一省）军民财粮等一切事务。民间对总督的俗称为"总制"或"制府"。兰芳公司在创建时期就将首领称号定为"大总制"，而且在总厅设置一套与清廷相似的刑堂和仪仗。荷兰学者也记载，荷军小分队进入东万律催税时，刘台二换了一套清廷的官服和帽子祭祀和祷告。据此，可以认为当时的领导者仍然效忠清廷皇帝，自己则以一方总督的身份守土牧民。

细查所有研究罗芳伯和兰芳公司的文章，只有谢贞盘说过"（罗芳伯）因建国，任大总制……以东万律为首府，听政之所曰大厅，为大总制驻跸地"。很明显"大总制"就是兰芳公司首领的官衔称谓。后来刘台二担任的，无疑就是兰芳公司的"大总制甲太"。东万律兰芳政权的名称，就叫"兰芳公司"，而不是"兰芳大总制"。

刘台二原先被称为"甲必丹南蟒"，"南蟒"乃是马来语"Demang"的对音，意为首领、头人之意，亦有华人称作"德猛公"或"天猛公"。甲必丹南蟒，字面上看应是"甲必丹的首领"，是比甲必丹高一级的官职。事实上刘台二当时在南吧哇，是坤甸苏丹任命的华人甲必丹首领，高延说他是"拥有'Kapitein Demang'头衔的受尊敬的华人"，他的资格确实在甲必丹之上。

高延在《婆罗洲华人公司制度》中称："兰芳公司首领原来的头衔……总首领称'大哥'，公司所属各个不同团体的首领称'尾哥'，南吧哇区长的头衔称'二哥'，乡绅简称'老大'……至于'甲必丹'、'甲太'这类舶来式的称呼只是在后期才流行。在南吧哇地区，甲必丹称号是受马来人的影响而流行的，而在其他地区，则是由于我们政府的推广……关于'甲太'的称呼，则是马来语Kapitein Toewa即'老甲必丹'之意，福佬人误以为'Toewa'就是大'Toa'，于是就称呼老甲必丹为甲大。客家话太与大同音（Tai），因此就变为'甲太'。"

其实荷兰人封给刘台二的官职，字面上就是马来语"Kapitein Toewa"，即"老甲必丹"，与其他华人公司的甲太相同，只有在叶祥云传抄的中文年册中才多出了"大总制"三字。笔者认为，这不过是编写年册的叶祥云、刘阿生等人根据兰芳公司历代首领的"大总制"称谓，加上现在荷兰人授予的荣誉称号"甲太"，自造了一个"兰芳公司大总制甲太"的称谓。其实在荷兰人眼中，刘台二就是一个甲太，甲太就是一个管辖范围比较大的区长。

可以看出，把"大总制"看作是兰芳公司首领的职衔称谓，比起将它理解成东万律兰芳政权的名称，无疑更具有说服力。

政权的合法性

关于西婆罗洲公司的政权地位问题，一百多年来学术界众说纷纭，争论不休。正方认为大批华人在无政府状态下的海外之地谋生，组织起来管理社会和保障自身利益，是正当合法的。而持反对意见的学者认为，只有达雅人和马来人政权才是合法政权，华人在别人的土地上立国并无合法性。

拙著《罗芳伯及东万律兰芳政权研究》认为，上述第二种观点并不正确。在18世纪中期的西婆罗洲，除了原住民达雅人之外，马来人、华人和荷兰人都是后来者。当时西婆罗洲的社会状况如何？

在第一章，我介绍了当时的达雅人尚处于原始状态，社会发展严重滞后，根本无力管治西婆罗洲广大地区。事实上此前达雅人在当地也从未建立过有效管治的政权。后来者（马来人、华人和荷兰人）也根本不会向其俯首称臣和纳税进贡。18世纪的西婆罗洲，究竟是谁的国家？是达雅人的吗？不是，他们还没有建立国家的意识和能力。是马来人的吗？也不全是。马来人也是外来住民，他们甚至比华人更迟才进入西婆罗洲。当1736年粤东揭阳林姓华人来到坤甸成立聚胜公司时，坤甸苏丹阿都拉曼还没有出生，坤甸还是一片荒滩。当时马来人也只是在沿海地区建立了几个分散的小王国，除此之外大部分土地无人居住，更无人进行开矿、耕种和开发。在这些小王国统治下的达雅人时常发生对抗马来人的暴乱。罗芳伯及其他数万华人远离故土到此谋生，得不到祖国的支持而处于弱势地位，不得已而创建"华人公司"，开矿谋利和耕种求存，甚至发展到"平蛮荡寇、辟土开疆"，用武力割据一方，这与马来人从马来半岛进入婆罗洲建立封建小王国，通过巩固势力、发展经济来繁衍后代的做法并无二致，相比于后来的荷兰人以武力占领西婆罗洲，强迫推行殖民统治的做法，华人显得更加文明。

至于那些关于罗芳伯"绝无反客为主，在别人的土地上立国之意""仅仅向苏丹租地经营采矿，并未推翻苏丹统治""罗芳伯自称为'大唐客长'，主客地位已定""向人数更多的马来人、达雅人提出主权要求是无稽之谈"的说法，听起来似乎颇有君子之风，细想却未免有点书生气，有眼光的政治家不会这样看待问题。

荷兰人比马来人和华人更迟来到西婆罗洲，荷军的舰船迟至罗芳伯去世二十二年之后（1816）才进驻坤甸河口，荷属东印度公司的"公班衙"官员，则在罗芳伯去世三十年后（1824）才来到东万律，要求兰芳公司纳税。由于荷兰人拥有战舰和枪炮等现代兵器，又有本国强大的外交和商贸力量支持，1850年他们从爪哇派遣两千名士兵进入西婆罗洲，通过四年残酷的"公司战争"，至1854年8月，西婆罗洲几乎所有华人公司都被其消灭。荷兰人还采取武力加怀柔的政策，对马来人苏丹处处奉承扶植，对华人公司的首领则封官许愿，利用他们来治理本族人民。而兰芳公司传至刘台二任大哥时期，屈服于荷兰人的武力威慑，被迫让出部分利益，兰芳公司的首领们接受"招安"后受封"甲太"和"甲必丹"官职，后来更将各地副厅更名"兰芳公馆"，最终西婆罗洲的几个马来人小王国和几个华人独立政权均被荷兰人所灭。唯独兰芳公司得益于最后一任首领刘阿生极力与荷兰人周旋，得以保留有限的独立地位，直至1884年刘阿生死后才被荷兰人消灭。作为荷兰人扶植的傀儡，坤甸苏丹的政府一直存在，直至1941年日本侵占婆罗洲，荷兰人撤走而失去支持，最后一任苏丹被日本人所杀。位于北婆罗洲的沙巴、文莱等几个马来人王国，则在英国殖民者统治下一直到20世纪中叶才取得独立，有些至今仍延续苏丹家族的统治。

是共和国？还是江湖会党？

对于西婆罗洲华人政权的性质，学术界同样也长期存在争论。正方认为华人公司不是世袭王国而是公众性政权，它的领导人不是父子相传而是由群众选举产生。它的政府不是一个人说了算的独裁政府，而是由类似"委员会"的领导集体机构。同时它还设置了类似法院的仲裁及强制执行机关，具有边境管理和收税、维持治安及发展生产等政府功能。而反方则认为，西婆罗洲华人公司充其量是一个地方临时政府。

许多中国读者认为"共和国说"是少数中国学者为拔高华人公司的政治地位

而提出的论点。其实这是一个很大的误区。据笔者所知,"共和国说"完全是欧洲人的产物,18世纪荷兰人在面对这些顽强的"中国人自由国度"时,就已经把它称作"Republiekje"。19世纪到20世纪研究过西婆罗洲华人公司的欧洲学者,几乎都把那些华人公司称为"Republic",意为"公众"的政权。当然这是对应于当时西婆罗洲的马来人王国、荷兰王国的殖民政府和欧洲大多数国家的君主制而言。在翻译为中文时,按照中文语境"Republic"译为"共和国"。

以上正反两方争论的焦点不外乎有二:第一种是以高延、林凤超和罗香林为代表的正方,认为西婆罗洲罗芳伯等所创建的华人公司是有共和性质的独立国。罗香林认为,罗芳伯是18世纪中国的"一位民族英雄,是中国现代华侨历史上第一位政治先锋"。"(他创立的)政府不是一个人说了算,而是由人民表决,它就是一个直接的民主国家。"袁冰凌也说过:"19世纪的西方学者,无论对婆罗洲的华人公司持肯定或者否定的态度,都称公司为'共和国',主要是指公司在西婆罗洲境内的独立自治而言。"

持反对观点的有朱杰勤、温广益、朱纪敦和罗英祥等人。温广益认为:"罗芳伯创立的兰芳公司,在未实行统筹联营之前,向当地苏丹承租矿区进行采金活动,是一种具有内部管理和自治性质的互助协作组织;实行统筹联营后,则是一个具有内部自治和一定独立性的组织管理机构,行使着某些类似国家机构的职能。它与三发地区的其他华人公司一样,既没有取什么国号,也没有采用年号,而是叫作兰芳公司。它的负责人一般是由对公司创建有较大贡献的人加以推举或推荐而任,它既不是'共和国',或采用'民主政体',也不是'独立国'。因为它没有推翻坤甸苏丹的统治,开始时还是在坤甸苏丹的同意下在内地进行采金活动的,而且兰芳公司建立后与坤甸苏丹维持友好的关系。后来荷兰殖民者的势力侵入西加里曼丹地区,在政治上把兰芳公司置于它的殖民统治之下,使兰芳公司开始蒙上一层殖民统治的色彩。但直到1884年荷兰殖民者出兵镇压兰芳公司之前,它仍不失为一个具有相对独立性和较多自治权的组织管理机构。"

朱杰勤认为:"有些人认为大统制犹如今之大总统,殊不知总统的制度与大统制全不相干,而且他(罗芳伯)自称为'大唐客长',已经自承为客人的领袖而已。"有一位作者更是全盘否定高延、罗香林等人的"共和国"观点,认为兰芳公司不过是一个脱胎于天地会的江湖会党组织,是一个"洪门山寨机关",根本谈不上是什么政治组织。

罗英祥则认为："兰芳公司不是一个共和国，不过具有相对独立性，主要是从事采矿业等方面的组织管理机构。罗芳伯并无反客为主，在别国土地上建立独立王国的想法。所谓'守土待贤''择贤而授用'，只是我国原始公社'天下为公'的禅让思想遗风。"他还说："罗香林认为'兰芳公司已拥有土地、人民和主权的建国三要素'，实属牵强附会。公司的土地是向苏丹纳税租来的，而且坤甸'海口有荷兰番镇守'（见清代谢清高《海录》），既无土地哪有主权？对于比华侨人数更多的达雅族人和马来人提出主权，更是无稽之谈。如果说兰芳公司是共和国，其他公司是否也算共和国？"

所谓"共和国"一词，在荷兰语中为"Republiekje"，在英语中为"Republic"，意为"公共事务"。中文语境里的"共和"二字，出自西周时期一个朝代的年号。据《史记·卫世家》载，公元前841年，西周执政者周厉王暴虐侈傲，激起诸侯怨恨不朝，国人愤而攻之，厉王逃奔到彘（音zhì，今山西霍县）。太子静则藏在大臣召穆公家，被国人包围。召穆公以自己之子代替，太子才幸免于难。厉王出奔后，由大臣召穆公和周定公一同执政，年号为共和。共和元年（前841）为中国古史有确切纪年之始。共和十四年（前828），厉王死于彘，周、召二公共立太子静为王，是为周宣王，共和乃告结束。谢贞盘在《西婆罗洲大唐总长罗公芳伯纪念碑记》一文说的"共和效昔，周召之遗"所言即此。

中国自西周以来两千多年的封建社会中都是"朕即天下"和"世袭罔替"的封建帝王统治，再也没有出现过这种"两个臣子说了算"的共和时期。清末革命党要推翻清朝，孙中山最先提出了"驱除鞑虏，恢复中华"的口号。有人批评其排满思想不合世界潮流，应该效仿欧美的做法建立包容不同种族的民主政府。文人们引经据典找出了中国历史上曾经有过这么一个短暂的"共和"时期，孙中山接过来便有了"五族共和"的设想。若细论这个"共和"的原始样本，是两个臣子共同治理国家。即便孙氏的"五族共和"口号，也不过是希望各民族和解共存之意，与英文"Republic"之原意"公众事务"有所差异。

辛亥革命成功之后，帝制消亡民国新立，"共和"一词风靡天下。1912年林凤超首先在其所撰《坤甸历史》中称罗芳伯所创建的兰芳政权"有共和性质也"，又称"罗、江、阙、宋，揖让而为大唐总长，约五十余年。此五十年间，有完全统治权，不失为小共和国体"。温雄飞《罗芳伯传》作于 1930 年，文中也称"当芳伯盛时，有英人至其地，谓此天地会组织之共和团体统治下之民众，有十一万人焉。呜呼盛矣"。罗香林亦认为，"罗芳伯等所建之兰芳大总制，虽为一完全自主之共和政体"，但在创立之初，罗芳伯曾设想扩充国土后归附祖国，又规定公司的头人必须由嘉应州人氏担任。有这两点限制，故而"终乃成为附有条件性之共和国焉"。他们所说的"共和"，就是民国初期与"帝制"相对立的政体。两者的主要区别，在于"独裁世袭"与"公议共举"。至于 Republic 所包含的"公共事务""民主选举"和"自由平等"等含义，在"共和"一词中确实未能体现，当时的学者们也可能缺乏细致探究。20 世纪中期之后，文明进步的潮流遍及世界，实行民主共和制度的国家越来越多，共和制国家的机构设置越来越合理完善，中国人对"共和"的内涵也逐渐有了充分的认识，故而朱杰勤、温广益和罗英祥等人对罗芳伯创建的兰芳公司被称为"共和国"颇不认同。

笔者认为，上述持两种不同观点者对"共和国"的内涵理解有差异，可能是导致结论不一而产生争论的主要原因。前者认为，只要这个政权的执政者不是某个人终身的独裁专制，他的政府在一定范围内独立行使管治职权而不需听命于某人，就可以称为独立的共和国。而后者认为，必须要有土著居民而不是外来者选举的领袖，还要有立法、行政、司法等机构设置，要有宪法和完善的法典，甚至要有正规军、海关和外交使团等等因素，才能称为共和国。于是有人为了凑齐这些所谓"立国要素"，凭空捏造出"罗芳伯为了学习西方民主，曾经去希腊雅典取经"；说某年英国《泰晤士报》载文称"兰芳共和国"；有人撰文说"兰芳共和国"是亚洲最早的共和国，比美国还早十年；也有人说"兰芳大总制于某年发行了货币"；有人硬将兰芳公司的议事厅升格为"国务院"；有人给兰芳公司起了个"兰芳"的年号，生造一个叫"陈兰伯"的首任头人，或者给罗芳伯造了一个叫"罗兰伯"的哥哥，来说明"兰芳"之取义由来；又有人称罗芳伯为"兰芳共和国的国家元首"，记载他去世用了中国古代帝王专用的"薨"字；有人为了说明罗芳伯忠于祖国，生造了兰芳公司多次派人回国向清廷表示效忠等许多情节，给罗芳伯及兰芳公司这个"神像"涂上了一层滑稽的油彩。

笔者认为，首先应该承认它是当时的一个国。因为在 18 世纪中期，西婆罗洲的社会发展较为落后，还没有出现统一的国家，只有许多分散的小政权，史书上都把它们称为"国"。例如谢清高在《海录》中记录了爪哇国、太呢国、吉兰丹国、文莱国、苏禄国、昆甸国、万丹国等七十多个小国。当然，这些小国与现代国家的内涵有很大的区别。其次它是一个独立国，因为兰芳公司在辖区内已经独立行使管治权而不必听命于苏丹、土王和公班衙（后期除外），也不必听命于中国皇帝。再次它没有世袭的国王，只有由公举产生而且需要接受监督和约束的"大哥、二哥、尾哥和老大"。也曾出现过候选人落选（谢桂芳）和领导人引咎辞职（古六伯）的实例。国政不是由大哥一人独断，而是由二哥、尾哥和老大等依公议决断而行，因此它的国体不是封建王国，而是有"共和"性质的小国。至于它的政权机构，虽然只有总厅、副厅、财库、裁判所、关栅、大哥、二哥、尾哥、老大等初步的框架，但它的行政手段如征税、开矿、办学、断案和执法、外交、战争动员等主权国家职能却正常行使百余年。正如罗香林在《西婆罗洲罗芳伯等所建共和国考》所说，"罗芳伯中央政府的组织结构是很简单的""显然没有类似宪法的东西""不晓得是否有像美国的汉密尔顿和杰斐逊这样的政治家或法律学家，来帮助他完善统治工作"。此外，尽管迄今已发现与兰芳公司同时期的大港、和顺、三条沟等公司发行了"公司钱"，但还没有找到兰芳公司也发行了货币的证据；再加上兰芳公司只有民兵而没有常备正规军，所以罗香林认为它的政府是一个介于民主和开明专制之间的政府，只能算是一个初具雏形的"小共和国"。

根据上述事实，可以归纳出东万律兰芳公司确实具备了领土、人民和主权这三个建国要素，而且设置了两级政府机构和官员进行了长期有效的管治行为。它还设置了司法机关、军队、边防、口岸、税务机关等具有国家机器功能的架构，进行过开疆拓土和保卫家园的多场战争，已经具备了近代主权国家的主要特征。加上它的政府不是一个人说了算的独裁统治，领导人也不是世袭制而是选举制，而且确有最高领导人（古六伯）引咎辞职和候选人（谢桂芳）落选等民主政治的实践。因此笔者认为，东万律兰芳政权可以定性为独立的、具有有限民主的自治政权。而同一时期在西婆罗洲存在的多个华人公司，除了规模极小的几个之外，和顺公司、大港公司、三条沟公司等规模较大的公司都一样可以被称为共和国。

兰芳公司的领土面积

关于东万律兰芳政权全盛时期的领土面积，有学者认为多达六万平方公里，亦有人认为只有四万平方公里。笔者详细研究前述所有文献记载的有关地名和地理位置，又赴西加里曼丹省实地调查后认为，东万律兰芳政权的领土面积可能远没有这些学者主张的这么大，或许只有不到两万平方公里。

据温雄飞在《罗芳伯传》中的描述，当时东万律兰芳政权的领土范围是："计所统辖者，东界万劳，西界卡浦斯河①，南界大院、上侯、双沟月，北界劳劳、山口洋、邦戛，纵横数千里，成一独立国焉，时清乾隆四十三年，一七七六年也。"又称其行政机构设置为："以东万律可耕可牧，可工可商，定为首都……郡邑则坤甸，新埠头设副厅，其余若南吧哇、松柏港、淡水港、万劳、打唠鹿、山口洋、邦戛及治卡浦斯河之双沟月一带皆设县治。"又称吴元盛助罗芳伯"击败米仓下、松柏港诸敌，与有力焉。后又次第勘定兰腊、万诸居、斯芳坪、无名港、滑崇、高车、新埠头及南吧哇等地，复循加吧士河略定泻敖、存笃诸地。"温雄飞一文所述兰芳公司领土东界万劳，按万劳今属默拉维（Melawi）县，已远至与中加里曼丹省接界处，据查兰芳公司的内部文件从未提及此地名，似无可能属兰芳所辖。又称西界卡浦斯河，而卡浦斯河是自东北向西流入大海，且在东万律之南部，"西界"的说法明显错误；而山口洋、邦戛与三发，一向为大港公司和三条沟公司领地，未有证据证明曾为兰芳公司所辖。故温雄飞所言谬误甚多，又未注明依据，似不可全信。

据叶祥云传抄的《兰芳公司历代年册》，罗芳伯最初据有东万律山心金湖之地，进而取茅恩、山猪打崖、坤日、龙冈、沙拉蛮、阿亦华帝直至打唠鹿附近等处；再取高坪、沙坝达、新港、万那、三叭等处，在三叭附近与万那王划地分治。江戊伯执政时期征战万诸居，刘台二时期开发文兰，两处均为兰芳属地。另据年册记载，兰芳公司设有副厅理政的地区有坤甸新埠头、淡水港、八阁亭、南吧哇、沙拉蛮、仁南、万诸居、新港、万那九处，可以推断兰芳所辖之地域，都在东万律南北和东西外围一百公里左右，并未言及远在东南方数百公里之外的泻傲、新当诸地。也未言及吴元盛据有戴燕、被封为外藩国王之事。其涉及之地域比温雄飞所言小了很多。

据谢贞盘《西婆罗洲大唐总长罗芳伯纪念堂碑记》称："其时大总制所辖，东

---

① 今卡巴斯河。

起加巴士河之新董，西抵海岸，北达邦戛，南暨苏加丹那。举今荷属西婆罗洲，悉隶其范围。"按其所说，则兰芳政权的国土面积，几乎占现今西加里曼丹省①大部，面积可能超过十万平方公里。但其称兰芳国土南暨苏加丹那，则在远离东万律数百公里的南部，据查当时属苏加丹那苏丹所辖，不知谢氏此言有何依据？笔者亦未见有其他学者支持这一主张，谢氏所言似不足信。据罗香林称，谢氏文中的说法，是参考了其发表于北平《禹贡》杂志的《罗芳伯等所建婆罗洲坤甸兰芳大总制考》一文。如果事实真是如此，则谢氏属于引用并赞同罗香林的观点。罗香林自己在《西婆罗洲罗芳伯等所建共和国考》一文中则称："（兰芳大总制）领土所界，东起加吧士河之新董，西抵婆罗洲西海岸，北达邦戛与三发相接，南抵加吧士河流域。凡今日印度尼西亚所属西婆罗洲，多属其范围焉。"罗文所指的兰芳政权地域，南界已修正为南抵吧士河流域，而不是谢氏所指的南暨苏加丹那。罗香林的叙述将兰芳政权领土的南界北移了一百多公里，与叶祥云之记载基本相符，比谢文所载则小了很多。但罗氏所持"东起加吧士河之新董"的说法亦缺乏依据。又称"凡今日印度尼西亚所属西婆罗洲，多属其范围"，则与现实相差更远。

据荷兰学者高延在《婆罗洲华人公司制度》一文中称，婆罗洲华人公司主要分布在西北部的三发、孟加影、南吧哇、坤甸、东万律和万那一带。上侯、新当、双沟月、昔加罗、戴燕等卡巴斯河中上游地区虽有散居的华人，但未见有华人公司活动的记载。婆罗洲西北面之三发、邦戛、打唠鹿、西尼尼、砂令斯、乌乐、百富院和山口洋等地，历来由大港、满和、三条沟等十几个华人公司控制，实际由兰芳公司控制的地域可能更小。而且当时分布在西婆罗洲的许多小政权，包括

---

① 现今印度尼西亚共和国将其所属加里曼丹岛（部分）分为五个省：即东加里曼丹省、西加里曼丹省、中加里曼丹省、南加里曼丹省和最近新分拆的北加里曼丹省。西加里曼丹省（1945年之前称为西婆罗洲）分为十二个县，两个省辖市（坤甸市与山口洋市），总面积约十五万平方公里（略小于现广东省）。综合以上各人所述，有确切证据属于兰芳公司领土的大致为：万那县全部、孟加影县（Kabupaten Bengkayang）西南部、桑高县西部和坤甸县大部。至于有些学者主张将戴燕国领土计入东万律兰芳政权版图，笔者认为理据不足。所以原来属于戴燕国的领土，即现今桑高县大部、塞加道县局部和新当县局部之地域，不应计入兰芳公司领土范围。在地图上以网格法大致测算上述比较确切的兰芳公司所属地域，最多不超过二万平方公里。扣除东北面广阔的原始森林和无人居住的山地，实际有人迹可至、可耕可牧和开矿之地，可能只有一万五千平方公里左右（略小于现广东省梅州市八个县区面积之和）。

华人公司和马来人的小王国,彼此长期杂处共存,并无十分明确的边境划分。因此笔者认为,不宜过分夸大当年兰芳政权所据有的领土面积。对东万律兰芳政权的正面评价,应着重于其对开拓西婆罗洲的贡献和创造共和体制的民主自治精神,而不在于其领土面积的大小。

五、中国式民主的海外实践

"公司"政体与西方民主之比较

罗香林在《西婆罗洲罗芳伯等所建共和国考》一文中说:"兰芳大总制建立之元年,即美洲合众国胚胎之次年;华盛顿率美人谋独立运动被举为第一任大总统之时代,相当于罗芳伯荡平坤甸等地土众,受推为首任大唐总长之时代。兰芳大总制与美洲合众国,虽有疆域大小之不同,人口多寡之各异,然其为民主国体,则无二也。然而美洲合众国,则国力随时代之演进而益增,民生随时代之演进而益庶,名声随时代之演进而益显。而兰芳大总制,则总长再易,即寂然无闻。而且领土日削,国力日衰。仅逾百年,即为荷人所并灭。以视美洲合众国,前者如日月之明,后者如风烛之光。其何故耶?"

罗香林提出的问题,确实值得我们深思。在两百多年前美利坚合众国建国之初,也即是清代乾隆至道光年间,中国人是怎样看待这个新国家的呢?据《美理哥合省国志略》云:

> 美理洲处极西,古无人至。明弘治五年始有伊大利人哥伦布觅地到此。十年复有船主美理哥至此久住,后人即以其名名此地焉。后各国至者渐众,辟地渐广。及雍正十年有十三部落,人口百数十万,皆归英吉利管辖。至乾隆三十九年,新国各部众袶者,因英吉利王勒加税饷,弗忍其虐,会议密约各部出壮丁,整战舰,立华盛顿为帅。于乾隆四十一年檄告各国,与英人拒

战。至四十九年英吉利王知新国终不可胜，遣大臣讲和罢兵。乃于乾隆五十三年会议，立定一国，之首曰统领，其权如国王。四年一代，不世及。各部之首曰首领，其权如中国督抚……凡公选公举之权，不由上而由下。都城有议事阁，有选议处。统领任满，如无贤可代者，公举复任。或身殁，或自解任，则以副领当之……举人之法，各书所欲举，置瓯中，临时启之，举多者入选……

以当时中国人的传统眼光看美利坚立国，就像听故事一般，与现代人的感觉十分不同。现在的历史资料说美国立国之前一百多年，有一批为英国教会所不容的分离派教徒、契约奴和贫民（其中有英国人、法国人和爱尔兰人），为了寻找和开创自由生活的土地，自费乘坐"五月花号"木船由英国漂洋过海来到北美洲，于圣诞节后一日在普利茅斯登岸，成为第一批移民。在他们登陆之前，北美洲的土著居民印第安人已经在这片土地上生活了数万年。此后数十年间，陆续有更多欧洲人来到北美洲，慢慢形成了欧洲移民聚居的十三个殖民地。这些移民在北美洲土地上艰难求存，有时互相争斗，有时也与土著印第安人发生战争。这一点与罗芳伯及其他华人在西婆罗洲遇到的情况非常相似，甚至华人到达西婆罗洲的年代，比美国先民抵达北美洲还要早，两者很有可比性。

首先比较两个政权的缔造人。美国的"国父"——开国总统乔治·华盛顿出生在北美洲殖民地弗吉尼亚，从小受到良好的教育，具备了良好的道德修养、科学知识和健全体魄等领袖人物的素质。他在二十岁时继承父业，成为一个小农场主。不久又参加了英、法之间的"七年战争"，以卓越的军事才能获得上校军衔，还当上了弗吉尼亚参议员，退伍后又通过婚姻获得妻子家族的一大批奴隶和六十多平方公里的土地，成为弗吉尼亚最大的种植园主。此后十五年他努力经营农场和作坊，积累了丰富的管理经验。1774年的"大陆会议"前夕，华盛顿正是以其名望和才干被推举为弗吉尼亚的代表出席会议。在历时八年的独立战争中，华盛顿把一支组织松散、训练不足、装备落后、给养匮乏且主要由地方民军组成的队伍，整编和训练成为一支能与英军正面抗衡的正规军。通过特伦顿战役、普林斯顿战役和约克德战役等一系列苦战，取得了北美独立战争的胜利，展示出卓越的军事指挥才能。更加难能可贵的是，美国独立建国后华盛顿知人善任，采纳和支持亚历山大·汉密尔顿、托马斯·杰弗逊等政治、法律和财政专家的意见，迅速完善了合众国的制度典章建设，奠定了国家的基石和方向。功成后华盛顿又能主动退位让贤，因而造就了一个崭新的国家和一位开明的领袖。

反观兰芳公司的缔造者罗芳伯，原是中国岭南山区一个农民家庭出身的青年，从小就饱受生活的磨难，没有受过良好的教育，虽然在私塾读过一些书，主要是为了应付科举考试而学习的八股文和诗词，对于自然科学和社会科学的理论知识可以说是不甚了解。在异国他乡，罗芳伯为了求生存而率众奋斗，拥有一片领地之后却安于现状，只求自保而无长远的建国方略，更缺乏完善的统治机构、放眼世界的远大理想。罗芳伯手下的兄弟，基本上都是农民出身的淘金工人，有些甚至是目不识丁的文盲。即使有一些从中国聘请来的教书先生，也仅仅能够从事教书识字的工作。根本没有像当年华盛顿的幕僚汉密尔顿和杰弗逊那样的学者和专家，来帮助他建立和完善典章制度。特别是第二代领导人江戊伯乃一介武夫，虽能如三国时魏将张辽"威震逍遥津"那般震慑唠子（达雅人），却忽视了"偃武修文"和进一步完善统治制度，之后继任的领导者个个胸无大志，只知安享太平而不思进取，一代不如一代，导致东万律兰芳政权"如风烛之光"，最终被荷兰军队所灭。

美国的成功确实影响了世界文明的进程，美国人也自诩具有最完善的民主制度，满世界推行所谓"美式民主"的模式，甚至不惜动用武力强行入侵别国，复制和培养美式民主政权。事实上经过几百年的社会实践，美式民主的弊端越来越为世人所认知。而通过武力介入而扶植起来的亚洲和拉丁美洲的许多美式民主国家，数十年甚至上百年也未曾进入世界发达国家的行列。而中国式民主早在美式民主问世之前，就在西婆罗洲有过百余年的实践，它的成功和失败都值得后人研究。把两种民主制度放在同一时期进行比较，也有其积极意义。

民主政治最重要的特征是领导人选举方式和决策机构设置。先比较一下两者的选举方式和机构设置：最早的美式民主的选举方式是代议制选举，先由十三个殖民地每一地推举出一位代表，十三位代表齐集费城，再推举华盛顿为总司令。由他带领大陆军与英军战斗，经过八年艰苦作战，最后才取得胜利。1787年他主持制定宪法，1789年被选举为总统。而美国式三权分立和两院制民主制度及其他治国典章的完善，是在建国后数十年间逐渐累计完成的。

就在1787年华盛顿制定美国宪法的前十年，罗芳伯于1777年创立了兰芳公司。群众推举罗芳伯为大哥，文字称谓为大总制，他率先主持制定了一套法律、政府架构和公司领导人选举制度，可见中国式民主政治的形成最少早于美国十年。这也可以说明民主政治并非美国人最早发明。

在选举制度方面，虽然《兰芳公司历代年册》中没有明确记载华人公司的选举方法，但按一般民间的习惯，方式是"推举"，也就是自下而上的选举。但没有证据证明它是一人一票还是举手表决，抑或是少数人的暗箱操作。不过，兰芳公司及和顺总厅领导层确实出现了候选人落选（谢桂芳、胡阿禄、朱凤华、廖二龙等）和领导人引咎辞职（古六伯、刘贵伯）的实例记录。而对于三发地区的大港、和顺公司选举过程，荷兰人留有详细记载：为了选举与荷兰人谈判的首领，几百名代表争吵了几天，最后才由亲荷派候选人郑宏胜出。整个过程的民主气氛，与后来美国的国会辩论相比，恐怕有过之而无不及。

另据荷兰学者高延的记载，1855年西婆罗洲的华人公司除了兰芳公司之外，其余已全部被荷兰人消灭。这时打唠鹿地区出现了一个秘密组织，名字不叫××会，而是叫作"义兴公司"，后来也被荷兰人查获取缔。据高延掌握的资料，义兴公司在一张空白纸上写道：

天运××年。义兴公司欲立上长，×月×日立照：
大哥＿＿＿＿，二哥＿＿＿＿，先生＿＿＿＿，先锋＿＿＿＿，红棍＿＿＿＿，议事＿＿＿＿，
柜匙＿＿＿＿，代柜＿＿＿＿，代收柜＿＿＿＿，草鞋＿＿＿＿。
兹本公司内众兄弟欲立诸人为上长，今议定着理宜声明：倘诸上人有违法不公平，不宜理立为上长，祈诸会弟务必出头阻止，方无后患，而后可以改换别人。
是为告白。

这是一张类似于选票的单张纸，会员有权推荐自己拥护的人担任相应职务，同时也有权罢免不称职的上长而改选别人。笔者认为，这也是一份难得的原始资料，对西婆罗洲华人公司的民主和选举方式研究大有作用。这份文件（选票）同样隐藏着极其丰富的信息，可以让读者了解南洋华人社会自立自治的组织形式及其内容。从文字上大致可知，义兴公司此次要选举（立）的领导层（上长）有正副首领（大哥、二哥）、军师或参谋（先生）、执行长（战时先锋）、监察长（红棍）、议员（议事）、秘书处（柜匙、代柜、代收柜）和基层干事（草鞋）。它的

组织形式和功能设置已经和近代国家政权机关极为相似。这种设置应是吸收了中国国内民间会社和江湖组织机构特征的混合产物。特别是告白中声明的一段话，透露出华人秘密会社组织同样也具有民主共和精神。高延指出，华人秘密会社的极端民主精神与公司制度同出一辙。

中国式民主的海外实践

西婆罗洲华人公司虽然与美利坚合众国成立之初可有一比，但最终后者取得成功而前者失败。兰芳公司能在海外异邦之地生存一百零八年，大港公司和三条沟公司也生存了八十余年，必有它的成功之处。究其原因，首先得益于中国人在长期的贫困生活与封建压迫下养成的吃苦耐劳和开拓进取精神。华人矿工以举世罕见的劳动强度和节俭持家的忘我精神，在异邦开基立业，繁衍后代。如此顽强的生命力足以让当地其他民族相形见绌。其次，华人公司能在异邦立足并开拓一片天地，也有赖于华人公司脱离了中国几千年的封建枷锁，在没有皇帝和朝廷管辖的地方采取了开明和自由的政策，特别是在矿业和农业经济中不必像中国农民一样深受山租、地租和苛捐杂税的盘剥，人民的积极性大大提高。华人独立自治的社会管理方式释放了巨大的生产力，相比中国粤东地区的农村，西婆罗洲的粮食、油料乃至肉食等食物明显充足，民无饿死之虑。再次，得益于热带气候所赐，夏无酷暑冬无严寒，人免冻死之忧。相对自由和民主的政治结构也促成了比较稳定的社会形态，领导人的更替不需要通过破坏性极大的革命手段来实现，而是通过高层的斗智博弈来完成执政者轮换和政策改变。这些都是华人公司能在异邦生存上百年的成功经验。

与中国长期处于闭关锁国的专制统治之下不同，北美洲的早期移民都来自较为开放自由的欧洲。那时的欧洲经历了文艺复兴时期的思想解放运动和社会生产力的进步，资产阶级队伍和自由主义思想已经发育成熟，社会的文明程度较高，个人要求独立自由的愿望比较强烈。虽然北美洲的移民在英国政府的殖民统治下还被压迫剥削一百多年，各个殖民地都有英国皇室派遣的总督，但由于移民中的资产阶级已经形成，在社会要求改革的压力下，各殖民地都成立了议会机构，管治方式也趋向民主和法制的方向。直至后来发生了著名的"波士顿倾茶事件"，1776年北美洲的十三个殖民地宣布独立，殖民地与宗主国（英国）之间进行了长达八年的"独立战争"。大家都不愿意臣服于英国皇室,而是毅然决定建立一个全新的民主合众国,选举产生领导人(总统)自己管理自己,以西方民主、自由和科学精神立国。

据资料介绍,最初成立的美利坚合众国也不是那么完善。独立战争发生在1775年4月18日,当时殖民地的人民几乎是赤手空拳与强大的英军开战。华盛顿临危受命组织大陆民兵抵抗英军,在战事极不明朗的情况下,十三个殖民地的代表举行"大陆会议",仓促宣布独立建国,除了大陆会议所通过的《独立宣言》之外,有关新国家的构想蓝图和制度规划几乎无一具备。后来大家看到的建国文件、治国法典和合众国机构设置等等细节,也是经过长时间逐步制定和修改完善的。其间有许多像汉密尔顿和杰弗逊那样的政治家和法律专家,起草和制定了许多法典文稿,后来才有我们看到的较为完善的民主共和制度。

反观罗芳伯、谢结伯、刘正宝、朱凤华及其他几个华人公司的领袖,虽然他们与北美殖民地领导人几乎在同一时代碰到了相同的机遇,而且没有受到宗主国(清廷)政权的压迫和控制,自主创立了兰芳、大港、和顺、三条沟等华人公司这种民主共和的雏形政权,却因为深受千余年封建统治传统的影响,思想保守落后而且故步自封,不图进取、学习和发展。面对欧洲强敌荷兰人的坚船利炮,不仅没有团结一心共同对敌,反而尔虞我诈、互相倾轧,最终被敌人各个击破而全军覆没。这也从另一个角度证明,一个政权的成功与否并非取决于某种制度,民主制度之下如果没有思想解放和科学进步,没有优秀文化和人才辈出,没有适应历史潮流的灵活政策,那么再好的机遇也把握不住。正如林凤超《坤甸历史》文中所引民谣:插伯企厅太差矣!州府交分台二企,大家兄弟无见识,桅杆扯起三色旗。寥寥七个字的"大家兄弟无见识",已经将西婆罗洲华人政权失败的原因一语道尽。

虽然西婆罗洲华人政权仅仅如"风烛之光"在人类历史的长夜中一闪而过,但它的意义并不亚于华盛顿及其他北美洲移民创建美利坚合众国。可惜百年以来,正如罗香林所言,因为正史没有记载,中国学者对兰芳公司及其他华人公司的历史意义认识不足,很少有人对其进行深入研究,许多人连罗芳伯和兰芳公司之名都没有听说过。也很少有人知道,远在万里之外的印度尼西亚共和国西加里曼丹省,至今还生活着五六十万个公司时代的华人先辈后裔。还有些人只知批评和贬低自己同胞的简陋,却一味羡慕和美化他人的辉煌,罗香林称"发潜阐幽,其亦后起之责焉",斯言诚哉!

第四章
瞭望东西方：文化信仰与政治态度

那么，西婆罗洲华人的文化信仰与政治态度如何？他们又是如何对待清廷与荷属东印度殖民政府的？本章将为大家一一说明。首先来看西婆罗洲华人公司与清代粤东民间组织的渊源。

一、多如牛毛的"会"与"社"

清代粤东民间组织"会"多如牛毛，而"社"仅仅是指民间地域单位。据笔者从小的认知和多年搜集到的史料，粤东客家地区从清乾嘉时期至民国时期，群众自发组织的"会"，比如"互助会""兄弟会""老人会""伯公会""关帝会""文成会""观音会""祝庆会"等，不胜枚举。综合梳理一下，这些"会"有几种形式：

经济互助会

在粤东农村，老人去世需要殓葬费用，还要请和尚或道士追荐亡魂，族内叔侄婶嫂帮忙料理要付红包和吃饭等，是一笔较大的开支。假若老人去世后家中穷苦，则将陷入无钱办丧事的尴尬境地。为解决老人去世带来的财务支出问题，粤东农村发展出了一套自己的经济互助模式。假设某村有二十户人家，其中六户家中有六十岁以上老人。这六户人家中由某一户发起（会首），经过大家协商同意组织一个"老人会"（起会），商定每户为一份（也可以认双份），每份每年出资五块银圆，六户每年共可集资三十元。起会当日大家先交五元，并"拈阄"（抽签）决定拿钱（得会）的先后顺序。最先得会的人（得头会）拿到三十元，要备一桌酒菜请大家吃一餐饭，叫作饮会酒。大家吃饱喝足后高兴地回家，拿到头会的人家则可以预先为老人购买棺木、寿衣等物，减轻老人去世后家中的负担。第二年到了"开会"那一日，大家又聚集在"得二会"的人家，每人再交五元（得了头会的人要附带交上年利息）。得二会的人家也拿到三十元，加上年利息，大家照样饮会酒高兴一日。如此类推下去，先拿了钱的人家每年依旧要出五元（垫会）和利息。最后拿钱的人（得尾会）也可以拿到三十元和五年的利息。第六年开会后大家清算完毕，这个"老人会"解散。这种会可以看作是民间的经济互助会。

神庙会

下图所示的"观音会"史料，是笔者故乡本家族谱附录的一页，记录了光绪初年本族人的一个民间信仰神会信息。这个名为"观音会"的组织由本族福锦、福钏和福锜等十人为股东，共十六份（股），筹集资金二十两零九分银。这些钱用于放贷，分别借给瑞吉、远扬、长秀等五位（可能是商人），每年可得利息三

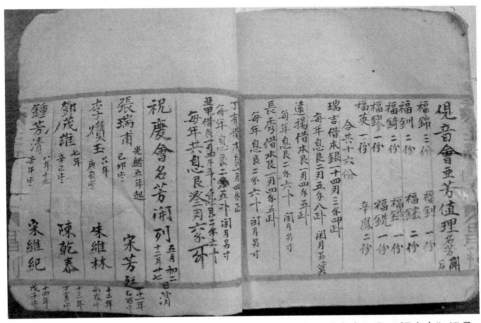

"观音会"和"祝庆会"记录

两六钱一分银。本会由亚芳（福锦之子）值理，利息应该是用于维持观音宫每年几次祭祀崇拜活动的开支。

上图左侧"祝庆会"资料，记录的是由本村张瑞甫、李燧玉、邓茂雄等十二位股东出资买下水稻田六处，分别租给陈亚二、谭亚福、林亚凤等六人耕种。每年可收租谷合两千三百三十斤（要交给官府粮银一两六钱），每个佃户应另交年肉、年鸡银两分。租谷应该是分给股东过年过节食用，年肉、年鸡供年节"开会"时拜神祭祖和聚餐食用。消会日期为五月初二和十二月二十七，都在过年过节前夕，可以佐证它的性质是为"祝福庆节"。

下图史料所示的"关帝会"也是合资成立的拜神会，由钟芳腾、邝森伍、张荣光等九人合股，出资买田八亩余，租给邱文伯和侯琦元耕种，每年可得租谷一千五百斤。消会日期为五月十二，租谷按理是作为祭拜关帝庙的费用，其中值理人罗善廷或是庙祝，得谷五十斤。

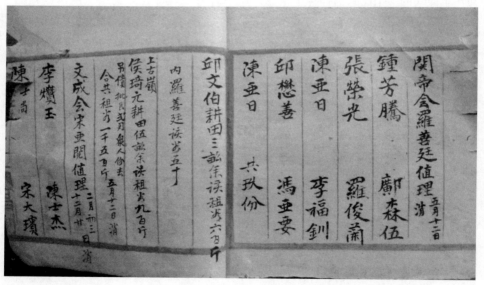

"关帝会"记录

兄弟会或姊妹会

笔者小时候耳闻目睹，知道家乡有兄弟会组织。譬如，几个志趣相投的男人，备了香烛酒菜，对天发誓结为兄弟，承诺一生都要互相帮助；此后彼此按年龄大小称兄道弟，后辈则须称长辈为叔伯，逢年过节家人互相来往，遇事也往往出手相助。妇女之间亦有姊妹会，几个闺中密友结为姊妹，时有来往互助，但一般不涉及家庭。20 世纪 60 年代之后以上各种会已基本绝迹。

粤东客家地区的"社"在明清时期是按地域划分的社会单元，类似清末民国时期以及当代的自然村，是由民间自然形成的。每个社有它的名字，比如：罗芳伯故乡嘉应州石扇堡清代有黄竹社、大岭社等十五个社。一般每个社设有一座"社神"庙，俗称"社官老爷"。有些社除了社神庙之外还会有一两座神庙，最常见的就是"观音宫""伯公坛"和"关帝庙"，这些神明是全社（村）的守护神，长期享受村民的香火及供奉，后文有详细记述。民国后政府加强对地方管治的力度，"社"变成基层政权单位，后又逐渐被"村"取代。20 世纪 50 年代初，中国普遍实行农业合作化，曾一度将农村合作经济组织命名为"农业合作社"，后来又发展成为政经合一的社会组织"人民公社"。1980 年之后行政架构进行改革，又恢复行政村建制（可能包含几个自然村）。"社"在中国农村几乎消失。

从上述几个"会"的组织形式和性质来看，只有少数"会"比如老人会、祝庆会等是以经济利益为目的，大多数涉及信仰和人际关系方面的组织比如观音会、关帝会、兄弟会、姊妹会等，可以视为社会组织。袁冰凌《中国人的民主》引用荷兰学者的调查称，西婆罗洲华人最初的小型合伙经济组织（金湖或山砂）也叫作"会"，后期规模壮大之后才改称公司。另外在华人定居点必定有一两座从家乡请过来的神和庙，也相应由类似的观音会、关帝会进行管理。由此也可以看出这些华人公司的"会"和神庙的根源来自家乡。

罗芳伯建立了兰芳会？

罗芳伯是否建立和领导过"兰芳会"这个组织？这个问题中国学者有过探讨。在兰芳公司内部文件《兰芳公司历代年册》中，"兰芳会"这个名称出现过一次，且意思有点模糊：

> 罗太哥以打唠鹿之形势如锅，不可急图，须待釜沸，方可以破其釜，遂引兵而回。至倒河，江戊伯引接济之兵又到。罗太哥言其时势不能骤平，遂合兵而回东万律。至今打唠鹿仍有山名兰芳会紫云。

打唠鹿有座山名叫"兰芳会崬",与这次"合兵而回东万律"有何关联?按客家话崬(Dong)即是山峰,那么"兰芳会"是什么意思呢?笔者认为此处之"兰芳"是年册的作者暗指江戊伯(暗喻兰和营)和罗芳伯,而"兰芳会"应当是指罗、江二人会师,合兵而回东万律。这座山的名字,似乎有纪念这次会师的意义。

荷兰学者威特教授在其著作《西婆罗洲》中断言,兰芳公司和大港、三条沟等华人公司内部均存在会社组织,他还特别指名东万律有"兰芳会"的存在。袁冰凌《中国人的民主》中也引用威特的说法,据称他从打唠鹿早期历史的研究中发现,罗芳伯大约在1774年曾在打唠鹿地区领导一个农民协会,名字叫作"兰芳会"。后来因为利益冲突,与福佬人刘三伯领导的江湖组织"天地会"在黄梨崬大战一场,兰芳会大败。罗芳伯逃到南吧哇附近的乌山,重新聚集原来的一帮兄弟,后来在东万律创建兰芳公司。当年兰芳会在打唠鹿的据点,据说就在兰芳会崬附近。

但是笔者在东万律和松柏港考察时仔细查问当地华人,发现原来罗芳伯与江戊伯会师的地方"倒河"(Toho)是在东万律西北约二十公里处。而打唠鹿附近的"兰芳会崬"则远在东万律西北六十公里之外,与倒河相距最少四十余公里。若是为纪念罗、江二人会师而命名,此山应在倒河附近,不可能远在几十公里之外。因此"兰芳会崬"不是为纪念那次两军会师而命名,而是另有所指,极可能是指"兰芳会"这个组织。而年册中对兰芳会崬之名来自"罗江会师"的说法,恰恰暴露了编撰者刘阿生和叶祥云企图掩盖罗芳伯曾在打唠鹿被刘三伯打败的历史事实。

究竟罗芳伯在创建兰芳公司之前,是否建立过"兰芳会"这个组织?笔者认为极有可能。首先叶祥云《兰芳公司历代年册》称:"罗太哥目击时艰,深为握腕,思欲邀集同乡进据一方者久之。既而有同心者一百八人",后文又称:"刘台二甲太,广东嘉应州人也。为罗太哥同时兄弟中年最幼者。"笔者认为,文中所称的罗大哥同时兄弟,极可能就是兰芳公司建立前与罗芳伯结拜的兄弟。

究竟罗大哥同时之兄弟有几个人?现有史料并无明确记载。年册记载说"有同心者一百八人",有学者说这一百零八个人就是早期"兰芳会的成员",此说法有些牵强。集会结社现象在当时的中国社会已很普遍,粤东客家地区的民间会社组织也多如牛毛。不过最为普遍和有影响力的还是"结拜兄弟会"。几个青年男子意气相投，交往日久彼此就会产生仰慕之心，往往会以共同的志趣为纽带而互称兄弟。继而按照古人的传统，备了香烛和酒菜，对天发誓要以诚相待，然后在喝酒吃肉中完成结拜仪式。比较讲究的会由各人写了年帖（出生年月日），互相交换以确认长幼称呼，谓之换帖。中国社会自古以来就有民间会社组织的存在，其中最普遍的也是结拜兄弟会。历史上最著名的有《三国演义》所表现的"刘关张桃园三结义"、《水浒传》里描绘的"梁山泊一百零八个好汉"，都是结拜兄弟的典型例子。就连近现代史上真实的人物洪秀全和蒋介石等人在进行政治活动时，也借助"换帖""义结金兰"等结拜兄弟的形式来团结核心力量，巩固自己的班底人马。有学者把这种隐性政治组织称作"江湖"，也可以看作是现代政党活动的雏形。

西婆罗洲人大都来自粤东地区，在异邦他乡之地谋求生存，集会结社的愿望比在家乡时更加强烈。笔者认为"兰芳会"这个结拜兄弟组织极有可能存在。至于这个组织的性质和人数，兰芳会在罗芳伯创业初期可能是秘密的江湖组织，人数在八人至十八人之间或更多都有可能，等到正式建立之后，兰芳会可能已转化为公开的组织，人数必然会更多。有几位曾奠定兰芳会事业发展基础的开国元勋如江戊伯、阙四伯、宋插伯和刘台二等人，后来也担任过重要职务，他们极可能是兰芳会的核心成员。兰芳公司到了后期特别是刘台二接受荷兰人招安之后，领导核心已经松散，笔者认为兰芳会那时已经消亡。

罗芳伯与"天地会"

温雄飞在《南洋通史·吴元盛传》中称：

> 罗芳伯者，与元盛同里，恶满人横暴，常思斩干伐木而起。元盛闻知，深与契合，号召四方豪杰，拟举兵如朱元璋驱除胡元也。事泄，官兵逮捕急，不得已，乃率党羽驾帆南渡，抵坤甸属沿海南吧哇，调发部众，从事掘金。招罗同志，拜盟结义。

如此有声有色的记述，如同作者亲历。他在《罗芳伯传》中又记载了罗芳伯未去婆罗洲前，因为受天地会之影响，才萌生了南渡婆罗洲的想法：

而天地会则潜伏民间，传播民族国家思想。故郑成功、朱一贵、林爽文据台湾之事迹，尤为辍耕倚啸之徒所乐道。芳伯盖闻其风而兴起者，辄攘臂奋然曰："大丈夫安能日处异族淫威之下，局促如辕下驹哉？行当浮海外洋，觅一片干净土，为我汉族男儿吐气也。"

如此拔高罗芳伯的说法，完全是受了民国初期排满思想的影响。他甚至记载芳伯到达婆罗洲之后，即以天地会名义组织活动：

乃辟地而居之，纠合同志，拜盟结义，潜植势力，以待时机，奋力扩广天地会之制度于兹土。盖远离清人势力，可以公开，无须秘密也。

又记载了罗芳伯建立兰芳公司时，部下请其称王，芳伯曰：

以此来徼幸得片地于海外以立足，乃众同志拥护翊戴之功，今拥名号以自尊，是私之也，非天地会之制度所许。

如此再三把罗芳伯与天地会扯上关系，可见作者认定罗芳伯已加入天地会并在坤甸扩大天地会的制度无疑。可惜温氏在上述二文中均未开列证据，或注明由某文转载，来说明罗芳伯与天地会确有关联，令其可信度大打折扣。有些人受这个观点影响，撰文时说罗芳伯以天地会之名义在南洋组织"反清复明"的活动，借此抬高罗芳伯及兰芳公司的政治地位，甚至给他戴上一顶"华侨民族革命先锋"的桂冠。近年有人甚至撰文坚称"粤东潮、揭地区是天地会发祥地，罗芳伯出洋前就是天地会的会员"，又将东万律兰芳公司说成是一个"脱胎于天地会的反清复明组织""大唐即是代表大明""总长即是天地会总理"，还说兰芳公司总厅不过是"洪门山寨机关的遗制"等。罗芳伯究竟有无参加天地会组织？最原始而且较为可信的史料《坤甸历史》和《兰芳公司历代年册》均只字未提及，罗香林等学者也在论文中否定了罗芳伯参加天地会的说法。笔者对此亦持否定观点。天地会在清末至民国初期被炒作得沸沸扬扬，当代许多文艺影视作品也对其大肆渲染，民间传说也对这个秘密组织添油加醋，真真假假让人难辨其真实面目。

近年有资料说，天地会最初来自传说，并非真有这个组织。传说康熙年间，朝廷征调福建莆田南少林寺几个武僧为军官，远征西藏，凯旋后朝廷虑及这些武僧武功高强，恐为后患，意欲将其除灭。于是，使人诬告这些人意图造反，派八旗兵火烧南少林寺。有五个南少林俗家高手逃脱不死，从此痛恨清廷，誓言报复。他们请万云龙做首领，陈近南做军师，建立洪门，此五人成为"洪门五祖"。入会者对"天地父母"立誓，以反清复明为己任，故称天地会，又称"洪门"，尊郑成功为开山老祖。

中国人民大学秦宝琦教授的研究成果称，乾隆二十六年（1761），福建僧人提喜，俗名郑洪义，化名万云龙，在福建云霄高溪创立天地会，号召反清复明。万云龙白日诵经礼佛，夜晚聚众赌博，积聚银钱，密谋起事。乾隆三十三年（1768），万云龙派手下卢茂，率部众三百余人攻打漳浦县衙门，事败被杀十余人，其余三百人被捕。乾隆三十五年（1770）春，万云龙扶植明朝宗室后裔朱振兴为"振兴大王"，密谋起事。不料官府得到风声，派兵搜捕，朱振兴全军覆没。万云龙两次起事皆败，折损部众数百人。其手下众人被捕时，畏惧万云龙报复他们的亲属，都不敢供出主谋。万云龙继续佯作僧徒，依然于庙中饮酒狎妓，安居行乐，官府浑然不知。万云龙死后，其子郑继接管天地会，法号"行义"。

直至乾隆五十一年（1786）台湾林爽文事件后，朝廷敕命严查闽台两省会党组织，揭露上述两次起事主谋为万云龙。其子行义被捕，天地会才被世人所知。之后天地会成为地下秘密组织，百余年民间许多反清起义事件，比较重要的有咸丰广西大成国起义、升平天国起义、厦门小刀会起义和上海小刀会起义，其领导者均以天地会作为号召。辛亥革命时期，天地会及海外洪门组织也曾积极参加革命党人领导的武装起义。民国后天地会逐渐演变成江湖秘密组织，被黑社会所利用。

罗芳伯于乾隆三十七年离开家乡前往西婆罗洲，当时粤东客家地区未有天地会活动的迹象（罗香林语）。那位坚称"粤东潮、揭地区是天地会发祥地"的作者，也没有提出有力的证据支持自己的观点。粤东某些地方的志书虽有一些乾隆时期发生"寇变"的记载，但并无一宗有证据表明是由"天地会"组织并以其名义为号召。西婆罗洲兰芳公司及其他华人公司的组织形式，一般都是公开的集会议事，有重大决定一般也会大张旗鼓地在总厅祭神后宣布（高延语）。正如读者所见，东万律兰芳政权所有官职名衔和称呼，如伯、大总制、大哥、二哥、头人、财库、尾哥、老大、书记、军师、兄弟等，以及官舍设置名称如公司、总厅、副厅、裁判所、关栅……均取自中国清代民间社会的习惯称呼,而没有天地会流传之"香主、香堂、元帅、总理、红棍、白扇、草鞋、新丁"等等隐秘的称呼,也没有所谓"歃血拜盟、对天地起誓、切口、暗语、手势和辈分"等江湖行会的痕迹。秦宝琦教授在《清代海外洪门》文中也认为,没有证据证明罗芳伯及兰芳公司与天地会有组织上的联系。有人撰文说罗芳伯去南洋前曾加入天地会,后又在婆罗洲以此为号召扩展组织,反清复明,而又拿不出其组织及活动的具体事实,实属牵强附会。

事实上在兰芳公司后期,荷印殖民地政府内部也有人提出"婆罗洲华人公司有秘密会社活动"的看法。高延在《婆罗洲华人公司制度》中说,荷兰霍夫曼教授著文称:"这次起义（指1850年西婆罗洲华人公司抗击荷兰军队的战争——笔者注）的肇事者,就是天地会的联络人和暴徒,当时他们在中国造反,占领了南京。当我们肃清了这批家伙之后,西婆罗洲也就平静了。"高延认为这实在是一个武断可笑的说法,太平天国首领洪秀全所创立的核心组织叫"拜上帝会"而不是叫"天地会"。霍夫曼教授对中国的村社和宗族制度一无所知。

西婆罗洲乃至整个东南亚的华人社会,都存在一种叫"会"的组织,例如东万律就可能有一个组织叫"兰芳会"。海外华人为了加强彼此间的关系,往往自愿结合成为一个组织,表示要像兄弟一样互相照顾,有时也称作"兄弟会"。华人新客在抵达异国他乡之初,为了尽快获得同胞的帮助而安顿下来,往往会举行一种简单的入会仪式:新客在大伯公庙里烧香跪拜,象征性交给会首一个银圆,并且发誓要与大家有福同享、有难同当等,就算入了会。当有人要离开侨居地回国时,只需在大伯公面前跪拜,默念打算回国的要求,向会首要回一个银圆,从香炉里取出一些香灰包起来带走,再交给庙祝三十文香油钱,就算取消了誓言而退会。高延认为,这种民间组织的"会",虽然名称与天地会的"会"相同,但两个组织的政治性质却大相径庭,兰芳会、兄弟会等民间会社与天地会实际上毫无关系。

高延经过研究后表明,没有任何证据可以证明义兴公司与天地会有关。在此之前的一百多年,罗芳伯及其创建的兰芳公司与天地会更不可能有组织上的关联。据笔者研究,有更多的事实可以证明罗芳伯和兰芳公司并无"反清复明"的政治纲领和实际行动,相反他们对祖国的清朝政府抱着尊重和认同的态度,因而可以排除他们与反清组织"天地会"的牵连。

二、华人、公司与神祇

关于西婆罗洲华人"公司"与"会"的关系,以及华人的神祇和宗教信仰,欧洲学者花费了很大精力去研究探讨,最终得出的结论都未能真正揭示公司的性质和起源。有些荷兰学者说"会"是邪教组织,有些说公司起源于秘密会党,有些说公司由各村的神祇操控,也有人说公司是一个姓氏的宗族组织。然而在欧洲人眼中充满神秘感的"公司"以及诸多"会"和"神祇",在中国人看来则简单得多。粤东福佬和客家地区都流行多神崇拜,据了解,自明清以来这两地主要流行的神祇和宗教活动有如下几种:

关圣帝君

关羽是中国著名的三国故事中最忠诚、勇敢和富有正义感的人物,经过近两千年的流传而在民间成为家喻户晓的英雄。由于历代统治者对关羽忠勇精神的宣扬和褒奖,对他的称呼从"关公"升级至"关爷",又升级至"关帝",最后上升至"关圣"。关羽已成为武臣中地位最高的圣人(武圣),在儒家文化语境里是可以与孔子(文圣)并列的至高无上的道德楷模。官府和民间为他建祠立庙已有千余年的传统,由于粤东地区的福佬人和客家人祖先都来自中原,崇祀关帝的传统也由中原带到粤东。据笔者查考各地志书,历史上关帝庙曾在客家和福佬地区普遍存在。但自清末以来,粤东地区的民间信仰对象有所转移,关帝崇拜已逐渐式微,而代之以更具本地特色的观音、伯公、三山国王和妈祖等神祇崇拜。笔者过去数十年间在大埔和潮汕地区曾见过几座规模很小的关帝庙,其中一座庙门对联云:"精忠昭日月,义气贯乾坤。"庙里只有一个简单的烛台和一尊约两尺高的关羽手持大刀的泥塑像,并无人值守。另一座形制稍大,庙门对联曰:"匹马斩颜良,河北英雄皆丧胆;单刀护鲁肃,江南将帅尽寒心。"庙里有神台、香炉、供桌和一块两尺高的神主牌,上书"忠义神武灵佑仁勇威显护国保民关圣帝君神之位",由一位老人值守。据附近村民称,老辈传说关帝庙百年前香火鼎盛,三十年前来烧香求神的信众还很多,近年已很少有人来拜祭。

观音娘娘

观音是中国民间的道教、佛教和儒家文化相互借鉴、影响、认同后形成的一位神祇。道家称她为观音娘娘,突出她的女性特点。佛家称其为观世音菩萨,性别不清。粤东民间信仰的是道家的观音娘娘,信众尤以女性为多。据笔者自幼所知,粤东地区供奉观音的现象非常普遍,许多村庄都建有观音宫(因为是娘娘),有些家族的祖祠神龛一侧另辟小龛,兼祀观音娘娘牌位。有些大户人家在家中设置观音娘娘神位,初一、十五烧香膜拜。不过一般观音宫都无人值守,信众每逢神诞或节庆之日则聚集祭拜。平时也有信众亲属遭遇病痛或厄难时到观音宫烧香许愿,祈求神力庇佑,解脱灾难。1952年之后神庙大都被毁,1985年之后有些已复建,不少城市中产家庭也在室内安置观音塑像,按时烧香膜拜,民间的观音信仰依旧延续。观音娘娘是粤东农村信众最为普遍、人数最多且信仰延续时间最久的一个神祇。

大伯公

伯公信仰是客家地区的特别现象。据笔者自幼所知,家乡的"伯公"很多:祖祠神龛底层供奉的是土地伯公,后门"化胎"坎下供奉的是"龙神伯公",大门前池塘角供奉的是"塘神伯公",水井旁边一个小神坛供奉的是"井神伯公",进山岔路旁大松树下有个"松树伯公",自家田地旁边有个"田唇伯公",过河的桥边有个"桥头伯公"……老一辈对无所不在的"伯公"心存敬畏,逢年过节必以三牲香烛之仪一处一处虔诚祭拜一遍,往往要花上一整天时间。但粤东客家地区的伯公信仰中似乎未见有"大伯公"者,南洋华人聚居地则较多,尤以西婆罗洲为最。笔者在西加里曼丹调查时遇到大大小小的"大伯公"庙很多。印尼雅加达、棉兰、西加省各地和马来西亚马六甲、槟城及缅甸曼德拉等地的华人墓园,都有一个象征性的"大伯公墓"。其寓意为本地华人先辈的开山之祖,所有前来祭拜亲人者必先祭拜"大伯公墓"。据荷兰学者的记载,18世纪至19世纪西婆罗洲华人亦对大伯公敬仰有加，每逢大事必先祭拜，祈求大伯公神谕。大伯公崇拜已升华为当地华人的精神图腾。

三山国王

三山国王是来自粤东潮州府揭阳县河婆乡（今揭西县河婆镇霖田村）的神祇。河婆地处揭西山区，地理形制为"三山环抱，二水交流"的小盆地。三山即独山、明山和巾山，二水为横江和陆丰河。有一种传说是当地的客家先民看中这个小盆地的风水，在此定居繁衍子孙。有赖本地三位山神的庇护，一千多年来此地五谷丰饶，子孙昌盛。先民有感神明之恩而建"三山国王"庙，庙里供奉象征三座山神的三尊雕像，岁时以香烛牲礼祭拜。后来本地人播迁各地乃至海外，都会将三山国王香火带到新的居住地建立分庙，称为"分香"。河婆的三山国王庙遂被人称为祖庙。

另一种传说是三山国王来自东洋琉球国。据说隋炀帝时期，朝廷曾派大将陈棱率义安郡（今潮州一带）水军一万余人东渡，征服琉球并将俘虏千余人带回义安落居。琉球人怀念故土（中山国、南山国和东山国），因此建琉球三山国王庙以祭祀祖先。后裔将三山国王庙播迁各地，至今全球有数千座分庙。

历史上的民间传说已难以考证。据笔者调查，三山国王庙在粤东潮汕地区和"半山鹤"地区分布最广。而各地都公认揭西县河婆镇霖田村的"大庙"为祖庙，它起源于河婆三位山神的可能性较高。清末民初有嘉应州人从海外将三山国王带回家乡，将其安置在城南泮坑村山麓。庙内神坛上供奉有三座神像，形制与河婆三山国王无异，庙祝也承认其祖庙在河婆，但本地人已改称"泮坑公王"。据说凡在外地生活的人来祭拜后所许愿望都能实现，故有"泮坑公王保外乡"的传说。今祖居地为梅州的海外华人，每有回乡探亲者多来祭拜。据了解各地的三山国王庙大都有理事会在后台筹集资金支撑，庙里平日有庙祝管理。神台上设有签筒和神筊等祈求神谕的器具，信众有疑难事时可以用摇签或掷筊的方式寻求神谕。

西婆罗洲三发地区的华人公司有十几个，其成员多为来自粤东的福佬人和"半山鹤"客家人。居住在拉腊乌乐地区的霖田公司，其成员大多来自揭阳县河婆的霖田村，是三山国王祖庙所在地。因此三山国王会成为霖田、大港、和顺及十五份等公司华人主要信仰的神祇，被他们简称为"三王爷"。这些公司成员聚集在同一神明的庇护之下，比较容易采取统一行动，也是宗教信仰的精神力量所致。

妈祖娘娘

妈祖是福建和粤东沿海地区渔民信仰的神祇。传说妈祖为宋代福建泉州府湄洲岛人，本姓林，名默娘，生前是个女巫，能通三界之神，法力无边，死后成为海神，能庇佑出海谋生的渔民和商人。妈祖信仰流传千年，信众主要为闽、粤、台、琼沿海及东南亚华人。粤东潮州、潮阳、揭阳、普宁、海丰等地生活在沿海地区的福佬人多信仰妈祖，各地村庄多建有妈祖庙供信众岁时祭拜。此风俗也扩散至福佬和客家两个方言区交界的"半山鹤"地带，据了解惠来、陆丰和揭西等地也有一些群众信奉妈祖，当地也建有几座妈祖庙。据荷兰学者记载，西婆罗洲大港、和顺、三条沟、新屋、坑尾等华人公司的成员也有人信仰妈祖，故而在打唠鹿下屋等地建有妈祖庙。人们习惯称妈祖为"妈娘"，信众遇到疑难事时也会到庙里祈祷掷筊，向妈娘祈求神谕。时至今日，印尼西加省山口洋、南吧哇和三发等沿海城市仍然有华人信仰妈祖。

作福

自明清以来粤东客家地区某些乡村的民间有"作福"（或是祝福的谐音）的风俗，时间多选择在8月至9月的秋季农闲时节，基本上每年一次。作福是一项祭神、禳灾和祈福的道教活动，也是亲戚朋友聚会的节日。每年将到活动前半月，主事人（福首）就会拿着捐簿挨家挨户征求集资捐款。每户人家少则一元两元，多则十元八元，当然也有几个大户在背后支撑场面。福首会提前三五日贴出告示公布捐款名单，捐款最多者为总理，其余依次为副总理和理事若干人。福首又提前叫人做好纸人、纸马、灯笼、旗帜等物，聘请道士、戏班和吹鼓手等各色司职人员。各家各户也忙着准备招待亲友的鸡鸭鱼肉等食品和奉神祭品，村里的小贩也忙碌地准备食材和桌凳等摆卖器物，准备当晚大赚一笔。孩子们更是翘首企盼，全村都期待着那一天的到来。

等到作福的前一日，福首请来的棚匠会在村中心或神庙旁边的空地上搭建戏台和一些竹棚。纸扎匠人将做好的"山大士"（一个纸糊的大力神）和灯笼、旗帜、纸人纸马等预先布置在场边，当晚会有人在场守夜直至天亮。次日上午，福首和各位总理、副总理、理事及司职人等俱按时到场，将各种祭品礼器摆放齐备。吉时一到，礼生高声唱道：主祭就位！与祭各就位！总理、副总理和理事们齐刷刷站成一排，向天地诸神及本村社官和本庙神祇行礼。执事则酹酒上香，礼毕鸣放鞭炮，理事们退位。接着道士们鼓乐齐鸣，绕场作法驱邪禳灾。大批群众和亲戚来宾等围着看热闹，孩子们满场乱跑，现场气氛甚为热烈。法事完毕，道士引领众人抬着庙里的神像（牌），群众举着旗帜和灯笼沿着村道游行，神像每经过一户人家，主人必在门口摆下香案和祭品，鸣放鞭炮迎接神明光临驱邪。游行队伍绕村一周后回到庙旁场地，仪式告一段落。

中午时分，庙前竹棚里摆下酒席，福首和总理、副总理及理事们陪同受邀前来参加祭神仪式的邻近各村社父老、当地官绅等嘉宾一起就座饮宴。各家主妇也大显身手，做出一桌桌好菜招待来访的亲友。大家在热烈的气氛中开怀畅饮，整个村庄都沉浸在欢乐祥和的瑞霭之中。

下午四五点钟，道士们继续进行祈福仪式，一边打鼓敲钟一边念诵经文。几个道士轮番登场，围观群众摩肩接踵。入夜后潮州戏班或外江戏班开始表演，场地上灯火通明，台上生、旦、丑、净、末交替出场，唱腔悠扬婉转，鼓乐铿锵和谐。竹棚里小贩叫卖糖果和各种小吃消夜，有人摆摊招客打牌九赌钱。群众有的看戏，有的吃喝赌博。孩子们到处追逐，买糖吃玩炮仗，全场欢声笑语不绝。

晚上12点，最后一个仪式"送神"开始。道士们念诵经文，福首、理事们排队行礼，送神归天。执事者将纸人、纸马和灯笼旗帜等投入火坑，熊熊烈火将这些纸扎化为灰烬。当最后一个巨大的纸人"山大士"投入火坑燃烧起来时，现场鞭炮声轰隆隆响彻天宇，整个村庄在庄严的仪式中仿佛重新回到一个洁净的世界。

西婆罗洲华人把故乡作福的传统带到异邦之地，这个以道教仪式进行的民间节日对群众影响很大。据荷兰学者记载，三发河流域的几个华人公司都有这个节日，主事者（福首）甚至被荷兰人列入公司领导层。遇有重大事件比如公司庆典、战争或其他军事行动，都要征求福首和庙宇管理人的意见，让他们祈求神谕来凝聚群众共识，更好地统一意志，共御外敌。

打醮

打醮也是道教的一个活动，这种仪式不止流行于粤东地区民间，在中国汉族甚至少数民族地区都有流行。据笔者从小的认知，打醮不是定期举行的活动，一般是在本地遭受自然灾害、战乱、瘟疫、灵异事件或伤亡事故之后，村里的长辈或福首、庙祝等人会商议举行一次打醮活动。其目的也是驱邪禳灾，祈求地方平安祥和。与上述作福仪式类似，打醮活动日期选定后，负责人（醮头）也会四处筹款，聘请道士和有关司职人员提前做好准备。打醮场地一般选择在远离民居的山地坟场或乱葬岗附近，搭好简易的醮台，布置一些香案烛台、纸人纸马、旗帜和招魂幡等器物。打醮仪式一般在下午开始，在祭拜天地诸神后主事者退位。道士挥动纸幡，召唤游魂野鬼来享用祭品，领受冥镪纸钱。继而诵经作法规劝或阻吓后者，使之回归阴府，不得伤害生灵。礼毕焚烧纸人纸马、纸幡纸钱等冥界礼品，鸣炮驱散邪气。有些打醮仪式最后还有一场"度孤"仪式，乃为特别抚慰那些客死异乡的无主孤魂，道士念诵的经文可能不同。仪式以抛出馒头饼饵一类的食物以飨幽灵而结束。与上述作福不同，打醮一般很少人围观，家长也不允许儿童到场。

西婆罗洲华人也将打醮这个习俗带到海外，据荷兰学者记载，打唠鹿地区华人间或有打醮活动，但西方人不太容易理解这个宗教仪式的内涵。

扶乩和掷筶求神谕

西婆罗洲华人常用扶乩和掷筶方式征求神谕，甚至以神谕决定开战与否和出兵日期。据笔者了解，这两种征求神谕的方式在粤东福佬和客家地区都曾流行。扶乩，就是由一个比较纯真的、涉世未深的少年（乩童）来操作乩具（沙盘和乩笔）。乩童闭目凝神片刻，进入角色（神灵附体）后如昏睡状，但双手仍扶着乩笔（一个木架子和一枝垂直木笔），可以在沙盘上移动写字。信众将疑难事用口语提出，乩童会用双手推动木架移动乩笔，在沙盘写出几个关键字作答，即为神谕。

铜制贝壳形神筶

掷筶是在神庙里进行的征求神谕活动。筶是一种道教法器，一般用骨、竹、木、石、金属或贝壳做成，具有成对（两只系以绳索）和阴阳（正反面）的特点。信众双手握一对"神筶"，跪在神像（台）前祷告，默念求神谕示的疑难事项，然后出手将神筶掷出。若神筶为一阴一阳，则所求为"是"；若二筶俱为阴，则所求为"否"；若二筶俱为阳，则需重来一遍。

扶乩和掷筶在清代和民国的粤东民间非常盛行，直至20世纪中期仍有群众用以求神解难，近三十年已基本绝迹。

符箓和出煞

荷兰莱顿大学图书馆藏中文史料中有不少西婆罗洲华人留下的道教符箓。而粤东地区的福佬人和客家人都信奉道教的符箓，有些习俗甚至延续至今。符箓是道教文化的一种表现形式，在一张方形黄表纸上画一些图案和文字，表明神祇谕旨或勒令以驱除邪祟，类似人间官府的禁令牌。信众从神庙求得符箓，将其贴在家门口或其他重要场所，以求用神力阻吓邪祟。

煞是道教中一个凶神的名字。出煞也是粤东民间流行的一种驱邪仪式。若遇家中有厄难事件，户主备了三牲香烛斋饭纸钱等物，于夜间提灯出屋，一般到达村口三岔路旁，摆开牲礼点燃香烛，默念心中驱邪出煞的愿望，然后熄灯掉头，悄悄离去，一路不得回头观望，径直入屋后关闭大门，贴上符箓。据说此举能将

 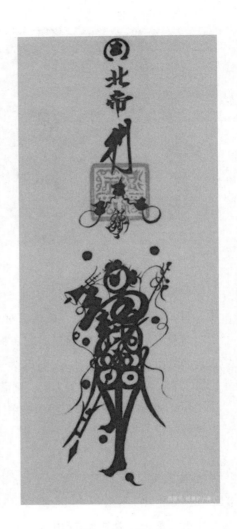

道教符箓

邪煞引出家门,让其自顾享用祭品后在三岔路口不认得路而远离,从而达到驱邪出煞的目的。

西婆罗洲华人的信仰和宗教活动

西婆罗洲华人是多神信仰,主要信仰道教诸神和民间神祇。上述关圣帝君、大伯公、观音娘娘、妈祖娘娘和三山国王等神祇,都深受他们的崇拜。西婆罗洲华人的民间宗教活动主要有平日庙里的上香供奉，结合上述定期或不定期的作福、打醮、出煞、贴符箓、扶乩掷筊征求神谕等。据笔者调查，现今婆罗洲各地仍然盛行扶乩和掷筊等民间宗教活动。西加省光山口洋一地就有各种庙宇百余座，扶乩掷筊等民间宗教活动非常普遍。北婆罗洲古晋芦山庙至今仍设有罗芳伯和官云伯（或官志尹）神位，信众经常有人通过扶乩和掷筊寻求神谕，解决自己或亲友遇到的各种疑难问题。

三、如何对待清廷与荷属东印度殖民政府？

许多研究西婆罗洲华人公司的中国学者都认为，罗芳伯及兰芳公司有"反清复明"的行为。罗芳伯是否自称"大唐总长"且摒弃清朝服装和发式？兰芳公司对祖国的清廷统治持何种态度？其他华人公司对清廷和荷属东印度殖民政府抱何种态度？也值得加以研究和澄清。

对待清廷：始终保有对祖国的认同

林凤超在《坤甸历史》文中称："乾隆四十二年，广东梅县石扇罗芳伯，据婆罗洲之坤甸，公举为大唐总长，建元为兰芳元年……书建元者，以示脱离满清政府也。华侨革命史，已肇端于芳伯。"又称兰芳官员之服饰"不袭满清之顶戴"，说罗芳伯"故粤老夫臣，耻做满奴，辟地尚称唐总长"。言下之意是说罗芳伯有"反清"的思想和行动的表现。温雄飞则称，罗芳伯言曰："大丈夫安能日处异族淫威之下，局促如辕下驹哉？行当浮海外洋，觅一片干净土，为我汉族男儿吐气也"，更是一副反清斗士的形象。后来许多研究罗芳伯和兰芳政权的学者，大都不自觉地跟随前辈定下的基调，把罗芳伯描绘成反清复明的志士，殖民扩张的楷模，华侨革命的先锋。画师们也将罗芳伯画成身着对襟布钮的唐装，不剃头梳辫而绾发髻留长须的形象。

笔者经过考证分析后认为，事实并非如此。上文说过，兰芳公司的内部文件（年册）中并无罗芳伯任职"大唐总长"的记载，这个称号是林凤超所创造的。所谓"脱离满清政府""耻做满奴"和"不袭满清之顶戴"等等，也是林凤超自己主张的。读者不难发现，他和民国时期某些学者的文章都有比较明显的民族主义倾向。据互联网上流传的一张早期荷兰人拍摄的婆罗洲采金华人的照片显示，画面上的华人都保留剃头留辫的发式，穿着宽松的阔脚束腰长裤，与同时期的中国农民无异。可以证实罗芳伯及当时在西婆罗洲生活的华人，仍然保持故乡的文化和风俗习惯，包括服装、发式、婚丧喜庆礼仪等都延续了祖国的形制。高延在《婆罗洲华人公司制度》中也证实，西婆罗洲的华人相信，留辫子的人死后能很快被孔夫子揪住辫子而拉上天堂。又据荷兰学者易仲廷在他的著作《鹿特丹民族博物馆藏西婆罗洲及邦加岛华人公司钱币》中展示的照片显示，大多数钱币的正面为公司的汉字名称（如大港公司、和顺公司、霖田公司等，但未发现兰芳公司钱币），背面却印有满文厂标（汉语音译：宝济、宝云、宝泉等）。据易仲廷考证，这些钱币是在当地用价格相对低廉的铅锡合金铸造的，为了提高其流通信用，铸造者竟然在钱币背面打上清政府北京、云南、广西等地造币局的厂标。这也可以说明，这些华人公司对清朝政权持认同态度，持币者也对清朝政府有较高的信任度。此外，正如上文所述，高延曾亲眼见过东万律兰芳公司甲太迎送荷属东印度殖民政府特使的仪仗，和当时清朝官员出巡的仪仗相似。荷兰学者也记载，东万律兰芳公司的高层在与荷兰人的公务活动中要着清朝的官服，戴圆锥形的帽子。荷兰档案馆留下的刘台二和朱凤华画像都是清朝官员的穿戴。这些都可以说明兰芳公司和其他华人对祖国政权的尊重和认同。

另据罗香林提供的资料显示，原东万律罗芳伯墓的碑文为"皇清敕赠威明德创芳柏罗先生墓"，说明造墓者希望借用"皇清敕赠"的追谥为死后的罗芳伯提高地位。如果罗芳伯有反清倾向，造墓者万万不可能这样做。又据上文《梅州市华侨志》所载图片，当年兰芳公司总厅门前旗杆夹木柱上刻有"皇清嘉庆甲囗"[①] 字样。笔者亲赴西加省调查所拍的照片显示，在淡水港兰芳公馆遗址门前的旗杆底座夹木上，明显留有"清同治十年……"的字迹。可见直至兰芳公司后

---

① 此处有1个字不能分辨识读，用囗表示。

19 世纪婆罗洲的华人矿工

期,他们还坚持以清朝年号纪年,以清朝子民自居,这也体现了他们对祖国政权即清政府的认同。

除了上述几点,特别能说明问题的是叶祥云在《兰芳公司历代年册》中的一段:"罗太哥初意,欲平定海疆,合为一属,每岁朝贡本朝,如安南、暹罗称外藩焉。奈有志未展,王业仅得偏安,虽曰人事,岂非天哉。后之嗣者,当思罗太哥身经百战,方得此东南半壁,虽作藩徼外,实有归附本朝之深心焉。"寥寥几句,已将罗芳伯及兰芳公司的政治意图表述得一清二楚。由此亦可反驳某些人所坚持的"罗芳伯曾加入天地会,在南洋进行反清复明活动"和"兰芳公司总厅是洪门山寨机关的遗制"等错误观点。

另外,大港公司及和顺总厅的领导人、打唠鹿一些有钱的商人,都热衷于回中国捐钱买官(皇帝封赠的虚衔)。以致荷属东印度殖民政府专门研究了这个现象,并明确训示和顺公司头人不得再做这种效忠中国皇帝的买官行为。兰芳公司末代甲太刘阿生也向清廷捐钱,获得皇帝封赠的二品花翎和"资政大夫"的虚衔。他的儿子刘恩官也捐钱买了一个资政大夫的头衔。这些都说明他们仍然希望效忠中国统治者,以达到在家乡享有功名和富贵而光宗耀祖的愿望。

对待荷属东印度殖民政府：从抵制、反抗，到屈服、合作

西婆罗洲华人公司对荷兰人的态度，经历了由普遍反荷至部分亲荷、部分反荷，再到屈服和合作的过程。中外学者都认为，华人公司时代可以从 1772 年甚至更早的时间开始。在 1816 年之前的三十多年里，华人公司基本上没有受到荷兰人的政治压力，各公司处于自由发展阶段。大部分华人公司的政治态度是尽可能脱离马来人政权的控制，谋求政治上和经济上的独立和自我生存空间。

1850 年之后，荷兰人终于腾出手来收拾华人公司，大批荷军开进西婆罗洲沿海口岸，华人公司立即感受到了荷兰人的军事威胁。三发地区接连发生塞道港走私船事件、昔邦屠杀华人事件和邦戛战争，大港及和顺联盟领导层迅速分化。一部分亲荷派主动与荷兰人接触，寻求和解合作以获取利益；另一部分则开展军事行动来抵抗荷军，最终因力量悬殊导致军事行动失败；部分华人转入秘密抵抗运动，坚持数年后也被荷军消灭。最后一个华人公司——东万律兰芳公司也经历了从抵制到屈服的过程，继而与荷兰人合作而让公司在半独立状态下延续了三十年，最终走向武力抵抗而被荷军消灭。

第五章
华邦遗响

坤甸地处加里曼丹岛西北部的卡巴斯河三角洲地带，现为西加省的首府。据罗香林《西婆罗洲罗芳伯等所建共和国考》一书中之附图所示，当年兰芳政权的国土面积约为4万平方公里，约占今西加全省面积的四分之一。互联网资料显示：1955年坤甸市人口约30万，其中华族人口约16万，占50%以上。近六十年来印度尼西亚政局发生多次变化，许多华人离开西加省的家园迁徙到外岛，政府则鼓励爪哇及印尼各个岛的民众向加里曼丹岛迁移，华族人口比例不断下降。近年统计数字表明，西加省人口约四百万，华族约占17%，仍是全印度尼西亚华族人口比例最高的省份。坤甸市人口已增至62万，其中华族约占31%，其余有马来族（26%）、爪哇族（12%）、马都拉族（6.3%）和达雅族（3.6%）等。山口洋市的华族比例更高，约占60%。西加省大部分华人（甚至有其他族人）都会讲客家话或潮州话。为了调查罗芳伯及兰芳公司在坤甸的遗迹及其对坤甸社会的影响，笔者于2014年4月专程赴西加省进行实地考察。行前通过朋友介绍联系到了印尼雅加达罗氏宗亲会执行主席罗秉光，通过他又联系到坤甸罗氏豫章公所罗志坤总理。笔者的两个堂弟也住在雅加达，在他们的帮助下考察工作得以顺利完成。2018年3月，乘世界各地华人到东万律庆祝罗芳伯墓园重开的机会，笔者再次赴西加省进行了为期数日的考察。兹将考察情况简述如下。

一、流风遗躅：华人公司的历史遗存

坤甸市区地处加里曼丹岛西北部沿海，正好处于赤道线上（赤道碑地理坐标：纬度0°，东经109°19′19.9″），南距雅加达一个半小时航程。2014年4月，笔者在石扇同乡郑海勇先生随同下来到坤甸市。坤甸罗氏豫章公所安排罗贤义、罗耀祥两位华族老人前来机场迎接和协助考察。三天时间里笔者走访了以下六处罗芳伯及兰芳公司的遗迹：

坤甸老埠头芳伯纪念厅遗址

印度尼西亚第一大河——卡巴斯河大致自东向西流经西加省，在离出海口数十公里处有另一条河——万那河自东北向西南汇入。宽达数百米的江面上红水滔滔，奔腾西去，形成南北二河交汇的三角洲。坤甸市区横跨二河四岸，分别为新埠头（北岸）、老埠头（南岸）和王府肚（中央二河夹岸的三角地带）。新市区高楼林立，街道宽阔整洁，道旁植物茂盛，红花绿树相映，充满热带风情。离开坤甸机场后按照笔者事前制订的考察计划，罗耀祥驾驶汽车直奔老埠头芳伯纪念厅遗址。在市区丹绒布拉大马路（Tanjung Pura）十字街口见到一栋三层楼的洋房高高矗立，大招牌上写的是"Bank Mandiri"，是印度尼西亚曼迪利银行的一家分行。向导罗贤义先生能说普通话和潮州话，他告诉我们这就是芳伯纪念厅的遗址。眼前这座大楼占地约有三百平方米，据说此地原址有上千平方米，是本地华人于19世纪末建造的一座罗芳伯庙，庙宇为中华宫殿式建筑，非常宏伟壮观。光绪版《嘉应州志》记载"立庙通衢，规模壮丽，穷极土木，堂上金扁字大四尺，曰：雄镇华夷。中国人至者，必入而瞻拜之"，所言即此庙也。据说庭前有楹联曰："百战踞山河，揭地掀天，想见当年气概；三章遵约法，经文纬武，犹存故国威仪。"20世纪初期庙宇毁于一场大火，1938年华人在原址兴建一座两层楼的芳伯纪念厅。1965年后纪念厅被政府没收，后又卖给私人拆去改建，即此栋银行大楼也。曾有人撰文指此处原为兰芳副厅，实则非也。坤甸老埠头历来为苏丹领地，后期为荷印殖民政府驻地，未曾受兰芳政权管治，不可能于此设立副厅，罗香林亦曾否认此地为兰芳副厅遗址。游人至此唯有望楼兴叹，除遗址的土地外已无半点兰芳纪念物矣！

坤甸老埠头芳伯纪念厅1949年旧貌

（图片摘自罗香林《西婆罗洲罗芳伯等所建共和国考》。照片旁文字所提古谔先生为梅县人，教育家。）

坤甸新埠头伯公沟罗芳伯庙

　　汽车离开老埠头往北行，驶过一座狭长的跨江（卡巴斯河）铁桥后进入二河夹岸之三角洲。向导介绍此地名为"王府肚"，乃旧时坤甸苏丹王宫所在，现时王宫博物馆仍有古物展出，著名的阿都拉曼清真寺也在附近。车行约数分钟又过一座跨江（万那河）铁桥进入北岸新埠头，向导介绍说由此处起点，往北数百里都是旧时兰芳辖地。驱车往西行数里转入一条名叫伊丹路（Jn. Idan）的小街，就到了伯公沟罗芳伯庙。街边有几位华族老人闲坐聊天，问之则称祖上是唐山嘉应州人，亦有称大埔人、镇平人，口音都有河婆客家话韵味。在庙祝指引下旁边屋内出来一位白发老者，自称祖籍嘉应州镇平县三圳墟，名为谢官友，今年77岁，是第四代华裔。据谢官友介绍，此江北新埠头一带地方最初是苏丹领土，后因罗芳伯应苏丹之约协助平乱有功，因而苏丹将江北地方割让给兰芳公司，与罗芳伯隔江分治。兰芳公司在此设立副厅，派有官员驻此治理地方政务，罗芳伯及兰芳公司后几任头人往来坤甸亦在此居住，故而又称行宫。1884年9月兰芳公司最后一任甲太刘阿生就是在这里染病去世的。新埠头一带自乾隆中期以来就有许多客属华人居住，20世纪初开设有多家锯木厂、造船厂和许多店铺，民居连绵十余里。原副厅在刘台二执政时期改名兰芳公馆，建筑物占地数亩，华人在副厅旁边建造了一座大伯公庙以纪念罗芳伯。1953年一场大火将副厅和庙宇都烧毁，后由谢官友主持修建了现在这座关帝庙，庙后边一大片空地则开辟为篮球场。庙前数十步街边有一根残旧的赤铁木旗杆夹，约二米高，身有二孔，表面斑驳陆离，据说此即副厅门前升旗之处，旗杆夹仍是二百多年前罗芳伯之遗物。庙里正面右侧供着罗芳伯画像，左侧供关羽泥塑像，面前俱有案桌和香炉。罗芳伯画像右侧竖书"罗芳大伯神位"六个大字。像两旁有楹联曰："芳名留万古，伯业纪千秋。"供桌上摆满祭品，香炉中插满香烛，四周墙上有帷幔和图案装饰，庙内气氛庄严肃穆，据说每年都有许多来自世界各地的华人在此瞻仰膜拜。庙前一条宽约五米，长约三十余米的大路直通河边，岸边是一个简易码头，靠泊着几条大木船。据说罗芳伯曾多次在这里上下船，由于这一带临近大江，当年偶尔有鳄鱼吞噬人畜事件发生，史书记载罗芳伯祭鳄鱼的故事就发生在这里。隔着万那河数百米宽的滔滔江水，可以远眺对岸王府肚陆地上的阿都拉曼清真寺。谢官友指称，当年罗芳伯曾率众在副厅前面开凿一条宽约七米、长三十多米的河道直通码头，河对岸也开了一条数里长的人工运河，以方便他和兰芳公司的官员乘船直达王宫会见苏丹，后人称此运河为伯公沟。

据谢官友称，新埠头华人多数为嘉应州客家人的后裔。由于历史原因，如今60岁以下的人基本上都不会读写汉字，日常交流是用客家话和印度尼西亚语。对于罗芳伯，大多数人只知其为神的威严，而不知其为人的历史。令笔者感到惊讶的是，谢官友说当地的爪哇人和马来人大都知道罗芳伯，他曾听本地其他族裔朋友讲述罗芳伯在乌山的象嘴（均为西加省地名）登岸，带领八个兄弟化装成轿夫，抬着新娘子混进刘乾相的山寨，半夜里砍杀山贼而得地称王的故事。每年农

第五章　华邦遗响 | 201

坤甸市場沿江岸之大伯公廟　此廟與羅芳伯副廳有別

坤甸新埠头沿江岸之大伯公庙（现已湮没）

新埠头关帝庙内神龛（左为关帝，右为芳伯）

历二月初九，当地都会举行罗芳伯诞辰纪念祭祀活动，许多华人和本地其他族裔都来参加，渐渐演变成为一个宗教节日。

淡水港罗芳伯宫

当晚笔者一行下榻卡巴斯大酒店（Kapuas Hotel），次日一早众人集合启程，驱车向西北而行，到坤甸县的淡水港考察罗芳伯宫。一路上椰林葱茏，民居错落，离开坤甸市区三十余公里后即到达淡水港。汽车拐入右边小路进入村镇，过一座小桥后是一个乡间小集市，路两旁有店铺二三十间，大都是华人开设的"阿弄"（杂货店）和"摩多"（摩托车修理店）。在店铺附近的晒谷场边，用鲜红色油漆装饰的木栅栏围着一座数百平方米的平房建筑，这就是罗芳伯宫。进入木栅栏五六步，抬眼望见门楣上一块黑色硬木大匾，上书"兰芳公馆"四个浮雕鎏金大字，字体雄浑苍劲，颜色鲜艳明亮，并无题款和时间。进入门廊后走过一座两旁有栏杆的木桥，桥下是一湾池水，迎面就是神堂。神堂为敞轩式木结构平房，面积百余平方米。当中一座五扇木制神龛，中央悬挂一幅"罗公芳伯遗像"，相框两侧有对联曰："逢迎远近逍遥过，进退连还道运通。"外侧有楹联曰："芳以钢铁意志为万民创造辉煌伟绩，伯用鲜红热血成千载功勋荣耀西婆。"横批："浩气长存。"右侧有大鼓一架，鼓面以朱漆书"山口洋造"四字。左侧廊下立着四块大型海报板，细看原来是历年庆祝罗芳伯诞辰纪念活动的贺匾，落款有坤甸罗氏豫章公所的，也有松柏港刘哥嘉先生的，均用中文和印尼文两种文字书写，色彩非常艳丽醒目。屋顶悬挂各款中式灯笼数十只，四围有神像、帷幔、龙凤图案等装饰。厅内摆设香案供桌，桌面摆放香烛、祭品、签筒等神器，室内香烟缭绕，气氛庄严肃穆，有几位华人正在上香。出庙门数十步左侧有一根赤铁木旗杆，高约十米，四周围以木栅栏，旗杆下方设有祭台和香炉。据庙祝介绍，此旗杆乃当年兰芳副厅遗物。笔者细察旗杆之底座夹木，隐约有"清同治十年辛未□□□"①和"总制兰芳公司□□"②字样，当可证实此旗杆确实竖立于兰芳公司末代甲太刘阿生执政时期（1871），至今已有一百四十多年。

据庙祝介绍，此地是淡水港兰芳副厅及裁判所遗址，原来占地面积很大，后

---

① 此处有 3 个字缺损，用□表示。
② 此处有 2 个字缺损，用□表示。

淡水港罗芳伯宫

来部分建筑毁于战火，土地被人挤占。当地华人以将副厅改造成罗芳伯神庙的方式来保存兰芳公司的遗迹。每年农历二月初九，坤甸本地华人和南吧哇、山口洋、邦戛、三发甚至远在马来西亚古晋和诗巫等地的华人都会来此进香朝拜，场面热闹得很。

东万律镇和罗芳伯墓

离开淡水港后汽车继续向西北行，约半小时后到达松柏港。众人在路边一间小餐馆用午餐。店主是一位50多岁的华人妇女，说河婆口音客家话。午餐吃猪肉炒粿条和青菜饭，口味非常合适。饭后稍事休息，众人又驱车折向东北进入万那县。一路但见道旁店铺鳞次栉比，两边丘陵起伏，林木茂密，小山之间的谷地阡陌纵横，稻田一片葱绿。当年罗芳伯和数万华人就在这块土地上开拓繁衍，真是土肥水美的好地方啊！车行约一小时后到达东万律镇，十字路口有数十间破旧不堪的店铺，只有一部分开张营业，其余都关门大吉。据会说客家话的罗耀祥（司机）介绍，东万律数十里道路两旁原先都是华人建造的店铺，甚至包括附近的村庄、田地、椰林和果园，统统都是罗芳伯时代的先辈们所开拓、十几代华人努力

东万律山心金湖遗迹（2019年谢永茂摄）

东万律芳柏公学旧貌（1940年代）

经营的。1967 年西加里曼丹发生"红头事件"① 排华惨案，十几万华人被驱赶逃亡到坤甸、山口洋和外岛，所有家园财物都被人占据，如今在东万律和附近村庄几乎找不到华人的踪影。

东万律是兰芳公司总厅所在地，是兰芳华人政权的"首都"。二百多年前，以罗芳伯为首的一批华人先辈在此创业立国，而今岁月悠悠，物是人非，真是令人感慨！2018 年 3 月 23 日笔者在坤甸遇见 81 岁（客家人按虚岁计算年龄）的翁桂香女士，与她交谈半日，以她的口吻写下一段访谈记录，后来发表在《梅州侨乡月报》。今转录于此，让读者能更加了解东万律的情况：

> 我是土生土长的东万律华人，祖上由中国广东省嘉应州来到西婆罗洲，我父亲是第五代，我的家族已经在这里繁衍了八代。屈指算来我的祖先来到东万律，正是二百多年前罗芳伯创建兰芳公司时期。
>
> 我的童年和少年时期都在东万律度过，心底留下许多美好的记忆。20 世纪 40 年代这里是山清水秀的乡村，四周矮山连绵不断，东万律河水潺潺流淌。山间平地是阡陌纵横，到处田园丰美，山坡有橡胶林和果园。镇上的道路往西可达亚洋岸、万帝龙、松柏港、南吧哇、山口洋和坤甸，往东可通达万那县城（牙王城）而前往内陆各地。往北可通往茅恩、龙冈、明黄和金山牌。离小镇西边一公里外，是著名的东万律开埠之地——山心金湖遗址。二百多年前，嘉应州前辈们在罗芳伯带领下在此地开挖金矿，奠定了东万律的最初基础。小镇上有十字交叉的两条街道，路两旁是店铺式民居，居住着大约一百五十户人家，全部都是祖籍嘉应州的客家人。镇郊住有几家马来人，他们是政府公务员。在内陆山区则居住着许多达雅族人，各族人民历来和睦相处，几十年相安无事。

---

① 红头事件：1965 年"九卅"事件后，印度尼西亚当局实行反共排华政策，印共游击队在西加的森林地带进行反政府活动，其成员中有一些华人。当局处理无方，煽动怂恿勇猛而单纯的达雅族人仇视和驱赶华人，对华人大开杀戒。1967 年年底，幕后策划者利用达雅族人的习俗，向每个村庄散发红碗，要大家宣誓头扎红巾，手持刀棍驱赶华人，烧毁房屋，抢夺财产和庄园田地，造成约二十万华人被迫离开家园，印度尼西亚华界称之为"红头事件"。有些村庄，华人走得慢的就被杀害，甚至全村遭大屠杀。孟加影坡附近的麻云、伯兰蒂和华莪附近的双滨港这三个村庄，各有数十户华人、男女老少数百口被集体屠杀。此事件中据说被杀害的华人有近万人。被驱赶的华人来到沿海地区成为难民，政府无任何安置措施，有些难民还被逮捕入狱，未经审判而被凌辱惨死狱中。大部分难民逃到山口洋和坤甸，有些则冒险逃到外岛寻求生存。

我九岁那年（1947）进入镇上唯一的一间小学——芳柏公学读书，学校完全使用中文教科书，老师用客家话和国语（普通话）教学。我在书本上读到了中国地理和历史，知道我们来自中国，也知道二百年前罗芳伯等客家先贤在这里开疆辟土的伟大功绩。离学校几百米远的小山坡前是罗芳伯墓，矗立着"罗公芳柏之墓"的石碑。另外在东万律上桥头有江戊伯墓、炎树桥有宋插伯墓、往茅恩路口有阙四伯墓，他们都是东万律兰芳公司的开创功臣，每一个东万律人都有记忆。

十四岁那年（1954）我小学毕业，父母将我送到省城坤甸，进入天主教会办的"坤甸中学"念初中，读的也是中文书，兼修英文。三年修完初中课程后毕业，时在1957年，那时政府已经开始限制华文教育，学校被迫采用印尼语文教学。毕业后我选择回到家乡东万律镇，在父亲店里帮忙料理生意。

父亲名叫翁金华，他的店铺就在东万律镇上，是典型的两层楼"前店后家"式杂货铺，店名叫作"金应昌"，主要经营本地土产。父亲还兼任芳柏公学的财政，经商之余还做一些义务的社会工作。我母亲是一位贤惠的客家妇女，勤劳善良俭朴持家，养育了我们四男五女一大群孩子。母亲除了带孩子之外，还在后院建有五个猪栏，养了五六头母猪。母猪们轮流产仔，我家一年到头不断有小猪仔出栏，运往松柏港市场出卖，换来银钱帮补家用，减轻父亲的负担。

父亲除了经营店铺，在郊外十几公里处还经营一个橡胶园。园内除种植橡胶、胡椒和烟叶之外，还饲养有鸡、鸭、鹅、牛、羊等禽畜，还有两口池塘养鱼。十几位胶园的员工都是来自爪哇岛的爪哇族人。我们一家就这样起早摸黑勤劳俭朴地生活，镇上其他华人也和我家一样，大家一代接一代在异邦土地上繁衍生息，靠自己的双手换来吃穿用住，靠勤俭持家养育子女和攒积财富。

可是时局的变化实在令人难以预测，1967年11月2日（农历丁未年十月初一日），一场人为的逼迁风暴突如其来，摧毁了东万律和周围十几个美丽的村庄。华人经营了几代的店铺、家园、田地、胶园和农场，一日之间全部易主。千百个华族同胞被迫逃到坤甸、南吧哇和山口洋，成为难民而需靠救济过日，甚至沿街乞讨……

时过境迁。感恩上帝赐福，我们一家能在新的环境里生存下来。五十年来我还有机会回来东万律旧地重游五六次之多。近十年来每次回乡拜祭芳伯公，看到昔日安静平和的"罗公芳柏之墓"附近，逐年有人建屋定居，渐渐变成热闹的居民区。同行的芳柏公学校友不禁忧心忡忡，大家都担心不久墓地必为他人侵占，后果不堪设想。本人亦曾多次向雅加达华族社团呼吁，在罗芳伯墓外围画线筑墙加以保护，可惜无人重视而毫无反应，真是令人担忧。

2017年再度回乡拜祭罗公，欣悉世界罗氏宗亲会、中国罗芳伯研究会和西加罗氏豫章公所正在筹款修葺罗公墓园的喜讯。一年之后的今日，纪念罗公诞辰280周年及兰芳园剪彩典礼隆重举行，来自世界各国的华社代表共同见证了这次盛会。我也特地由雅加达飞来坤甸，转车来东万律参加典礼。今日东万律镇千人空巷前来围观，兰芳园围墙内林木扶疏、花草争艳，罗芳伯墓已修葺一新，还增建了门坊、休息亭、护卫室和洗手间等设施。坤甸警方派警车为我们开路，万那县地方长官亲自到场祝贺，友族群众载歌载舞，真是盛况空前的喜事！东万律人世代期盼的愿望终于实现，但愿华人先辈们在西婆罗洲创造的业绩与世长存。

我虽不姓罗，但我的祖先五代人都在这里生活，我自己是土生土长的东万律人，饮用清澈见底的东万律河水长达二十五年之久，我对这片土地充满热爱和眷恋之情。童年的快乐往事记忆犹新，惨遭逼迁的血泪历史永世难忘！

汽车沿着东万律镇的街道穿行，在十字路口向右拐入乡村小道，行约数百米在一座长满橡胶树的小山前面停车，下车后步行约一百步即可望见罗芳伯墓高耸的墓塔。笔者趋近墓前肃立仰望，心中默念对这位故乡先贤的敬仰和问候之词。罗贤义先生燃烛焚香，众人在墓前列队上香鞠躬，向先贤行礼致敬。礼毕近前细察墓塔基座之文字，罗贤义先生低言叹道：罗大伯阿祖，你的石扇乡亲前来瞻拜您呢！笔者闻言不禁心中激动，感慨万千，激动之余吟哦叹息，随口赋得一首绝句："石碑高耸映斜阳，英雄埋骨在他乡。辟土功劳垂千古，青史有篇纪兰芳。"

罗芳伯墓背靠一座坡度平缓的小山包，确实像是人工堆砌的封土堆。墓门面朝西北方，占地六十余平方米，四周建有约一米高的水泥花窗式围栏，长宽均约为八米。正面留有约两米宽的开口为外围入门，左右有方形门柱高约一米半，柱顶各蹲坐一只石兽。后方有客家交椅式弧形墓门和香烛台，台上散布着许多烧过

东万律罗芳伯墓（2014 年摄）

和未烧的香烛，墓门左右一米处亦各有一座方形石柱和蹲坐的石兽。中央耸立一座水泥浇筑的西式方尖碑形墓塔，塔高约四米，正面竖书隶体"罗公芳柏之墓"六个大字。碑底座长宽高均约一米，四周有墓志文二百二十二字，今照录如下（标点为笔者所加）：

罗公史略

　　罗公芳柏，广东省梅县石扇堡人。壬午岁诞生，即西历一千七百三十八年。壬寅岁，即西历一千七百五十八年，自中国南来婆罗洲之东万律。其时边陲不宁，蛮夷凶悍。芳柏率征越十载，八荒宾服，四夷来王。定鼎东万律，创建兰芳公司基业。在位十九年，乙卯岁即西历一千七百九十五年，罗公逝世，享寿五十八岁。继位者为江戊伯、阙四伯、宋插伯，历三传，时和年丰，称盛世焉。其后政务日非，嗣任刘台二受职甲太，历五易以迄刘星，于甲申之役而终。计传十世，为时一百有八载也。李开亮、贺云辉、房荣堂仝谨志。中华民国二十八年冬月，东万律全体华侨公建。

据上述文字记载可知，此墓乃东万律华人于 1939 年所建。碑体和碑座均以光滑水磨石批荡，虽然经历七十余年风雨侵蚀，仍旧平整细腻。四个石兽雕像造型美观古朴，四围栏杆典雅坚固。所有文字书写工整，赭红色彩鲜艳如新，可见造墓的材料及工艺堪称精良，令人感到欣慰。

笔者在考察中注意到一个细节：碑文末尾处三位主事人的署名中，中间三字曾被人用白色油漆遮盖，后人又将油漆刮剔开，隐约露出"贺云辉"字迹。为何这三个字被人用油漆遮盖？这个疑团很久未能解开。

直至 2019 年 7 月，一批来自中国、美国、印尼和马来西亚的学者到西加里曼丹考察华人公司遗迹。在坤甸举行的一次学术讨论会上，来自雅加达的 80 多岁老报人李卓辉先生才道出了其中的隐秘往事。原来碑上那位贺云辉先生正是李卓辉先生的岳叔父，一向在东万律生活经商。1939 年贺云辉与李开亮、房荣堂三人主持修葺罗芳伯墓，新建了一座西式方尖碑，并在碑座上写下了上述那一段碑文。1941 年日本发动太平洋战争，西婆罗洲随即沦陷。日军在坤甸和沿海城市大肆搜捕抗日人士，有数万华人、马来人和其他民族的抗日分子被捕，后来被日军在东万律附近集体杀害。贺云辉先生正是因为领导本地的抗日活动而被日军抓捕，1944 年在东万律遇害。据说当时东万律华人因担心日军发现罗芳伯墓碑上有贺云辉的名字而破坏罗芳伯墓，有人用白色油漆把贺云辉的名字遮盖，因此保护了罗芳伯墓免遭破坏。

1945 年 9 月日本战败投降，印尼独立建国后政府派人到东万律调查，挖掘到掩埋日军屠杀抗日人士的"万人坑"。1963 年印尼政府在"万人坑"旁建设了一座"日军大屠杀死难者纪念碑"（Kuburan korban perang pendjad jahan Japan），让日军犯下的罪行永远钉在历史的耻辱柱上。而华人先驱罗芳伯的墓碑在东万律巍然屹立，贺云辉先生修葺罗芳伯墓和领导抗日运动的功绩也将与世长存。

据笔者了解，罗芳伯墓的真实位置和原始形制，学术界一直无定论。罗香林在 1961 年出版的《西婆罗洲罗芳伯等所建共和国考》书中刊出过一张罗芳伯墓的照片（下图），墓的式样为典型的粤东客家地区依山式交椅坟。墓碑上款署

罗芳伯墓原貌（图片摘自罗香林《西婆罗洲罗芳伯等所建共和国考》）

"光绪二十三年仲夏月吉旦，兰芳公司□□□□"①，墓碑中央竖行碑文为"皇清敕赠威明德创芳柏罗先生墓"，下款署"各善友等同立"。据罗香林推测，此墓建造于兰芳灭国后十二年，距罗芳伯去世一百零一年，可能已非原址，仅为纪念性质而已。据坤甸华族老人云，民间传说罗芳伯入殓时有许多金银器陪葬，棺椁是"金打棺材银打盖"，为防止盗墓者挖掘而在东万律附近葬有"疑冢九处"，出殡时连抬棺者也被杀，故而无人知哪个是真冢等。眼前这座罗芳伯墓重建于1939年，虽然式样已完全改观，但据笔者比对林凤超、罗香林等诸家之考据所述，此墓的位置似乎仍在原址，即总厅后方之关帝庙侧，靠山而建者也。

据同行的罗贤义先生介绍，以往东万律有华人居住时，罗芳伯墓经常有人维护和祭扫。自从1967年"红头事件"之后，东万律华人远走他乡，罗芳伯墓无人打理而逐年荒芜。只有近年农历清明前后，有一些马来西亚和坤甸等地的华人自发前来扫墓，才对墓周围进行简单的清理维护。前年有附近居住的达雅族人在

---

① 此处有4个字缺损，用□表示。

2018 年重修后的罗芳伯墓

墓前方建造了几座房屋,最近又有人在墓左侧动土开山,屋基甚至开挖到离水泥围栏仅一米处。笔者建议罗贤义先生以坤甸华人社团的名义向西加省政府申请保护令,对此罗先生摇头叹息,说很难办到。

2014 年 5 月,笔者将考察所拍摄的罗芳伯墓被人侵占的十几张照片发给马来西亚罗氏宗亲会的罗启光博士,建议向世界罗氏宗亲会提议发起筹款,彻底解决墓地被人侵占的隐患。世界罗氏宗亲会闻讯立即行动,向马来西亚、泰国、新加坡、柬埔寨和印尼等国家的罗氏宗亲会发出筹款修葺罗芳伯墓的倡议。笔者也在梅州和深圳向国内有关社团和个人发起筹款倡议,很快得到许多学者和热心人士的反响,筹得人民币 3 万多元。

罗启光博士为了早日筹得捐款,利用各种机会开展宣传。2016 年在沙捞越华族文化研究会朱敏华老师等人支持下,古晋举办了一次罗芳伯历史文化宣讲会,正在沙捞越考察的美国布兰代斯大学副教授杭行博士和罗启光博士都做了演讲,现场筹得一笔捐款。2017 年泰国梅县会馆和泰国罗氏宗亲会联合在曼谷举行了一场"罗芳伯历史文化研讨会",来自美国的杭行博士,马来西亚的王琛发博士、罗启光博士,来自中国大陆地区的笔者及台湾交通大学的张维安博士都在会上做了演讲。现场筹得捐款折合马币共 8 万余元(约 13 万人民币),其中泰国梅县会馆古柏生会长、泰国罗氏宗亲会罗豪杰会长各捐款 3 万马币。笔者也将中国大陆地区各界人士捐款 2.88 万元人民币当场交给世界罗氏宗亲会罗仁强会长(之前一笔 1 万余元人民币已兑换美元电汇给罗启光博士转交)。据说后来全部捐款都转给印尼西加省坤甸豫章堂罗氏公所,由他们实施购地、申办手续和雇人施工等全部过程,建成了本书开头介绍的"兰芳园"。全部工程花费近 10 亿印尼卢比(约合人民币 60 万元)不足部分款项由坤甸罗氏公所解决,至此修建工程圆满完成。

此次修葺罗芳伯墓的活动由亚洲多国热心人士积极参与,加上坤甸豫章堂罗氏公所鼎力主办,终于使西婆罗洲华人公司著名领袖人物罗芳伯之墓以全新形象向世人展示。印尼主流社会也终于认同华人对当地的原始开发以及社会经济发展做出的重大贡献。

东万律兰芳公司总厅遗址

兰芳公司总厅遗址位于罗芳伯之墓右前方二百余米处,原址已被一座新建的简易长屋(看似储物仓库)占去大部分,仅余数十平方米方框形残墙遗存。笔者在袁冰凌《中国人的民主》中找到一幅荷兰人于 1822 年绘制的兰芳总厅平面图,从图上可以看出,总厅建筑基本上与粤东客家人的祠堂屋相似,大厅正上方有神台,大厅兼做议事厅,中央有天井,左右厢房为头领们住所,两侧横屋为卫士以及公司职员住所。左侧一大片空地为民兵宿营地(Sleeping Quarter),据说可供五百人休息。据罗耀祥先生介绍,原总厅占地数百平方米,旁边有关帝庙和先锋庙各一所,19 世纪末,总厅和两座庙均毁于战火。20 世纪初当地华人在原址修建"芳柏公学",附近又并排修建新的关帝庙和大伯公庙,庙里分别供奉关羽和罗芳伯的神位,时常有华人前来祭拜。1967 年后由于华人被迫迁走,学校和庙宇逐年荒废倒塌,而今湮没仅剩败瓦残墙。至于以往许多学者曾记载过的"芳柏公学",罗耀祥称由于 20 世纪 60 年代印尼政府取缔华校,公学校舍逐年荒芜。加上后来发生"红头事件",几乎所有华人都逃离东万律,数十年后校舍逐年荒芜,而今已倒塌无踪矣。面对曾经威震西婆罗洲的兰芳政权中枢机关遗址,众人无不感叹

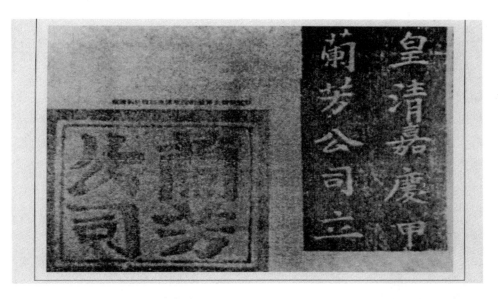

兰芳公司印章（左）和公司总厅门前旗杆基柱所刻文字拓片

唏嘘！

据林凤超《坤甸历史》称，有堪舆师云，罗芳伯创建之兰芳公司总厅及总裁判厅之地，风水名曰"五卒渡河"。笔者下车步行至总厅遗址面前，回头远眺，只见四周远处土坡起伏，林木茂密；近处民居错落，野草丛生。东万律河则从总厅东边百余米处流过，不知其地形之奥妙何在？"五卒渡河"乃中国象棋术语，若以象棋博弈之道论之，五枚小卒尽皆渡河，必然是我方车、马、炮主力折损之后无奈而采取的单兵近身搏杀战术，其残局之惨烈可见一斑。

兰芳公司总厅遗物"气贯九重"匾和"天子万年"匾

罗耀祥先生称，十几年前他也曾陪同万隆罗观汉先生和记者来东万律祭拜罗芳伯墓，顺道考察这里的兰芳总厅遗址。当日罗观汉先生在瓦砾中翻寻，竟意外觅得残破木匾一块，带回坤甸找人修复，现保存于坤甸罗氏豫章公所。笔者当即提出考察和拍摄此匾的要求。由于当日离开东万律后又去松柏港、八阁亭和南吧哇等地考察，回到坤甸市郊又在赤道纪念碑逗留参观，进入市区时已是满街灯

东万律出土的兰芳忠烈祠"气贯九重"匾和"天子万年"匾

火。罗氏公所仍然有人等候，罗耀祥先生打开电灯照明，又从内室将木匾移出给笔者察看拍照。木匾宽约0.67米，高约2米，厚约10厘米，是由沉重的赤铁木制成，下端被固定在一块硬木底座上，上部略向后倾斜以便展示观摩。匾的四周（修复时）镶嵌木质包边，底色为鲜艳朱红色，中央凸雕竖排"气贯九重"四个鎏金行书大字，字体雄浑圆润，笔画清晰流畅，颇有当年气势。可惜修复时未按"修旧如旧"的原则，修整后成了一块新匾，文物价值大打折扣。

据民国时期曾到访东万律的学者陈达在其著作《浪迹十年》中记载，兰芳公司灭亡后总厅旁边的忠烈祠（一作先锋庙）依然存在，里面供奉的是兰芳公司历代领导人和战死者的牌位。笔者认为"气贯九重"匾有可能是忠烈祠内褒扬战死者的祭祀陈设。20世纪初总厅和忠烈祠遭大火焚毁后，东万律华人曾在原址复建关帝庙和罗芳伯庙，分别崇祀关羽和罗芳伯。故此木匾可能为关帝庙遗物。罗香林在《西婆罗洲罗芳伯等所建共和国考》书中也提到过这块匾：大门上悬直匾，额曰"义(应为气——笔者注)贯九重"。这块木匾虽然未能确认是兰芳总厅旧物,但也出自兰芳时期的华人之手,且身经战乱而浴火重生,自然弥足珍贵。

20世纪初在兰芳公司总厅原址兴建的关帝庙有一副门联:"春王正月,天子万年。"上页图右边那块匾应是下联,1998年由坤甸黄庆皓先生在东万律关帝庙遗址瓦砾中发现,今藏其家中。其上联"春王正月"至今仍未发现,估计已经被毁。

兰芳公司戡乱先锋阵亡将士墓

2020年4月初,坤甸华人学者苏润嘉先生发来几张照片。据称数年前他在坤甸县松柏港沙垄华人坟场发现一座西式方尖形墓碑,近前细看原来是"兰芳公司戡乱先锋阵亡将士墓",遂拍下这几张照片(见下页图)。这座方尖碑高约三米,正面竖书十三个隶书大字。四方形墓碑底座边长约一米,正面阴刻有百余字繁体隶书碑记。笔者将照片上的文字识读并整理如下(标点符号为笔者所加):

兰芳公司戡乱先锋阵亡将士墓

考查诸先烈士,皆于清季中叶来自祖国,忠肝义胆拥护罗公芳柏,在本洲兴师戡乱,身赴前驱而阵亡者。兰芳公司垂建大业百余载,实诸先烈牺牲之代价也。惜乎诸先烈之原塚以年远碑毁,英名无从考载,殊感遗憾。迩因麦君连盛感念先烈英勇功高,不忍坐视其星散残塚,塌成日后遗忘,乃以独资雇工起骨,集葬斯地。以慰英灵,籍彰先烈功绩。至于迁葬要务,悉由李君学垣义务督理。

公历一九五〇年三月十五日 颜辉南敬书

此处的"兰芳公司戡乱先锋阵亡将士墓"此前未见报刊报道,学术界也未见有人研究。据碑文记载,在此之前西婆罗洲各地曾经有分散的兰芳公司阵亡将士墓,但年久湮没后墓主名字失考,本地华人麦连盛等热心人士雇工收集骸骨,葬于松柏港沙垄华人坟场。主事者巧妙地以"戡乱"二字隐晦地表达了兰芳公司开创初期所进行的武装斗争。由此可知西婆罗洲华人及其后裔对兰芳公司先烈一直

兰芳公司戡乱先锋阵亡将士墓碑和碑文

抱有崇敬之意，并有传承几代人的纪念行为。苏润嘉先生称，这座墓至今仍保存完好，近年仍有人拜祭。笔者建议他深入了解一下这座墓的建造历史和管理现状，希望能更好地加以保护和发挥其文化功能。

二、离开家园：兰芳公司灭亡后的遗民

兰芳公司被取缔后经历了两三年的战乱，东万律最后恢复了平静。荷属东印度殖民政府随即加强对该地区的控制，宣布实行军事管制，改组地方政府。万那县和东万律主要官员由欧洲人担任，公务员则多数为马来人，华人受到明显的歧

视和排斥。许多华人纷纷离开家园，移居到坤甸、南吧哇、松柏港等沿海城镇和卡巴斯河上游的戴燕、上侯等地。也有不少人移居巴达维亚、日里、吉隆坡等更远的地方。到民国初期，东万律仍有近三千华人居住，他们几乎都是祖籍嘉应州和惠州的客家人后裔。而居住在万那、万诸居、龙冈、沙拉蛮、不离居等兰芳公司属地和其他华人公司属下的华人，也逐渐移居到经济比较发达的沿海城市或外岛，西婆罗洲沿海地区的坤甸、山口洋、南吧哇和邦戛等市镇逐渐聚集了很多华人。在荷兰人的统治下，西婆罗洲的社会经济有所发展，华人由于刻苦耐劳和生活节俭，日子比其他族群过得好很多。

1935年，著名历史学者陈达曾到访东万律，其在《浪迹十年》书中称，当时东万律仍有两千多华人居住。兰芳公司总厅的建筑已于1934年被拆，原址改建为关帝庙，庙旁有罗芳伯祠和忠义祠。罗芳伯祠内主祀罗芳伯神位，历代头人和甲太也各有副牌陪祀。忠义祠内有"护国忠义大将军神位"，其中有1884年至1885年与荷兰人开战时兰芳公司所有死难者，后人俱为他们立神主，并在此祠内奉祀。1939年，东万律华人李开亮、贺云辉、房荣堂等人筹款修葺罗芳伯墓，在原来依山式交椅坟前面树立一座四米多高的士敏土（英文单词Cement［水泥］的音译）西式方尖碑。碑上写有"罗公芳柏之墓"六个朱红色隶书大字，碑座四面写有二百余字的《罗公史略》，四周筑有士敏土花式围栏。1940年日本发动太平洋战争，日军侵占南洋群岛。荷兰人被迫放弃爪哇、苏门答腊和婆罗洲等岛屿撤退到几内亚岛，原来的荷属殖民地大部分被日军占领。西婆罗洲的华人和各族人民组织地下武装与日军对抗，数年间遭日军屠杀的抗日志士多达数万人，在东万律留下一个掩埋被害者的"万人坑"（今辟为日本大屠杀纪念馆）。

1945年日本投降后苏加诺代表他领导的抗日组织宣布独立建国，原来荷属东印度群岛的土地全部纳入印度尼西亚共和国，但西婆罗洲仍保留自治区地位。1956年西婆罗洲自治区也被纳入印尼领土，改称西加里曼丹省。笔者访问了现居雅加达的"芳柏公学校友会"会长、80多岁的原东万律居民翁桂香女士，她是1939年出生于东万律的第六代华裔，祖辈是与罗芳伯同时代来西婆罗洲的嘉应州人。据她所言，印尼建国后东万律还剩下大约一百五十户华人居住，全部都是祖籍嘉应州的客家人。也有少量马来人住在镇外，达雅人则住在山区。大多数华人家庭都是做小生意和经营种植园的，靠辛勤劳动和省吃俭用生儿育女，积累财富。华人与各族居民和睦相处，大家相安无事。1957年以后政府逐渐采取排华政策，大批马都拉人、巽达人、爪哇人和马来人等各族人民在政府支持下移居西加里曼丹，华人则逐渐移居大城市，有些甚至移民国外。1967年11月，印尼苏哈托政府以"剿共"（指西加共产党）为名，颁令禁止华人在县城以下的乡镇居住。居住在西加里曼丹山区的土著居民闻讯后迅速行动，大批混乱的群众采取暴力手段驱赶华人，占领华人居住的房屋、田地、家畜和种植园，有些地方甚至出现了抢劫、纵火和杀人的事件。大批东万律和邻近地区的华人一夜之间被迫离开世代居住的家园，数十万人逃离乡镇，投奔坤甸、南吧哇、山口洋等县级以上城市成为难民，还有不少人或者搭船离开加里曼丹投奔外岛的亲友，有些甚至移民到外国避难。这就是1967年发生在印尼西加里曼丹的"红头事件"。

如今在东万律和邻近乡镇基本上没有华人居住，原来属于华人家庭的店铺、房屋、田地和果园已另有主人。但是在沿海地区的坤甸、南吧哇、松柏港、山口洋、邦戛等城市和附近的乡村，仍然有大量华人居民居住。据2018年的印尼报刊资料，印尼全国总人口约两亿七千万，华裔人口接近两千万，仅占约7%。西加省目前大约有四百万人口，其中华人大约有七十万，约占17%，是印尼全国各省中华人比例最高的省份。省城坤甸目前约有六十五万人口，其中华人约有二十万，约占30%。山口洋市的华人比例更高，约占60%。这些华裔居民很多都是西婆罗洲公司时代的华人先辈们留下的后裔。现在，他们都以印尼公民的身份继续在这片土地上勤劳工作和繁衍生息。

笔者两次到访坤甸，除考察上述六处兰芳公司遗迹之外，还顺道考察了东万律日本大屠杀纪念馆（Kuburan korban perang pendjad jahan Japan）、坤甸张氏清河堂义山、坤甸孔教华社总会公墓。走访了松柏港、南吧哇、米仓和老埠头的几处华人家庭。通过这些活动，笔者深深感受到当年众多华人先辈对西加里曼丹的开拓和社会发展所做的伟大贡献，罗芳伯和兰芳公司对西加里曼丹社会的影响可说是无处不在。从坤甸出发向西北行，沿新埠头至南吧哇，据说甚至远至山口洋、邦戛和三发，一路都居住着许多华人。我们在好几处停车、加油和休息吃饭的地方，都能听到亲切的客家话乡音。在松柏港，一家操河婆口音客家话的华人在路边开了一家餐馆，50多岁的女主人坐柜台迎客写单、女儿跑堂传菜、儿媳妇执勺炒菜，70多岁的老奶奶也在店里帮忙，一家人把餐馆打理得井井有条。笔者一边用餐一边与店主拉家常，店主说只知道祖上是嘉应州吴姓，来婆罗洲已近二百年，却从未回过故乡，自己的孙子是第六代了。据她说从坤甸市沿松柏港、南吧哇、山口洋、邦戛直至三发县，一路沿海地带都有很多说客家话的华人，大家已经习惯了热带的生活环境，已经把这里认作故乡了。问到罗芳伯，店主说坤甸人都知道罗大伯公，他是一个家喻户晓的神，大家逢年过节都烧香拜他。但问及罗芳伯和兰芳公司的历史故事，在场华裔几乎无人知晓。

午餐后我们继续驱车往北，下午在南吧哇考察了几间华人大伯公庙后，众人在路边一家咖啡馆停车休息。店主也是一家华人，说的是带河婆口音的客家话。这间小店卖咖啡冷饮、面包糕点、服装鞋子、电器五金、日用杂品，可谓百货俱全。罗贤义先生说这就是南洋所谓"阿弄店"，货品和服务能满足附近居民生活所需，二百年来一直保持这种经营模式。女店主热情地给我们煮咖啡拿糕点，又向我们介绍南吧哇一带华人的情况。问起罗芳伯，店里几个年轻人更是滔滔不绝地争讲他的神话故事，看来西加里曼丹的华人确实把他当作一位神仙来崇拜了。而问到兰芳公司和二百年前荷兰人镇压华人的故事，大多数华人都不知晓。据了解在西加里曼丹甚至在印尼全国，市面上和普通文教单位基本上找不到有关罗芳伯及华人公司开发婆罗洲的历史资料。由于1965年苏哈托政府上台后取缔了华校和华文教育，华文媒体也长期受到禁锢，现在60岁以下的印尼华人，基本上不认识华文，但是还能用母语（客家话、潮州话或福建话）进行日常交流，大部分青年人只能讲印度尼西亚话和读写印度尼西亚文了。

考察了南吧哇大伯公庙后车子掉头回程，傍晚时分到达坤甸郊区。夕阳下路边有两处大片的华人墓葬区，一座高大的牌楼上写着"坤甸张氏清河堂义山"几个中文大字，另一座牌楼上也用中文写着"坤甸孔教华社总会公墓"。一望无际的田野上鳞次栉比地分布着许多岭南风格的交椅式坟墓。据向导罗贤义先生介绍，坤甸几个人口较多的姓氏如林姓、黄姓、张姓、李姓等都有自己宗族集资买下的义山，给百年仙逝后的宗亲提供一处最后的归宿。每年清明前后，华人子孙都会备了牲礼香烛来到墓园拜祭自己逝去的祖先。生养死葬是中华民族的传统，儒家的文化传统贯穿华人的一生，即使迁徙到他乡、繁衍了十几代人也不会改变。

笔者还走访了坤甸市区的五个华人社团，其中机构较为完善、活动较为正常的是"西加孔教华社总会"。据该会现任第十九届理事会秘书张先生介绍，孔教华社总会是坤甸市五十多个华人社团的联合会，在西加社会活动中扮演着举足轻重的角色。宽阔的大厅里摆满了各种奖旗、奖状和社团交流纪念品，墙上挂着许多理监事就职典礼和举行各种活动的大幅照片。除了西加孔教华社总会，笔者还访问了坤甸林氏西河公所、坤甸黄氏江夏公所、郑氏荥阳公馆、坤甸李氏陇西堂公馆、坤甸南阳堂邓氏联谊会、坤甸罗氏豫章公所等华人宗亲会组织，这些宗亲组织无一例外都张挂着大字中文招牌。有些人数较少的姓氏则建立联合公所，比如"徐、涂、余、佘"四姓公所，大家在同一个地点举行节日聚会和婚丧喜庆活动，非常具有特色。据西加孔教华社总会张先生介绍，现在印度尼西亚政府在法律上已承认伊斯兰教、天主教、佛教、基督教、孔教和道教这六大宗教都是合法的，所有信徒都具有平等地位。华人的节日如春节等也已被列为法定节日，华文媒体和华文教育也被合法化，《坤甸日报》中文版每天出四个版面，世界各国特别是亚洲国家的新闻都能及时报道，华文学校（或补习班）也正在兴旺发展，华人在意识形态上已经不受歧视。可以展望，未来华族在印度尼西亚社会发展中必将扮演更加重要的角色。

自1999年印度尼西亚民主改革以后，曾经造成某个民族残害华人和马都拉人的种族仇杀政策宣告结束，西加三个主要族群（华族、马来族和达雅族）恢复了和睦相处的社会环境。西加华人逐渐开始参与政治活动，积极组织和参加不同政党，有华人参选中央、省级和县、市级议员；有华人当选为西加省议会副议长、坤甸市议会议长、山口洋市正副议长；还有华人当选地方长官，例如张锦坤是当选桑高县长的第一位华人，黄汉山当选了西加省副省长，黄少凡当选了山口洋市长。坤甸县县长黄努山也是华人，山口洋市议会议长也是华人。两天来，在我们乘坐的汽车上，罗耀祥先生播放了几盘DVD音乐片，画面上山口洋的黄少凡市长演唱的华语歌曲和客家话歌曲吸引了我们的注意力。他那浑厚优美的嗓音、老练娴熟的表演和绚丽多姿的舞台制作，一点也不亚于港台歌星，真是让我们大开眼界。西加数十万华人大多数都尽到了作为印度尼西亚公民的责任和义务，他们也将成为自己国家的主人，在这片土地上世代繁衍下去。

罗芳伯的名字在西加省、在印度尼西亚乃至整个南洋群岛的华人社会中可谓家喻户晓，大家都知道他是开拓西婆罗洲的华人先驱，是广大华侨和华裔的保护神。1999年11月在吉隆坡举行的第十五届世界客家恳亲大会上，马来西亚总理马哈蒂尔作嘉宾发言，盛赞罗芳伯及早期南迁婆罗洲的华人对当地社会发展的积极贡献；印度尼西亚前总统瓦希德更是称赞"罗芳伯是堪称与华盛顿并列的世界伟人之一"；新加坡开国总理李光耀甚至直言"我就是现代的罗芳伯"。可见东南亚各国的领袖都将罗芳伯看作是开发南洋的华人先驱，其历史地位无人可以替代。

笔者几年前偶尔在互联网上发表了一些有关罗芳伯研究的文字，很快就引来不少网友的评论。有一位印度尼西亚华人网友对这个话题颇感兴趣，但他劝告我不要再提罗芳伯在西婆罗洲"独立建国"的话题，他认为这样做反而会使当地其他民族的居民认为华人侵占他们的家园，引起他们对华人的反感，甚至会招来反华排华的祸患。那位网友说自从20世纪60年代以来，印度尼西亚政府执行的反共反华政策，累及广大华人群众，致使华人几次惨遭杀戮和迫害。他认为过多宣扬华人早期在西婆罗洲的开拓和贡献，无疑会加深其他族群对华人的嫉妒和仇恨。

对于这位网友的劝告，笔者认为虽然值得同情，但因噎废食并非明智之举。早期到南洋谋生的华人对印度尼西亚乃至东南亚各国的开拓和发展，其重要贡献无可置疑，且无其他任何国家的侨民可比。就今日华族公民在印度尼西亚国内对国家经济、文化、科技、教育等方面的贡献而言，也丝毫不比其他族群逊色。据印度尼西亚《国际日报》2014年9月18日报道，目前居住在印度尼西亚国内的华族公民，有两千一百多万人，其中客家人后裔有八百多万人。这一巨大的族群在印度尼西亚全国各行各业中所起的作用无可替代。特别是华人与生俱来的勤劳俭朴和聪明智慧等优良素质，使他们在商界和科学教育界大有作为。但由于"二战"后国际政治格局的变化和族群本身的原因，华人在印度尼西亚乃至世界各国都不太愿意参与政治活动，往往被其他族群所谓的主流社会精英排挤而趋于边缘化，这也是一个不争的事实。

然而，历史的车轮毕竟滚滚向前，北美洲早期的华人先辈，以契约华工的身份到达大洋彼岸，从事修筑铁路和开拓种植园等繁重的劳动，被白人歧视和奴役了一个多世纪。最后在世界进步潮流的推动下，美国和加拿大当局不得不放弃种族歧视政策，承认华人的合法地位，为一百年前歧视华人的政策道歉。近五十年来美加华人积极参与政治活动，已经出现了华人州长、参议员、大使和将军等社会精英。在东南亚也是如此，近百年来荷属东印度群岛和印度尼西亚华人屡屡受到荷兰殖民当局、日本侵略者和印度尼西亚极端民族主义者的迫害，造成了骇人听闻的"红溪惨案""东万律大屠杀""红头事件"和"1998排

手提人头骷髅的达雅族青年

华暴行"①，给当地华人带来巨大的伤害。印度尼西亚社会乃至国际社会一直都在关注和谴责这种反人道的行为，历史终究会清算这些血案幕后制造者和凶手们的罪行，还受害者一个公道。

正是由于以上原因，印度尼西亚华人往往更加谨小慎微，远离政治，不敢过多宣扬华族对印度尼西亚社会的贡献，以求平安是福。但笔者认为，刻意避而不谈罗芳伯及华人公司开拓建设西婆罗洲的历史功绩，不仅不能换取极端民族主义者的同情，也不能阻止暴徒的屠刀，相反还有可能抹杀或弱化华族在印度尼西亚社会发展中的作用，助长极端民族主义者仇视和污蔑华人的气焰。全世界的华人都要积极地声援和支持印度尼西亚华人取得合法权利的正当要求，印度尼西亚的

---

① 红溪惨案（Angke Massacre）：1740年10月，荷兰殖民当局在巴达维亚城大规模屠杀华侨，造成过万人死亡。因城西有一条河名叫红溪，是肇事地点之一，故称为红溪惨案。
东万律大屠杀：1942—1945年日本侵略军占领西加省期间，在东万律多次屠杀印度尼西亚抗日志士达两万多人，其中大多数是华人。1964年印度尼西亚当局在东万律建有"日军大屠杀纪念馆"。
1998排华暴行：1998年5月13日至15日，印度尼西亚雅加达等地发生暴乱，数万暴民对华人实施烧、杀、抢、奸等惨无人道的暴行，造成一千二百多人死亡，三百多位华人妇女惨遭强奸，五千多间华人店铺被烧的人道主义灾难。

华族公民更应当理直气壮地通过各种方式争取自己的权利，包括宣传和纪念二百多年前开拓西婆罗洲的罗芳伯和其他华人先辈的历史功绩，宣传华人在抵抗荷兰殖民者和日本侵略者斗争中的英勇事迹，给华人争取应有的历史地位。

此次在印度尼西亚考察过程中，笔者高兴地看到印度尼西亚社会经历了1998年的政治风暴后，开始了民主法制的进程。千百个华人的鲜血和生命唤醒了文明和人道的社会良知，瓦希德总统自执政后一连颁布了几个法律，印度尼西亚各个族群平等共存的局面开始形成。瓦希德之后的连续两位总统（梅加瓦蒂和苏西洛）都能坚持这一种族平等的政策，颁布了一系列法律条文来保障包括华族在内的各族群众的利益。现任总统左科维也继续执行几位前任的既定方针，总体上华人的政治地位有所提高。现在印度尼西亚的华文教育和华文媒体已经合法化，华族社团和民间华文教育机构如雨后春笋般出现，积极参加政治活动的华族人士也日益增多。在坤甸，笔者有幸认识了一位致力于华文教育的楷模陈慧珍女士。陈女士现年50多岁，夫妇二人都受过较高的华文教育，是成功的商业人士。十几年前陈女士的丈夫不幸患病去世，她获得一份大额的人寿保险赔偿金。为了实现丈夫生前心愿，2010年陈女士用这笔钱和自己多年积攒的财富开办了一所华文大学——坤甸共同希望语言学院（Sekolah Tinggi Bahasa Harapan Bersama），经历和克服办学初期的许多困难，2015年终于获得印尼政府颁发的证书。学院主要学科为汉语言专业，学制分为四年制本科学位和三年制大专学位，目前在校学生三百五十九人。几年来在陈女士（任董事长）和全校教职员工的努力下，学院已为印尼社会培养了几批华文教育、商务和旅游等专业的本科和专科人才。据闻最近陈女士正筹备在学院开设"西婆罗洲历史文化研究所"，我们也期望不久能看到印尼本地的华人历史文化研究有一个新的局面，能与世界各国学者紧密合作，取得更多研究成果。

离开坤甸后笔者转往雅加达，在雅加达东南部的大班德格地路（Jl. Raya Pondok Gede）出乎意料地看到，在展示印度尼西亚三十多个省各民族建筑风格的"印度尼西亚微缩公园"（Taman Mini Indonesia Indah）里，竟然新建了一处占地很大的"印度尼西亚中华文化园"，里面展示的是具有中华民族风格的各种建筑和园林艺术：有柳影婆娑的荷花湖、玲珑剔透的假山、九曲回环的廊桥和绿瓦雕梁的亭子；有《西游记》师徒取经、梁山伯与祝英台、嫦娥奔月和弥勒佛等大型雕塑；有郑和纪念馆、"大埔路"和吴氏文化园；有巨大的环形客家土楼——印度尼西亚客家博物馆；据说还正在筹建一座具有中国特色的石拱桥——兰芳桥，借以纪念华人先驱罗芳伯及兰芳公司。在刚刚落成的博物馆内，我们见到了正在筹备 2014 年 6 月开馆剪彩仪式的负责人——一位身材高大、头发花白、神采奕奕、体格健壮的华族老人，他就是这个项目的策划和总监，印度尼西亚陆军退役将军熊德怡先生。据他介绍说，现在客家博物馆的内部装修和布展工作正在紧锣密鼓地进行，2014 月 6 月下旬举行开馆典礼时，总统苏西洛会亲临担任剪彩嘉宾。笔者闻言非常高兴，中华文化和客家建筑艺术竟能在这里受到如此高规格的尊重，实在出乎人的意料。

在博物馆二楼展厅，笔者还看到一幅用华印（尼）两种文字和图片介绍印度尼西亚独立建国历史的展板，它向游客展示了 1928 年印度尼西亚华族青年组成游击队抗击荷兰殖民军、1942 年印度尼西亚华族青年组织中华义勇军抗击日本侵略者的史实；还有华族知识分子与爪哇族、马来族和其他族裔的青年早期发动印度尼西亚独立建国运动的图片，照片上用华文写出的一条大字标语十分醒目："建立统一的独立国家——印度尼西亚！"从这些可以看出华人在印度尼西亚近代历史和独立建国中发挥过重要的作用——他们是开国功臣，是这个国家的主人。

在二楼另一个展室，两个裹着穆斯林头巾的女青年正在聚精会神地注视着展板上介绍的中国客家民系的资料。笔者近前用英语与他们攀谈，原来她们俩都是印度尼西亚大学的研究生，正在为撰写毕业论文做搜集资料的工作。问到对客家人和他们向南洋迁徙这段历史的了解，她们都微笑着摇头。而问到罗芳伯，两人竟然都知道他是一位华人的保护神，笔者不禁感到诧异。其中一位女孩说她来自苏拉威西岛，她的外公是祖上来自嘉应州的客家人；而另一位女孩也说，她的祖父也有华裔血统，祖上来自中国福建省，笔者心中的疑团顿时消失：两位女孩表面上看是十足的印度尼西亚人，原来她们身上也和我们一样都流淌着华人的血脉！在东万律地区，笔者遇到许多穿戴似达雅族人的村民，外表上看五官与肤色和华人并无多大区别，罗贤义先生告诉我们，其实他们就是华人的后裔。据说在印尼西加省内陆地区，许多外表看是达雅族人的居民都自称是华人的后裔，有些甚至能说出祖上的姓氏和籍贯，他们已经完全融入印度尼西亚这个民族大家庭里。笔者真切地希望在印度尼西亚的两千多万华族兄弟姊妹能更好地融入这个多民族共存的社会，在虚心学习各民族文化的前提下，理直气壮地宣扬华族文化和继承华人的优良传统，让子孙后代知道自己的血脉来自祖籍国——中国。而印度尼西亚是他们自己的祖国，华族在印度尼西亚也是当然的主人，理应为建设和保卫自己的祖国尽一份力。笔者与印尼雅加达罗氏宗亲会执行主席罗秉光谈到未来华族在印度尼西亚社会和政治生活中的地位，罗主席乐观地说，现在印度尼西亚华族青年很多已经积极参与政治活动，他们在各个政党里面的表现也很活跃。据他估计不出二十年，印度尼西亚将会有华族副总统或总统出现。这真是令人期待的美好前景。

三、义重千秋："兰芳公司"领导人故乡及后裔近况

西婆罗洲华人公司主要领导人共有五十多位，其中本书出现过有确凿姓名的就有三十多位。可惜由于史料缺乏，能确认其故乡或后裔的只有三四位。特别是因为大港公司及和顺联盟各公司很早就被荷兰人消灭，领导人大多数都被杀害或被通缉而逃亡，故而无法确认他们的故乡和后裔，实在是一项遗憾的历史缺失。而由于兰芳公司的领导人采取屈服于荷兰人的政策，让它得以延长了三十年的寿命，文献和史料得以保存下来，后人才有可能调查几位领导人的故乡和后裔。

罗芳伯故乡及其后裔

康熙末年，由于台湾平定，海禁大开，闽粤两省陆续有人冒险渡海前往南洋谋生。到乾隆中期，婆罗洲发现金矿，南渡淘金者更是趋之若鹜，罗芳伯正是在这个时代背景下前往婆罗洲的。他在坤甸"聚众称王"的消息，数年后即传回家乡。民间传说去坤甸淘金极易赚钱，脚上的一双草鞋穿烂了，用水洗一洗泥沙，就能淘出一个金戒指来。当然这是夸张的说法，不过从中可以看出乡民对出洋淘金、发家致富的向往。黄敏先生在《重修罗芳伯纪念堂碑记》一文中说："自芳伯在坤甸开疆辟土，消息传入家乡，闽粤同胞接踵而至。"罗芳伯在坤甸开拓殖民获得成功，对家乡石扇堡乃至嘉应州都带来很大影响，许多人也效仿罗芳伯，

纷纷渡海到南洋各埠谋生。

据查石扇历来去南洋荷属各埠的侨胞，以走坤甸、巴达维亚、亚齐和勿里洞者为多。各村各姓过南洋谋生者，几乎两家之中就有一个。据调查在我故乡李氏一族的三十户人家中，就有十三户人的上辈曾经远走荷属殖民地谋生。以我家为例，自先伯祖父洪麟公于光绪末年跟随水客南渡苏门答腊北端的亚齐之后，十年间接连委托水客将他四个弟弟中的三个也带去亚齐，其中最小的那个就是我的祖父。后来祖父又把我才十四岁的大伯也托人带去亚齐，我的三伯祖父和四伯祖父也将他们的几个儿子带去亚齐。此后不久，又有两个堂伯父跟随另一个族叔去了巴达维亚。到20世纪30年代，笔者家族在荷属东印度已经繁衍到三四十人。1936年祖父回国定居，把他的几个侄儿带回国内读书，此后十年间他们都在家乡成家立室。1947年，又有两个堂伯父拖男带女一共十几口人回家乡定居。算来我的父辈有堂兄弟九人，有六位在南洋侨生，其余三位也曾在南洋侨居。我同辈有二十五个"祥字辈"堂兄弟，细算竟有十三个都是侨生。从此家乡便有了一些南洋色彩。叔伯们偶尔会给我们讲述罗芳伯在坤甸称王的故事，也会教我们讲几句"番话"（马来语）。堂哥们则教我们几个小弟用饭粒把报纸糊在竹片上做成"番鬼鹞"（一种无尾巴的纸鹞），拿破袜子拆出棉纱线来放飞。他们有时也编造一些"番鬼"杀人吃肉和"番婆"放"降头"（巫咒）害人的故事吓唬我们。

我记得，小时候有一位堂哥生得个头矮小且皮肤黝黑，大人都称他"番牯"。后来我才知道，他是我一位堂伯父少年时期在荷属巴达维亚与当地女子所生的孩子。1939年这位堂伯父将三岁的"番牯"送回家乡，自己娶了家乡一位女子，夫妇二人又回到巴达维亚谋生。这位"番牯"堂哥在家乡由祖母管教，后来因为顽皮，又不肯读书，终于在十六岁那年离家出走不知去向。同村X姓有一户人家，情况也与此相似，做父亲的在荷属勿里洞与当地女子生下男婴，带回家乡交由孩子祖母照顾，人称"番昌"（其名带昌字）。1953年我的另一位堂伯父收养了一个由海外带回国的"番牯"男孩，也是皮肤黝黑，两眼深邃，年龄比我略小。这位堂伯父根据其少年时期在荷属亚齐生活的经历告诉我一些知识，我才知道这个"番牯"堂弟与走失的"番牯"堂哥以及X姓的"番昌"，均不属同一种族。堂哥属"爪哇番"，"番昌"属"巫来由番"，而堂弟则属"乌嚟番"。从此我们小伙伴都叫堂弟"乌嚟"。这位堂弟特别顽皮，上学时又常被人歧视耻笑，最终也未能靠读书走出农村，一生在家乡务农。所幸年轻时娶妻生女，过上了正常的家庭生活。我记得少年时期，家乡的长辈和同辈中许多人都是侨生，大人们昵称顽皮的小男孩，往往都叫"个只嚫子"（这个番鬼仔）。由此可以推知，"嚫子"是客家话对婆罗洲达雅人或其他族裔的贬称。

据我所知，在我的故乡石扇，几乎各村都会有一两个类似上文所述由南洋带回的"番牯"，他们的人生境遇大都不好。不过也有一些"番牯"比较幸运，娶妻生子、安享晚年，他们的后代虽然带有外族血统，不过已与本地人无多大区别。

对于坤甸地区土生华人的情况，我也曾经从我妻子的外公蓝卓兴先生口中得到一些了解。蓝先生与传说中西婆罗洲的戴燕国王吴元盛是乡邻（今属梅县城东镇竹洋村），年轻时曾在南洋侨居经商多年，后来转行做水客二十余年，来往于家乡与荷属巴达维亚、坤甸、棉兰、勿里洞、泗水各埠，以及英属新加坡、淹工（即仰光）、马六甲等地，以帮人带钱、带信、带新客来获取报酬，1953年才回国定居。据他亲言，早期去坤甸的华人，确实有很多人娶达雅族女孩为妻。在南洋各埠也有一些华人娶当地马来女子或爪哇女子为妻，生下的混血后裔，客家话叫作"峇峇"（Wawa）或"峇峇妹"。后来峇峇妹多了，华人便不再娶当地其他族裔女子，而愿意娶峇峇妹为妻。这样一代一代传下来，异族血统的成分就少了一些。这些混血的后裔，父亲一般都要将他们送回唐山去读几年书，或者至少要回唐山走一趟，拜过祖宗之后再回南洋做工，俗语称回过唐山的孩子叫作"斩尾"。意思是割去其他族裔血统，成为真正的唐人了。如果一次都没有回过唐山，则会被戏称为"四脚蛇"，似乎低人一等。如果能娶到血统纯正的唐山妹为妻，则认为是极其光彩的事。据说在坤甸，早期来淘金的华侨，十之七八都终生未能再回祖国。两百多年岁月过去，如今后代大都成为地道的"半唐番"，只知道自己祖上来自中国，但已说不出故乡的地名。老华侨戏称"唐人生子，番鬼添丁"，即指这种现象。我两次赴印尼西加省考察，也曾特意向罗贤义、罗耀祥、谢官友等坤甸华族老人求证上述情况，他们也笑言基本属实。

印度尼西亚独立六十多年以来，由于当地政局几次动乱，西婆罗洲大部分石扇侨胞都已移居棉兰、吉隆坡或雅加达等大城市，有些则再次移民到欧洲，美国、加拿大、澳大利亚各国，估计现仍在坤甸居住的石扇人后裔已经不多，但居住在印尼各个城市的石扇人后裔，仍有千人之众。近三十年由印尼回故乡石扇寻亲的，也有数百人之多。据了解，改革开放之后，又有石扇青年肖××等仿效罗芳伯，远渡重洋到印尼之东加里曼丹、马鲁古群岛和西伊里安等地开发金矿，并取得了不俗的成就。

早在乾隆末年，罗芳伯在坤甸称王的消息即为家乡人所知悉。正如上文所述，石扇举人郑如壎当年就为罗芳伯写过像赞，对其在异邦所创造的业绩给予极高的评价，期待他荣获朝廷旌表，光耀家邦。这也是世人评价罗芳伯的第一篇文字。通过石扇人口口相传，罗芳伯的故事几乎家喻户晓。对于鼓励石扇后辈勇于向外开拓打拼，起了积极的作用。二百多年来许多石扇乡亲走出家门，在海外和国内开拓发展，其中不乏事业成功而不忘桑梓、回馈社会建设家乡，或捐巨资办学助贫者。

早在光绪三十年（1904），石扇一乡即在华侨影响和资助下开办了六间新式学堂。1905年清廷下旨废除科举，石扇各村开办的初级小学犹如雨后春笋，猛增至十二间，1907年更是领先于嘉应州各乡堡，开办了石扇高等小学，1925年又升格为梅北初级中学。石扇能够把握世界潮流之先机，率先兴学育人，后世人才辈出，与南洋之华侨大有关联。以上办学之成绩，皆得益于南洋华侨的影响和资金支持。有案可查的如郑竹滨、黄谷诒、张振初、章任才、高新成、李伟南、郑生郎、邹联富、张银官、李达文、章生辉、林清荣、肖崇文、曹绍球、张远明等人，都是在旧时荷属东印度或今日印度尼西亚各地侨居经商而致富者。又有读书出身从事军、政、教事业而成就卓越者，如清末辛亥革命功臣邓石甫、邓华甫，民国时期彭精一、张绍琨等政界精英和六位石扇籍将军；当代有萧向荣中将和陈志杰将军、院士、傅文楷、张明生、廖苾光、冯廉兵等近百位专家、教授和高级工程师，他们都是从少年时期在梅北中学读书期间就受到罗芳伯精神的鼓励，在校用功读书，在社会上勤勉做事，因而获得成功。

石扇第一所纪念罗芳伯的公共场所，是梅北中学罗芳伯纪念堂。1936年，石扇径尾村人罗四维从南洋回国，来梅北中学应聘历史教员。罗四维曾在荷属爪哇和英属马来亚等殖民地华文学校教书，前后长达十一年。其间搜集到不少罗芳伯及兰芳公司的资料，因仰慕罗芳伯"异邦称王"的功绩，对其历史意义评价极高。1936年冬梅北中学召开校友会议，罗四维提议筹款建设罗芳伯纪念堂，得到校长冯引士和校董邓石甫、彭精一等人的赞同。1937年春季，校友会委派校董张焕环专程前往荷属爪哇和英属马来亚等地筹款，准备兴建罗芳伯纪念堂。

历时两年多的筹款活动进展顺利，1939年10月，梅北中学罗芳伯纪念堂破土动工，在校园南面空地上新建一栋两层六间四檐滴水的砖瓦楼房。1940年7月罗芳伯纪念堂基本完工，刚好赶及秋季开学投入使用。1941年4月15日（校庆日）举行竣工剪彩仪式，各界人士及校友师生等一千多人热烈庆祝罗芳伯纪念堂落成。后人对其描述是："只见罗芳伯纪念堂四角飞檐，琉璃栏杆，白墙黑瓦，十分壮观。楼额'罗芳伯纪念堂'六个大字乃时任教育部部长陈立夫手笔。墙上红纸写着：'一楼东教室由李启我、林翙球合建；一楼西教室由张银官、张质君合建。二楼东教室由廖建宸、廖晖宸合建；二楼西教室由潘敬亭、彭汉秋合建。二楼中科学实验室由陈鼎义、章造时合建。'一楼中为罗芳伯纪念堂，正面墙上植罗芳伯瓷像，下刻罗芳伯像赞，乃郑如壎所撰。瓷像下方置一方石碑，上刻《西婆罗洲大唐总长罗公芳伯纪念碑记》，是谢贞盘所撰……"罗芳伯纪念堂的落成一时间在石扇和梅县都传为佳话。

参与罗芳伯纪念堂建设的所有捐款人士，都是旅居荷属东印度及英属马来亚、缅甸及暹罗（今泰国）的华侨，且有不少是外乡人士，大家仰慕罗芳伯在南洋开疆辟土之丰功伟绩，踊跃捐资建楼，罗芳伯的故乡才第一次有了纪念其事迹的建筑和文字。建楼的倡导者罗四维、肖肇川，董其事者邓石甫、彭精一、冯引士、张焕环等乡贤也功不可没。自此之后六十年来，凡在梅北中学读书的学子，基本上都知道罗芳伯的名字和他在海外建功立业的事迹，并受到他的精神鼓舞而刻苦读书。借此纪念堂的建成消息传播梅县各地，罗芳伯的名字更加为众人所知。

历史的车轮匆匆转动，不觉间岁月已过去二十五年，几经风雨的罗芳伯纪念堂已经破旧不堪。众所周知，1966年夏天中国爆发了史无前例的"文化大革命"，"红卫兵"组织遍布各地大、中学校。在"破四旧"的号召下，红卫兵肆无忌惮地破坏一切旧事物。梅北中学罗芳伯纪念堂内的石碑、瓷像和所有文字都被本校"红卫兵"砸毁，图书馆内许多旧书籍也被抛到操场上付之一炬。从此罗芳伯的名字在石扇乃至全中国都销声匿迹，此即史家所称之"十年浩劫"也。

直至1985年8月，石扇人高浪舟调任梅北中学校长。恰逢国内正处于"拨乱反正"时期，所有冤假错案得以昭雪，被打倒或遭批斗人士一律被平反，一切被毁文物，政府允许恢复重建。高校长向上级申请重修罗芳伯纪念堂，得到梅县市（当时的县级市名称）人民政府批准并拨款两万余元，将破旧的罗芳伯纪念堂修葺一新。一楼中间正面墙上原有石碑、瓷像和题字已被砸毁，无法复原。遂由本校美术教师肖荣新，根据记忆重画罗芳伯身着唐装、长须白发半身正面像一幅，复置原位。两旁配以本校退休语文教师黄敏撰写的对联："芳名播坤甸，伯籍出

建于1939年的梅北中学罗芳伯纪念堂（高浪舟摄）

梅州。"黄敏先生又凭记忆撰写《重修罗芳伯纪念堂碑记》一文，勒石镶嵌于原位。兹将碑文照录如下（原文无标点，下文为笔者断句）：

> 罗芳伯，原名芳。伯，尊称也。梅县石扇堡大岭社人。生于清乾隆初年，少有大志，性豪爽，善技击，任侠好义。因不满异族之统治，加入天地会以示反清。三十七岁时率同乡友人离家乡，经虎门浮海，至婆罗洲坤甸。时该地尚荒芜，公乃率众披荆斩棘，作为发展基地。自芳伯在坤甸开疆辟土，消息传入家乡，闽粤同胞接踵而至。时值土酋常欺华人，芳伯遂与众商议，并联络当地苏丹，率兵讨伐，大败之，并占其领地。后逐渐拓展，势力日盛。苏丹乃以东万律之地归芳伯管辖，成一独立国。自称大唐总长，以兰芳为年号，土人亦宾服，奉之为坤甸王。芳伯在位十五年，临终时择贤禅位，再传江、关、宋、刘等华人领袖，共一百零六年。后因荷兰入侵，国遂亡。乡人为纪念前贤，于一九三七年派本校校董，前往南洋各地募资建堂，以彰其事迹。惜历时数十年风雨侵蚀，堂基稍破，于一九八五年由梅县市府拨款重

修。现已竣工，爰再立碑纪传，以垂久远。

梅县市梅北中学
公元一九八七年四月立

由于当时缺乏参考资料，碑记中出现数处错误：一曰芳伯三十七岁时"率同乡友人离家乡，经虎门浮海"，应为三十五岁之误。二曰"芳伯在位十五年"，应为十九年之误；三曰"再传江、关、宋、刘等华人领袖，共一百零六年"。关字应为阙字之误，一百零六年应为一百零八年之误。另有关于天地会数语，则史实欠考。除此几处之外其余并无大错，平心而论在当时条件下黄敏全凭记忆撰写此文，若非本乡之文人，恐难胜任，故亦难能可贵也。

罗芳伯纪念堂重修后，继续为梅北中学师生的教学活动提供优良的场所。不觉间光阴又过去近二十年，到 21 世纪初，砖瓦结构的楼房已经破旧不堪。2004 年 4 月，梅北中学举行建校九十七周年纪念大会，有中国台湾校友彭淦波和印尼校友曹绍球等人倡议重建罗芳伯纪念楼，得到海内外校友一致赞同。筹款行动进展顺利，到 2005 年暑假，彭淦波捐资 20 万元、曹绍球捐资 10 万元、梅县人民政府拨款 10 万元和香港校友黄炯昌发动兴宁籍香港同胞罗焕昌捐款 10 万元都已陆续到位。校长丘忠辉雇人将建于 1939 年的罗芳伯纪念堂拆去，在原址新建一座四层八间教室的罗芳伯纪念楼。又在一楼开辟罗芳伯史迹展览室，让更多人了解罗芳伯及东万律兰芳政权的史实。新楼建成后，罗芳伯在故乡石扇乃至国内的影响，必将更加深远。

罗芳伯故居在今梅县石扇镇西南村。石扇离梅州市区约 15 公里，沿 206 国道北行，在竹洋（地名）往西拐转入县级水泥公路可直达中和圩，小型汽车还可沿村道继续前行直达大岭下罗屋。笔者通过友人高浪舟先生的帮助，电话联络到罗芳伯后人，二人于 2014 年 1 月 20 日访问了罗芳伯第六代裔孙罗福生及其近支宗亲罗云生、罗炽等人。

罗福生现年 74 岁，目前与二女儿罗翠娇一家居住在祖屋后边自建的一栋小楼房里。他向我们展示了他所收藏的两幅罗芳伯画像和一些报章资料（均为复制品），回答了我们所提出的一些问题。据他说，大岭罗氏目前仅剩几家人居住，芳伯公后裔多迁徙外地。在他的带领下我们考察了他家祖屋——破败不堪的一座小祠堂（大门朝南），据主人介绍此屋即为芳伯公家族之小祠堂，老辈传说是芳伯公寄钱回来建的。按照本地风俗，建屋者一般都会尊父辈或祖辈为开基祖，故而笔者估计此旧祠的开基祖牌位可能是芳伯公。据罗福生回忆，旧时正厅供奉芳伯公画像和几代祖宗之牌位，逢年过节由鼎昌、贵昌、天禄、天香等四房裔孙祭祀，且唯有此四房的子孙可以免费入读梅北中学。据罗福生称，除此四房裔孙之外，大岭下罗氏尚有一房为珍伯裔孙。笔者查阅罗芳伯家谱，载芳柏之弟为葵柏、台柏，并无珍伯。且珍伯后裔不参与上述四房的祭祀活动，也不享受免费入读梅北中学之待遇，则珍伯应为芳伯同辈之各房族兄弟也。学界有人撰文指珍伯为芳伯之弟，可能有误。亦有人推测芳伯之父启隆公可能是大岭罗氏的首富之家，因期望后辈能从科举出身，给两个儿子取名为兰伯和芳伯，取"兰桂齐芳"之意。故而推理芳伯有兄长名为兰伯，亦可圆"兰芳公司"得名之说。但此说仅属推测而已，缺乏实证。罗芳伯早就在《游金山赋》里表白自己是"家贫亲老"，哪里是什么"首富之家"！亦有人撰文称采访过罗云生之母林爱莲，据其称听老辈传言罗芳伯曾回乡探亲，带回一包金银首饰分送给父老乡亲。笔者认为罗芳伯未曾回乡，罗香林《西婆罗洲罗芳伯等所建共和国考》书末注释中引用罗四维言亦称"芳伯未曾回乡"。故而"芳伯回乡"之说亦缺乏证据。

距离上述破旧小祠堂百十步远，另有一座规模稍大已经坍塌的祠堂屋（大门朝东），据说是高罗两姓合祠，按推理此乃罗芳伯祖上所建，年代应更为久远。除此之外，大岭罗氏一族再无一座稍有规模的旧屋，亦可证明其二百年来未曾有过殷实富裕之家。问及罗芳伯出生之旧屋，罗福生称故乡人传说即为小祠堂之原址。除此两座旧屋之外，再无其他与罗芳伯有关的旧物可供后人凭吊，是可叹也！

另据肖肇川《罗芳伯传略》所言："其里居附近之鸣琴寨、白云峰等处形势天成，颇为雄壮，为其幼年游牧之所。至今该山尚多古松怪石，山顶并有神坛一座，登是山而全堡乡落，历历如绘。若者为罗公当日所建树，若者为罗公少年栖迟之所。"因此我向罗福生询问此二处之所在，其直言未曾听说过此二处地名，只知有个矮寨子，就在屋后不远之背夫坑水库侧旁。告别罗福生后笔者随即驱车沿山路爬行，数分钟已达山顶。此山乡民俗称矮寨子，高百余米。登峰远眺，石扇四围山峦和村庄田畴尽收眼底。矮寨山顶有古松数株，粗干虬枝，荫披甚广，树龄有数百年。树下之神坛有石碑一方，覆以石灰高耸成古墓状。碑文曰："灵感无祀诸神位。"碑面斑驳脱皮，年份应在百年以上，不知是否当年芳伯遗物？旁边不远处新立一处三块石碑的交椅形墓式神坛，中央一碑文曰："灵感公王之

罗芳伯故居旧貌（摄于 2014 年 1 月 20 日）

神位"；左侧碑文曰："观音娘娘之神位"；右侧碑文曰："德福土地伯公婆神位"，形制颇大且有四柱方亭上盖。又设一功德箱在侧，有电子播音器不停唱诵佛曲。近处又新建水泥屋两间连一敞厅，供奉佛像数尊，厅内摆有茶几木椅桌凳等物，似有人打理，但呼唤再三未见人影。据说近年有自称"僧人"者来此处设坛盖屋，修路植树，亦有信善来此上香随喜。可惜并无只字涉及芳伯，二人失望而去。

至于罗芳伯家谱，大岭罗氏已无遗存。查罗香林《西婆罗洲罗芳伯等所建共和国考》文中附录有 1942 年罗四维抄寄的《石扇罗氏简谱》，笔者也曾在《罗芳伯及东万律兰芳政权研究》中引用过。鉴于近年国内外学者有新的研究成果发布，兹将补充后的罗芳伯家族世系收编入附录（详见附录）。

关于罗芳伯的名字，有学者认为其原名为芳柏，创建兰芳公司后被尊称为芳伯。亦有学者说其原名罗芳，伯者尊称也。"伯"在客家话和马来语（Pak）中都是对成年男子的尊称，西婆罗洲各个华人公司领导人几乎都使用这个称呼。由于客家话里伯与柏同音，在未有新史料证明其原名的准确写法之前，笔者认为应采用罗四维于 1942 年抄寄的《石扇罗氏简谱》和东万律罗芳伯墓碑所记载的"芳柏"为宜。

　　至于罗芳伯在坤甸有无遗裔？这一问题似乎早有定论，那就是罗香林所持的观点：罗芳伯曾于定鼎东万律之后另娶有达雅族女子为妻，但二人未曾育有子女。笔者在坤甸考察时问到这个话题，陪同考察的两位罗先生均表示认同，坤甸华人社会长期以来都流传罗芳伯在坤甸无子孙后裔的说法，故而无须过多讨论。

　　2015年12月，在深圳梅北中学校友会暨石扇同乡会的推动下，石扇商会联合梅州罗氏宗亲会等海内外热心人士共捐资15万余元，大岭罗氏后裔无偿捐出老屋，将上述罗芳伯故居重修并辟为纪念馆。几年来故居纪念馆有许多海内外学者和群众亲临参观，2020年被政府认定为梅州市保护文物。罗芳伯故居门前原有一座老祠堂屋，乃是罗氏十世祖任吾公开基之地，因年久破败倒塌，裔孙在原址与高姓合建的（年代失考），至20世纪末也已破败倒塌。2010年西南村委会征得罗、高二姓村民同意，将其拆去平整。2020年政府资助在原地改建一处村民活动广场（又名罗芳伯纪念广场），广场上计划安放一尊罗芳伯纪念铜像，四周以松

罗芳伯故居修葺落成（2015年12月19日摄）

罗芳伯塑像（作者：赵勇）

柏和花草环绕。2021 年，本地信善集资数十万元，在罗芳伯故居后面的矮寨顶新建一座歇山式琉璃瓦顶的庙宇建筑，拟命名为"坤甸王罗芳伯纪念堂"。屋内设立罗芳伯端坐龙椅的铸铜塑像和祭台，四周壁上用石刻记载罗芳伯在西婆罗洲建立兰芳公司的事迹。目前基础工程已经完成，预计全部工程于 2022 年竣工。正如故居内楹联云："壮志赴南洋异域建邦名扬四海，英魂归故里乡人设祀义重千秋。"罗芳伯及其在西婆罗洲建邦立国的故事正在国内外广为传扬。

江戊伯、阙四伯和宋插伯的墓、故乡和后裔

罗芳伯去世之后，兰芳公司由江戊伯接任大哥。据《兰芳公司历代年册》记载，江戊伯也是嘉应州人氏，在任期间 1800 年曾回唐山省亲，1804 年才返回东万律继续任大哥之职，直至 1813 年去世。据东万律居民翁桂香女士称，她自小就知道江戊伯墓在东万律上桥头，民国时期每逢清明节还有东万律群众去拜祭。罗香林在书中的记载也与翁女士所说吻合。2018 年 3 月 24 日，笔者在东万律考察时，翁女士带我到上桥头附近寻访。站在桥上她极力辨认河岸边当年江戊伯墓的位置，由于六十年间地貌变化很大，最终她都未能确认墓的具体位置。

关于江戊伯的故乡，笔者曾于 2013 年多次到梅州市江氏聚居地寻访，所到之地有：城北乡地名为"福瑞岗"和"九斗窝"的山村、长沙圩江屋和小密江屋、

梅南镇江坪上、程江镇扶贵江屋、松口梓山村等地。最终未能找到有关江戊伯故乡的确凿信息。比较接近的信息是长沙圩江屋江通巨（65 岁左右）提供的，他说自小听老辈传言，祖上百年前有个前辈，人称"江大刀"，自幼习武，身体强壮且武艺高强，一把大刀舞起来无人能近身。据说江大刀可以飞檐走壁，曾于夜间在山野遇到一只老虎，竟凭双拳将虎打死。但未闻其曾到南洋做过一番事业，因而不能确认江大刀就是江戊伯。

据《兰芳公司历代年册》记载，兰芳公司第三代大哥阙四伯也是嘉应州人，罗香林书中还说是今梅县雁洋人。笔者亲至雁洋和丙村两地阙屋以及西阳镇白宫阙屋调查，均未发现有阙四伯在南洋做大事业的记载。

阙四伯卸任第三任大哥后仍在东万律居住，年老去世后兰芳公司将其葬在小镇西边的茅恩路口。据翁桂香女士称，其自幼就知道阙四伯墓的位置，不过时隔六十余年，现在已不能确定墓的具体位置了。

兰芳公司第四代大哥宋插伯是一位保土抗荷的英雄，1819 年他在任时荷兰人的势力侵入西婆罗洲，全副武装的荷军小分队开进东万律向兰芳公司收税。宋插伯坚决反对向荷兰人屈服，他甚至带领上千人的民兵队伍夜间袭击了荷军军营。他对坤甸苏丹表示一定要把荷兰人赶出西婆罗洲。后来在荷兰人的压力和兰芳公司内部主降派刘台二的排挤下宋插伯被迫离职，并于 1823 年病逝于东万律。据说兰芳公司将其葬在炎树桥，据翁桂香女士指认，宋插伯墓原先就在东万律警察局背后的小山坡上，遗迹现已湮没无考。

中文史料记载，宋插伯的故乡在嘉应州白渡堡。虽然白渡宋氏是一个有数千人口的大族，但笔者寻访多次均未能寻访到宋插伯其人的信息。不过民国时期学者陈达和罗香林书中都有记载，宋插伯之后裔宋子屏 1934 年仍居住在坤甸，粗通汉文且能经商。或许宋子屏仍有后裔在印尼或南洋其他地方，有朝一日也许能被找到。

刘阿生故居、墓和后裔

刘阿生是兰芳公司最后一位领导人，荷兰史料记载其 1849 年起担任兰芳公司甲太，1884 年 9 月末在坤甸新埠头兰芳公司副厅染病暴卒。2019 年 5 月 11 日，笔者根据有关史料的记载，亲自到梅州市梅县区白渡镇凤岭村寻找，在刘阿生后裔和当地群众的帮助下确认了刘阿生故居（见下图），又在不远处的山上找到了刘阿生与原配夫人邓氏的合葬墓。

刘阿生故居是一座只有上厅和左右各两个房间的小祠堂屋，祠堂外门联为："校书门第，正字家风。"内门联为："彭城世第，禄阁家声。"刘氏父老称这是一座分祠，由八世祖养真、养益兄弟兴建，传至刘阿生为十六世。刘阿生于1812年（嘉庆十七年）出生于嘉应州，以此为基点往前以二十五年为一代来推算，九世祖大约于刘阿生出生前两百年（约1613）建造此屋，查中国历史年表是在明朝万历年间，与刘家族谱上关于八世养益公和九世以久公俱为明庠生（秀才）的记载基本吻合。

刘阿生墓在凤岭村以东约一千米的名为"岗子头"的山腰上，距离山脚有数百米，已经在荒草丛中埋没了七八十年。墓的形制为典型的客家二次葬墓（依山式交椅墓），墓门方位为坐北朝南偏东约一度，换算成传统罗盘方位是坐坎向离，二十四山为子山兼癸。

刘阿生故居（2018年摄）

墓碑左侧第一行碑文为修墓时间：

民国二十二年十二月十五日重修

正中碑文为竖排大字：

十六世显祖　考友睦创毅应台刘府君之　坟墓
　　　　　　妣端肃勤襄刘母邓太夫人

紧靠墓主名字左侧一行小字传记碑文：

公讳耀南号寿山前清诰封二品花翎历任波（婆）罗洲侨民政长

左右两侧分昭穆开列子孙名单如下：

男：前清貤封资政大夫翰璋，华璋，钦加道衔赏戴花翎奉璋

（孙辈和曾孙玄孙来孙等名字略）

从左侧第一行文字可知，这座墓是民国二十二年（1933）重修。根据粤东客家墓葬习俗，已故亲人在土葬三至五年后起出遗骨，改殓在金盎（陶罐）内葬入三合土筑造的墓中。据此笔者认为此墓的初葬时间大约在刘阿生去世后五年，即光绪十五年（1889）左右。在东万律去世的刘阿生，其遗骨如何会送回故乡下葬？原来在清末民初时期，粤东地区有许多旅居外洋谋生的华侨。一些慈善机构会把客死他乡的先人骸骨送回家乡安葬。据笔者搜集到的史料，北美洲应福堂（嘉应会馆前身）曾分批将加拿大温哥华、加州旧金山和萨克拉门多等地的嘉应州先人遗骨送回原乡安葬。拙著《末代甲太刘阿生》中有详细记述。

碑文所称墓主之名讳，据查《凤岭刘氏族谱》可知，应台是刘阿生的谱名（应字辈，其兄为应隆，弟为应文），耀南是名，寿山是号，阿生则是小名。邓太夫人是刘阿生南渡婆罗洲前在家乡所娶的原配妻子。由于邓氏未生育，后来刘阿生将弟弟应文之子捷礼过房为邓氏嗣子，今凤岭村仍有捷礼之后裔刘欢上及其子孙多人。碑文称墓主人曾"历任婆罗洲侨民政长"，即是兰芳公司甲太，还捐了个"二品花翎"的虚衔。墓碑所载之"男前清貤封资政大夫翰章"乃是刘阿生长

刘阿生与邓氏夫人合葬墓（2018 年摄）

子捷元（亮官），曾任兰芳公司甲太四年，故捐了个"资政大夫"的虚衔。次子华璋即是邓氏夫人的养子捷礼，仍居原乡。"钦加道衔赏戴花翎奉璋"即为刘阿生第三子恩官（字奉璋，号碧莪），后来移居苏门答腊，曾任荷属日里（棉兰）甲必丹。这些人物关系和职衔都与有关兰芳公司的中外史料记载相吻合。

上述刘阿生故居和墓的发现，补充和完善了兰芳公司历代领导人的出生、卒葬和后裔等细节，对西婆罗洲华人公司研究有积极意义。笔者已向白渡镇政府和凤岭村委会提出建议，将刘阿生故居和墓略加修整，设置一些文字介绍牌，以纪念这位曾经在荷属东印度殖民地有过重要地位和历史贡献的人物。

关于刘阿生的后裔，据笔者调查其故乡留有一支直系嗣裔，乃是邓氏夫人的养子捷礼（刘阿生之弟应文之子）名下的嗣子孙，目前仍有刘阿生第五代裔孙刘淮上的子孙数人在原乡居住，另有刘欢上一家三代十余人，均离开凤岭村迁居梅州市区居住。据了解在印尼棉兰尚有刘阿生在东万律另娶的吴氏夫人所生次子恩官的后裔，但目前已与家乡亲人失去联系。

参考文献

Yuan Bingling, *Chinese Democracies——A Study of Chinese Kongsis of West Borneo 1776—1884*, Universiteit Leiden, 2000.

J. J. M. de Groot, *Lioe A Sin van Mandohr*, Universiteit Leiden, 1885.

Leonard Blussé, Harriet T. Zumdorfer, *Conflict and Accommodation in Early Modern East Asia*, Brill Academic Pub, 1997.

Koos Kuiper, *Catalogue of Chinese and Sino-Westurn Manuscripts in the Central Library of Leiden University 2005.*

〔荷〕高延（J. J. M. de Groot）著，袁冰凌译：《婆罗洲华人公司制度》，台北"中央研究院"近代史研究所，1996年。

〔英〕亨利（J. Hunt）著，林峰编译：《婆罗洲概况》，1814年（未刊本）。

〔英〕约翰·卡斯珀·莱顿（John Caspar Leyden）著，林峰据1837年《东印度群岛及周边国家观察》辑录刊本编译：《婆罗洲岛概述》（未刊本），1816年。

谢清高口述，杨炳南著，安京校：《海录校释》，商务印书馆，2002年。

温仲和辑：《光绪嘉应州志》，台湾成文出版社，1968年。

程志远，王洁玉，林子雄，谢维怀整理：《乾隆嘉应州志》，广东省中山图书馆古籍部，1991年。

梁启超：《饮冰室合集》，中华书局，1989年。

温雄飞：《南洋华侨通史》，河南人民出版社，2016年。

刘焕然编：《荷属东印度概览》，新加坡强华图书出版社，1939年。

刘广聪编修:《程乡县志》，中山图书馆馆藏刻本，1690年（康熙二十九年）。

吴永华主编：《梅县葵岭吴氏族谱》，广东省梅州金正纸业印刷有限公司，1995年。

刘南尚藏：《凤岭刘氏族谱》，梅县泰丰兴承印本，1914年。

肖肇川：《罗芳伯传略》，罗福生藏油印本，1937年。

陈达：《浪迹十年》，商务印书馆，1946年。

罗香林：《西婆罗洲罗芳伯等所建共和国考》，香港中国学社，1961年。

秦宝琦：《中国洪门史》，福建人民出版社，2012年。

秦宝琦：《清前期天地会研究》，中国人民大学出版社，1988年。

广东省梅州市华侨历史学会编：《梅州市华侨志》，梅州市华侨志编纂委员会，2001年。

林世芳：《印尼西加里曼丹华人史》，印尼印华日报社，2017年。

李欣祥：《罗芳伯及东万律兰芳政权研究》，中国文化出版社，2014年。

周云水，林峰：《西婆罗洲华人公司史料辑录》，暨南大学出版社，2018年。

李欣祥：《末代甲太刘阿生》，中国联合出版社，2019年。

谢永茂：《兰芳共和国史》，世界客属总会，2021年。

附　录

一、西婆罗洲华人公司大事年表（李欣祥编）

1735年，广东揭阳县林氏先民来到卡巴斯河口（今坤甸），建立了最早的华人公司——聚胜公司，主要从事种养农业。

1738年，罗芳柏出生于广东嘉应州石扇堡大岭约。

1739年，西婆罗洲发现金矿，当地马来人土王雇用华人采金，大批华人矿工进入西婆罗洲。

1742年，具有阿拉伯人血统的阿尔卡德里·赛礼夫·阿都拉曼出生于西婆罗洲南部的马坦，他就是后来的坤甸首任苏丹。

1765年，打唠鹿地区已有一批来自粤东潮州府的福佬人定居。据荷兰人记载，这些福佬人成立了一个秘密江湖组织"天地会"，领导人是刘三伯。三发地区有几家华人公司成立，合伙开采金矿。

1772年，罗芳柏35岁①，孟冬十月与百余名同乡乘船南渡，到达西婆罗洲。据荷兰学者记载罗芳柏最初是在打唠鹿落脚。

1773年，罗芳柏36岁，据荷兰学者记载他在打唠鹿领导一个农业组织——兰芳会，被尊称为芳伯。兰芳会与"天地会"因利益争夺而在黄梨岽爆发一场大战。兰芳会大败之后罗芳伯率亲信逃往南吧哇，在乌山、淡水港和唠子港（客家话Lakia guang）一带积蓄力量，图谋发展。结连公司在三发河南岸开矿，规模不断扩大。三条沟公司、十五份公司等十几家华人公司也不断发展壮大。

1774年，罗芳伯37岁，在坤甸教书，作《游金山赋》。潮州府大埔县人张阿

---

① 本书采用虚岁计算年龄。

才等在东万律山心金湖开矿。大埔县人刘乾相在明黄一带金湖开矿，规模不断壮大。打唠鹿大港公司成立。

1775年，罗芳伯38岁，仍在坤甸教书，业余亦从事商贸活动，结交拜把兄弟一百多人，图谋发展事业。打唠鹿谢结伯率大港公司群众与刘三伯"天地会"开战，大港获胜而刘三伯逃亡。这一年北美洲殖民地爆发独立战争。

1776年，罗芳伯39岁，率180人收服和改组东万律山心金湖，即据其金湖之屋，筑栅修垣，起民房，造店铺，奠定兰芳基业。张阿才留任财库。茅恩矿场兴起，潮州府福佬人和嘉应州客家人各自开辟了埠头。据荷兰学者记载，三发地区几家华人公司联合，成立了和顺联盟，谢结伯为首任大哥。这一年美利坚合众国建立，华盛顿任大陆军总司令。

1777年，罗芳伯40岁，创建东万律兰芳公司，设东万律总厅，被推举为兰芳公司大哥（行文称大总制）、下设二哥、财库、尾哥、老大等官职，实行独立自治。罗芳伯娶达雅族女子为妻，罗夫人亦有贤德，但未育有子女。

1778年，罗芳伯41岁，率民兵攻茅恩兰和营，获胜而据有沙拉蛮、龙冈、昆日等地，设立第一个地方政府——沙拉蛮副厅。

1779年，罗芳伯42岁，率民兵攻打明黄刘乾相山寨，战伐经年，不分胜负。

1780年，罗芳伯43岁，攻打刘乾相战事取胜，据有东万律西北部仵南、阿亦华帝等地，设立地方政府——仵南副厅，兰芳公司大局初定，作《遣怀诗》一首。

1781年，罗芳伯44岁，率民兵攻打高坪，与马来人土王邦居兰使打开战，坤甸苏丹派兵助战。兰芳公司获胜而据有高坪、沙坝达港口等地，设立地方政府——沙坝达副厅。

1782年，罗芳伯45岁，率民兵挺进打唠鹿，在山头扎寨欲攻打大港公司。罗芳伯审时度势认为不能取胜，乃撤围而罢兵，兰芳公司疆域到达打唠鹿附近。

1783年，罗芳伯46岁，整顿和巩固兰芳公司，实行民主法制和乡村自治来管理属地，社会安宁稳定，人民安居乐业。

1788年，罗芳伯与坤甸苏丹、南吧哇土王和其他华人公司保持睦邻友好关系。这一年华盛顿当选美利坚合众国首任总统。

1792年，罗芳伯55岁，坤甸新埠头河港鳄鱼连噬三华人。

1793年，罗芳伯56岁，坤甸新埠头河港鳄鱼又噬华人，罗芳伯作《祭鳄鱼文》祷神驱鳄，亲率民兵攻打新港之马来人万那王和邦居兰使打（土王）。双方激战并相持，兰芳公司设六个大寨，将使打之寨围困在中央。

1794年，罗芳伯57岁，围困使打之寨九个月，久攻不下之时罗芳伯命部下开挖地道直抵敌寨，使打察觉而连夜逃遁。罗芳伯率兰芳公司民兵追至三叭（靠近戴燕）。后由坤甸苏丹出面调停，罗芳伯与万那土王言和，双方以三叭为界，划地而治。兰芳从此据有万那以东、新港至三叭地域，兰芳公司设立地方政府——新港副厅。

1795年，罗芳伯逝世，终年58岁。葬东万律兰芳公司总厅左侧，东万律河右岸。

1796年，江戊伯接任兰芳公司大总制。

1798年，江戊伯率兵征战万诸居，达雅人慑服。大批兰芳公司华人迁移万诸居开矿和耕种，设立副厅管辖地方，兰芳政权得以发展。

1800年，江戊伯回唐山省亲，阙四伯代理兰芳公司大总制。

1803年，南吧哇王辖下达雅人造反滋事，阙四伯下令开战，因指挥不力而兵败。

1804年，江戊伯自唐山回来复位，以外交手段使南吧哇土人慑服。兰芳政权得以巩固，此后八年天下太平。

1805年，三发地区和顺联盟内部分裂。大港公司、三条沟公司、十五份公司和坑尾公司结成四家联盟，与结连公司、新八份公司、老十四份公司和新十四份公司对抗。双方经常因利益问题发生纠纷。

1807年，和顺联盟由温三才任首领。三发地区华人公司爆发内战，大港和三条沟等四家公司成功策反十四份公司，与结连、新八份等三家公司大战。结连公司失败后退出西婆罗洲，人员迁至马来半岛彭亨。

1808年，大港公司和三条沟公司再次联手，与新八份公司和九份头公司大战。三条沟公司朱凤华出任总帅，新八份公司和九份头公司被消灭。

1813年，兰芳公司大总制江戊伯逝世，葬东万律上桥头。

1814年，宋插伯继任兰芳公司大总制。刘贵伯任和顺总厅首领。

1815年，宋插伯主持重修东万律总厅，树立新旗杆。

1816年，荷兰军舰进入坤甸河口，士兵在河口建立堡垒。

1818年，刘正宝任和顺总厅首领。

1819年，荷兰军队由坤甸向内陆扩张，荷兰专员荷军指挥官德·史杜尔斯带兵进入三发各华人公司和东万律兰芳公司收税。宋插伯率兰芳民兵袭击坤甸的荷军堡垒。10月刘正宝回唐山，和顺联盟改由福建永定县人胡亚禄任首领，胡亚禄将和顺改为"广福"，遭到群众反对，任职仅三个月便被免职。朱凤华接任和顺总厅首领，三条沟势力进入拉腊。

1821年，据年册记载，宋插伯逝世，刘台二继任兰芳公司大总制。但据荷兰档案记载：宋插伯1822年反对荷军修筑通往东万律的公路，派人破坏荷兰人修路设施。在荷兰特使多比亚斯和荷兰军官德·史杜尔斯率兵进驻的压力下，宋插伯被兰芳公司免职，刘台二被任命为甲太。1823年宋插伯才去世。

1822年，刘正宝由中国返回打唠鹿，挤走朱凤华接任和顺总厅首领，谋划与三条沟公司争夺拉腊和昔邦等地的矿场。端午节三条沟公司突然离开打唠鹿，迁往昔邦、邦戛等地。

1823年，荷军官德·史杜尔斯中校率十二名士兵进驻东万律，以武力迫使兰芳公司交税。三发地区华人公司爆发内战，大港、坑尾、新十四份等公司与三条沟、十五份和十六份公司发生冲突，双方发生激战，三条沟公司成员退往邦戛和砂拉越。

1824年，荷兰人在坤甸设"公班衙"（殖民政府），召刘台二至巴达维亚签约，封其为兰芳公司大总制甲太，以坤甸河为界，河西为公班衙地，河东为兰芳地。条约用荷、华、马等三种文字，声明不相侵犯。兰芳公司沦为荷属东印度殖民政府附属。三发地区的华人公司几乎都要按照荷兰人的要求上缴人头税，但仍保留自治地位。

1826年，罗派接替刘正宝，任和顺总厅甲必丹。

1836年，李德伯接替罗派，任和顺总厅甲必丹。

1837年，夏，刘台二逝世，临终推荐谢桂芳接任甲太。但兰芳公司群众选举古六伯接任甲太，候选人谢桂芳落选。温官寿接替李德伯任和顺总厅甲必丹，三发地区华人公司再次发生内战，坑尾、新屋等四家公司与大港公司发生矿场利益冲突，和顺总厅借开会商议之名将坑尾和新屋公司首领囚禁，迫使二公司解除武装。

1838年，古六伯继任兰芳公司甲太。

1839年，战败后的新屋公司成员迁往巴罗。谢祥接替温官寿任和顺总厅甲必丹。

1840 年，古六伯继续执政。中英爆发第一次鸦片战争。

1842 年，万那达雅人造反，古六伯起兵开战，兵败后引咎辞职回唐山。鸦片战争中国战败，签《南京条约》割让香港。

1843 年，春，谢桂芳继位甲太，仅 8 月而卒。朱来接替谢祥任和顺总厅甲必丹。

1844 年，叶腾辉继位甲太，仍住店中营商，把总厅政事置之不理。

1846 年，叶腾辉去职，刘鼎继位甲太。兰芳公司与万那达雅人开战，大败。刘鼎被公班衙革去甲太职位。温官寿接替朱来，第二次任和顺总厅甲必丹。

1847 年，公班衙封刘阿生为兰芳公司甲太。刘鼎贬往邦戛，三色字据被荷兰人劫去。刘鼎在邦戛卒。官志尹接替温官寿任和顺总厅甲必丹。

1850 年，2 月发生塞道港走私船事件，6 月荷兰军舰开进塞道港。大港公司民兵与荷军发生冲突，双方开火造成 8 人死亡多人受伤。7 月，昔邦发生达雅人屠杀华人事件，大港民兵占领昔邦，驱赶三条沟华人。三条沟公司人员退入邦戛，依附荷兰人保护。大港民兵进攻邦戛，荷兰守军不敌败走，三条沟华人被围困荒岛数日，兰芳公司甲太刘阿生派船营救，接走三条沟华人。大港公司大胜，占领邦戛。荷军调集重兵进攻邦戛，大港民兵死伤数百人后败走，荷军占领邦戛，修筑索格堡长期驻军。打唠鹿亲荷派冒头，在荷兰人扶植下郑宏接替官志尹任和顺总厅甲必丹。

1851 年，刘阿生甲太与万那王修好，开采文兰金刚石，牙王城（Ngabang）逐渐开发成埠。荷兰人继续对打唠鹿华人公司施压，要求改组和顺总厅，取消其他华人公司，遭到群众反对。

1852 年，打唠鹿群众分裂，反荷派选举黄金鳌为和顺总厅首领，开展抗荷斗争。亲荷派按照荷兰人的旨意改组总厅，升荷兰国旗，将大港公司印章交给荷兰人烧毁。荷兰专员威勒辞职。

1853 年，2 月荷印殖民政府新任西婆罗洲专员普林斯到任，主张以军事手段对付三发地区华人公司。郑宏因害怕群众不敢回打唠鹿，被普林斯强令辞职。3 月荷军重兵进攻昔邦，廖二龙率和顺民兵与荷军大战，荷军大败退回三发。荷属东印度殖民政府封锁西婆罗洲沿海，控制物资进入打唠鹿。廖二龙率民兵攻打西尼尼，荷军大败，退回三发。普林斯辞职回巴达维亚，军事指挥官安德里山兼任专员，上书总督坚持武力镇压政策。

1854年，打唠鹿两派群众斗争白热化，2月亲荷派通过选举将廖二龙免职。荷印总督召安德里山回巴达维亚开会研究军事镇压方案。3月安德里山重返西婆罗洲，立即部署征剿行动，4月调集一千七百多名重兵及军舰在本土奈聚集，5月3日开始登陆作战，5月18日占领山口洋，6月2日荷军攻陷打唠鹿，华人民兵放火烧毁店铺和民居，打唠鹿一片火海。六七千个大港华人逃至兰芳公司地界不离居，刘阿生率兰芳公司民兵前往拦截，擒其首献公班衙。数千大港公司华人被就地安置，也有一些人逃往砂拉越。三发地区华人公司全部灭亡。

1855年，藏匿在东万律的廖二龙、黄金鳌、黄渡等人在兰芳公司甲太刘阿生支持下成立九龙公司，继续开展抗荷斗争。

1856年，安德里山将捕获的华人抗荷骨干分子十余人处以绞刑。华人群众组织秘密团体"三点会"进行暗杀锄奸活动，继续开展抗荷斗争。据《兰芳公司历代年册》记载，兰芳公司甲太刘阿生与荷军中校安德里山同往巴达维亚，谒见荷兰总督，签订永不侵犯条约。这一年第二次鸦片战争爆发。

1860年，刘阿生继续执政。这一年英法联军攻陷北京，火烧圆明园。

1866年，刘阿生继续执政。这一年孙中山生于广东香山县翠亨村。

1871年，刘阿生主持重修淡水港兰芳公馆，在公馆门前竖立一根近十米长的新旗杆。

1875年，刘阿生退位，立其子刘亮官为兰芳公司甲太。

1880年，春，刘亮官卒，刘阿生复位。

1884年，9月刘阿生染病卒于坤甸，荷兰人借送丧之名派兵随柩前往东万律。10月3日荷军占据东万律，捣毁兰芳总厅，宣布接管兰芳公司所有辖地，兰芳公司灭亡。群众奋起反抗收复总厅，杀死荷官关都力利兹克和士兵多人。荷属东印度殖民政府由巴达维亚派两千兵力开赴东万律镇压，华人和达雅人组织武装抵抗荷军，战争持续两年多，最终于1886年失败，局势趋于平静后，主要领导人逃往吉隆坡和苏门答腊。

二、罗芳伯家族世系（李欣祥编）

豫章堂罗氏始祖：罗珠（据传是西汉名将，随灌婴平定豫章，建豫章城并封为郡守。罗氏尊其为始祖，后裔遍布华南及全球多国）。

罗珠47世孙：昭远公（原籍江西吉水，迁兴宁大坪洋田开基。兴宁谱记为一世）。

昭远次子：友亮（移居大坪横岗堡开基，兴宁谱记为二世）。

友亮长子：盛聪（土壕冲谱记为一世。兴宁谱记为三世，仍居兴宁）。

盛聪长子：应宽（土壕冲谱二世，仍居兴宁）。

应宽九子：实标（土壕冲谱三世，仍居兴宁）。

实标之子：用谟（土壕冲谱四世，字九清，迁居嘉应州，葬白墓前）。石扇大岭谱记为一世。

用谟之子：二世君明（土壕冲谱五世，字韶德，仍在白墓前）。

君明之子：三世成裕（土壕冲谱六世，字光裕，仍在白墓前）。

成裕之子：四世彦洪（土壕冲谱七世，字赞明，葬河头岃下，可能已移居）。

彦洪之子：五世伯禄（土壕冲谱八世，字仲兴，葬石扇巴樟，已移居石扇）。

伯禄之子：六世公伸（土壕冲谱九世，字开伸，葬石扇杉子坪）。

公伸之子：七世叔迁（土壕冲谱十世，字文迁，葬石扇枫树冲）。

叔迁之子：八世光荣（土壕冲谱十一世，葬石扇天子岃）。

光荣次子：九世国明（土壕冲谱十二世，葬石扇桐子岗。长子复吾移居湖南浏阳西乡土壕冲。次子任吾仍居石扇）。

国明次子：十世任吾（土壕冲谱十三世，按兴宁谱应为十五世，石扇竹园下开基祖）。

任吾四子：十一世我相（大岭谱记为望相，土壕冲谱记为十四世，按兴宁谱应为十六世）。

望相之子：十二世永吉（土壕冲谱未记，按兴宁谱应为十七世）。

永吉三子：十三世启隆（按兴宁谱应为十八世）。

启隆长子：十四世芳柏（按兴宁谱应为十九世）。

芳柏之子：十五世子增（按兴宁谱应为二十世）。

子增之子：十六世元翰、元亨（按兴宁谱应为二十一世）。

十六世元翰公，男金华、相华、秀华。

十六世祖元亨公，妣萧氏，男中华、安华、精华、丰华、清华。

十七世祖精华公，妣郑氏，男天禄、天香。

十七世秀华公，妣失考，男鼎昌、贵昌。

十八世祖鼎昌公，妣林氏，男海云。

十八世祖贵昌公，妣李氏，男天云、喜云（笔者注：罗香林书中误作孝云，疑孝字为喜字草写之误）。

十八世天禄公，精华公长子。妣失考，男海泉（碑名智泉），孙亮生。

十八世天香公，精华公次子。妣失考，男海钦（以上十八世裔孙共四位，被称为四房人，裔孙均有资格参与祭祀罗芳伯旧祠）。

十九世海泉公，天禄之子，妣失考，男亮生。

十九世海钦公，天香之子，妣邓氏，男靖生（又名佛生）。

十九世海云公，鼎昌之子，妣肖华英，男火生、禄生、炎生。

十九世天云公，贵昌长子，妣张氏，男福生。

十九世喜云公，贵昌次子，少年出洋往佤都（疑在坤甸），失去联系。

二十世亮生公，海泉之子，天禄公之孙。妣陈四妹，男晋君、晋森，女月云。

二十世靖生公，又名佛生，海钦之子，迁翁源。妻郑德云，男日丹，女丽芳、丽明、丽玲、丽青，俱居翁源。

二十世火生公，海云长子，迁居广州，女罗莹居香港。

二十世禄生，又名志达，海云次子，迁居广州。妻肖足云，男罗昕，女颖春，俱居广州。

二十世炎生，海云三子，迁居广州，女海燕。

二十世福生，天云之子，居大岭下。妻肖氏，生三女：蕴娇、翠娇、满娇。

二十一世晋君，亮生长子。大学毕业后在陕西工作，妻刘林凤，子罗旗、罗东，女罗满、罗梅。子女俱居西安。

二十一世晋森公，亮生次子，妣罗兰凤，女利玉、利霞，男国庭，居大岭下。
二十一世日丹，靖生之子，妻王杏花，男文霄，居翁源。
二十一世罗昕，银行职员，妻李氏，女罗敏婕，居广州，家人有回乡。
二十二世罗旗，晋君长子，妻杨利群，子罗鑫，居西安。
二十二世罗东，晋君次子，妻陈娣，子亦陈、明泽，居西安。
二十二世利玉，晋森之女，招婿罗庭铭，子罗保灵，女罗真珍，居大岭下。
二十二世国庭，晋森之子。妻钟冬月，男罗威、天翊，居大岭下。
二十二世文霄，日丹之子，居翁源。
二十三世罗鑫，罗旗之子，居西安。
二十三世亦陈，罗东长子，居西安。
二十三世明泽，罗东次子，居西安。
二十三世保灵，利玉之子，妻张凤媚，女罗淳，子凡逸、乐逸，居大岭下。
二十三世罗威，国庭长子，深圳市工作。
二十三世天翊（又名罗杰），国庭次子，年幼，居大岭下。
二十四世凡逸、乐逸，保灵之子，年幼，俱居大岭下。

三、文献资料

芳翁懿行像赞
[清] 郑如壎

翁居为愚西邻，未由一晤翁范，心甚歉然。犹得于耳熟之下，缕悉高躅[①]。

---

① 缕悉，熟知。躅，足迹，高躅，高尚的行为。此句意指对他的事迹非常了解。

爰不揣固陋①，窃效珥笔②以扬徽③云：

缅彼哲人，芝兰其气，景兹良士，松筠④其操。幼负歧嶷⑤，悬弧⑥早矢四方之志；长而贤达，树望不愧千里之驹。敦伦⑦以孝友为先，接物惟刚直是务。英风遍被乎中外，义闻广孚于遐迩。泽润江河，沛波光于亲故；诺重金石，耀丈夫之须眉。经霜雪者数十年，亭亭挺秀；历险夷者千百境，岳岳怀方⑧。业创贤劳，克勤克俭；家承令器⑨，肯构肯堂⑩。欣翁之卓立兮，迪光于前；卜翁之锡祉⑪兮，克昌厥后⑫。行将北阙荣旋⑬，藉藉乎实大声宏⑭，予乃叶德音而载赓⑮。

眷弟⑯郑如壎拜撰

（识读自罗香林《西婆罗洲罗芳伯等所建共和国考》，笔者标点。）

海录·昆甸国

[清] 谢清高

昆甸国，在吧萨⑰东南。沿海顺风，约日余可到。海口有荷兰番镇守。洋船俱湾泊于此。由此买小舟入内港，行五里许，分为南北二河，国王都⑱其中。由

---

① 爰，于是。揣，估量，不揣固陋，不考虑学识浅薄。
② 珥笔，古代史官、谏官上朝，常插笔冠侧，以便记录，称为珥笔。
③ 扬徽，宣扬美好的（事物）。
④ 筠，竹子的皮，代指竹。松筠，代指松树和竹子一类刚强耐久的高尚植物。
⑤ 幼年聪慧为"歧嶷"。
⑥ 古代民间尚武，生男孩则于门左悬挂一张弓，后称生子为"悬弧"。
⑦ 敦伦，即敦睦人伦。意为做事诚实厚道。
⑧ 指君子直言敢谏，不畏权势，刚正不阿的美德。
⑨ 家承，继承家族传统的。令器，优秀的人才。
⑩ 肯构肯堂，意为善于建设家园。
⑪ 锡，赐给。祉，福禄。《后汉书·宋宏传》：用锡尔祉。注：谓福庆也。
⑫ 厥，代词，他的，他们的，其他的。
⑬ 北阙，指北边的京城。行将北阙荣旋，意为即将荣归故里（回到中国）。但笔者见罗香林书页所载罗芳伯画像图片，像赞文字似作北阙荣旌，指即将受朝廷表彰。但据调查，《嘉应州志》、大岭罗氏族谱、坤甸华人社团和众多中外学者研究文章中，均无罗芳伯曾受朝廷旌表之记载。
⑭ 藉藉，众多。此句意为：功绩和声誉远近闻名。
⑮ 叶，动词，和洽。德音，好消息。载赓，继续。此句意为：我将伴随这个好消息再撰文赞颂。
⑯ 姻亲平辈间的谦称，不管年龄长幼均自称眷弟。
⑰ 吧萨，即坤甸西北方之南吧哇。
⑱ 国王都其中，指马来人苏丹国在南北二河之中间建都，华人称该地为王府肚。

北河东北行，约一日至万喇港口①，万喇水自东南来会之。又行一日，至东万力②。其东北数十里为沙喇蛮③，皆华人淘金之所。乾隆中，有粤人罗方伯④者，贸易于此。其人豪侠，善技击，颇得众心。是时常有土番窃发，商贾不安其生，方伯屡率众平之。又鳄鱼暴虐，为害居民，王不能制。方伯为坛于海旁，陈列牺牲⑤，取韩昌黎⑥祭文宣读而焚之，鳄鱼遁去。华夷敬畏，尊为客长。死而祀之，至今血食⑦不衰云。

（录自罗香林《西婆罗洲罗芳伯等所建共和国考》）

罗芳伯传

[清]《光绪嘉应州志》

罗芳伯，少负奇气，业儒不成⑧，去而浮海。乾隆中叶，客南洋婆罗洲之坤甸⑨。值鳄鱼肆虐，吞啮人畜，日以百数。乃纠合华夷，仿昌黎在潮故事，投其文，望海祭之，鳄鱼果避去。群惊为神，谓三宝⑩之复生也。因奉为王，号令赏罚悉听之。华夷故多争，自罗为政，奉约束惟谨，声势赫濯⑪，俨然王者。年七十余终⑫。立庙通衢，规模壮丽，穷极土木，堂上金扁，字大四尺，曰：雄镇华夷。中国人至者，必入而瞻拜之。吧城博物馆中藏有兰芳大总制衔牌，盖罗之遗物也。自罗之后，江、阙、宋、刘相继为王，始于乾隆四十年，终于光绪九年，共一百有八年。

---

① 万喇港口，在坤甸以东约四十公里处，今称"Tarap"。万喇水由东北来，非东南来。万喇，今写作万那。
② 多写作东万律，在坤甸北部约八十里，属西加里曼丹省万那县。
③ 今写作沙拉蛮，在坤甸东北。
④ 即罗芳伯。
⑤ 牺牲，即已宰杀作为祭品之家畜如牛、羊、猪等。
⑥ 即唐代文学家韩愈。
⑦ 血食，指受享祭品。古代杀牲取血以祭神，故称受祭为血食。
⑧ 业儒，以儒学为业，古代指读书人参加科举考试，以进入仕途。不成，没有考取功名。
⑨ 此处有原注：所属唠唠双沟月文澜东万律万唠等土皆产金故俗或称金山。
⑩ 三宝，指明永乐年间七次下西洋的航海家郑和，他的小名叫三宝。
⑪ 赫濯，显赫明亮之意。
⑫ 罗芳伯生于1738年，卒于1795年，终年58（虚）岁，此处应是误笔。

西婆罗洲大唐总长罗公芳伯纪念碑记

[民国] 谢贞盘

婆罗洲古称婆利①，在中国南海以南，种曰泰雅克②。梁天监间，其王憍陈如者③，数遣使来朝贡。宋时，更曰浡泥④。明万历间，有林道乾者，率众至，浡泥王赘以女，而继其位，惟事不著。至清中叶，罗芳伯王其地，迹乃炳焉。芳伯故嘉应石扇堡人也。本名芳柏，以齿⑤尊，易伯称之。具干略，有远志。既被褐⑥日久，遂结伴泛海，抵洲之东万律。其地产金，国人至者，以采金为业。公既与诸人相习，众稔⑦公义，咸乐就部勒⑧。会浡泥构乱，其王不能定，公与所部吴元盛为击定之。王德⑨公，与约为兄弟。公续为略定兰腊、万诸居、斯芳坪各地。时公已有众三万余，而慕义归附之土人，又二十余万。王知权运已移，遂降身听约束。公与众集议，因建国，任大总制，建元兰芳。对吾国人自署大唐总长，对土属始称王，时乾隆四十二年也。以东万律为首府，听政之所曰大厅，为大总制驻跸地。公既受推，首除苛虐，与众约法：凡奸淫抢掠者，杀无赦，远近帖然。

于是疆理为省、府、县，别有副厅、裁判厅。其官制、总制下有军师，有玛腰甲太⑩。又有老大，以察关征，榷财赋，盖其制杂取中西为之。其时大总制所

---

① 查史书多记婆罗洲古称婆利，近年有学者认为婆利应为"bali"峇厘，即今印度尼西亚巴厘岛。
② 泰雅克族，也译作达雅族。
③ 憍陈如，古史书记载为扶南国王，南北朝萧梁武帝天监二年曾遣使来朝。但据当代学者考证，扶南国在今柬埔寨和老挝一带，并非在婆罗洲。
④ 浡泥，马来语"Borneo"，史书称婆罗洲。下文所称浡泥国及林道乾事，据说是发生在暹逻国之"patani"，明史误作浡泥，今译北大年，在泰国最南部。林道乾，明嘉靖末澄海县人，曾组织数百人的武装海上贸易船队对抗朝廷海禁政策，数十年足迹遍及中国台湾地区、暹罗、安南、吕宋、柬埔寨等地。最后定居北大年，国王招为婿乃确有其事。此处将其记作婆罗洲之浡泥，或有误。
⑤ 齿，即年龄。
⑥ 被褐，穿着粗布衣服，喻为处境困顿。
⑦ 稔，素来，积久。
⑧ 部勒，约束之意。咸乐就部勒，都愿意受其调遣。
⑨ 德，感激。
⑩ 玛腰，官名。荷语市长（Mrjor）音译。据考兰芳政权属下似无玛腰之职位。

辖，东起加巴士河①之新董②，西抵海岸，北达邦戛，南暨苏加丹那③。举今荷属西婆罗洲，悉隶其范围。盖国人拓土海外，自郑昭、莫登庸④以外，以公为最广云。部署既定，遂汰遣所部，返其故业，有事始抽调入伍。国之大事，皆咨决众议而行。兰芳十七年，鳄鱼为患，公亲为文祭之，此事盛传于人口。又延聘祖国儒生，以启辟蒙昧。其风气盖骎骎⑤乎驱向吾国。十九年乙卯，公沾疾将革，众问遗命。公曰：吾侪旅海外，其至此者，皆众兄弟之助，敢以土地自私乎？问谁可继公者？曰：江戊伯可属以大事。众如约。公卒，年逾七十⑥。时乾隆六十年也。戊伯能缵承余绪⑦。五传至刘台二，为荷人所愚，受委为甲太，自夷于属国。复传至刘生，荷人乘机袭东万律，而兰芳运祚以终，时光绪十年也。盖自公建元起事，至是凡一百零八年。公亡越百余年，国人南渡者益众，其受钳缚亦日深。而宗邦多难，未遑于柔远⑧。仰先民之不作，伤遗烈之莫继。于是埠人梅北中学邓校董石甫、彭校董精一、冯校长引士等，驰启海外，醵⑨资为公建纪念堂于校中。越年而工成，堂构有严，称其体制。盖公于是为不泯矣，因次公遗事，而系之以词曰：

粤⑩有大邦，南处涨海。悠悠斯民，皞熙同载⑪。卉服同化⑫，实始梁代。历

---

① 加巴士河，马来语"Kapuas"，又译卡浦斯河，本书写作卡巴斯河。
② 新董，地名，马来语"Sintang"，在卡巴斯河上游。又译作新钉、新党、新当、存笃。
③ 苏加丹那，地名，马来语"Sukadana"，在婆罗洲西南方，马耶岛以东。据考史料似无兰芳据有苏加丹那之确证。
④ 郑昭（1734—1782），本名郑信，生于暹罗国阿瑜陀耶城。其父是广东澄海去暹罗谋生的华侨，其母是暹罗女。郑父去世后郑信被暹罗国大臣收为养子。1763年，缅甸军入侵暹罗，郑信率部防卫暹都。1767年4月，缅军攻陷暹都，大城王朝灭亡。郑信组织民众抗击缅军，光复失地，并迁都吞武里，被拥立为王，史称吞武里王朝。莫登庸（1470—1541），广东移民后裔，是越南莫朝开国君主。1527年至1529年期间在位。
⑤ 骎，马跑得很快。骎骎，比喻事业蒸蒸日上。
⑥ 罗芳伯去世时58岁，此处为误笔。
⑦ 缵承，继承。余绪，留给后人的部分。
⑧ 遑，闲暇，柔远，安抚远方邻国。指中国多难，清廷无能力处理邻国的事。
⑨ 醵，凑集。醵资，即筹款之意。
⑩ 粤，助词，用于句首。
⑪ 皞熙，亦作熙皞，和乐怡然自得之意。明李东阳诗：况当朝省盛才贤，且向山林乐熙皞。
⑫ 卉服，用絺葛做的衣服。借指边远地区少数民族或岛民。

祀逾千，羁縻①勿废。洎②乎中叶，乃失其驭。荷人耽耽，狡然思嗋③。笃生罗公，为邦之竭④。遵海南来，首启茅蕝⑤。彼土豪王，披肝相结。吴公佐之，英勇并绝。为平祸乱，功埶与颉⑥。豪王让公，公受不辞。建邦称制，比踪扶余⑦。奠都分邑，为国羽仪⑧。共和⑨效昔，周召之遗，撰文驱鳄，诚动岛夷。昌黎不作，公乃继之。唯公远识，不私其有。取决众议，择贤相授。曰江曰宋，能继遗轨。寿委百年，其泽甚久。清廷失计，远略不勤。强虏肆噬，不为声援。主者不肖，遂以燔⑩焉。追论当时，痛矣其潜。其潜不已，危及宗主。慷思遗烈，益深写睹。构堂像公，藉存高矩。魂其归来，以固吾圉⑪。伐石镢⑫辞，为励万古。

（录自梅北中学罗芳伯纪念堂石碑，笔者标点。）

坤甸历史

岭东林凤超编述

题叙

　　坤甸东万律，罗芳伯发祥地也。罗为广东梅县石扇堡人。名芳柏，其兄兰柏。芳伯为大唐总长后，以兰芳纪年，或取义于此⑬。然芳伯平生轶事，佚无可考，所传者唯文一、赋一、诗一、而已。为搜编《坤甸历史》，谨将其诗赋冠之篇首，以当其自传，并籍此以概其为人焉。

---

① 羁，马络头；縻，牛缰绳，引申为笼络控制。唐朝对西南少数民族采用羁縻政策，承认当地土著贵族，封以王侯，纳入朝廷管理。宋、元、明、清几个王朝沿袭，称为土司制度。
② 洎，到，及。
③ 嗋，聚缩嘴唇而吸取液体。
④ 竭，勇武，健壮。
⑤ 茅蕝，古代朝会时表示位次的茅束；置茅蕝，设望表。此句有建立政权之意。
⑥ 颉颃，两鸟上下齐飞，喻为不相上下，互相抗衡。此句意为功劳无人可比。
⑦ 扶余国，东北地区第一个少数民族政权国家，前期王城在今吉林省吉林市，后期王城在今吉林省农安县。从公元前200年立国，到公元494年被高句丽灭国，历时约七百年。
⑧ 羽，羽毛；仪，朝廷仪仗。《周易》：鸿渐于陆，其羽可用为仪。比喻居高位而有才德，被人尊重或堪为楷模。
⑨ 西周时厉王奢傲被百姓赶走，大臣周定公和召穆公二人共同执政十四年，年号"共和"。
⑩ 燔，灭亡。
⑪ 圉，原意为马圈围栏，借喻为边陲。
⑫ 镢，铁制锐器。意为刻石。
⑬ 据查罗芳伯家谱载其名为芳柏，有弟葵柏、台柏，而无兄兰柏；以兰芳纪年亦无确证，此二处有误。

罗芳伯游金山赋

金山即东万律山，因其生金矿故名

盖闻金山之胜地，时怀仰止之私衷。地虽属蛮夷之域，界仍居南海之中。岁值壬辰①，节界应钟②。登舟自虎门而出，南征之马首是东。携手偕行，亲朋百众；同舟共济，色相皆空③。予自忖曰：既从虎门而出，定直达乎龙宫。无何远望长天，觉宇宙之无尽；下临无地，想云路之可通。真如一叶轻飘，飞来万里；好借孤帆迳达，乘此长风。时则从小港而入，舟人曰：金山至矣。但见满江红水④，一带长堤。林深树密，渚浅波微。恍惚桃源仙洞，翻疑柳宅山居。两岸迷离，千仞岚光接翠；孤峰挺秀，四围山色齐辉。几树斜阳，一溪秋水。兔魄⑤初升，猿声四起。不闻牧笛樵歌，那有高人逸士。山穷水尽，潺潺之泉酌关心；柳暗花明，喔喔之鸡声盈耳。

若夫地当热带，日气熏蒸。草木曾无春夏，人事自有旧新。黄金地产，宝藏山兴。欲求此中生活，须从苦里经营。虽云人力之当尽，实为造化之生成。至于名物称呼各异，唐番应答攸殊。沙寮⑥依然茅屋，巴历原是金湖。或岩或山，上下设施一体；是担是荷，往来实繁有徒。嗟嗟，早夜披星，满眼之星霜几易；晨昏沐浴，周身之雨汗交流。由郎荡漾于怀中，乍分还合；刮子⑦婆娑于水底，欲去仍留。幸黄金之获益，羡白镪⑧之盈收。

予也材本鸠拙⑨，志切莺迁⑩。耕辛凭舌⑪，砚苦为田。愧乏经商资本，惭非

---

① 此处壬辰指乾隆三十七年，即公元1772年。
② 古人以音乐十二律与一年十二个月相配，每月以一律应之。它们之间的对应关系为：一月太簇；二月夹钟；三月姑洗；四月仲吕；五月蕤宾；六月林钟；七月夷则；八月南吕；九月无射；十月应钟；十一月黄钟；十二月大吕。应钟，指孟冬十月。
③ 原是佛家语：世间诸色相，皆空皆无。此处意为大海茫茫，一无所见。
④ 坤甸山区泥土多呈红色，且多树木，落叶在沼泽地浸泡，故而河水皆呈赤色。又据《兰芳公司历代年册》称：坤甸各属之水，皆树叶浸渍，而成红赤。
⑤ 兔魄，月亮的别称。
⑥ 沙寮，客家话称茅屋的发音。下句巴历，即马来语"parik"，金湖（矿坑）之意。
⑦ 刮子，客家话称另一个淘金工具，用于将河底沙石刮入由郎中。
⑧ 白镪，一般指银子，此处与黄金对偶，泛指钱财。
⑨ 鸠，即鸠鸟。鸠拙，后用为自称性拙的谦辞。
⑩ 莺迁，代指高升。联云：莺迁乔木，燕入高堂。
⑪ 舌耕，指教书谋生。下句砚田，指以砚作田，笔墨生涯之意。

宿学高贤。假馆他邦①，固既虚延岁月；奔驰道左，还期稛载②凯旋。俾③士作商，不惮萍踪万里；家贫亲老，常怀客路三千。因而水绕白云，时盼望于风晨月夕；倘得堂开画锦，庆优游于化日光天。噫嘻，蛮烟瘴雨，损体劳形。岂无志于定远④，又何乐乎少卿⑤。远适化乡，原效陶朱之致富；登高作赋，实为骚客之怡情。乃作歌曰：巍巍独立万山巅，云水苍苍自绕旋。如此好山如此水，蹉跎岁月亦潸然。

又遣怀诗一首：
英雄落魄海天来，笑煞庸奴亦壮哉。燕雀安知鸿鹄志？蒲樗⑥怎比栋梁材。
平蛮荡寇经三载，辟土开疆已两回。莫道老夫无好处，唇枪舌剑鼻⑦如雷。

卷上

黄帝纪年四千四百七十有一年丁酉岁，乾隆四十二年，广东梅县石扇⑧罗芳伯，据婆罗洲之坤甸，公举为大唐总长，建元为兰芳元年。

（书法⑨）黄帝纪年者，嘉国族也。恶乎嘉之？以其能效黄帝战胜蚩尤也。书公举者，以示有共和性质也。书建元者，以示脱离满清政府也。华侨革命史，已肇端于芳伯。

（发明）各国据有属地条件，一曰先占，二曰有约。婆罗洲为芳伯先占，又无中国割让条约，是为中华民国之领土，为华民应享之权利，可无疑义。惜当时满清不明交涉之道，又无订立保护条约，以致大好江山，竟沦入他人之手，是可慨矣。今民国成立，又不据先占条约例，严重交涉，以收复之。是犹弃地也，其如南洋孔道，海军无驻足之地何！

---

① 假，借也，借用他人馆舍，意指旅居他乡。馆亦作书斋，此处更有在他乡教书之意。
② 稛载，满载之意。《国语·齐语》："诸侯之使垂橐而入，稛载而归"。橐，口袋。
③ 俾，使也。俾士作商，使教书先生做生意，有无奈之意。
④ 班超，东汉名将，奉命出使西域三十余年，平定五十一国归汉，封定远侯，后世称班定远。
⑤ 汉朝名将李陵，字少卿，因孤军深入匈奴而战败被俘，后降匈奴，终生未再归汉。
⑥ 蒲，泛指茅草。樗，臭椿，劣质木材。蒲樗，代指平庸之辈。
⑦ 此处当指打鼾。因为要与唇、舌对应，故写作鼻。
⑧ 罗芳伯出生地乾隆时应为嘉应州石扇堡，民国初才改名梅县石扇乡。
⑨ 书法，此处指写作方法。下文发明，意为论证；记事，意为细述；质实，意为查证。

兰芳十六年壬子，芳伯作文祭鳄鱼。

（发明）文公①祭鳄，恶溪永无鳄鱼之患；芳伯祭鳄，坤河仍有鳄鱼之灾者，盖一咸水，一淡水，一在热带，一在温带也。后世惑于神学，不明哲理，往往以此定人格，失之远矣。

附罗芳伯祭鳄鱼文：

维年月日，大唐总长罗芳伯，谨以刚鬣柔毛②，致祭于山川诸神而告之曰：伏以圣德巍峨，降祥必不降孽；神恩浩荡，容物先贵容人。曾以五风十雨，锡③士庶之恩膏；岂又害物殃民，负苍天之爱育！予也，来游南国，职掌于斯。出入往来，类皆赤子；谁非聪明正值之神，而维持呵护乎？然闻之：乐民之乐者，必当忧民之忧；受民之奉者，必当治民之事。兹我坤镇④，总长所辖；迩年以来，鳄鱼不安溪潭。壬子⑤之秋，连丧吾唐人三子。跋扈如斯，罪安可逭⑥？或者曰为恶遭殃，三子宜受其咎。然下民之命，应终于天，否则亦当受终于国法。断不忍以无辜之民，饱于鳄鱼之腹。兹值前日，又丧吾唐人。似唠肆行鼓浪之间，利锋谁挫？威逞埠市之侧，爪牙孰拒？势必率诸同人，叩祷诸神之前。投以猪羊鸡鸭，而安鳄鱼之灵。鳄鱼有知，其听吾言：夫海之中，鲸鯏⑦之大，虾蟹之细，无不容归。尔鳄鱼各从其类，藏形敛迹，而徙于洋，庶不得与吾人杂处唠土也。如不听从，是目无吾人，且目无诸神也。伏乞诸神，大振威灵，率雄兵，挥猛将，尽起大队大帅，以涸鳄鱼之港，必使种类不留。庶小民有赖，升平有象矣。尚飨。

按《祭鳄鱼文》，体裁由韩文脱来。但韩文以国权慑服鳄鱼，斯文则籍神力驱逐鳄鱼，为稍异尔。究之二子之学理，皆非真确，而其文则皆可读也。

兰芳十九年乙卯，乾隆六十年，大唐总长罗芳伯薨。

（书法）书大唐总长，众尊之也。曷为尊之，以其为建立大总制也。使人人

---

① 即韩愈，唐代文学家，曾任潮州刺史。卒谥文，史称韩文公。下文恶溪，即今韩江之旧称。
② 刚鬣，祭品猪的代称；柔毛，祭品羊的代称。泛指祭祀之牺牲。
③ 锡，赐给。锡庶士之恩膏，恩赐给普通百姓食物。
④ 即坤甸。
⑤ 壬子，此处指1792年，是年罗芳伯55岁。
⑥ 逭，逃避。罪安可逭？罪迹难逃之意。
⑦ 鯏，查汉字库无此字。韩愈文中亦用鹏字。

能为芳伯,何患移殖①之不广。

兰芳二十年丙辰,嘉庆元年,公举江戊伯嗣立。

(记事)戊伯为人,性情豪爽,勇力过人,初为茅恩兰和营功爷。所持之刀重十八斤,杀有黎②（唠子）甚伙;黎孩夜啼,闻戊伯名,即不敢作声,可想其一时声威之盛。

(书法)传位戊伯,遵芳伯遗嘱也。而书公举曷故？以其实行共和,传贤不传子也。后人不知政体,遂谓芳伯无嗣,非是。

(质实)兰和营,芳伯未建年号时所住也。

兰芳二十四年庚申,戊伯回唐,阙四伯摄位。

(记事)戊伯在位,征服有黎,故传位四伯,使之摄政,退闲养老,回唐省亲。

兰芳二十七年癸亥,黎子反。

(记事)有黎以戊伯回唐也,相约复反,四伯屡战不利。嗣位四年,兵革相从,迄无宁日。

兰芳二十八年甲子,江戊伯由唐复位,黎子率服。

(记事)戊伯回唐,黎子反。至是,戊伯来。四伯曰:有黎猖獗,国事非兄莫办,请复位。次日,戊伯帅师,次冒顿梨乌③,依港而阵。有黎见戊伯来,惧,自是率服。戊伯复位后,相安无事者,三十余年云。

(质实)冒顿梨乌,地名。

兰芳三十六年壬申,嘉庆十七年,夏,戊伯薨。

兰芳三十七年癸酉,宋插伯嗣位。

兰芳四十五年辛酉④,道光元年,插伯薨。刘台二哥嗣立,往吧城,大辱国体。

(书法)刘台二哥,不书伯而书哥者,贬也。胡为而贬之？后称甲太,故先削其伯称也。而书辱国体者何？身为君而朝吧督,亦特笔而诛之意也。

(质实)吧城,即吧达维亚,荷兰总督所驻也。

---

① 移殖,此处指殖民。
② 有黎,华侨贬称达雅人为乌嚓、有嚓或嚓子。
③ 冒顿梨乌,地名,应在东万律西北,南吧哇以东。今名未考。
④ 道光元年应为辛巳,此处错记。

（发明）罗、江、阙、宋，揖让而为大唐总长，约五十余年。此五十年间，有完全统治权，不失为小共和国体。自甲申①，荷兰人至，则为其属国矣。推其原故，皆由刘台二不知国体，将略②又非所长，故甘心归附耳。倘使能知国际交涉，坤甸虽小，岂不能留存于世界。夫欧洲摩那哥公国，面积仅八方里，人口仅一万五千人，居然入于万国之列。况东万律之地，不谛千百十倍于摩那哥乎？结局如斯，诚为可惜！

卷下

兰芳四十八年甲申③，道光四年，荷兰人至坤甸，始设公班衙，封刘台二为兰芳大统制甲太，以昆甸河为界，河西为公班衙地，河东为兰芳地，条约字面，用三色字，声明不相侵犯。

（记事）吧达维亚总督，召刘台二至吧城，封为兰芳大总制甲太，立三色字合约，划明地界，彼此不相侵犯。然此虽失国体，而主权犹在；乃刘台二误会，竟扯起三色旗，则以属国自待矣。故谣云："插伯企厅太差矣！州府交分④台二企，大家兄弟无见识，桅杆扯起三色旗。"谣词虽鄙，足证当日情事之坏。三色字者，一汉文，一巫来由文，一荷兰文也。三色旗，即荷兰国旗也。

（书法）改称甲太，则非大唐总长矣。而称甲太，则又降为洋奴矣，耻孰甚焉。惜至今人犹不察，而称为玛腰、甲必丹、老大者，遍南洋各州府而皆是，故特笔而贬之也。

（发明）语云：宁为鸡口，毋为牛后。刘台二奴性未除，以一国君而受异国疆臣封号，去总长而就封甲太，弃主权而为属国，是不知鸡口之可贵，而甘为牛后之诩诩自大也。卒至东万律沦胥⑤于亡，刘台二究亦不能辞其责。

兰芳六十一年丁酉，道光十七年，夏，刘台二死。

（书法）不书薨而书死者，死洋奴非死总长也。即谓芳伯国统，亡于刘台二之手可也。

兰芳六十二年戊戌，道光十八年，古六伯嗣位。

---

① 此处应指 1824 年，芳伯去世后三十年。
② 将略，带兵攻城略地，用武之意。
③ 道光四年甲申，即上文所述之 1824 年。
④ 交分，交给之意。
⑤ 胥，全部，都。

兰芳六十六年壬寅，道光二十二年，万那黎子反，古六伯回唐。

（记事）十年，万那黎又开衅大战，饷项不济，败绩。古六伯不利于众口①，解职回唐。

兰芳六十七年癸卯，春，谢桂芳嗣立。冬，桂芳卒。

（记事）桂芳，梅县武庠②，颇有才具，台二常称其能，有介绍嗣位意。及台二卒，人举古六，不举桂芳。至古六解职时，桂芳已年老多病，嗣位仅八阅月③而亡。人咸谓台二谢世，即举桂芳，尚不致败于万那黎云。

兰芳六十八年甲辰，道光二十四年，叶腾辉嗣立。

（记事）时腾辉在本埠营商业，嗣立后，仍居店中，厅事置之度外。

兰芳七十年丙午，刘鼎嗣立，复与万那黎战，大败，改兰芳为乾兴元年。

（记事）盖自腾辉不住厅，刘鼎效之。故厅所破败，人心涣散。是年，卒为万那黎子所败。刘鼎名乾兴，以传位及已，故改乾兴元年。

（书法）自兰芳纪年七十年，至是改为乾兴元年。虽然改之，而唐人唯知有兰芳而已矣。

兰芳七十有一年丁未，道光二十七年，西历一千八百四十七年，荷兰人以刘生为甲太，而刘鼎往邦戛，劫其三色字据而亡。

（书法）兰芳年号改矣，胡为乎仍书兰芳也？盖荷兰人至今犹惧兰芳，唐人之心理，至今犹念兰芳，故特书之，留为后日交涉地也。

兰芳七十有四年庚戌，道光三十年，西历一千八百五十年，鹿邑④大港公司，与荷兰人战，大捷，克服邦戛。

（记事）先是，邦戛与坤甸，同为荷人所夺，至是大港同胞，与荷人战，大捷，克服邦戛。

（书法）书克服者何？嘉侨民之勇也。虽不久复失，必欲大书特书而予之也。

兰芳七十有五年辛亥，咸丰元年，与万那黎子修好，采文兰⑤金刚石。

（记事）先是，刘生欲与万那黎子修好，万那酋长不肯与合。至是先通款言，

---

① 不利于众口，指古六伯由于吃了败仗，群众对他有意见而辞职。
② 武庠，武秀才。明清时县学称庠，童生考试合格可以入庠读书，称庠生（俗称秀才）。
③ 阅，经历。阅月，经一月。
④ 鹿邑，又称打唠鹿，在婆罗洲西北山口洋以东，今称蒙特拉多（Montrado）。
⑤ 文兰，在东万律东北。

始许之。刘生率五百余人,开采文兰等处金矿。当日牙王城①无人侨寓,自开采后,始成商埠。文兰出金刚石诸矿甚富。

兰芳七十有六年壬子,刘生率兵,助荷人拒大港同胞,擒其首,以献公班衙。

(记事)大港同胞,与荷人战,干戈相见者六年。孤立无助,卒为所败。荷人将其鹿邑埠烧灭净尽,逃难之民约数千,逃至东万律属不离居地。欲由万那往沙拉划②。刘生率师拒战,擒其首,以献公班衙。及大港平,荷军即移向东万律矣。噫,初则助荷人灭同胞,继则转以自灭。蠢尔刘生,何不思之甚乎?

(书法)书拒同胞,罪之也。何为而罪之? 曰:同是华侨,则宜守望相助,即不相助,亦不可同类相残。今刘生不知中计,反借此邀功,斯诚华侨罪人也。

(发明)传闻刘生嗣立,河水澄清,今观其事迹,唯以残杀同胞为事,又立约割地与荷人。之二者,对于同胞则为汉奸,对于芳伯则为贼子。如斯人者,乃欲窃圣出河清③以自况,多见其不自量也。或曰:此说乃其婿叶汀凡谬托,非有其事也。

兰芳八十年丙辰,咸丰六年,西历一千八百五十六年,刘生同荷兰官阿物恩德里山,往见吧督,立约割地,仅留兰芳厅所地界。

(记事)荷人既劫得三色字,谓刘生曰:河东地当属荷国。刘生谓有约,荷人谓约文安在,可照约勘验。刘生不能对。荷人乘机又以金银物饵之,乃与立约割地,仅留兰芳厅所地界。所得之银,悉归私囊。又其子与婿,不识刘生与荷人有密约,各争长其地,趋奉荷兰。故荷人知其中之虚实,而出吞并之手段焉。

兰芳九十七年乙亥,光绪元年,西历一千八百七十三年,刘生退位,计立其子亮官。

兰芳一百零二年庚辰,光绪六年,西历一千八百七十四年,春,亮官死,刘生复位。

(记事)其弟恩官,不得嗣者,刘生约中有云,终刘生一生,仍有东万律管理地权,故也。恩官字碧莪,现在日里④。其姊在棉兰,即张榕轩妻。

---

① 牙王城,今称"Ngabang",万那县城。
② 沙拉划,即今沙捞越。
③ 圣出河清,即古语云"圣人出,黄河清"之简笔也。叶祥云(字汀凡)在《兰芳公司历代年册》书中云:刘生甲太,广东嘉应州人也。初上任时,河水澄清三日,连埠头左右之沟渠,尽皆彻底澄清。盖坤甸各属之水,皆树叶浸渍,而成红赤,一旦澄清,莫非运气使然与。
④ 日里(Deli),地名,在苏门答腊岛中北部,棉兰附近。

（书法）书计立其子者何？盖阳则为专制，阴则知与荷人立有密约，恐难于服人，欲多传一代，以掩人耳目也。噫，狡矣。

（发明）已欲退，则立子，子已死，则复任；而当时之人，一任刘生左之右之，无一敢起而抗议者，则刘生之权术可知矣。虽然，东万律之众，放弃责任，亦有所不能辞其咎焉。

（总评）罗、江、阙、宋，艰难缔造之国，相传仅及五十年，未几一败于刘台二，再败于刘乾兴，至刘生，则国即与之俱灭焉。何东万律之不幸而出此三刘也。今坤甸立芳伯副厅，留为纪念，而无知之辈，犹立刘氏以陪之，芳伯有知，当亦不瞑矣。

兰芳一百零八年甲申，光绪十年，西历一千八百八十四年，秋，八月，刘生死于坤甸。荷人乘送丧之隙，据东万律。汉义士梁路义，帅师与战，不利。坚持数年，为汉奸所败。路义遁，东万律遂亡。

（记事）是年八月初旬，刘生至坤甸，沾疾数日而卒。荷人乘扶柩返东，出其不备，遂据东万律，迫刘氏家人交出印信。激动人心，遂战，杀荷人无数。时有梁路义者，率众与敌人战，连年败之。后多汉奸，军火不继，路义知大势已去，众寡不敌，遂逃之吉隆坡。自路义去后，无人敢抗，而东万律遂为荷人并吞矣。

（书法）大书特书汉义士梁路义帅师者何？嘉其忠也。能如是，虽败犹荣也。然则何以不书败于荷兰，而书为汉奸所败？曰：灭东万律者荷兰，而所以致灭者则汉奸也。盖疾汉奸之甚，特秉笔以诛之也。汉奸者谁？郑正官、叶汀凡、吴桂三、郭亚威、余康、黄福元、陈和二、罗撒庭、林弼唐等，是也。

（发明）东万律所以致亡者，由于不明国际交涉。初，刘台二至吧城，荷人以王礼厚待之。刘徒跣①履地，不敢践其绒毡。及受封以还，则以属国之礼待之矣。自是以后，每况愈下，至刘生益不可收拾矣。盖刘生贪渎性成，挥霍任意，密与荷人约，犹粉饰以欺人，竟至割地与荷人，曾无一人知之者。及其身死，荷人践约，人始知之，然已无及矣。今唯有瞩望祖国当局，留意护侨政策，援先占之条例，未经祖国划押之大条件，提出交涉，庶东万律之地，或得原璧归还也。

（总论）东万律百有八年之历史，前五十年为独立时期，后五十年为半属时期。惟因当时人才缺乏，故条教制度典章，均不详不备，卒被并吞于荷兰，惜哉。

---

① 徒跣，赤脚。连同下句意为刘生赤脚未穿鞋，不敢踏在地毯上。畏缩意也。

虽然，天下事不难于克服，最可恐者，在无人知之尔；苟有人知之，俟祖国富强后，仍可提出交涉也。

补述　坤甸地方官制考

东万律大厅：大厅之制，或称王都，大唐总长居焉。

沙拉蛮省：即副总长驻节地，大唐总长去位未举定以前，则以副总长摄行政事。

茅恩府：即玛腰甲太所驻地。

昆日县：即甲必丹所驻地。

按当日省府县制，不止此数。然至今尚可考者，唯此而已。游历其地，父老犹能称道不置云。

兰芳裁判厅五所：（一）万那，（二）万诸居，（三）淡水港，（四）八阁亭，（五）新埠头。

按兰芳大厅旁，有关帝庙一所，亦当日京都总裁判厅也。今为荷人所灭，仅存基址而已。其地形，俗称五卒渡河。万那以下五所，栋宇犹存，幸未灭迹。今或改为学校，或改为神坛，亦坤甸华侨，保存故物之苦心，以掩荷人一时之耳目也。不然，亦俱为铜驼荆棘矣。

大唐总长：按兰芳国体，为民主共和制。但百年前未知美法先例，故人多未言之耳。当时芳伯对内则称总长，又称大伯，对外则称为王，或称坤甸大王。

副总长：按副总长，或称参谋军师。当失东万律时，有李玉昌者，曾为参谋，败后逃至吉隆坡，营商致富。现其人尚在，年已七十余矣。常对人言，坤甸不复，玉昌誓不归中原。如祖国政府欲知其详，此人尚可罗致而咨询也。

玛腰、甲必丹：或称甲太，此皆巫来由人尊头人之称。兰芳仍其俗以命官，亦使以别尊卑之意也。

老大又称尾哥：即中国现在之区长，一区各设一员，以稽查征收，出入人口也。

服制：按当日上级官厅，未有服制。既不用古时衣冠，亦不袭满清顶戴；惟穿长袍马挂，或穿洋装，以出治临民焉。至其差勇，则仍中华绿营号褂之旧制。

国旗：按当日国旗，则用长方形，纯黄色者。总长则用三角黄旗，中书一帅字。其余各色旗中，则书各官之姓。

坤甸历史杂录

初，万帝隆之关都力（荷官），用汉奸林弼唐言（弼唐后升玛腰），侦得虚实，知东万律全无战备，故率队深入。不意被唐人小子戴月兰、邱耀郎、赖有传，三人游猎，开鸟枪击毙。闻当日荷兵，见有无数人马，不敢恋战，相惊而遁，仅击毙关都力一人，时甲申九月初五日事也。现坤甸商会侧之纪念塔，即万帝隆关都力藏骨之所，其名未详，有碑记可考。

荷官缎思粦，名加挞者（缎思粦官名，在坤甸为最高级之官，比中国镇守使兼道尹之职），于甲申八月中旬，送刘生之柩至东万律，不许停柩大厅，迫移入关帝庙，而大厅国务院竟被荷人驻兵矣。尔时，将厅前桅杆锯断，国旗扯碎，又迫刘氏交出印信，不得再行公举总长。至九月初四日，激成战争，战至丙戌，路义①不敌，乃亡。闻加挞激变后，吧督②恐中国交涉，即革加挞官，以慰坤甸华侨要求，民情始服。及后，见中国置若罔闻，不加保护，始将兰芳地域，割归巫来由版图。至民国元年，共和建成，荷人预防后患，又从巫来由王手，并其版图而吞灭之。此亦荷人之巧于用思矣。

查坤甸证据，多存刘恩官家。恩官字碧莪，现在日里。如田赋册，审案卷宗，多人曾见之者。至其父刘生与荷人所立之约，以意度之，亦当在其手内。恩官为传位之人，其时年已及冠，事无不知之也。政府如欲交涉，克服故土，可从恩官处调查证据。又可召李玉昌，询问情由，不患无交涉胜算之左券矣。

余至坤甸，谒副厅，闻长老言，低回留之者，久矣。及见神位，有刘氏、邓氏、林氏，而江、阙、宋，三人无之。不禁咨嗟太息。寻厥原因，皆由刘、邓、林三人，曾为甲必丹，势力足于压制华侨也。乃作对文以见意。联云：

　　故粤老夫臣，耻作满奴，避地③尚称唐总长；
　　兰芳统制區，羞陈博物，赧颜怕说申包胥④。

---

① 路义，应指梁路义，兰芳灭国后继续率众抵抗荷军者。
② 吧督，指荷兰驻巴达维亚总督。
③ 避地，疑有误，似应为辟地。
④ 赧，因羞愧而脸红。此处意为兰芳已被灭国而无人复国，看到故国遗物被人拿来展览，自己感到羞愧而脸红。

罗芳伯传

余澜馨①撰（1920年）

君姓罗，芳伯其名，又号太伯（即位后所上尊号，盖罗君不称王，其自用印镌文曰：大唐客长），广东梅县②人也。生性豪迈，任侠好义，喜结纳。尝与里中诸少年游，众咸唯唯听命，以其有远到才，自能折服众心也。当乾隆初叶，四方无事。宫闱日事征歌选舞，而闾阎③之疾苦，绝不过问。故斯时之工商实业，毫无发展，社会之生活困难，实百倍于今日。君以四民④不事之身，安能插足其间？一日闻人谈郑成功据台湾事，即攘臂而起曰：大丈夫当如是，安能日处淫威之下，局促如辕下驹哉？里人壮其言，咸器重之。爰某年秋，偕二三同志，由梅走岐岭，经老隆顺流从东江而下，抵羊石，由虎门放洋南渡，直抵南婆罗岛。斯时荷人未至，坤甸尚未成埠，君由三发登陆。君一至其地，但见长林丰草，广袤无垠，土人构木为巢，猎山禽野兽而食，乃叹曰，此腴壤千里，所谓天府之雄国，其即此乎？于是纠合同志，秘密结社。占领东万律之意，即于是时基之矣。维时有一部分华人，先散处于吻黎里、米仓下、松柏港一带（俱坤甸属地）。君欲引为同志，以厚势力。殊若辈性桀黠，暴戾恣睢⑤，日以凌虐同种为事。君乃阴结苏丹（土人酋长），以威吓之，若辈稍震惧。越年土人谋叛，苏丹筹备军实，遣君征之。君用明修栈道，暗渡陈仓之计，果大捷。是役也，土人死伤甚众，苏丹得报大喜，乃置酒作乐为君寿。席间掀须而言曰，君有大勋劳于我族，愿约为兄弟，世世子孙，无相侵伐。君曰唯唯，自是出入王宫，言必听，计必从，宠遇无匹矣。初君部下有一猛将，姓吴名源盛，亦梅县籍。君以同乡关系，又复骁勇异常，故出入必偕，倚之如左右手。大院者，居卡浦斯河下游，该处土酋，时有侮蔑华人之举，君遣吴征之。吴效专诸⑥故事，计果售，于是上侯、存笃之地皆降焉。斯时隶君部下者，约三四万众。益以土人廿余万，东征西讨，所向披靡。苏

---

① 余澜馨，原名余九香，清末民初梅县丙村人，曾任民国将领邓仲元幕僚，后去南洋坤甸居住。
② 罗芳伯出生地为嘉应州，民国初才改称梅县。此处称梅县似有不妥。
③ 闾，古代二十五家为一闾。阎，里巷的门。闾阎，泛指民间。
④ 四民，古代指士、农、工、商四个阶层的百姓。
⑤ 暴戾恣睢，形容为人凶恶残暴，任意干坏事。
⑥ 专诸，春秋时刺客。伍子胥知吴公子光欲杀吴王僚以自立，乃荐专诸于光。吴王僚十二年，光伏甲士而具酒请王僚，使专诸置匕首鱼腹中，乘进献时刺僚。僚立死，左右亦杀专诸。公子光出其伏甲尽灭王僚之徒，遂自立为王，是为阖闾。

丹知势不敌，难以驾驭，由是裂土而分治之。计所统辖者，东界万劳，西界卡浦斯河，南界大院、上侯、双沟月，北界劳劳、山口洋、邦戛，纵横数千里，成一独立国焉。君既得此辽廓之版图，乃相其地点，以东万律可耕可牧，可工可商之地，即以是为首都焉。由是编官制，定法律，修军备，兴实业，谋教育。官制曰甲大①，曰甲必丹，曰正副书记，曰尾哥，曰老大，虽有等差，悉由民选，以革专制之弊。法律则抢掠奸淫者杀无赦，稍轻则施以体罚，或游街以示辱。至应兴应革事宜，则经众会议通过，然后施行，以除独裁之弊。军备则设厂鼓铸大炮多尊（大炮今犹有存者），令人民各习拳棒，平时则各安其业，有事则入伍为兵，此实行寓兵于工之意。实业则设兰芳公司以开采金沙，并振兴林业（华人初至，悉在该处开采金矿，年纳苏丹金沙五十两。君建都后，彼辈以不同志故，即相率遁入山谷。查产金之地，不特东万律，若双沟月、大喃俱有，惟产额无多耳）。教育则延聘国内名宿，授徒讲学（当时多崇拜孔教，如妇人夫死不许再醮，令土人练习客语，是即孔子从一而终，用夏变夷之义）。若坤甸及新埠头，则设副厅，其余若喃吧哇、松柏港、淡水港、万劳、打唠鹿、山口洋、邦戛及沿卡浦斯河之双沟月一带，皆设县治。部署既定，规划井然。耕让畔，行让路，无殊唐虞之治焉。君殁于乾隆五十八年（西历一七九三年）②，时年五十八。易箦时，众询以继统之事，君曰：吾侪飘泊海外，得有今日者，皆众兄弟之力，吾安敢以土地自私焉？无已，其法尧舜禅让之制可也。问何人，曰戊伯贤，可继斯任。于是即禅位与戊伯，戊伯者，姓江氏，亦一伟丈夫。八十斤钢刀，能双手举作旋风舞，征万诸居土番时，一夕曾歼十六人，其勇盖可想见。惟江当国之日，大难已经削平，虽有武力，亦无所用，所谓放牛牧马，偃武修文时也。江殁旋让位于阙泗伯，阙后让位于宋插伯，之三人者，可称善继善承，金瓯无缺。自后则荷人势力逐渐侵入，国无宁日矣。若刘，若古，若谢，若叶，皆受外人封爵，国权丧失，徒拥虚号而已。当刘③死时（即清光绪十年西历一八八四年），荷人籍送丧为名，派兵至其地，毁拆君所建之政厅。梁路义率众力拒，斩荷将阿成坚，荷师败绩。不稍退，乃贿土酋，使土番内扰。不得逞，又贿汉奸，引道来袭，以强弱悬殊，卒不敌。当时若政厅则被毁，改作武帝庙，并掠去牌板、旗帜等物，陈之巴达维亚博物院中。牌板镌文曰兰芳大总制，旗多作三角式（今尚存该院，吾人经由其地者，皆

---

① 此处甲大应为甲太。
② 此句有误，罗芳伯卒于乾隆六十年（1795）。下句易箦，箦，草席。旧俗人临死前须移床换草席，此处代指临终。
③ 此处刘应为刘阿生，非前句之刘台二。

得见之)。计自君得国以来（乾隆四十三年）历年百有余载，传世八人（或作十人待考），至是而亡。

编者曰：南婆罗一荒芜不治之区，罗君以一匹夫，单刀匹马，冒万难，历万险，叱咤一呼，淹有数万里之河山。比之哥仑布氏之辟新大陆，何多让焉？惜当时无国力为后盾，致得而复失，惜哉！又闻当罗君至坤甸后，鳄鱼大为民害，亦最为土人所惧。一日罗君招集土酋，手录韩文公祭鳄文，焚于海滨，群鳄悉浮于海，土酋由是惊服。昌黎以文驱潮之鳄，罗君复用以驱坤之鳄，是韩与罗之精诚，均足以感物矣。易曰：信及豚鱼，不其信欤？里人陈孝廉[①]鹤云，有《万律怀古》七律一篇，附载于此：莽莽乾坤特地开，南天半壁老雄才。鼓旗艳羡长酋会，冠带欢谈上国来。古戍斜阳人放牧，荒祠明月树移栽。迄今未改青山色，无复排衙列将台。林茂才[②]苍石有古风一篇，惜篇太长，不及备载。

(引自《南洋名人集传》林博爱等编)

罗芳伯之事业

李长傅[③]撰（1928年）

罗芳伯，广东嘉应人，少孤[④]家贫，慷慨好义，以尚侠闻。赴南洋抵婆罗洲西岸之万律，当时地未全辟，林莽丛密，山番[⑤]时出掳掠，商旅为之裹足。华侨患之，乃倡义结立公司，举芳伯为领袖。芳伯复联络山巴土酋[⑥]，结为兄弟，合并其他公司，凡华番交涉，皆由芳伯判之，推诚布公，为众所钦服。适马来人与山番构衅，土酋兵败衄[⑦]，芳伯率众助土酋，大败山番。事平后，土酋益德[⑧]华

---

① 孝廉，汉代推荐人才的名目，指"廉洁而有孝行"者。清代无此科目，但有称考取举人者为孝廉。陈鹤云，清末举人，镇平县人。
② 东汉时，为了避光武帝刘秀的名讳，将"秀才"改为"茂才"，后来有人也称秀才为茂才。林苍石，似为嘉应州一秀才，未考。
③ 李长傅（1899—1966），江苏镇江人，曾任南京中央大学教授、暨南大学南洋文化事业部编辑、教授等职。著有《南洋华侨史》《南洋史地与华侨华人研究》等。
④ 此处有误。罗芳伯在《游金山赋》中自言"家贫亲老"，不是"少孤"。
⑤ 山番，此处指达雅人。
⑥ 山巴，华侨称内陆山区。土酋，指马来人。
⑦ 衄，本义指鼻血。败衄，指挫败。
⑧ 德，感激之意。

人,遂割地东万律一隅①,俾华人自主。芳伯遂据有其地,自称大唐客长,时乾隆四十三年(一七七八年)也。建都万律②,更扩充其辖地,凡坤甸、喃巴哇、山口洋③等地皆隶版图。当时华侨多采金为业,芳伯设立兰芳公司,专营矿业。又设官制,开阡陌,立市廛、兴学校,俨然若一独立国。同时,其部下有吴元盛者,亦据戴燕国(今译大院)为其酋长。芳伯卒于乾隆五十八年(一七九三年),部下江戊伯继其位,传四世,至咸丰五年(一八五五年)荷人势力侵入,占打唠鹿,设立副驻扎官,兰芳公司之客长受荷人之封爵为甲必丹。至光绪十年(一八八四年)甲必丹刘某卒,荷人乘机欲收为直辖殖地区,派兵至东万律,华侨反抗之,梁路义为其首领,杀万律之荷官,击退荷兵,颇占优势,终以寡不敌众,为荷人所败,而国遂亡。计传世者八人,历时百余载。亦足传矣。

民国三年十月顷,南吧洼华侨因荷政府强迫筑路,起而反抗。毙一甲长,毁官署,断电线,宋某为领袖,招番兵,树国旗,两方各死伤不少,后由吧城派兵赴援,约亘两三月之久,乱事始平。宋某逃至新加坡,其父被执,惩罚了事。

(录自李长傅《南洋华侨史》)

南洋通史·罗芳伯传

温雄飞(1930年)

罗芳伯,广东梅县人也。生性豪迈,任侠好义,喜接纳。尝与里中诸少年游,众咸唯唯听命,以其见识远到,勇敢善决,自能折服众心也。当清乾隆初叶,满人入主中国已百余年,武力高压之下,继以阴柔抚慰,士大夫始俔俔④伈伈无生气,献谀阿媚。而天地会则潜伏民间,传播民族国家思想。故郑成功、朱一贵、林爽文⑤据台湾之事迹,尤为辍耕倚啸之徒⑥所乐道。芳伯盖闻其风而兴起者,辄攘臂奋然曰:"大丈夫安能日处异族淫威之下,局促如辕下驹⑦哉。行当浮海外

---

① 割地东万律一隅,与史实不符。苏丹割让给罗芳伯的是坤甸新埠头土地。
② 万律,应为东万律。
③ 此处似有误,山口洋未属兰芳管辖。
④ 俔,船上测风之羽毛。此句指士大夫见风使舵,敢怒而不敢言。
⑤ 林爽文,由福建漳州去台湾彰化移民,天地会首领。乾隆五十一年(1786)发动起义,响应者数十万众,历时一年零三个月。后被清廷扑灭。
⑥ 辍耕,田间休息。倚啸,靠在树木上唱歌。此句意为社会底层民众。
⑦ 辕下驹,俯首拉车的马匹。喻为甘愿受压迫而无所作为者。

洋，觅一片干净土，为我汉族男儿吐气也。"爰于某年秋，届其同志，由梅走岐岭，经老隆顺流从东江而下，抵羊石①，由虎门放洋南渡，直抵婆罗洲之西岸。

时坤甸尚未成埠，芳伯由三发登陆。一履其地，但见长林丰草，广袤无垠，土人构木为巢，猎山禽野兽而食。乃叹曰："此沃壤千里，所谓天府之雄国，其在斯乎？"乃辟地而居之，纠合同志，拜盟结义，潜植势力，以待时机，奋力扩广天地会之制度于兹土。盖远离清人势力，可以公开，无须秘密也。维时有一部分华人，先散处于吻黎里、米仓下、松柏港一带，芳伯欲引为同志，厚增势力。殊若辈性桀黠②，暴戾恣睢③，日以凌虐同种为事。芳伯乃阴结苏丹，以威吓之，若辈稍震惧。越年土人谋叛，苏丹筹备军实，遣芳伯征之。芳伯乃用明修栈道、暗渡陈仓之计，果大捷，土人死伤甚众。苏丹得报大喜，乃置酒作乐为芳伯寿。席间举觞掀须而言曰：君有大勋劳于我族，愿约为兄弟，世世子孙，无相忘也。芳伯唯之，自是出入王宫，言必听，计必从，宠遇无匹矣。

大院④者，居卡浦斯河下游，其地土酋，时有侮蔑华人之举。芳伯有勇将曰吴元盛，饶悍异常。至是遣吴率军征之，吴效专诸⑤故事，间关直入破之。于是上侯、存笃之地皆降焉。斯时隶芳伯部下者，有众三四万，益以土人二十余万。东征西讨，所向披靡。苏丹知势不敌，难以驾驭。由是裂土而分治，计所统辖者，东界万劳，西界卡浦斯河，南界大院、上侯、双沟月，北界劳劳、山口洋、邦戛，纵横数千里，成一独立国焉，时清乾隆四十三年，一七七六年也。

芳伯既得国，部下咸踊跃称贺，请上尊号，芳伯谦让未遑⑥。以此来徼幸得片地于海外以立足，乃众同志拥护翊戴⑦之功，今拥名号以自尊，是私之也，非天地会之制度所许。顾无名号，又不足以指挥群众、处理政务，乃自称曰大唐客长，意言中国人客于外者之首长也。名号既定，乃相度形势，以东万律可耕可

---

① 羊石，代指广州。
② 桀，凶暴，桀骜不驯。黠，聪明而狡猾。桀黠，指凶悍狡黠之人。
③ 恣，放纵，恣意。睢，仰视，傲慢。恣睢，指放纵暴戾。
④ 大院，也作戴燕，地名，在坤甸以西百余公里处。
⑤ 专诸刺王僚。春秋时吴国公子光，欲杀吴王僚而自立。伍子胥推荐专诸为刺客。专诸藏剑于鱼肚进奉，乘机杀死王僚，自己亦被卫士所杀。
⑥ 未遑，来不及。
⑦ 翊戴，拥戴辅弼。

牧，可工可商，定为首都。由是刻符玺①、分郡邑、定官制、修军备、兴实业、谋教育。刻符玺则印文镌曰大唐客长，旗作三角式，颜于牌板曰兰芳大总制，今尚存于巴城之博物院中。郡邑则坤甸，新埠头设副厅，其余若南巴哇②、松柏港、淡水港、万劳、打劳鹿、山口洋、邦戛及治卡浦斯河之双沟月一带皆设县治。官制则分数级，曰甲大③、曰甲必丹、曰正副书记、曰尾哥、曰老大。虽有等差，悉由民选，以革专制之弊。法律则抢掠奸淫者杀无赦，稍轻则施以体罚，或游街以示辱。至应革应兴事宜，则经众议而后行，免除独裁之弊。军备则设厂鼓铸④大炮，令人民各习拳棒，平时各安其业，有事则入伍为兵。实业则设兰芳公司开采金沙，振兴林业，搜罗物产，招徕商贾，列肆而市。教育则延聘国内名宿，授徒讲学。部署既定，规画井井。又以部将吴源盛叠平大难，厥功甚伟，乃裂大院地方以封之。酬庸⑤盛典，分茅⑥开府，为国重镇，共相捍卫。所辖之境，耕让畔，行让路，无殊唐虞⑦之治。时国内之不得志者，闻其风而兴，不远万里，愿受一廛而为氓。当芳伯盛时，有英人曾至其地，谓此天地会组织之共和团体统治下之民众，有十一万人焉。呜呼盛矣。

芳伯殁于一七九三年，清乾隆五十八年⑧，时年五十八。易箦⑨时，众询以继统之事。芳伯曰："吾侪飘泊海外，得有今日，皆众兄弟之赐，吾安敢以土地自私？悉称客长者，守土待贤而已。无已，其择贤乎？"问："何人？"，曰："戊伯贤，可继斯任"。于是即传位于戊伯。戊伯者，姓江氏，亦一伟丈夫，八十斤⑩钢刀能只手举作旋风舞。征万诸居土番时，一夕曾歼十六人，其勇可想。惟江当国之日，大难削平，虽孔武有力，亦无所用之。所谓放牛牧马，偃武修文时也。江殁，旋让位于阙泗伯，阙后让位于宋插伯。之三人者，可谓善继善承，金瓯无缺。

自后则荷人势力逐渐侵入，国无宁日矣。若刘、若古、若谢、若叶皆受外人

---

① 符玺，指官府文书印信。
② 南巴哇，即南吧哇。
③ 此处甲大应为甲太。
④ 鼓铸，意指制造。
⑤ 酬庸，论功行赏。
⑥ 分茅，古代分封诸侯，用白茅裹着泥土授予被封者，象征授予土地和权力。
⑦ 唐虞，指唐尧和虞舜，都是古代圣帝贤君。此句意为政治清明时代。
⑧ 此处有误，罗芳伯逝世应为1795年，清乾隆六十年。
⑨ 箦，竹席。易箦，指人临死前要移床。
⑩ 八十斤可能太重。他书中作十八斤。

封爵，位居甲必丹，国权丧失，徒拥名号自娱而已。当刘①死时，西历一八八四年、清光绪十年，荷人籍送丧为名，派兵至其地，拆毁议政厅。梁路②率众力拒，斩荷将阿成坚③，荷师败绩，不稍退，乃贿土酋，使土番来袭，不得逞。又贿汉奸引道来袭，卒以强弱悬殊不敌，议政厅被毁，改作武帝庙。摘去旗帜牌板等。计芳伯自得国以来，历年百有余载，继世者十人，至是而亡。

（录自温雄飞《南洋华侨通史》）

罗芳伯传略

肖肇川撰（1937 年）

罗芳伯原名罗芳，称伯者尊之也，梅县石扇堡大岭乡人。其生平年岁无可考，大约生清代乾隆年间。迄今坤甸一带华侨，因纪念罗公功绩，以每年农历二月初九为其诞辰，举行谒灵祭祀，至今弗替。以此而知其出生年月日，当属可靠。芳伯少负奇气，性豪爽，尤喜结纳，且天赋予一副强壮身躯，臂力超人，自幼学文习武为群儿冠。以其生于农村中间，长于朴素家庭，尝于学书习剑之余佐治耕牧，遇事勤奋，乡里称之。其足迹所到，乡人至今，犹传为种种神话，以纪渠④事。尤以其里居附近之鸣琴寨、白云峰⑤等处形势天成，颇为雄壮，为其幼年游牧之所。至今该山尚多古松怪石，山顶并有神坛一座，登是山而全堡乡落，历历如绘。若者为罗公当日所建树，若者为罗公少年栖迟之所，虽则乡人之传闻如是，亦有相当依据可为证信也。成年后业儒不就，又不甘老死乡曲，颇感农村殊无用武地，乃怀壮游之志。其时海运初通，尚少轮船行驶，浮海者多恃巨大木筏⑥，海程殊为险恶，果非勇壮之士莫不望洋兴叹者。芳伯乃于某年秋间集结志士作浮海之举，因而背井离乡，由梅走岐岭、经老隆，顺流从东江而下，抵羊石，自虎门觅出海之路。一帆高挂，飘八万里长空，顺风南下，任其所之，乃流至婆

---

① 上句"若刘、若古、若谢……"之刘指刘台二。此句之刘应指刘阿生，二刘非同一人也。
② 梁路，应为梁路义之误笔。
③ 阿成坚，荷将名客家话译音，原文未详考。
④ 渠，文言中与"其"字同义。
⑤ 据彭精一云，鸣琴寨乃距芳伯故居约 20 里之山名，其最高峰称白云峰。传说罗芳伯 16 岁时年少气盛，曾将鸣琴寨供奉的"帽山公王"神位搬移至大岭下之矮寨顶（据罗香林文）。今仍有旧碑遗存。本文记鸣琴寨、白云峰在罗芳伯居里附近，为其幼年游牧之所，应为误笔。
⑥ 此处言木筏渡海，实有误。明朝时闽粤浙各省已有海船可渡南洋，芳伯所乘大船可渡百余人。

罗洲西岸。时坤甸尚未开埠,芳伯自三发登陆,只见茂林丰草,广袤无垠,番民构木而居,游猎山禽野兽而食。婆罗洲为世界第三大岛,位于赤道下,面积约二十八万三千九百十六方里。沿岸泽地,先是已有不少闽人居于是处,故婆罗州闽语为慕娘。芳伯初至之地为西慕娘,即距坤甸日余路程之东万律山中择地而居焉。芳伯率偕来诸人居此后,开疆辟土,以教书兼采金为业。是后闽广华侨接踵而至,虽与马来种人时有冲突,但芳伯等苦力集结华人,排除万难,隐居于东万律一带划为华人之势力范围。

芳伯以华人身居异地,既无祖国势力之后援,且时受当地诸番之侵扰,乃谋实力以自卫。遂厚结党众,以保侨为务。闻当时结合志士凡十八人,其中最著者为江戊、阙四、宋插等诸人。至今侨民以罗、江、阙、宋并称,盖即当日开国之功臣也。以芳伯年高识广群推大哥(按梁任公著《中国殖民八大伟人传》说罗大为其原名),惟时有一部分华人先散居于吻黎里、米仓下、松柏港一带,芳伯初欲结为同志,增厚势力。殊若辈暴戾成性,日以凌虐同种为事。芳伯乃暗结坤甸苏丹,以威临之,而若辈惧,苏丹亦寝德①焉。会土人叛乱,芳伯率众平之,苏丹置酒为芳伯寿,约为兄弟。自是芳伯出入禁廷,言听计从,威望因而日隆。时芳伯部下勇将吴元盛者,亦梅县梅屏堡葵岭人也。身材魁梧,勇武超群,初侨居坤甸之南吧哇,芳伯知其勇,招为己助。击败米仓下、松柏港诸敌,与有力焉。后又次第勘定兰腊、万诸居、斯芳坪、无名港、滑崇、高车、新埠头及南吧哇等地,复循加吧士河略定泻敖、存笃诸地。由是声威日振,实力益充。坤甸苏丹知势不敌,遂不得不降身相从矣②。其披荆斩棘之创造精神,以及其团结民族同谋自卫之毅力,诚足令人钦敬。

其后番人势力日盛,芳伯乃乘势率部征服,遂于民国前一百三十三年(即清乾隆四十二年)进据婆罗洲西部诸要地,乃创立政府,建元兰芳③,公推芳伯为首任大唐总长,即为当时之最高领袖。会其时坤甸滨海之区,鳄鱼为患,华人迭为所噬,曾效韩愈故事为文而祭,土人益为惊服,即奉之为坤甸国王(温氏④

---

① 寝,卧,休息。此句中作停止,收敛。寝德,停止恶行。
② 此处称"苏丹不得降身相从矣",笔者认为缺乏史实依据。
③ 建元兰芳之说,首见于林凤超《坤甸历史》,但似乎史证不足。
④ 即温雄飞,其所作是《南洋华侨通史》。下文之张相文,江苏人,清末民初地理学家,著有《帝贼谱》,收录中国历史上数百位人物事迹,分为帝(取得政权者)、雄(割据一方者)、贼(不成功者)三部分。

《通史》:"罗芳伯王于坤甸",张相文《帝贼谱》:"罗芳伯自立为王",大约是土人奉之为王,抑当时对外称王之误)。芳伯在位十九年,本吾民族固有之刻苦精神,教民生息,抚育诸番,而番人慑服。颁行太阴历,推行客语为其国语。创制设官,统治其地。东万律为开国发祥地,定为首府,大唐总长即驻其地。吴元盛有功,乃封于泻敖、存笃①为外藩。此后元盛以计破土酋,收戴燕②为己有,而移王府戴燕。此外有副厅设于新埠头,其下万那、万诸居、淡水港、八角亭等地设裁判厅,即为县治之地方机关。

盖其时清代淫威达于极点,芳伯偏居海洋大岛,称霸称王,自然是目为大逆不道。虽芳伯不断派遣使者漂回本国,与乡间人士,信使往还,时人多能详道其事。然而邑儒林每惧文字之狱,虽知其事亦讳莫如深。所以邑人温仲和撰《嘉应州志》有《罗芳伯传》一篇,而叙述简括,用语含混。即散见于私人记录者亦语焉不详。殆至民国台山温雄飞著《南洋华侨通史》亦载有罗芳伯传,于开辟坤甸事叙述较详。蕉岭林凤超著《坤甸历史》虽是摭③拾遗事,但仿春秋公羊体例,编年纪事,其记述更为详尽,全书可说为记载芳伯功勋之史料。笔者最近曾一履其故乡,叩其亲近遗裔,得展阅其保存百数十年之遗容,并有里人清代举人郑如壎翁亲撰像赞。观其轻描淡写,未着事实,即可想象当时下笔之苦衷矣。特录于后以为证:

  翁居为愚西邻,未由一晤翁范,心甚歉然。犹得于耳熟之下,缕悉高躅。爰不揣固陋,窃效珥笔以扬徽云:

  缅彼哲人,芝兰其气,景兹良士,松筠其操。幼负歧嶷,悬弧早矢四方之志;长而贤达,树望不愧千里之驹。敦伦以孝友为先,接物惟刚直是务。英风遍被乎中外,义闻广孚于遐迩。泽润江河,沛波光于亲故;诺重金石,耀丈夫之须眉。经霜雪者数十年,亭亭挺秀;历险夷者千百境,岳岳怀方。业创贤劳,克勤克俭,家承令器,肯构肯堂。欣翁之卓立兮,迪光于前;卜翁之锡祉兮,克昌厥后。行将北阙荣旋,藉藉乎实大声宏,予乃叶德音而载赓。

           芳翁懿行像赞,眷弟郑如壎拜撰。

---

① 泻敖,又写作上侯、桑高,在卡巴斯河中游。
② 此处记罗芳伯分封吴元盛,史实不足。
③ 摭,拾取。

民国三年,画师李启昌君曾依此旧图绘炭铅肖像,悬挂于乡之梅北中学校内,其魁梧奇伟之气度,殊令人见而景仰也。

据林著《坤甸历史》所记,芳伯逝后,江戊、阙四、宋插相继嗣立,仍以兰芳纪年,累征当地著番有黎之叛乱而平复之。极盛之时,五十年间俨然为一独立之共和国家,其创造民主制度,当不让美国之华盛顿专美于前也。再传至刘台二,势渐不振。其时荷兰人继葡萄牙人而起,从事侵略南洋各岛,以巴达维亚为中心,次第吞并各岛,势力渐及于婆罗岛上。刘台二本极懦怯,且四朋无援,遂不自惜而自贬其身,亲往巴达维亚谒见巴督。即于清道光四年,荷人侵入坤甸,设统治机构于河口以西,从事经营。刘台二蹙①居坤甸河以东之地,改称甲太,与荷人签订三色字(即荷文、华文、巫文)之不相侵犯条例。总之刘台二庸懦无能,即将芳伯一手经营之国家主权与土地,断送大半,名存而实亡矣!故至今居留是处之侨民谚云:"插伯识见太差矣!州府交给刘台二;三色字据无效果,桅杆挂上三色旗。"

盖三色旗,即荷兰国旗,可知是时荷人即视为占领地。迨刘台二死后,古六、谢桂芳、叶腾辉、刘鼎等相继为甲太,一蹶不振,卒为荷人用兵劫去其三色字据而亡。时在西历一八四七年,即清道光二七年也。

自刘鼎改年号不称兰芳而称乾兴,是时已名实俱亡。荷人更利用刘生、刘亮、恩官父子篡(甲太)位,是不啻为荷人之御用傀儡矣!

公元一八八四年,荷官缎里思遴名加挞②者,伺刘生之死,其家属扶柩东返之时,出其不备,进据芳伯之发祥地东万律。捣毁大厅,斩断大厅前桅杆,撕兰芳大总制旗帜,同时逼刘氏家属交出印信,下令不得再举总长。因此激怒侨民,时有义士梁路义者,于是年秋间率众与荷人战,连战败之,杀敌甚多。后为汉奸刘恩官、郑正官、叶汀凡、吴桂三、郭亚威、余康、黄福元、陈和二、罗撒庭、林弼唐等所暗算,卒以形势悬殊,众寡不敌,梁义士于光绪十二年出于马来半岛之吉隆坡,至是溯自芳伯开国凡百有八年。

迄今坤甸尚存罗芳伯祠,其陵寝则在东万律小埠附近。每年农历二月初九日,坤甸各埠寄居之侨民,莫不驱车前往祭祀,集会演剧,情形甚为热闹。闻当年用物,见有保存,及当年立厅办事尚多遗址可寻。至今东万律一带尚多宽袍大

---

① 蹙,局促,委屈之意。
② 里思遴,意为专员,名叫加挞。

袖，操客籍口音之侨民，是殆为芳伯部下之遗裔。吾书至此，却恨满清只知闭关自大，不知拓殖海外各岛，坐令侨民数十年经营之乐土，为外人吞并，而芳伯一世英雄之功绩因而埋没，不禁为之叹惋不置矣！

附坤甸罗芳伯庙①联语：

百战据山河揭地掀天想见当年气概，

三章遵约法经文纬武犹存故国威仪。

（录自肖肇川《罗芳伯传略》）

兰芳公司历代年册

罗芳柏太哥，广东嘉应州人也。其居里为石扇堡。水口有神坛一座，枌榆②镇抚，桑梓屏藩，形势最胜。有习青乌者，观此形胜，谓此处必产异人，将来功名事业，必高出寻常万万者。故罗大哥生而虎头燕颔，隆肫虬髯③，长耳方口。虽长不满五尺，然好读书，胸中常怀大志。量宽洪，喜怒不形于色。而且多材多艺，诸子百家，无所不晓。壮游交，为众所推尊。后游金山，作《游金山赋》一篇以见志。

时坤甸初开，有聚胜公司、四大家围④。罗太哥初到坤甸之日，聚胜公司及四大家围皆器重之，有罗方口之称焉。由坤甸而上，有东万律，相传是鹤老⑤州府，开金湖者多潮阳揭阳人。由东万律上十里许，有茅恩、山猪打崖、坤日、龙冈、沙拉蛮等处，开金湖者亦潮、揭二阳人居多。明黄等处，开金湖者多大埔公州人。有刘乾相者，同堂子弟有五百余人，自立为大哥，当时最强盛者。由东万律下数里许，为山心，开金湖是大埔县人，董其事者为张阿才。至于嘉应属人，惠、潮属人，亦多杂处其间，但不能一一枚举焉。

是时坤甸埠头，潮州属人多不守礼法，好以强欺弱，嘉应州属人往往被他凌虐。罗太哥目击时艰，深为握腕⑥，思欲邀集同乡进据一方者久之。既而有同心

---

① 此庙原在坤甸老埠头大马路，后毁于火灾，现已建一栋曼帝利银行（Bank Mandiri）大厦。

② 枌榆，树名。汉高祖故里亦名枌榆。此处及下句桑梓，均泛指故乡。

③ 隆肫，高鼻梁。虬髯，胡须翘曲。

④ 家围，客家人聚居之屋，常与姓氏连用，如张家围。四大家围，疑四个不同姓氏人合作之公司。

⑤ 常写作福佬，泛指说闽、潮语者。州府，即市镇。

⑥ 握腕，常写作扼腕，一只手抓住另一只手。意为惋惜、失意。

者一百八人，由笏黎黎港口而上，至老新港起岸，到山心金湖，已黎明矣。董事张阿才率工人方在金湖，忽见罗太哥等众蜂拥而来，遂仓惶奔走。罗太哥即招安抚慰，视同兄弟，即据其金湖之屋，筑栅修垣，徐图左右。自是声威日振，雄据一方，四方来归者众，创建东万律兰芳公司总厅。厅之左右起民房，造店铺，居然市井间阎矣。

时茅恩聚处甚盛，有老埔头，有新埔头。老埔头有店两百余间，新埔头有店二十余间。老埔头系潮、揭二阳①、海陆二丰人多，尊黄桂伯为总太哥。新埔头系嘉应州人多，以江戊伯为功爷，统率其众，立兰和营，举四人协理，名曰"老满"②。罗大哥欲淹有其地，使刘台二伯藏信于笠，入茅恩暗通江戊伯，内攻外合，出其不意，攻其无备。黄桂伯束手无策，只得归降。罗大哥自黄桂伯归服，而坤日、龙冈、沙拉蛮等处俱为罗太哥所有矣。

明黄刘乾相自恃其强，不惟不肯归顺，而且兴兵构怨，战伐经年。自明黄起联营至六份头，有蚕食鲸吞之意，相距兰芳公司总厅不过数百步。罗太哥忿恨至极，与诸兄弟约，誓灭此而朝食。于是亲抱桴鼓③，奋力争先，诸兄弟无不以一当十，呼声动天，一朝而破刘乾相六个大寨，联营尽皆奔溃。刘乾相被赶至阿亦华帝，跳港而亡。是役也，杀得刘乾相尸横遍野，血流成渠，为数年来第一血战，亦赖众兄弟之力方能一举成功也。罗太哥复得其土地扩而充之，而兰芳公司益见富强矣。

罗太哥因思内患虽平，外患未息，居邻东万律者，莫如打唠鹿，于是复又起兵至打唠鹿。时打唠鹿开金湖者有七公司，最强者为大港，其次三条沟公司、新屋公司、坑尾公司、十五分公司、十六分公司，满和公司，又有和顺总厅、九分头、新八分、老八分、新十四分、老十四分等公司。罗太哥所扎之营，近打唠鹿埠头之山。罗太哥以打唠鹿之形势如锅，不可急图，须待釜沸，方可以破其釜，遂引兵而回。至倒河④，江戊伯引接济之兵又到。罗太哥言其时势不能骤平，遂合兵而回东万律。至今打唠鹿仍有山名兰芳会崟云。

罗太哥初得东万律之时，上、下坤甸俱由老新港笏黎黎来往。时高坪以下沙

---

① 潮揭二阳，指潮阳、揭阳。海陆二丰，指海丰、陆丰。
② 老满，客家话称老幺为满，如满子、满女、满姑等。又称丐帮头目为满伯，如刘满、胡满，亦借意为首领。
③ 桴，打鼓的木槌。桴鼓，古代军队鼓舞士气所敲打的战鼓。
④ 倒河，地名，在东万律西北，今称"Toho"，属坤甸县。

坝达港口等处，皆唠子所居。沙埧达港口上湾，系邦居兰使打喃吧哇人创造王府，谅必港路如故，但唐人不敢在此往来耳。因思此港路不通，上下较远，不若打通此港路，方为便捷。于是令山心财库①张阿才，先带兵丁前往高坪以下开仗。罗太哥引兵接仗，老仕丹②亦令邦黎麻则麻黄③，伯麟雅阿滥带兵助战。唠子不见兵革，势如簸竹。邦居兰使打遂退上万那，而沙埧达港口一带皆平。至今唠子港之名仍存，邦居兰使打王府之基址犹在，但遍地皆蓬蒿矣。

邦居兰使打自退上万那后，与万那王合，故新港等处唠子又不安分。罗太哥又起兵打新港。我公司筑寨六处，将邦居兰使打之寨困在垓心，相持有九月之久。罗太哥令掘地而攻使打之栅，掘至寨边，寨柱抵塞，锯其柱脚，柱尾摇动。唠子知觉，故使打宵遁。罗太哥挥兵直抵三叭④地方。万那王与沙埧达王胆破心寒，有朝不保夕之状，特请坤甸仕丹，到其处说立和约，以三叭为界。罗大哥亦姑念穷寇莫追，即允诺仕丹，而与万那王立和约，以三叭为地界。仕丹用竹劈开刻字，插地为界。年久竹灭，至今掘地之空犹存焉。

罗太哥攻打新港之时，苦心竭力，辛苦备尝。尝曰："新港银坑也，银坑开，东万律不患贫矣。"罗太哥夫人亦有贤德，极力赞襄。偶值粮食不继，自出簪珥等项，令镇平人黄安八，下坤甸采办粮食器用，以济紧急之需。不料黄安八下至坤甸，竟将金银首饰，一概枭吞，带回唐山。噫嘻，何大忍心若此，可谓良心丧尽矣。故罗大哥怒气冲天，即说誓曰："此大厅头人，镇平人及各处人，俱不能嗣位；惟嘉应州唐山而来，择有德者嗣之，以后永为定额。"至今犹世世守之，不敢有负罗太哥一片苦心也。

罗太哥初意，欲平定海疆，合为一属，每岁朝贡本朝，如安南、暹罗称外藩焉。奈有志未展，王业仅得偏安，虽曰人事，岂非天哉。后之嗣者，当思罗太哥身经百战，方得此东南半壁，虽作藩徼⑤外，实有归附本朝之深心焉。斯罗大哥

---

① 财库，华人公司主管钱粮的官员。
② 老苏丹指"Abdoer Rahman"，1772—1808年在位，卒年66岁。
③ 邦黎麻"Panglima"，马来语官名，则麻黄"Said Mawong"，马来语人名。下文伯麟雅"Pahlinga"，马来语官名，阿滥"alam"，马来语人名。
④ 三叭，地名，因有人将邦戛东北的三发称作三叭，笔者在《罗芳伯及东万律政权研究》中将此处三叭误作三发，因而提出兰芳公司疆域最北抵近三发附近。2018年3月在坤甸见到印尼学者林世芳老师，据其称三叭可能指东万律以东百余里靠近戴燕的地方。若如此则兰芳公司疆域应为北界打唠鹿以南，而向东则延伸至戴燕附近的三叭。
⑤ 藩，篱笆。徼，边界。藩徼，作外围属国。

在天之灵，亦实式凭①之矣。

罗太哥创建东万律兰芳公司总厅后，时常往来坤甸，每见港中鳄鱼，实为民间之患，作文祷诸神，效韩文公故事，投以猪羊毕，而港中鳄鱼，皆浮水面，而出大海。本土番王等，见罗太哥如此申格②豚鱼，皆惊为奇人，无不叹服畏敬。（袁本此处有"今录其祭鳄文于后焉"九字，并引录《祭诸神驱鳄鱼文》全文，今俱略去——笔者注）

罗太哥战获新港之时，年已五十七矣。次年乙卯，五十八岁而终。胡天之不慭③遗一老，而遽终其天年也。

罗芳伯太哥，开创东万律兰芳公司时，是唐前丁酉年，即是和一千七百七十七年。

罗太哥时，未有公班衙来理此州府，故一切法度，经其手定，犯重罪者，如命案、叛逆之类，斩首示众；其次如争夺打架之类，责以打藤条、坐脚罟④；又其次如口角是非之类，责以红绸大烛。是时本厅举一副头人，本埠头亦举一副头人，并尾哥老大，以帮理公事。其余各处，亦有举副头人、尾哥、老大以分理公事。各副头人有饷务可收，惟尾哥、老大，以得举者为荣，无言俸禄之事焉。时人子约有两万余人之间，开金湖者居多，亦有耕种、生理、业艺等项经纪。开金湖者有纳脚仿金，耕种者有纳鸦息米烟户钱⑤，做生理⑥者出口货物无抽饷，惟入口货物方有抽饷焉。

罗太哥时，由坤甸新埠头港路上，有万那港口栅⑦，沙坝达栅，高坪栅，新港有宝恩栅，喃吧哇港上有华帝栅。此数处为东万律咽喉之所。

罗太哥终于唐乙卯年。临终时遗嘱曰：兰芳公司太哥，系嘉应州人氏接任；本厅副头人，系大埔县人氏接任。此两处永为定规。至于各处头人、尾哥、老太，不拘本州各县人氏，俱可择贤而授任。故历代相传，俱遵规例焉。

江戊伯太哥，广东嘉应州人也。初为茅恩兰和营功爷⑧。身体长大，武略超

---

① 式凭，依附，依靠。此句意为：（如果这样）罗大哥在天之灵也就安心了。
② 申，表达。格，通感，感化。申格河豚，指可用语言感化鳄鱼。
③ 胡，为何；慭，愿意。胡天之不慭遗一老：为何上天不肯留下一位老人。
④ 罟 gu，渔网。罪罟，法网也。脚罟，可能是一种镣铐。
⑤ 烟户钱，按每家（烟灶）征收的户税。
⑥ 生理，客家话指生意。
⑦ 栅，指竹木制的关卡、拦车、船或人员停下，收税费后放行。
⑧ 功爷，兰和营乃民兵武装组织，功爷应是一种武职称呼。未明出处。

群，能以力雄人。相传所持之刀，重一十八觔①，曾一刀而杀唠子之头十八颗。唠子之畏江戊伯，如张文远②之威镇逍遥津。间有唠子夜啼，一呼江戊伯之名，便战慄而不敢啼。以故声名赫奕，四方唠子皆平。为罗太哥同德同心之兄弟，忠勇第一者也。嗣位四年，即回唐山。后阙四伯太哥嗣位时，复由唐山而来东万律焉。

阙四伯太哥，广东嘉应州人也。自嗣位后，远近唠子，起复恣肆，暂次猖獗。幸江戊伯至自唐山，阙四伯曰：老兄回来甚好，方今唠子恣肆，实王家③放纵之故，望老兄助一臂之力。江戊伯次日即带兵丁到冒顿黎鸟④，歇一夜。又次日，到原议⑤树下，依港唇而挂帐幕。适有小舟自上流而下，叫他登岸，方知唠子。问他欲往何处，唠子畏缩而不敢言。江戊伯大声疾呼，唠子五体投地，魂不附体，良久方应曰：要往喃吧哇。江戊伯曰：你至喃吧哇对喃吧汉说，限明日喃吧汉要上来会面。倘若不来，即踏平你喃吧哇。次日，喃吧汉即上来见面。江戊伯叮嘱：方今唠子多事，你王家岂得坐视。倘使仍蹈故辙，惟你王家是问。喃吧汉诺诺连声而退。及后远近唠子，俱不敢放肆。江戊伯又复任八年，唠子更为死心踏地。一连三十余年，安享太平，无唠子滋扰之事者，皆江戊伯之德威足以及人之力也。

宋插伯太哥，广东嘉应州人也。亦罗太哥同时之兄弟。值承平之世，功名事业罕所表见，惟坐享太平而已。

刘台二甲太，广东嘉应州人也。为罗太哥同时兄弟中年最幼者。嗣位后，始有公班衙来理此州府，封刘台二为兰芳公司太总制甲太之职。后至嘉拉巴⑥，禀见缎大王，将罗太哥战功起家，勤劳得地，择贤任能，揖让相传之事，陈说一番。又道谢公班衙授职颁爵，敝公司得托帡幪⑦，实叨樾荫之意。缎大王喜见颜色，抚慰甚多。及辞行之日，仍奖谕不绝云。

兰芳公司自罗太哥传位至江戊伯、阙四伯、宋插伯，俱称太哥。传至刘台二

---

① 觔，斤字古写。
② 张文远，即三国时魏将张辽，字文远。
③ 此处王家，是指当地一个马来小王国的首领（南吧哇王）。
④ 冒顿黎鸟，地名，不详所在。
⑤ 原议树下，即当日双方协议之所，在河边大树下，准确地点不详。
⑥ 嘉拉巴，也译葛啦吧，马来语椰子，即今雅加达原名，故又称椰城。
⑦ 帡幪，本意指帐幕，引申为庇荫、庇护。下文樾荫，亦同此义。

时，始有公班衙来理此州府，封甲必丹南蟒刘台二为兰芳公司甲太大总制。于是本厅副头人，本埠副头人俱请封为甲必丹。后开万那，设公馆，举一甲必丹。而新港、伫喃①、沙拉蛮、喃吧哇、八阁亭、淡水港、坤甸新埔头等处，俱设公馆，俱举甲必丹。惟时人子挥②钱归公班衙，至于各傌饷③务，则归公司。

古六甲太，广东嘉应州人也。自嗣位后，壬寅年即与万那唠子斗杀④，耗费公司兵丁钱粮不少，公司元气自此而大伤矣。至于古六甲太接任，唐壬寅年，与万那王家斗杀，遂失万那公馆甲必丹之缺，并失新港公馆甲必丹之缺。蒙坤甸缎仕丹令人讲和。

谢桂芳甲太，广东嘉应州人也。也曾进本州武庠⑤，颇有本领。刘台二甲太在日，每期许他，谓将来嗣位者，必此人也。及至辞世之日，在位诸公，有欲举谢桂伯者，亦有不欲举谢桂伯者，遂至举古六伯为甲太。因壬寅年，有事于唠子，国势维艰，乃辞位而回唐山，众方举谢桂伯为甲太，时年老，兼沾风疾，仅八月而辞世焉。论者谓刘台二甲太辞世之后，即举谢桂伯为甲太，当不至与万那唠子有争斗之事。然势时之盛衰，国运之隆替，其中有数存焉，不可得而强也。

叶腾辉甲太，广东嘉应州人也。时在本埠经营生意，自嗣位后，仍居店中，遇有事，方至厅中焉。

刘乾兴甲太，广东嘉应州人也。谢桂芳甲太、叶腾辉甲太俱未与万那斗杀，及至刘乾兴甲太接任，唐丙午年，复与万那王家斗杀，又耗费公司兵丁钱粮不少。又蒙坤甸缎仕丹，著人和解，故两家罢兵。自是以后，公司人民渐少，出息渐微矣。兼之两任头人，不处厅内，以故厅事破败，日就倾颓。值丧乱之后，委靡不振者久之。幸举刘生甲太，方修整总厅，各处关隘之栅，皆重修复，连先锋庙、福德祠，以及各神庙，皆焕然一新。论者比之汉之光武焉。

刘生甲太，广东嘉应州人也。初上任时，河水澄清三日，连埠头左右之沟渠，尽皆澈底澄清。盖坤甸各属之水，皆树叶浸渍，而成红赤，一旦澄清，莫非运气使然与。上任之明年，庚戌岁，即上万那，欲与王家修旧好也。不意王家恐

---

① 伫喃，也写作仃喃地名，今称"Tunang"，在东万律以北。
② 人子挥，或即身份证。人子，客家话泛指群众。挥，指票、证。客家话称扯挥（买票）、炭挥（煤票）、车挥（车票）。广府话亦有此叫法。
③ 玛，马来语指税项。饷，原指饭食，后引申为军粮。此处指政府摊派的各种收费。
④ 斗杀，客家话谓民间械斗，非指正规战争。
⑤ 武庠，相当于武术学校。明清时县学称庠，有文武之分。入庠者可称为秀才（生员）。

惧有异志，以上掩乌①为名，推托不见。生甲太等候三月之久，方回东万律焉。生甲太原欲开采万那地方，于是辛亥年复上万那，使人先知会王家，原欲开采地方，非有异志。后来王家方推诚相信，见面后，许诺开采，生甲太遂带五百余人，开采文兰等处。当是时，牙王城并无埠头，只有锺恩寿一家数口居焉。自经开采后，渐次聚处，埠头内山，日复兴旺。后来出金钢石最多，为西面第一富盛之地，此亦公班衙洪福所致也。

初大港未与公班衙战争之日，不讲仁义，全行霸道，骄盈极矣。起兵斩山②而行，击破邦戛。邦戛失守，四散逃亡。时滨海一山，有数百人为太港所困，往来不通，粮食不继，将就毙焉。生甲太闻之，即遣大舟，救出其民，分给衣食，安插得所。及后结连公司，亦被太港所破，难民千余，逃至东万律地方。生甲太即命发粥救饥，安插各处。济急扶危之道，生甲太得之矣。

和一千八百五十年，即唐庚戌岁，鹿邑太港公司叛逆公班衙，生甲太奉缎里思麟为利之命，要助公班衙以拒太港。于是令通山筑栅，制铳炮铅码，火药粮食，一切器用，以防堵太港。后来太港鬼计百出，反复无常，终不能抵敌公班衙之兵。待至计穷力竭之日，将其鹿邑埠头，一概放火烧尽。约有六七千人，逃至敝公司属下不离居③地方，扬言要由万那而往沙拉划。生甲太闻及此信，即日亲带壮丁六百余人，前往不离居，撤其军器，擒其首逆，送至坤甸，安其良民，送回鹿邑，修复埠头。复上万那，亲与王家讲和，开采土地。又奉缎里思麟之命，举一人为万那甲必丹。合计六年之久，因打唠鹿滋扰，叠奉公班衙之命，奔走効劳，不敢稍懈。感蒙公班衙推诚相爱，寄以腹心，亦赖通山人子④出入相友，守望相助。

公班衙谅亦洞鉴焉。惟万那、喃吧哇各王家，则无相顾之心。迄今唠子，叠次墀⑤死唐人，竟置之不理。且互相掩饰，实有故纵之意。如王家正大，严究凶手，何至公司耗费银钱若此。所幸公班衙时深眷顾，故通山得以依赖，不然王家行为若此，公司人子通山不敢居住矣。

---

① 掩乌，地名，今不明，应在万那附近。
② 斩山，密林中砍去树木开路。此处应指大港公司起兵攻打其他华人公司。
③ 据高延注：此事件发生于1854年7月25日。
④ 通山，整个山村。人子，客家方言，群众。
⑤ 墀，错别字，意为刺死。

和一千八百五十六年，即唐丙辰年，生甲太会同缎屙物恩得里山①，过嘉拉巴谒见缎太王，画定公司地界，永为兰芳公司之地，揖让相传，世世守之焉。

（〔荷〕高延（J. J. M. de Groot）著，袁冰凌译《婆罗洲华人公司制度》）

西婆罗洲罗芳伯等华人所建兰芳大总制的历史调查

在清朝中叶 1736 年至 1795 年的乾隆时期，出现过一个叫做罗芳伯的英雄。罗芳伯以侨民身份抵达西婆罗洲的坤甸，和同伴们在这块土地上很快建立了一个同盟组织。通过帮助本地的苏丹镇压土著民的暴乱，罗芳伯的威望和势力逐渐变大，1777 年苏丹最终臣服于他。作为一个本质上的自由主义者和一个文化上的学者，罗芳伯是一位伟大的领袖、一位有远见的统治者，事实上也是中国现代华侨历史上第一位政治先锋。

在他的管治之下，西婆罗洲社会很和平。1777 年，罗芳伯通过本地华人的选举建立了兰芳大总制，成为这个新共和国的第一位总长，直到 1795 年去世。从 1777 年算起至 1884 年，这个政权一共持续了一百零八年。罗芳伯建立兰芳共和国这一创举，早于美国的共和国体制，至今仍值得我们关注。当一些海外的中国人纷纷讲述关于这个共和国的传闻时，如荷兰学者高延和温雄飞撰文所述，罗芳伯的名字在中国和世界其他很多地方仍然鲜为人知。

1881 年后，北婆罗洲被归入为英国殖民地，南婆罗洲的绝大部分地区随着 1884 年兰芳大总制的没落，则变为荷兰东印度殖民地。后来这个国家是如何为争取独立而与先进的帝国主义国家抗争的，这里就不详述了。

罗芳伯出生在广东嘉应州（现称为梅县），并在那里生活了三十多年。他早期的生活情况人们知之甚少。起初，他满怀学以治国的抱负而读书，但在科举失败之下离开了家乡，跟随同伴出国，从虎门坐船出发，在坤甸附近的一个小村庄登岸，定居下来并以教书为生。当时坤甸还是一片荒芜的丛林，现在已是西加里曼丹省省会。这个小村庄邻近富矿，有华人开挖金矿，罗芳伯也在教书之余从事黄金生意。因为他的学识和智慧，以及作为一个领导者和管理者的能力，他很快就成为十八位结拜兄弟中的大哥。不到四年，他通过帮助本地苏丹镇压土著的叛

---

① 屙物，荷语"Overste"对音，意为首席长官，其名字叫安德里山，中校。

乱，力量和威望越来越大，最后取代苏丹成为唯一的统治者。1775 年（原文如此，应为 1777 年。可能是作者为了与华盛顿创建美利坚合众国比较，有意将年份提早两年。——译者注），他终于建立了西婆罗洲兰芳大总制。1776 年，当十三个北美洲殖民地宣布独立的时候，他已经把当地几个土王纳入自己统治之下。于是一个新政府成立了，但显然这个政府并无类似宪法的东西。根据习惯法程序，罗芳伯通过人民的选举当选为总长。

罗芳伯的名号是"大唐总长"或"大唐客长"，在他统治兰芳共和国的十九年期间，他的政府是一个介于民主和开明专制之间的政府。他既是战士，又有将军的才能，有助于统一国家。但我们无从得知是否有像美国的亚历山大·汉密尔顿和托马斯·杰弗逊这样的政治家和法学家，来帮助他完善统治工作。

罗芳伯中央政权的政府机构是很简单的，首都位于坤甸附近一个新兴的名叫东万律的小村庄。在外交方面，他有时称自己为西婆罗洲的国王。在他手下和金矿区的沙拉蛮各有一位副头人或副总长。在未成文的条例下，总长和其他高级官员都是由人民选举产生，但可能未设任期。当官员不胜任或者失职的时候，他们会被选民弹劾而重选。总长如果辞职、生病或临死前，都有权推荐几个继任者候选人给选民。在选举和确认继任人成为总长之前，由副总长代行职权。由于资料缺乏，我们不能确定是否设有内阁或者委员会。如果政府不是一个人说了算，而是由人民来表决，这个国家就是一个民主国家。

除了统一管理的区域之外，兰芳共和国还划分出另外一个王国叫戴燕。它由罗芳伯手下最有能力的将军吴元盛统治。

罗芳伯的政府把西婆罗洲划分为几个叫作省的行政区域，再往下一级划分为府和县。府里设法官、县里设区长负责司法和行政工作，可能也有独立、公正的法院。除此以外，来自首都和其他地方法院的法官也参与各省法院的审判。在口岸，有海关官员负责收税和征收通行费及移民事务。尽管我们并不清楚有无书面的法律条文，但在这个新兴的文明地区，有些法律已经开始施行。根据惯例，强盗和通奸者通常被处于死刑，程度较轻的犯罪行为会通过适当的处罚如监禁或者流放来处理。

在罗芳伯统治的十九年间，国家通过不同形式的公民选举来带动经济发展，越来越繁荣昌盛。金矿由国有企业兰芳公司开采，国家也建起了军械厂来制造枪支、大炮和军需品。通过开设市场、修建道路来促进贸易，土地和森林被更好地开发利用。尽管有战事时需要应征打仗，但在和平时期人们大多数时间都从事生产活动。为了取得经济的成功，国家也开始关注文化的进步，从中国引进有名的学者进行教学。在罗芳伯统治下，西婆罗洲的社会确实是繁荣幸福的。

这个大总制的政权从 1777 年持续到 1884 年，总共有十位总长在位，前面五位都是比较有能力的统治者。罗芳伯从 1777 年开始担任总长到 1795 年逝世，后由江戊伯和宋插伯继位。前五位统治者管治的第一个四十五年是兰芳共和国的黄金时期。从 1821 年开始，荷兰人占领了婆罗洲的东南部分，使之成为荷属东印度殖民地，并竭力使它的边界线往西扩张，慢慢地侵入兰芳统治的区域。兰芳共和国的第五位总长刘台二被荷兰人引诱，签署了一个互不侵犯条约，想以此来达到统治区的暂时和平。从那时起，兰芳政府发现自己太弱小而无力对抗土人的叛乱。在这个关键时刻，首都的议事厅被捣毁。1884 年，随着第十位总长的死亡，罗芳伯的统治区被荷兰势力彻底瓦解。荷兰殖民政府把土地收回，直到 1912 年宣布西婆罗洲是他们殖民帝国的一部分。

因为缺乏历史记录和书面文件，不能探知大总制的细节，所以这是一个粗略的兰芳大总制的考证。但从仅有的资料已可以说明：罗芳伯作为一个开创者，给我们展现了一个伟大的领袖、一个独立的思想家和开明的统治者的风采。

（李欣祥译自罗香林《西婆罗洲罗芳伯等所建共和国考》之《英文提要》）

南洋华侨通史·吴元盛传

[民国] 温雄飞

吴元盛，广东梅县下半图堡葵岭乡人，身材伟岸，膂力绝殊，性豪迈倜傥，喜为燕赵游侠，闾里极敬惮之，虽豪强莫敢撄其锋者。

乾隆初时，去明未远，人心眷怀故国尚深。元盛适生其时，强自韬晦。时清乾隆桀骜，益以武功凌轹海内，扩张君权，钳制言论，每以片纸只字兴文字狱，士林危之，多有结纳豪杰，谋恢复汉土者。而天地会亦适朱一贵在台湾新败，方计划林爽文起义之际，乃分遣党徒潜赴各地秘密运动，冀同时蜂起，使满人措手不及，逐之出塞。

罗芳伯者，与元盛同里，恶满人横暴，常思斩干伐木而起。元盛闻知，深与契合，号召四方豪杰，拟举兵如朱元璋驱除胡元也。事泄，官兵逮捕急，不得已，乃率党羽驾帆南渡，抵坤甸属沿海南吧哇，调发部众，从事掘金。招罗同志，拜盟结义。

先是松柏港、米仓下有一部华人占领，结会党，取金砂，势力浩大，欺罗后至，时来侵凌。罗不能忍，与元盛统众力战克之。厥后与土人频年战争，叠奏肤功。数年间，佐罗芳伯定兰腊、万诸居、斯芳坪、无名港、滑栋高车、新埠头、米仓下、松柏港、南吧哇，循卡浦斯河流域，则有双沟月、泻璈、纯笃诸地，纵横万里，尽是膏腴。而东万律势如拱辰，即此为行政中心。国基略定，群拥罗芳伯以长之，芳伯就职后，以泻璈、纯笃地居冲要，夙号难治，稔元盛才勇，特剪封之。莅任后，仪同开府，受理民刑。

泻璈下游有大院（戴燕）者，相距数千里，形同一艘浮江，四面环水，类扬子江中之金焦也。世为土酋占据，铁链横江，险若天堑，凡舟楫经过，例须奉过关金始得行，横敛苛征，备极烦琐。时酋又鉴东万律之失，戒备甚严，而忌元盛又日甚。元盛故遣使朝聘，使之不疑。但以大院一地，为泻璈出入咽喉，酋又心怀排挤，多方阴扼，念不除庆父，终未能安。乃造船多艘，潜实兵器，舳舻衔接，顺江而下。藏精锐于仓，昼夜兼程，至时天尚黑，乘斥候无备，尽缚系之。既明报关，贿吏通款，言吴欲贡金于王。酋诺之，伏兵后庭始召见。时元盛之庭，元盛出不意，抽匕首刺酋腹杀之。庭后伏兵，蜂拥围击。元盛奋臂酣斗，当场辟易，并发暗哨，促宫外伺卒共起策应。一时内外夹攻大捷，据其宫。

酋妻闻变，调兵来援，再破之。酋妻惧，率众退守铁山，传檄四境，征师勤王。铁山者为大院高原，西北扼江，东南悬壁，形势险固，控扼大院，有高屋建瓴之势，酋妻更坚壁清野，以待援师，更遣偏师断元盛粮道，交通遂绝。会敌大至，困在核心，无殊白登之围也。士卒日不得一饱，幸元盛素同甘苦，故虽濒险恶，用命如故。然其时苦思焦虑，殊少解法。旋思得一计，乃令部曲，夜制尺许木板百方，书"我军绝粮须急救"七字，投诸江流。众怪问故，元盛曰：我军被围日久，粮乏人困，虽有间道可告急罗公，而敌骑布满，岂能飞渡。必率军冲围，则众寡悬殊，牺牲必大，委而去之，不惟功败垂成，永难收复。即华人历来丧失无数生命财产，将无所取偿。吾用木板浮流至坤，我军必有得而报罗公者，如是则援军与粮，旦夕可到，破敌必矣，众咸叹服，士气益壮。

未几，罗兵果至，合吴卒破敌于铁山之阴，敌收残兵，拟死守铁山，元盛令卒掘隧道通其营，以巨棺实火药轰陷之。敌众穷蹙，遂乞降焉。元盛遂奄有其地而王，时西历 1785 年，即清乾隆五十年也。元盛佐罗芳伯经略东万律诸地，战功甚伟，而从容怀刃，歼敌酋于庭殿之间，据其土，服其众，智勇不让专诸。惜世徒知芳伯雄踞东万律，而不知元盛之王大院，曾发扬民族精神于海外也。

迄今事隔百三十余年，江山依旧，风景全非。铁岭云横，江潮夜咽，犹想见当年单刀匹马焉。英郁蓬勃之气，而残砖塍瓦，蓑草斜阳，过客之经其地者，则徘徊凭吊，景仰不置，以此见其事业感人之深，虽历久而弗朽也。惜乎一传之后，荷人势力已至，嗣子不才，弗克继承厥绪，王纲失坠，降为甲必丹，然英雄派裔，远绍百载，世袭其职，亢宗有人，亦仅见也。

东万律的刘阿生

据荷属东印度群岛政府去年（1885 年，译者注）年底发布的消息：西婆罗洲兰芳公司的甲太，整个荷属东印度群岛地位最高的华人首领，政府委任的忠诚的官员刘阿生于去年九月在坤甸官邸去世，享年 71 岁。刘阿生这位优秀而风趣的人物对于婆罗洲过去四十年的历史有着极为重要的作用。他的去世代表西婆罗洲华人的自由国度——公司时代的结束，我们赞赏他为荷属东印度殖民政府的利益所做的一切，在此简要记述他的生平是有必要的。

刘阿生于 1812 年出生于中国广东省嘉应州，是移民到婆罗洲荷兰殖民地的客家人。1849 年，兰芳公司的人民选举他为首领，接替已故甲太刘乾兴，担任兰芳公司的甲太。刘乾兴甲太担任公司的最高管理职位只有三年。兰芳公司是一个共和国，它的名字在中文里有"兰花的芳香"含义。它是 1777 年由一批中国移民在风景优美的东万律建立的，兰芳公司的疆域位于卡巴斯河、万那河和南吧哇河流域，北面以不离居的山脉为界。

在他上任后一年即 1850 年，蒙特拉杜（打唠鹿）的华人公司爆发了反抗荷兰人的战争。但刘阿生却凭借他的智慧以及政治远见为荷兰人提供了至关重要的协助，即使遭到西婆罗洲华人的反对他也不动摇。因为他认为凭借公司的力量无法与荷印殖民当局对抗。他这样做不是出于对殖民者的同情，而是为了保全数万华人的生命。

东万律兰芳公司不支持大港公司与荷兰人对抗。荷属东印度殖民政府派专员到打唠鹿与大港公司谈判，要对打唠鹿和拉腊、芦末和乌乐地区行使主权。但是当荷兰专员抵达昔邦时，那里的人民已经开始反荷暴动。荷属东印度殖民政府只好派出一支军队进行武力征服。大港公司六七千名华人撤退到东万律属地不离居，刘阿生带领了六百多人的武装进行拦截，遣散和安置这些华人。刘阿生本人则前往万那，同当地马来首领讨论相关对策。在其强大的个人影响力之下，在万那驻扎下来的华人得以确保和平。事件最后以委任了一名甲必丹收场。

战争的消耗令人感到惊讶，刘阿生为了平息六年多的反荷起义，花费了大量钱粮，军队的花销以及万那华人据点的建立都消耗了大量的财力。据说兰芳公司花了12万荷盾用于购买武器装备、战备物资和后勤保障，有人计算过这些钱相当于半吨黄金。此外万那公馆的设立也耗费了大量钱财，到了晚年刘阿生仍被财务窘境所困扰，了解他的人都为他感到惋惜。

荷兰方面对于刘阿生在平乱中的表现表示认可，因此在其他公司被取缔之后，兰芳公司成为唯一的存在。根据1857年1月4日荷印总督的决定，兰芳公司与荷属东印度殖民政府之间的关系得以确认。经过兰芳公司人民的选举，同年4月30日政府委任刘阿生仍然以甲太的头衔担任公司首领，有权任免手下的官员（甲必丹和老大），并且保留执法权，如执行二十下杖击、三日扣留、八日拘禁、一个月劳役等等。兰芳公司还可以继续征收屠宰税、赌场税和金矿税，并用于支付公司总厅、警察和行政人员的管理费用。

西婆罗洲的华人公司由于不善于和土著马来王合作，经常受到达雅人的攻击。公司的实质是名副其实的寡头政治共和国，除了在选举老大（村长）时有机会表达自己的意见之外，地位较低的成员没有直接参政的机会。一般地说，那些头面人物对公司行政事务有很大的影响，他们经常需要公司的支持，而公司也完全依赖他们的支持。几乎所有重大事情甲太都要与较低一级的首领（甲必丹）商量，整个管理最终必须征得大部分居民的同意。当兰芳公司在荷属东印度殖民政府的保证下得以继续存在时，甲太就成为我们政府在公司的代理人。他首先必须对荷属东印度殖民政府而不是民众意见负责。因为甲太代理荷属东印度殖民政府的权力，他有举足轻重的影响力。低级首领只是甲太的臣仆，甲太就像本地马来人的君主，而这位君主的权力只受到我们政府的限制。这样一种剧烈的变化起初也引起了东万律民众的不满，但是刘阿生都能够将这些不满化解。他和这些反对者有过多次较量，但是其坚定的意志将这些反对的声音都压下去了，也避免了我们对这些反对的民众使用武力。

刘阿生对于手中权力的使用是具有示范性的。最终在他的努力下，他和兰芳公司都得到了荷属东印度殖民政府的信任。安德里山中校是荷属东印度殖民政府驻坤甸的首席文职和军事长官，1856年在他的回忆录中对刘阿生有如此评价：东万律兰芳公司的管理值得称赞。1853年之后我对当地的华人进行了细致的观察，那里的华人可能直接或者间接地给大港公司提供了帮助，但我找不到这种怀疑的确凿证据。起初我也不确定荷印殖民政府是否能够战胜大港公司，东万律的兰芳公司保持着中立。但当大港公司和昔邦三条沟公司发生冲突之后，兰芳公司就和大港公司决裂了。在此期间刘阿生的行为向我们证明了他最适合公司首领的位置。只要他在位，我们就不用担心，也不必将东万律的管理权交由其他华人首领了。

安德里山的回忆中还提到，刘阿生有很强的办事能力。他曾经要求刘阿生提供一份兰芳公司所属地方的居民名单，需要标明年纪和职业。刘阿生原本表示需要三个月的时间才能完成。但在安德里山表示三个月时间太长之后，刘阿生在三周之后就完成了。

在刘阿生的管理之下，东万律的治安也非常好。另一位接替安德里山的坤甸军事长官科鲁山上校也评价刘阿生具有极高的管理天赋，在能力和个人品行上都胜人一等。刘阿生对荷属东印度殖民政府给予他的行为准则也表现得十分忠诚，荷属东印度殖民政府对此也很满意，并且在1855年授予其一把枪用以防身。1856年刘阿生在巴达维亚待了几个月，也受到荷印总督高规格的礼遇。一年之后，由于其对于民众的影响力，他向荷兰人再次证明了自己的忠诚——在没有荷兰人的帮助之下，他成功控制了企图对荷兰人税收以及管理政策不满而进行抗议活动的一个秘密组织。

十五年后，在南吧哇地区的动乱中刘阿生为荷印殖民政府的军队以及官员也提供了很多帮助。1874年，由于南吧哇的首领强迫以地租的形式收税，当地华人农民形成了一个秘密组织，这个秘密组织波及面很广，甚至于我们政府的一个官员也加入其中。又是刘阿生将这些隐匿的抵抗组织公之于众，通过强有力的手段禁止自己领地中的华人加入这个组织，在暴动未发生之前保全了兰芳公司的土地。

除了对荷兰人之外，他对自己的同胞也是如此。刘阿生在管理属地的民众时，都会依法并且采用较为温和的方式处理，并且尽可能地在自己能力范围之内（包括金钱方面）保证兰芳公司的土地不至丢荒、人口不至流失。在他管辖的区域内还新修了许多道路，这和其他地区形成鲜明的对比。当采矿业萎缩之时，刘阿生又出资为华人在农业方面找寻新的资源。虽然最后这些地区的农业收成极差，还耗费了兰芳公司巨大的财力和物力。据当地民众反映，他们最大的愿望是在刘阿生死后，他们所满意的这种状况能够延续下去。1874年3月26日，兰芳公司属地的甲必丹、老大等人当面感谢刘阿生为这个地区所做的一切，并且希望刘阿生的儿子能够接替他的位置。

刘阿生将自己的请辞和这些人的愿望转达给了荷兰人。一年之后荷属东印度殖民政府准许当地民众选出新的首领，兰芳公司在东万律总部召开了会议，到会的甲必丹、老大以及一些长者都推选刘阿生的儿子刘亮官。荷印总督批准了这一选举结果。1876年6月9日（林凤超《坤甸历史》记载为光绪元年，即1875年，译者注）刘阿生正式离职，荷属东印度殖民政府通过高层会议决定，授予刘阿生一块金牌，对他二十五年来的忠诚服务表示嘉奖，并且每月发给刘阿生250荷印盾作为退休金。刘亮官接手管理之位不久，因患病于1880年4月18日去世，仅留下未成年的子女，因此荷印总督重新任命刘阿生为兰芳公司甲太。他的第二个甲太任期只有四年，直至临死前都一直勤勉地工作。虽然他的身体日渐衰弱，但是他清晰的头脑以及人们对他的尊敬弥补了这一不足。

1883年12月7日（农历癸未岁十一月初八），刘阿生71岁（应指虚岁）生日寿宴在东万律兰芳公司总厅举行，整个西婆罗洲都在谈论和传说这一消息。各个华人区的首领、马来王子、坤甸殖民政府的文武官员和附近居民都纷纷涌入东万律，就连爪哇的贵客也没有缺席。各界人士都前来道贺，宴会前举行了隆重的拜寿仪式，宾客有千余人之多，而到场围观的居民则有数千人。宴请和庆祝活动持续了好几天，热闹的场面让刘阿生和他的家属尽显荣耀。

刘阿生去世后，西婆罗洲最后一个华人共和国消失了，它在鼎盛时期创造的一段辉煌岁月已经成为历史。荷属东印度殖民政府没有让东万律兰芳公司继续保留自治，因为此前的做法主要是为了奖励刘阿生对政府的忠诚，现在重组这个地方政府是必然的事。今后与婆罗洲其他华人区一样，刘阿生的地位也将会被欧洲的官员所取代。希望这些欧洲官员能够像刘阿生一样竭尽全力保护这些勤奋的华人，尽量保持华人区的繁荣安定。也希望刘阿生的事迹和对他的记忆永远不会被历史书写者所遗忘。

（据高延荷兰文本《东万律的刘阿生》（Lioe A Sin van Mandohr）译出，陈琰璟、李欣祥译）

打唠鹿地方历史

今写打唠鹿地方。先日有结连公司为大,又有新八份公司相助,又有老十四份公司相帮,又有新十四份公司相扶,故此人多强盛。以后四公司协心,同大港公司、三条沟公司、十五份公司、坑尾公司四公司相反。连反二年以后,大港公司同坑尾特送铜盘与新十四份公司,一一应承反转,攻打结连、新八份、老十四份三公司。后大港公司又凑合十六份、十三份、九份头三公司到来相助,然后合共七大公司合攻,其结连三公司遂即大败而走。将其三公司之火药、铳码、物件一应拿来均分,方得太平无事。以后七公司相议,立一人为甲必丹之主,又立厅主七人,住居在总厅,乃是和顺属下。又酌议七公司当厅盟誓,若日后有公司先反心者,天地诛之。谁知数年之久,忽然(原文如此,或有内容缺失)在此放下前节,今将唠唠地方之事详明。上节乌唠由系元和公司所属,砂冷嘶系赞和公司所属,六份头系应和公司所属,以上三公司乃入打唠鹿大港公司为主。假唠所系惠和公司所属,自靠打唠鹿入结连公司为主。又有辛下里,系升和公司,砂波系双和公司,此两公司皆同入打唠鹿新八份公司为主。唠唠下屋先系细三条沟公司所属,乃入打唠鹿大三条沟公司为主。故以后在打唠鹿偷收金自作孽,败走过唠唠,一直冲入细三条沟旧日把圿屋中。其共有大三条沟、十五份、十六份合作一处,立即在以芦末路、哇黎大路、金山坡面上、唠唠埠头大路各处连筑大栅数个。随即分兵把守,等候攻伐。大三条沟公司为盟主,以下三公司次之。谁知打唠鹿、三条沟、十五份、十六份败过来唠唠,其唠唠各公司各有其主。闻结连、新八份大败在此,假唠所惠和公司星夜连凑升和公司、双和公司,俱各同收走。若不如此,天意唠唠元和、赞和、应和三个公司不能安静也。太平日久,直至道光元年壬午,打唠鹿大三条沟公司偷走过唠唠后,元和、赞和、应和三公司惊惧,即速星夜由山路逃回往打唠鹿矣。

又至癸未年正月初八,大港公司即下令各同谋四公司到齐,共上总厅奏知甲必丹,酌议兴兵打唠唠一事。岂料众公司同声响应,至十六日四大公司一齐起兵,又有赞和、元和、应和三小公司护兵相随。大兵向唠唠进发,屡路连筑退步之栅,以防不虞。直到西哇黎地方,屯扎大中营一座,然后商议攻打大凹顶之栅。以后凹中之栅破,众公司之兵即到唠唠,屯住其大栅。三条沟公司、十五份、六份公司即大败,往芦末、昔邦、邦戛、古打等处去矣。此后大港众公司随即分兵，在芦末路、金山坡面筑大栅一个，在此把守要路，以防后患。方得众公司班师回（打唠）鹿地，各归原处。即拣取吉日，众公司齐在总厅演戏酬神，宴饮酬兵，答谢天地，共享太平也。

此乃略略写知。

后至道光十七年丁酉五月间，忽然坑尾、新屋二公司合用私心，同谋歃血。盟作一心，意欲谋反大港。岂料天不从人，以后事机泄露，被人知觉，报知大港公司。闻知其二公司通谋连结兰芳、三条沟二处，对面到书相帮，约定月日，内外协攻，大港必然有门无路，一战成功。速即通信过唠唠、砂令嘶、坑尾，转传达知新十四份属下之人仔，同举大事。若到期之日，唠唠一处、打唠鹿一处，同声响应，首尾相攻，出其不意，攻其无备也。幸得天意难知，人心莫测，有人到来通知大港。公司闻知，忽然大怒曰：狗狼之心，焉敢如此？随即火速下令，吊（调）兵四处防构守护，日夜巡查不测。立即奏知甲必丹并公司内之人，来到坑尾、新屋二公司和议此事。若成不成，回书另行斟酌。以后到去其二公司，即喊齐其头人、财库、伙长众人等，（到）新十四份公司把坜屋密查相谋和议一事。以后甲必丹开口，言此事要上总厅商酌，方可定夺。至次日一齐同到大厅，计及此情，即将坑尾、新屋之头人伸禁大牢，分作两处拘禁。遂迫其新屋公司修书回去，即将库内之火药、铳码吊（调）上大港上屋存放。其信到新屋，接知此信，其头目（及）众人大惊失色。此乃两难之事，不得不将火药、铳码登即送上大港收存。以后放其头人回去安致（置），定妥佣工，金湖无事平安也。坑尾公司自亦回去，忖思羽翼已无，悔之不及，心中惶惧，佣工不安。谁知口洋、骨律之兵直过路下横，有数百余人，不分皂白，竟到礴面酒廊背山岭上筑大栅一个，忽然旗鼓齐明，铳炮连天。坑尾听及，心胆俱碎，随即公司并男妇老少人等各各大败而逃。大港即移兵入其把坜屋中屯扎，数日以后收兵谢旗，太平共安也。又至后口年间，至1839已［己］亥年，新屋公司思及被他们欺管，即移往把罗地方去了。尽归服大港一统山河矣。

（据荷兰莱顿大学藏三页中文手稿识读，无作者名）

图书在版编目(CIP)数据

消逝的海外华邦:西婆罗洲华人政权的兴亡/李欣祥著.—北京:北京大学出版社,2022.11

ISBN 978-7-301-33003-6

Ⅰ.①消… Ⅱ.①李… Ⅲ.①华人—政治—研究—加里曼丹岛—18-19世纪 Ⅳ.①D634.334.2

中国版本图书馆 CIP 数据核字(2022)第 074900 号

书　　　名	消逝的海外华邦——西婆罗洲华人政权的兴亡 XIAOSHI DE HAIWAI HUABANG——XIPOLUOZHOU HUAREN ZHENGQUAN DE XINGWANG
著作责任者	李欣祥　著
责 任 编 辑	王立刚　赵　聪
标 准 书 号	ISBN 978-7-301-33003-6
出 版 发 行	北京大学出版社
地　　　址	北京市海淀区成府路 205 号　100871
网　　　址	http://www.pup.cn　新浪微博:@北京大学出版社
电 子 信 箱	zhaocong@pup.cn
新 浪 微 博	@北京大学出版社
电　　　话	邮购部 010-62752015　发行部 010-62750672 编辑部 010-62753154
印 　刷　者	天津中印联印务有限公司
经 　销　者	新华书店
	730 毫米×1020 毫米　16 开本　19 印张　彩插 4　348 千字 2022 年 11 月第 1 版　2022 年 11 月第 1 次印刷
定　　　价	98.00 元

未经许可,不得以任何方式复制或抄袭本书之部分或全部内容。
版权所有,侵权必究
举报电话: 010-62752024　电子信箱: fd@pup.pku.edu.cn
图书如有印装质量问题,请与出版部联系,电话: 010-62756370